中国工程院院士
是国家设立的工程科学技术方面的最高学术称号,为终身荣誉。

中国工程院院士传记

卢耀如自传
风雨人生地质人

卢耀如 著

（中国建设科技出版社）
中国建材工业出版社
人民出版社

图书在版编目（CIP）数据

卢耀如自传：风雨人生地质人/卢耀如著 . --北京：中国建材工业出版社，2022.2

（中国工程院院士传记）

ISBN 978-7-5160-3477-4

Ⅰ.①卢… Ⅱ.①卢… Ⅲ.①卢耀如—自传 Ⅳ.①K826.14

中国版本图书馆 CIP 数据核字（2022）第 027388 号

卢耀如自传——风雨人生地质人
Lu Yaoru Zizhuan——Fengyu Rensheng Dizhiren

卢耀如　著

出版发行：	中国建材工业出版社
地　　址：	北京市海淀区三里河路 1 号
邮　　编：	100044
经　　销：	全国各地新华书店
印　　刷：	北京印刷集团有限责任公司
开　　本：	710mm×1000mm　1/16
印　　张：	43
字　　数：	550 千字
版　　次：	2022 年 2 月第 1 版
印　　次：	2022 年 2 月第 1 次
定　　价：	210.00 元

本社网址：www.jccbs.com，微信公众号：zgjcgycbs
请选用正版图书，采购、销售盗版图书属违法行为
版权专有，盗版必究。本社法律顾问：北京天驰君泰律师事务所，张杰律师
举报信箱：zhangjie@tiantailaw.com　　举报电话：（010）68343948
本书如有印装质量问题，由我社市场营销部负责调换，联系电话：（010）88386906

卢耀如院士

父母亲（1981年）

福州初级中学毕业时（1946年秋）

福州私立英华中学高二下激扬级全班同学合影（1948年秋）

（第二排右二为卢耀如）

英华中学120周年校庆时在京师生合影

（中为王世章老师、右侧为其夫人何端孙，二排左一赵克昇、左二卢耀如）

解放后为水文地质工程地质发展作出贡献的地质部水文地质工程地质局副局长、地质部水文地质工程地质研究所所长张更生（左三）、贾福海总工程师（左二）、中科院院士和卢耀如研究员（右二）（1985年）

1981年第一次回福州，与南台学联同志们合影
（前排左起：陈文年、李清藻、尤正、林甘地、卢耀如，
后排左起：曾丽黎、罗毓琼、林平、戚文钦、金炎弘）

1952年夏去淮河实习

(前排左起潘裕德、任昌毅、田开铭,后排左起钱学溥和卢耀如)

入清华大学50周年时同班同学聚会(2000年)

(前排左四为涂光炽先生,左五为杨遵仪先生)

北京地质学院三年级提前毕业时留影

北京地质学院毕业时合影（二排左一为卢耀如）

原住清华平斋455房的4位同学（左起为长春地质学院林尔为教授，卞昭庆为北京煤炭设计院教授级高工、勘测大师，刘宝珺为中科院院士，卢耀如为中国工程院院士，刘上铺、卢下铺）校庆时重访该住房

陈景润在哥德巴赫猜想上的"1+2"成就，起到了向科学进军的号角的作用，他于20世纪80年代末在福州治疗期间，卢耀如与英华校友会陈大方前去看望

探测乌江岸边附近一洞穴系统(中为卢耀如)

探测西班牙一个洞穴系统(2002年)

1960年5月苏联喀斯特专家索科洛夫（Д. С. Сокоцв）教授来三峡，
查看人工平硐揭露的地质情况
（中为索科洛夫教授，左为卢耀如）

和老朋友在中国合照（2012年）
［右一为加拿大福特教授（D. Ford），左一为塞尔维亚米兰诺维奇教授（P. Milanovic）］

在南斯拉夫留影（1978年6月）

考察土耳其帕木卡里喀斯特泉与钙华梯田沉积时与

原南斯拉一对夫妇合影（1995年）

2004年8月在意大利佛罗伦萨参加第32届国际地质大会
中国代表团招待会上与团长、国土资源部部长孙文盛（左）交谈

贵州省地理学会第十二次代表大会暨"如兰杯"作文大赛开幕式
［左起：何才华（贵州师范大学原校长）、陶文亮（贵州省科学技术协会副主席）、
卢耀如（贵州师范大学名誉校长）、韩卉（贵州师范大学党委委员、书记）］

在美阿肯色大学讲学时与布拉汉那教授（J. V. Brahanar，右一）等合影（1992年）

中英合作研究硫酸盐岩溶与灾害，在山西考察（1996年6月）
［前左为英国地调局库珀（A. H. Cooper），右为卢耀如，后为王贵喜］

1996年8月在中国北京召开第三十届国际地质大会，主持水文地质分会

在奥克兰医院住4天后回国，9月18日做手术的前一天，
上海电视台来拍有关泥石流地质灾害宣传科普片

2012年在香港大学召开第二届城市环境与可持续发展论坛

考察香港的边坡稳定问题（2000年）

2011年年初，在周济院长、潘云鹤副院长支持下，中国工程院开展海西经济区生态环境安全与可持续发展重大咨询项目，图为启动仪式后合影（左七为周济院长，左六为潘云鹤副院长，左八为项目负责人卢耀如院士）

在台湾大学讲学时与部分师生合影（1994年）

2005年10月吴启迪校长和卢耀如院士交谈

考察冰水湖及湖岸地质条件

卢耀如院士（右三）率院士专家组在贵州灾害多、石漠化严重的贫困县进行调查

（右一为周丰峻院士）

福建省科学技术协会对海西项目大力指导、支持

[左四叶顺煌（福建省科协书记）、左三陈永红（省科协巡视员）、左二沙中然（省院士办主任）、左一林玉火（省院士办副处长），右三卢耀如院士、右二陶建华（省地勘局总工程师）、右一陈福龙（省地勘局处长）]

中国工程院唐海英副局长
来上海看望并研讨工作

诚　谢

红日蓝海霞光飞,
真诚关慰花香馨。
风雨人生定付梓,
奉献华夏多欢欣!

自　咏

人生九十岁月流,
勤奋博弈胜险多。
为国为民力量源,
听党指挥唱凯歌!

荣获中国共产党建党一百周年纪念奖章

中国工程院院士传记丛书

编撰出版工作领导小组
顾　　问：宋　健　徐匡迪　周　济
组　　长：李晓红
副组长：陈左宁　蒋茂凝　邓秀新　辛广伟
成　　员：陈建峰　陈永平　徐　进　唐海英　梁晓捷
　　　　　黄海涛

编辑和审稿委员会
主　　任：陈左宁　蒋茂凝　邓秀新
副主任：陈鹏鸣　徐　进　陈永平
成　　员：葛能全　唐海英　吴晓东　黎青山　赵　千
　　　　　陈姝婷　侯　春

编辑出版办公室
主　　任：赵　千
成　　员：侯　春　徐　晖　张　健　方鹤婷　姬　学
　　　　　高　祥　王爱红　宗玉生　张　松　王小文
　　　　　张秉瑜　张文韬　聂淑琴

本书编辑出版工作组
成　　员：唐海英　刘　琦　赵　千　方鹤婷
　　　　　葛艳芳　章　曲　丁　力　赵艳娥

总　　序

20世纪是中华民族千载难逢的伟大时代。千百万先烈前贤用鲜血和生命争得了百年巨变、民族复兴，推翻了帝制，肇始了共和，击败了外侮，建立了新中国，独立于世界，赢得了尊严，不再受辱。改革开放，经济腾飞，科教兴国，生产力大发展，告别了饥寒，实现了小康。工业化雷鸣电掣，现代化指日可待。巨潮洪流，不容阻抑。

忆百年前之清末，从慈禧太后到满朝文武开始感到科学技术的重要，办"洋务"，派留学，改教育。但时机瞬逝，清廷被辛亥革命推翻。五四运动，民情激昂，吁求"德、赛"升堂，民主治国，科教兴邦。接踵而来的，是18年内战、14年抗日和4年解放战争。恃科学救国的青年学子，负笈留学或寒窗苦读，多数未遇机会，辜负了碧血丹心。

1928年6月9日，蔡元培主持建立了中国近代第一个国立综合性科研机构——中央研究院，设理化实业研究所、地质研究所、社会科学研究所和观象台四个研究机构，标志着国家建制科研机构的诞生。20年后，1948年3月26日遴选出81位院士（理工53位、人文28位），几乎都是20世纪初留学海外、卓有成就的科学家。

中国科技事业的大发展是在新中国成立以后。1949年11月1日成立了中国科学院，郭沫若任院长。1950—1960年有2500多名留学海外的科学家、工程师回到祖国，成为大规模发展中国科技事业的第一批领导骨干。国家按计划向苏联、东欧各国派遣1.8万各类科技人员留学，全都按期回国，成为建立科研和现代工业的骨干力量。高等学校从新中国成立初期的200所增加到600多所，年招生增至28万人。到21世纪初，高等学校2263所，年招生600多万人，科技人力总资源量超过5000万人，具有大学本科以上学历科技人才达1600万人，已接近最发达国家水平。

新中国成立60多年来，从一穷二白成长为科技大国。年产钢铁从1949年的15万吨增加到2011年的粗钢6.8亿吨、钢材8.8亿吨，几乎是8个最发达国家（G8）总年产量的2倍。20世纪50年代钢铁超英赶美的梦想终于成真。水泥年产20亿吨，超过全世界其他国家总产量。中国已是粮、棉、肉、蛋、水产、化肥等第一生产大国，保障了13亿多人口的食品和穿衣安全。制造业、土木、水利、电力、交通、运输、电子通讯、超级计算机等领域正迅速逼近世界前沿。"两弹一星"、高峡平湖、南水北调、高公高铁、航空航天等伟大工程的成功实施，无可争议地表明了中国科技事业的进步。

党的十一届三中全会以后，实行改革开放，全国工作转向以经济建设为中心。加速实现工业化是当务之急。大规模社会性基础建设，大科学工程、国防工程等是工业化社会的命脉，是数十年、上百年才能完成的任务。中国科学院张光斗、王大珩、师昌绪、张维、侯祥麟、罗沛霖等学部委员（院士）认为，为了顺利完成中华民族这项历史性任务，必须提高工程科学的地位，加速培养更多的工程科技人才。中国科学院原设的技术科学部已不能满足工程科学发展的时代需要。他们于1992年致书党中央、国务院，建议建立"中国工程科学技术院"，选举那些在工程科学中做出重大的、创造性成就和贡献、热爱祖国、学风正派的科学家和工程师为院士，授予终身荣誉，赋予科研和建设任务，请他们指导学科发展，培养人才，对国家重大工程科学问题提出咨询建议。中央接受了他们的建议，于1993年决定建立中国工程院，聘请30名中国科学院院士和遴选66名院士共96名为中国工程院首批院士。于1994年6月3日，召开了中国工程院成立大会，选举朱光亚院士为首任院长。中国工程院成立后，全体院士紧密团结全国工程科技界共同奋斗，在各条战线上都发挥了重要作用，做出了新的贡献。

中国的现代科技事业比欧美落后了200年。虽然在20世纪有了巨大进步，但与发达国家相比，还有较大差距。祖国的工业化、现代化建设，任重道远，还需要有数代人的持续奋斗才能完成。况且，世界在进步，科学无止境，社会无终态。欲把中国建设成科技强国，屹立于世界，必须持续培养造就数代以千万计的优秀科学家和工程师，服膺接力，担当使命，开拓创新，更立新功。

中国工程院决定组织出版"中国工程院院士传记"丛书，以记录他们对祖国和社会的丰功伟绩，传承他们治学为人的高尚品德、开拓创新的科学精神。他们是科技战线的功臣，民族振兴的脊梁。我们相信，这套传记的出版，能为史书增添新章，成为史乘中宝贵的科学财富，俾后人传承前贤筚路蓝缕的创业勇气、魄力和为国家、人民舍身奋斗的奉献精神。这就是中国前进的路。

宋健

2012年6月

序言　风雨人生

风雨，是自然的现象。

地球，有四个圈层（岩石圈、水圈、大气圈、生物圈）相互依存，又相互运动着。岩石圈由岩石、土壤构成，存在着热、压及物质相变的复杂变化；岩石圈中，不断产生挤压、断裂，以及板块间的运动。大气圈，也在岩石圈中存在，并包围在地球外围。水圈，从地球岩土体孔隙、裂隙与洞穴到地表河流、湖泊、海洋，直至蒸汽云雾的上空。生物圈，凭借着空气、水才有生命，依靠岩石圈、大气圈、水圈获得生命的给养。

大气圈的温度、气压的变化，产生气流的运动，也就有了风，水圈中的水分循环与相变，加上地势的变化，也产生水流运动。气流与水流的活动相结合，最主要现象就是风雨。

清风吹来、小雨霏霏，给人以清爽凉快的感觉；风雨交加、电闪雷鸣，一时感到压抑，但是风雨过后见彩虹，让人更感到大地的美好；阴雨连连、凄风苦雨，给人以伤怀与沉闷；狂风暴雨、大雨如注，引起山洪暴发、洪水泛滥，那就是灾害遍野，肆虐百姓；无风无雨，长久干旱，颗粒无收，哀鸿遍地，人们逃荒求生。人类，祈求的是风调雨顺、少灾无灾、安居乐业。

但是，自然界不可能都是风调雨顺的日子。

人类社会就和自然界的风雨一样，人类社会的平安生活就是和平的日子；小风雨也是不可避免的。人类社会的雷阵雨，那是人群之间、国家之间的不和谐，有摩擦、有纠纷；人类的凄风苦雨，那是国家、人群之间的严重矛盾、争斗；发生人类社会、国家间的暴风雨、台风或干旱灾害，就是残酷的战争和民不聊生。

人类应当避免这种战争大风暴，各种摩擦、纠纷与争夺，应当设法予以化解、制止，以减少危害。

作为地球上的人，我当然要经受各种风风雨雨，这给我以磨炼，也给我以理智，使我即使经受惊涛骇浪，依然享受风雨过后见彩虹的喜悦。

作为地球上的人，在人类社会动荡的风雨中，我也经受了很多，有过安静的短暂童年，经历过诸多苦难的少年岁月；有过刻苦学习的学生时光，也有面对侵略战火的逃亡之痛；经历过追求民主反内战的学生运动的洗礼，也热诚为迎接新中国而欢声歌唱。在建设新中国的历程中，努力拼搏、艰苦奋斗，为人民事业而奉献，也曾在动乱岁月中经历生死之磨难与博弈。

这些国家与社会的风雨，洗刷掉不合潮流的污水浊泥，显示出的是更加光辉璀璨的前景。我有信仰，也有理想，更有中华的梦想。

地球上的人，我是其中一员，华夏的人，我也是忠诚的一员，经受自然界和国家社会的风风雨雨。作一回忆，丢掉的是茫然与失措，收获到的是更为坚强与喜悦的信心。

天蓝蓝，水清清，山绿绿，前景更美丽，人民更欢心。我在回味人生的历程，早已忘却伤悲、苦恼和彷徨。记住教训，树立坚定的信念，实现更好贡献给祖国的梦想。

"鞠躬尽瘁""春蚕到死丝方尽，蜡炬成灰泪始干"，我非常喜欢这两句。

风雨地质人，风雨人生，迎着阳光，走向明媚的轻风吹拂、万紫千红的世界。

目　录

第一章　童年至青年成长的历程 ………………………………（001）
　一、苦难的童年 …………………………………………………（003）
　二、十四年苦难的抗战岁月中成长 ……………………………（008）
　三、解放战争时期，高中学习成长的历程 ……………………（029）
　四、政府腐败、民不聊生，学生运动高涨 ……………………（042）
　五、英华为迎接解放做多种准备 ………………………………（048）
　六、福州解放后的英华 …………………………………………（059）

第二章　学联的战斗与大学升学之路 …………………………（075）
　一、高中毕业后的迷茫抉择 ……………………………………（077）
　二、动摇了，临时又想考大学 …………………………………（085）
　三、厚德载物、自强不息的学府 ………………………………（096）
　四、在国家建设的尖兵学府中成长 ……………………………（124）

第三章　地质人的梦想与工程实践 ……………………………（137）
　一、走上工作岗位的新的地质队员 ……………………………（139）
　二、第一次个人情感的挫折 ……………………………………（143）
　三、为当时中国最大水电站而努力 ……………………………（151）
　四、跟苏联专家学习 ……………………………………………（159）
　五、为淮河治理再作奋战 ………………………………………（163）
　六、燕子的真实往事 ……………………………………………（168）
　七、官厅水库的紧急任务——为首都的安全 …………………（176）
　八、长江三峡水利枢纽的梦想 …………………………………（189）

九、十三陵水库当"诸葛亮"与京郊水利工程足迹………（202）
　　十、投身于西南喀斯特地区的中小型水利建设中…………（205）
　　十一、乌江流域大型喀斯特地区水电枢纽开发……………（211）
　　十二、陪同苏联喀斯特专家索科洛夫考察几个枢纽………（214）

第四章　喀斯特（岩溶）的科学研究……………………………（227）
　　一、中国研究喀斯特的历史……………………………………（229）
　　二、中国喀斯特地貌景观的组合类型…………………………（234）
　　三、溶蚀作用机理的研究………………………………………（236）
　　四、生物喀斯特作用的研究……………………………………（246）
　　五、喀斯特水动力条件的研究…………………………………（248）
　　六、身体与婚姻两重难，但不能倒下…………………………（251）
　　七、滇东喀斯特区域发育规律研究……………………………（259）
　　八、为"三线"建设，加强喀斯特调查研究……………………（266）

第五章　十年"文革"的命运博弈…………………………………（283）
　　一、"文化大革命"的开始………………………………………（285）
　　二、"文革"在正定发生…………………………………………（287）
　　三、命悬一线的遭遇……………………………………………（292）
　　四、一场迫害使我又命在旦夕…………………………………（296）
　　五、艰难的解放过程……………………………………………（302）
　　六、"抓革命、促生产"，"文革"形势好转……………………（305）
　　七、风云突变，华夏又动荡不安………………………………（313）
　　八、黎明前的艰难奋斗与期盼…………………………………（316）
　　九、我又渡过了险关，太阳出来了……………………………（325）
　　十、"文革"结束了………………………………………………（326）

第六章　中国改革开放的新历程…………………………………（333）
　　一、十一届三中全会吹响了改革开放的号角…………………（335）
　　二、离家乡三十一年知天命而归………………………………（337）

三、探母亲再赴西南 …………………………………………（343）
四、加强欧洲学术交流，拓展学术影响 ……………………（349）
五、在北美参加国际会议与讲学 ……………………………（355）
六、赴澳大利亚进行学术交流 ………………………………（362）
七、台湾讲学的曲折经历 ……………………………………（368）
八、在香港进行学术交流的经历 ……………………………（380）
九、在北京召开第三十届国际地质大会 ……………………（383）
十、参加在巴西召开的第三十一届国际地质大会 …………（384）
十一、第三十二届国际地质大会在意大利佛罗伦萨召开 …（386）
十二、参加在挪威召开的第三十三届国际地质大会 ………（389）
十三、组织岩溶地区可持续发展国际会议 …………………（392）

第七章 改革开放后主要参与建设的工程地质问题 ………（413）
一、水利水电建设蓬勃发展中的地质问题 …………………（415）
二、长江三峡工程的兴建与影响问题 ………………………（418）
三、有关三峡地质灾害与环境保护后续规划 ………………（428）
四、城市的地下空间开拓 ……………………………………（438）
五、新铁路建设中的地质问题 ………………………………（441）
六、为宜万铁路建设，我应尽责出力 ………………………（447）

第八章 地质-生态环境理念的建立与实践 ………………（461）
一、地质-生态环境新理念的建立 …………………………（463）
二、地质-生态环境的内涵与基本特征 ……………………（467）
三、探索地质-生态环境演化的研究方向 …………………（473）
四、西南地区经济发展与自然环境条件研究 ………………（476）
五、山东半岛城市群的地质-生态环境研究 ………………（483）
六、巫峡危在旦夕，任务紧迫 ………………………………（486）
七、武隆滑塌事件 ……………………………………………（491）
八、两个有关地质灾害的中国工程院院士的建议 …………（493）

九、为国家地质灾害防治的立法而竭力 …………………… (496)
　　十、贵州望谟的泥石流山地灾害 ………………………… (498)
　　十一、《中国南方（岩溶为主）地区地质-生态环境
　　　　　图系》的编制 …………………………………… (501)
　　十二、旅游地学与地质公园及自然遗产 ………………… (502)

第九章　参加中国工程院几个重大咨询项目 ………………… (521)
　　一、参加中国可持续发展与水资源战略研究 …………… (523)
　　二、西北地区水资源生态环境的研究 …………………… (526)
　　三、东北地区有关水资源配置、生态与环境保护和可持续
　　　　发展的战略问题 ………………………………………… (529)
　　四、海西经济区的可持续发展研究 ……………………… (534)

第十章　地质科学人生综合思考 ……………………………… (563)
　　一、地质科学人生的十二个重要内涵 …………………… (565)
　　二、四个重要坚持的原则 ………………………………… (592)

后记（一） ……………………………………………………… (609)

后记（二） ……………………………………………………… (611)

简历 ……………………………………………………………… (633)

主要学历 ………………………………………………………… (636)

主要科研工作经历 ……………………………………………… (637)

代表性论著 ……………………………………………………… (641)

代表性论文 ……………………………………………………… (643)

第一章
童年至青年成长的历程

东海之滨的1931年，
一个生命降临世上，
哇哇4个月的婴儿啊，
怎知"九一八"，国殇悲情。
经济危机，家国衰败，
"七七事变"，
童年感受到苦难呻吟！
努力学习，
快快长大，
纯洁童心，
一颗为国复仇的胸怀，
已在燃烧觉醒！

一、苦难的童年

出生于经济衰退、动荡的岁月

我出生于福建省福州市,时为 1931 年,阴历四月初六(后查为公历 5 月 22 日)。那时,有两件大事:一是世界上正遭遇经济严重的衰退,全中国同样遭受影响;二是国内时局动乱,日本侵略者不断制造事端,在我出生后不到 4 个月时间,就是在 1931 年 9 月 18 日,日军突然袭击中国军队驻地,次日占领沈阳。

这两件大事发生在我出生的年月,对一个刚刚降临人间的男孩来讲,什么也不会知道。但是,随着我的长大,岁月的流逝,就日益感受到这两件大事的危害与影响。

当时金融危机的一些记载

在我出生之前的 20 世纪 20 年代后期到 30 年代中期,世界经济衰退、金融危机发生,对中国,特别是对海外贸易占重要分量的福建经济的发展影响还是很深重的。根据当时报刊的登载,金融危机表现在几个方面:

第一,财政危机

当时经济衰退,影响金融,财政收入也深受影响,例如"省府再次电财部催拨补费"[福建民国日报,1929 年(民国十八年)5 月 23 日],"省府电京催汇协款"(福建民国日报,1929 年 5 月 27

日),"国际商会注意中国经济问题"(福建民国日报,1929年6月18日),"商震谈山西近况,财政困难为根本问题"(福建民国日报,1929年6月19日),"粤省金融渐趋稳定"(福建民国日报,1929年6月22日),表明以前动荡不稳定,这时渐趋稳定。这一时期,中国与世界上一些国家的经济纠纷、工程纠纷也是很多的。

第二,增加税收

政府财政困难,主要是催缴因商业不景气而拖欠的税款或增加新的税款,以充实国家财政实力。例如:"财署严令催解税款"(福建民国日报,1929年6月23日),"赣商反对营业登记税"(福建民国日报,1929年6月19日),"星洲华侨反对消费税"(福建民国日报),"荣商公会电请撤销,唐总领事电请外交部"(福建民国日报,1929年8月1日),"猪三帮昨又请愿着茶栈代纳营业税"(福建民国日报,1929年8月3日),"美农业救济案之纠纷,津贴农民附款为争执焦点……"(福建民国日报,1929年6月19日),反映出在税收与救济以促进经济危机中救助农业、增加贸易,以恢复经济方面的争论。

第三,金融业的倒闭与调整

经济衰退,产生金融危机,首先涉及放贷获取剪刀差利息的民间金融机构——钱庄等。不少钱庄放出的贷款收不回,而集资的股东又急于撤出资金,这时没有资金支付,加上民间持有库券的大众的倒流,而出现挤兑,导致私营金融业的倒闭,这是经济衰退导致金融危机的基本现象。

如:"钱帮库券尚未厘清"[福建民国日报,1931年5月22日(这是我出生的前一天)],"粤中行停发后之影响,……银行流通券突发挤兑"(福建民国日报,1931年5月21日),"日本银行合并,五十万元以下银行大减"(福建民国日报,1929年6月19日)。这种金融危机,又产生金融业中以大吞小和催生大的金融垄断的土壤。

20世纪这场10年代末至30年代的金融危机,与日前发生的金融危机,是有很多可比性的。20世纪20年代末,日本在金融危机中寻求调整、发展金融、扩张经济,就是因为其岛国的资源匮乏,而发动了"九一八事变",想侵吞中国东北,进而发动"七七事变",想进一步占领华北,进而攫取全中国。那时期,也正是中国经济极度困难,又在"攘外必先安内"的环境下,日本才更加野蛮与凶残地要灭亡侵吞中国。

我出生时的经济危机,以及"九一八事变"和"七七事变",对中国的影响,对我个人生命的影响,那是不应该也是不可能忘却的。

家族的逃荒、立业与衰败

小时候听老人讲,我们祖先是于清末民初时由山东潍坊一带往南逃荒过来的。当时,山东省因饥荒,很多人渡过渤海湾,逃荒到辽宁,进入整个东北,少数山东人往南逃荒进入浙江、福建。我们祖先就是挑着担子,一路干活,一路流落往东南,最后选择闽侯、福州这块福地留下来。通过艰苦的创业,曾祖父逐渐长大,和福州当地人成婚,由当徒弟而后逐渐家境宽裕,至祖父这一辈,有几个兄弟,都各立门户。民国初期,祖父从事为商人向海关办进出口手续的报关行业,从中赚取有限的手续费,后来发展为集资开办钱庄。其实这是积聚民间资金,再向外贷款,从中取得利息剪刀差。

20世纪20年代,祖父通过报关行业及私人钱庄,使得家境殷实。在福州买了屋产,在农村也有些田地了,显然是个小地主与小资本家。祖父有4个儿子、1个女儿,三伯父、五伯父是第一、第二大男孩,我父亲排第三,在曾祖父这大家族中排第六。三伯父、五伯父都受过中学教育,我父亲跟大家族的一个姑妈去北平上学,后到上海读大学。

20世纪20年代后期，世界发生严重的经济大衰退，危及以进出口业为主的福州市的经济，使得许多商家倒闭。这时，祖父因跌倒，突发脑溢血逝世。于是，一切商业活动和债务处理全由老大三伯父负责，我就是诞生在这个不景气的年代。

三伯父虽然在祖父在世时做过报关及钱庄工作，但没有具体锻炼，不光沾上吃喝玩乐，那时又年轻，只有二十多岁。在不景气的情况下，钱庄贷出去的款收不回来，因为很多商家宣告倒闭破产，有的躲逃了。但许多钱庄股东又力逼三伯父赶快还本金。有人建议三伯父也宣布破产，因为这时一些商人欠款不还，钱庄也宣告破产是正常的。但是，我三伯父、五伯父商量后，认为：要诚信，先变卖家产还给股东资金。于是，刚发起来的少量资产，转眼之间又灰飞烟灭了。

这还债情况，是我后来听祖母讲的。但是，我至今还记得变卖房子的情景。那时，我五岁左右（实岁四岁多，应是1935年前后），我站在前面住房和后面小花园之间，看见工人在砌砖墙，把两房分开。因为后花园已卖给姓曾的，而前面在横街的房子，不久也卖出以还股金，后来我们又搬到租来的靠近福州小桥附近的第三进房子。前面二进是别人租住。福州有很多老房子，多是三进，每进有个露天的天井，而边侧是住房，前面当中有客厅，后堂为餐厅。后来，我们住的三进房子，门牌号为"八一七中路76号"。

这卖房搬家的印象一直都在我的脑海中，当时只想到我不能再到后花园玩儿了。后人说，卢家变卖家产还股东资金，划不来，应当宣布破产，留下资产，以后翻身了再还。实际上这样做是不可能的，留下的是坏名声。两年后的1937年爆发了全面抗战。而在1931年我出生时，因为世界经济衰退，这一年在中国又叠加上"九一八事变"，国家更是灾难深重。地处沿海前沿的福州，那时更是日益衰弱，难有经济复活的好日子。

有限的平安童年岁月

我父亲叫卢心仁,是大学毕业生,主要在上海工作,在中国航空公司任一般职员。我母亲洪如璋,读过私塾,看过很多古书,记忆力很好,洪家也是家道殷实的家庭,做些小商业及报关等行业。正是在发生经济衰退的前夕,父母结婚时,洪家特别疼爱我母亲,送了很多嫁妆,包括一些珠宝、细软、皮箱等,这些后来成了变卖养活家人的资源。我名字叫耀如,与宋家三姐妹宋蔼龄、宋庆龄、宋美龄的父亲宋耀如同名,并不是我五伯父要模仿宋家父亲宋耀如的大名,而是因为我母亲名中有"如"字,意是要我能光耀我母亲,所以给我取名为卢耀如。在我一岁时,福州有"抓岁"的风俗,就是小孩子周岁时,在大桌子或床上放很多东西,如吃的、玩的、书本等,看他抓什么,将来就会偏向什么。到我周岁那日,桌上也摆了很多东西。后来我母亲告诉我,我把跟前吃的食物、玩具等都拨开,直朝远处的书本爬去,马上抢起翻开看。他们都说我长大后肯定爱读书。

我出生后,接着1932年10月我大妹维华出生,1935年12月我弟弟耀光出生,1935—1937年,是我们三个小孩最幸福的童年时光。那时,父亲常年在外,母亲带着我们三个小孩经常到亲戚家,那时我们年岁小,也是无忧的。

1935—1936年,让我去福州文山女子中学附属幼儿园,我坚决不去,我还记得我赖在地上不去的情景。

因为去这个幼儿园,不能和弟弟妹妹在一起,而且幼儿园中也是陌生的孩子多。后来是洪家大舅家的表姐每天要去文山女子小学上学,她带我去幼儿园,我才答应去幼儿园。

我还记得一次文山女子中学演话剧,要一个男孩在舞台上自己玩儿,于是挑选了我,母亲在后台等我,我上台一句话也不说,只让我摆弄玩具，在地板上爬，站起来跳一跳，这样在台上停留十多分钟，就落幕下台，我母亲称赞说很好，就领我回家了。

二、十四年苦难的抗战岁月中成长

1931—1937年，虽然遭遇世界经济衰退、我家族的衰落，还有日本侵占东三省，但对不懂事的儿童来说，并不知大人和环境的艰难。少儿和幼小的童年，也还是不知生活的愁苦。因为原有的家境还是可支撑些日子，童年还是有欢笑的。但是，当1937年7月7日爆发"卢沟桥事变"，全国开始全面抗日战争，情况就不一样了。抗日战争期间，福州遭受过两次沦陷，对一个从6岁多至14周岁的童年来讲，真是经受不少的磨难，当然也受到相应的锻炼。这几年对我来讲，真是一个严峻的成长过程，这过程使自己明白了个人与国家的关系，明白该做什么样的中国人，明白了自己应当如何成长，成为国家的栋梁。

突然分家，生活无着落

因为世界经济的影响，我们大家庭衰弱了，变卖刚发的家产以偿还被赖着不还及逃债而造成的债务之后，由于祖母还在，她让三伯父（大伯）和十一叔（老四）两家联合办一报关行所，实际上是三伯主管；由五伯（二伯）和我父亲两家合并，开一报关行所，实际上是五伯父主管。我母亲家一远房表哥做伙计，帮五伯父做报关生意。这样，三伯父一家和十一叔一家一起用餐，五伯父一家和父亲一家共用餐。祖母则轮流在这两边吃饭。在抗战前，多少还有点进出口商业，也有点报关业务，有些收入。可是，"七七事变"后，福州处于海防最前沿，一百多公里外的台湾，在1894年甲午海战后，为日本攫取侵占，在抗战一开始，使福建各港口受封锁，海上进出口几乎停止，于是报关行业也无多少业务可做，没有了收入。

有一天吃中饭时，五伯父突然宣布，让我母亲带领我们三个小孩，还有一个跟母亲来的养女维珍姐自己开火起灶。那时我父亲已随航空公司由上海去了昆明，信函、汇款也难。这样一来，让我母亲手足无措，半天时间就要准备第二天开饭，厨房用具、柴米油盐、钱，一切的一切都是难题。为此事，我母亲一直记恨五伯父，至临终都不忘。当时，我年纪虽小，但也懂单独吃饭这个难题，所以我心中也是对五伯父充满了不满和怨恨。

因为自那天开始，得不到在西南昆明的父亲的汇款，即使有汇款，也不通畅。那样穷困的岁月中，真是有这一餐，不知下一餐在哪里。母亲和维珍姐商量，什么时候又变卖或典当些东西，以买柴米油盐度日子，生活当然很艰苦。有几次母亲让我去向亲戚或邻居借些米，以便下锅，我碍于面子，把眼泪往肚内咽，借口读书，就是不去借粮。我宁可饿着肚子去看书，也不愿向亲戚邻居借粮借钱。最主要的是，我不仅想着他们钱粮也不多，能否借到也是问题，主要还是不愿低声下气地去借钱粮。从那时起，我就存有不想屈膝求人的想法。长大之后，我深感那段岁月里母亲的艰辛，我也深深感到对不起母亲，那时不能与她分忧，还伤害了她的慈母之心。

我对五伯父的这种做法（突然宣布让我们出去，不顾我们死活的做法）深为痛恨。多年后，我思考一下，这仇恨应当算到日本侵略者头上，那时因被侵略，福州海外进口贸易陷于停止。五伯父一家有二女三男，加上佣人伙计共八九人，再加上我们家三兄妹和母亲及维珍姐共5口人，总人口达十三四人。常年也无收入，只有靠借贷变卖，的确也有其难处。但突然地分家分吃，确实令人憎恨。

逃难的日子

1938年年底,疏房的北京姑妈、姑父以及颖叔、颖婶、小超表哥和小如(维扬)妹从北平逃难回福州。颖叔一家三口是跟他亲姐姐及小超表哥一起生活、工作在北京。姑父是个文人,在北平算是个报人,思想较进步,积极主张抗日。北平发生"卢沟桥事变",他们就离开北平,后来辗转逃亡,于1938年返回福州,先借住在我们住的地方,挤几天,然后找出租房子。那时,福州还是国民党的管辖地区,姑父也很快以其报人的能力与影响,在福州找到了工作,逐渐站住脚跟,发展他的事业。

他们刚回家乡时,颖叔、颖婶、小超表哥和小如妹都是一口京腔普通话,确实令我们非常羡慕。

姑父知道我喜欢读书,不是贪玩的孩子,所以也很喜欢我。待在我们的住处只有几天,就搬到他们租的房子去。没走之前,他想测试我的智力,也是想逗小孩玩儿,所以有一天,他让我站在椅子上,他站在我面前说,你看我会把橄榄核吞下去,一边说一边把橄榄核放在嘴里,然后用手一抹嘴,就说:"你看橄榄核我吞下去了。"我当时知道,他在一抹嘴时,就把橄榄核吐在手上了,所以一张嘴就没有橄榄核。我就说:"我也会吞下去,你看!"我正要如法炮制,可把姑父吓了一跳,连忙说:"别!别!别!我没有吞下去,你看在我手上。"当时,我一下子感到伤心,觉得姑父怎么这么看不起我,把我看得那么笨啊!其实,那时候姑父是逃难,从遥远的北平,一路奔波,千辛万苦地回到老家福州,心中一定是很痛楚,当时是悲壮返家乡,前途仍迷茫的,所以他才和我开这玩笑,当时我还生气、不高兴,以为自己的理智没有被理解。

姑父后来在福州逐渐打开事业的局面,至解放前,他当了闽侯县参议长。解放后,因为他保护过很多的共产党员,使他们免受国民党迫害，从而得到党和人民的理解，仍继续参加些政协工作。

在抗日战争初期，福州各方面都是很艰难的。我在三进房屋的家中，从天井上就多次看到日寇飞机低飞从屋檐上空掠过。那时主要是双翼飞机，速度慢，日寇飞行员戴着皮制飞行帽我都看得一清二楚。那时，中国国民政府的空军在福州根本没有飞机，高射炮也极少，只好任敌人飞机随意飞行，肆意轰炸。每次敌机轰鸣呼啸的声音，在我幼小只六七岁的小孩的心中，似乎扯开一道道伤口。我曾问母亲："依妈！日本飞机怎么这么野蛮？"母亲说："我们国家弱才这样，将来会强大的，小孩要知道长大后尽忠报国。"还讲了岳飞"精忠报国"的故事。

为了逃避日本飞机的轰炸，福州不少人躲到仓前山一带，那是有外国人居住的地方，说是有美国人住，日军不敢轰炸。那时，我已上了文山女子中学附属小学。为防备日军飞机轰炸，学校晚上五六点以后才上课，天很快黑了下来，学校有木制网格架子，学生就在上面攀爬玩耍，既是娱乐也有助于锻炼身体。不久，文山女子中学和福州许多中学都搬迁到闽北一带，附属小学就搬到中学部上课。为了避免日寇飞机轰炸，因为是教会学校，所以在中学部最高大的建筑物的屋顶上（只有三层建筑），刷上彩色的美国星条旗图案。1941年，日本偷袭珍珠港，美国宣布对日作战，学校又马上把屋顶的美国国旗图案涂黑。这就是风云多变。

1939年，我在文山小学读书，那时是抗日战争第二个年头的结束，日本加紧对福州的围困，当时流传日本侵略者马上就要攻占福州。于是福州又加紧疏散，中学都搬迁了。姑父一家也要到他老家的乡下去避难。因为我父亲在北平读中学，得到姑父一家关照，我父亲和他一家很亲热，胜过他自己的亲兄弟。抗战开始时我父亲正在昆明，所以北京姑妈和姑父他们知道我母亲带我们三个小孩不容易，也叫我们随他们到乡下去躲避一下。那时，乡下正是夏秋季节。有几个月时间在乡下，我们住在一个乡村小学，那时学校也放假了，学校前面有一操场，操场前就是农田，操场上有单杠、双杠。

有一天，大约是阴历十月，天气晴朗，在福州也还是金秋季节，我正在操场边上观看金秋的田野，突然听见远处有人扯开嗓子，尖声悲惨地用福州话呼喊："武汉没了！"这悲惨的呼喊，表明武汉已沦陷。这悲惨的声音，像利剑一样，穿透刚满八岁的我这个小男孩的胸腔，我一下子毛骨悚然。我想：日本也会入侵福州吗？在幼小的我的心中，当时确实感到悲痛、迷茫，也充满对日寇的痛恨。

磨难中的立志成长

在乡下避难的几个月，痛恨日寇的侵略，我幼小的心灵立志不能当亡国奴，不能受屈辱，长大后一定要精忠报国。所以，我幼小心灵支配自己做了几件事：

第一，我不能荒废学业。我"抓岁"时就抓书，所以不能因逃难而丢掉书本，自己仍不断看书，也开始看历史名著，虽然有的不懂，但还是要看，乡村小学也是有书可看的。

第二，我立志今后要保家卫国，也想到自己要锻炼，身体应当强壮。于是，我利用小学前面操场边上的双杠进行练习。我颖叔，他玩双杠很好，经常看他利用双杠锻炼身体。后来我也偷偷练习。开始只是手扶双杠，身体上下活动伸屈，尝试后觉得还可以。有一次我想像大人那样手扶双杠，身体来个打转，结果打转中，手脱离了双杠，头往地上一栽，把我摔得晕头转向，过了好久才缓过神来。回屋内也不敢和大人说。从此以后，双杠我老做不好，不敢打转，手臂力量也不够。到了大学，也还是下意识地对双杠有所畏惧。

第三，学学种地。操场前就是农田，经常看到农夫、农妇在地里干农活，也有小孩参加，我那时主要是好奇，也想干些农活，那时候读了些唐诗，我还记得："锄禾日当午，汗滴禾下土。谁知盘中餐，粒粒皆辛苦。"母亲也教导我们要珍惜粮食，我看农民们辛勤劳动，不觉得有什么难，我想我也应当能学会吧，于是有时也到田里学着干一些农活。例如：倒退插秧，我也做了，感到很好玩。没想到，过了三十二年，在"文革"后期，却成为工作组要"解放"我的一个因素，其中有一条是："……我们也看过，你劳动也很好，在农田上你插秧也很地道……"。这是后话，再详说。但是工作组在这一方面对我的评价，却是我当时没有想到的。

第四，我开始练习毛笔字。在乡村，姑父也没什么事做，他是文人，看看书，也写写字。当然，他的字是写得很好的。那时，我也开始练悬臂写毛笔字，学习颜真卿的颜体，也学习柳宗元的柳体，这是两种不同风格的字体。当时我写的字得到姑父的表扬，可惜的是后来没有坚持下来。

中国工程院成立书画社之前，我参加了与书画家的联欢，我真是滥竽充数。工程院书画社成立后，我参加了一些笔会，主要是文字的内涵还好些，可字确实自己也觉得写得不好。这写毛笔字的底子，只是逃难时学写了一些。

上述这几个方面，是我在艰难困苦的逃难环境中自我立志要锻炼的。这个经历，对我后来的人生也是有帮助的，就是人处在艰难中，首先自己要有所作为，在逆境中正确地创造开拓自己应走的路。如果当时只是一味地贪玩儿，或者是气馁、一蹶不振，那就会荒废童年，也会影响到后来的成年历程。

福州的第一次沦陷

1941年夏初，福州为日寇所占领，经过前述的逃难后，福州大多数人经济拮据，只有期盼日寇的战败。多数人还是相信小日本不可能在中国待得太长久，中国一定会胜利的。那时，我这个小孩的心中就是这么想的。那时我刚好10岁了，已读小学四年级。

母亲常说："鸡上斤，人上十。"就是说，鸡养到一斤，就是成熟的大鸡了，小孩长到10岁，就应当像大人了。那时我便意识到，自己已10岁了，真是大人了，古语"天下兴亡，匹夫有责"，我应当是大人匹夫了。

福州沦陷前夜，看到国民党军队从街上经过，个个都不是很强壮，穿着短裤，有的长了疥疮。那时，福州很多老百姓也长了疥疮，主要是卫生条件不好，加上营养不良，所以长疥疮很多。我们也长了疥疮，弄点硫黄化在热水中洗烫疥疮以治疗。

日本侵入中国已4个年头，我们是第一次见到日本兵，日寇入城前，国民党军队也没什么抵抗，就撤走了。日军入城的第一天，我们都从门缝中看到日本士兵扛着长枪，领头的枪上还挂日本国旗，穿着前掌打上几十铁钉的皮鞋，走在路上咯吱、咯吱地响。自认为已是大人的我，只能这样受屈辱，真是非常伤感，几乎要哭出声来。这次沦陷，国民党在福州的兵力是比不上的，所以撤退到闽北山地。

日本兵占领福州没有几天，就举行检阅，散布是要欢迎一个日本中将，在烈日下，日本兵从福州台江码头，列队到城内。我们从门缝中看到几个日军高级军官骑着高大的战马检阅，实际上是要震慑被占领的福州人民。

虽然日本兵想压制福州人民的反抗，但是人民的抗日怒火是压不住的，到处都流传着一些勇士偷袭了日本兵，也有传言我们抗日勇士被日寇杀死，抛尸入闽江的消息。这些传言激发人民燃起更强烈的抗日的怒火。

日本兵刚入城时，表面上还显得安抚老百姓，但没过几日就露出狰狞面目，随意抓人、杀人，汽车横冲直撞，日本兵站在司机的两旁，拿着长棍子随意打两边的过路人。福州沦陷后，我父亲从昆明回来，上街时就被日本兵打过。另外，日军卡车上，也时有被强迫抓走的女人，呼啸而过，有人说是日本人的军妓，可能有的是后来揭发出来的"慰安妇"，当时我们都不懂。当时，我们小孩还不太懂，只是觉得日本人要长期待下去那怎么办呢？这个问号没有持续多久，因日本挑起太平洋战争，日本兵力开始集聚太平洋，于是就从福州撤退了。

抗日战争时期小学教育的思考

1937年夏，"七七事变"开始在中国掀起了全面抗日战争，至1943年这六年中，我接受了小学教育，中间有两次的逃难、一次沦陷。这断断续续的学习过程，使我这个小孩感受到各种经历，同时也积累了无数的感怀。但是，最主要的就是："国家必须强大，自己应该自强成长，在困境中不要气馁，应当自觉鞭策自己，救国匹夫有责，小孩应当成为抗击敌人的匹夫。"另外，学校屋顶刷上美国的，后来的又涂掉，给我的感触就是，只能依赖自己国家强大，依靠外国、依赖外人，是靠不住的。

小学六年中，我也深深感觉到孔孟之道，学生应当尊重老师，应当接受老师的教导，但更主要的是应当自觉地学习。从小应当有国家意识，家庭意识，自我奋斗、严于律己的意识。同时，也应学会帮助同学、团结同学。

记得小学三年级时，教语文的蒋老师（女）在课堂上表扬了我。她说："你们看卢耀如的作文写得多好，现在贴在墙上，你们可好好学一学。卢耀如不仅作文写得好，对老师也有礼貌，在路上看见老师就立正点头，说'蒋先生好'（那时老师不作称呼，更尊敬地叫先生），你们有的同学就表现不好，像×××，他学习不好，对老师也不礼貌，不尊敬。"蒋先生这一表扬又一批评，就出了事。有一天中午放学回家，刚出校门一百多米，被批评的那位同学就拦住我说:"你去蒋先生那儿告我状!"接着一拳朝我心胸打过来,我偏了一下身,虽被打得很疼,但我不还手,我比他高,我若和他打架,不见得打不过,但我觉得不能打架。我说:"我没告状,蒋先生是从你作文中看出你不好好学习,你对她也不敬礼,这是你自己的表现,不用别人告状。现在正是国难当头,你家长送你学习,也是希望你好好学习成长,有本事将来打小日本。"我没还手,还说了道理,让他自觉惭愧,就走了。过后他学习真的有进步。从这件事上看,老师正面教育很重要,但千万不要一面表扬一个学生,一面批评另一个学生,反而达不到教育的目的。这件事对我也是教育,因为我功课好,所以后来在中学时,我就自愿当课后小先生,帮助功课差些的同学,做些辅导工作,也增进了同学间的感情。

小学,的确是一个人成长的重要立志过程。"鸡上斤,人上十"这十岁的时光,对一个人是多么重要。这六年,虽然我们处在日寇侵略的苦难岁月中,但另一方面也激发了小小年纪的我的爱国、报国之心。

朦胧感受到全国团结抗日的气氛

1943年,我从文山女子中学附属小学毕业,要升入中学了。因抗战,福州的中学早已搬到闽北山区。后来,为照顾家庭困难不能去闽北的一些孩子上初中,在1940年成立了福州初级中学和福州商业初级中学,我父亲在福州商业中学教书。我不愿学商业,因为预备上高中、升大学。所以,我选择考福州市立初级中学。学校招收的学生有限,全市及邻近县城学生也来考。家长都希望年龄只有十二三岁的小孩不要远离父母去闽北读初中。发榜时,是用毛笔写录取生的名字在榜纸上,贴在原福建省政府的大厅中,当时省政府已搬到闽北了。母亲带我去看发榜,我去时已是人山人海,都是父母带孩子去的。母亲和我在外边,挤不进去,但远处就看到,我名列在第三行第一名，每行5名，就是说我考中第11名，考上福州初级中学了。

当时，第一名是林君震，我很羡慕他是"状元"，而我只列在第十一位，也是高水平了。入了福州初级中学，使我大大增强了抗日救国的意识，也更了解了国内团结抗日的情况。

其实，在小学五六年级时，就看到有关台儿庄战役等的文字报道，当时确实很振奋，感到中国还是有力量的，只是福建驻军差。进了福州初级中学，看的有关材料也多了，包括《中国之命运》。进入初中，就受童子军的军训，每人有一把比学生高的童子军棍，这给少年的感觉是距离成为抗日战士不远了。

有一次张贴的一张百位抗日将领的招贴画，里面有百位抗日名将，包括八路军总司令朱德和副总司令彭德怀，当时是写军长还是司令，记不清了。这张招贴画，将国共抗日名将都印在一起。那时，我对中国共产党和八路军抗日队伍还不清楚，没有什么认识，但觉得他们是抗日名将，一定不错。还是偶然的机会，我听到我父亲和我堂兄（水哥）交谈的内容。我父亲是由上海去了昆明，在中国航空公司为一般职员，在昆明有人劝他加入国民党军队，并可在昆明缅甸一带做买卖，实际上是走私。但我父亲不愿做这种事，自命清高，又是大学毕业，所以就婉谢，选择回福州，家人也好团圆。他在外，也有很多同学、同事，对国民党和共产党之间的党派之事清楚一些。我听到他对水哥说：共产党那边有很多名人，国民党这边内部问题大。那时还是朦胧地感到国民党和共产党都在一起抗日，都是好样的。

在福州市立初级中学学习，不能不提到从外地回来的张先生，他教音乐唱歌。他还带来一个小妹，人很美，个子也高，一口好听的正宗普通话，她和我们同班。这位音乐先生教我们唱很多抗日歌曲，包括黄自的许多歌，冼星海、聂耳的歌曲。这些歌曲的确更加激发我们抗日的情怀。我们唱《流亡三部曲》，真的感到国土沦陷的悲伤，我们唱"大刀向鬼子们的头上砍去"时，心潮澎湃，真像是上了战场。

锻炼身体为篮球代表队前锋

我们班有一个同学，从台湾回来，会日语，第一次沦陷时，被拉去做了翻译，同学们都骂他。他说他们是中国人，所以没法回来，做翻译是被迫，也没做害人的事。后来，同学们也原谅了他。

在农村逃难时，作为小学生的我就想长大后保家卫国。进入初级中学，更想要锻炼身体，日后也好杀敌为国出力。所以，我对锻炼身体很重视。另外，自己对篮球也产生了兴趣，在不断锻炼中，我的球艺也有所提高。在上初二时就受重视，初三时，就正式加入校篮球队，我打右前锋，特别是在右前锋位上，用右手勾篮，成了一绝。初中的球队，还敢和当时的协和大学篮球队比赛，而且输球不多。输了球，主要是因为个子小。

那时，我们家还是比较困难，我是走读生，每天来回要走近两个小时。有一次体育先生叫我训练，我身体却有不适，主要是营养不够，肚子饿得很，我说今天我不练了。体育先生却不体察我的困难，对我发火说："你会打些球了，现在就骄傲了！"我连忙申辩说："先生，我真没骄傲，我只是今天没吃好饭，体力不行。"后来，这位老师审视我，感到的确不是骄傲了，不想再刻苦训练了，也就没说什么。

在初中学习期间，一些经历都使我更深刻地感觉到自己必须强壮自己的身体。但那时因为日寇入侵，经济不好。我就想，无论情况如何，我都应当锻炼身体，将来杀敌卫国。但是，这些事也让自己清醒，有事先向老师说清楚，自己应当在被误会时仍坚强，而不是悲伤。

还是骄傲了，是我唯一的一次补考

在考入福州市立初级中学时，我名列第11名，读书也是一向受人称道的。不知不觉间，自己还是滋长了骄傲情绪。初一上学期时，对数学平常自认为是一点问题没有，到了期末考试时，我自认为没有什么可复习的，于是连课本都不翻看一下，以为自己数学好、记忆力好，没有什么问题，不是满分，也是高分。进了考场，翻开考卷先从头看到底，不禁惊出一身冷汗。其中，有题目需记下书本上的公式，再做演算，可是我一着急懵了，公式记不很准确。后来想出来的，却是错误的。当时，自己还觉总算过去了，得不了高分没关系，总能及格，在60分以上。

期末，发送成绩单，是邮差送来的，成绩单上说明数学要补考。我父亲问要不要找人帮你一下，我说不用，我复习一下没问题。后来，我就谨慎地又翻了书本，记一下应记的公式。补考后，我得了高分，这件事给我一个警钟：人有一点成绩，千万不要自大，更不要自满。这件事，真的让我受到很大的教训，这是我小学到大学唯一的一次补考，唯一的一次因骄傲而失败。

这件事也说明，老师也好，家长也好，对成绩好、表现好的学生和小孩，只能适当鼓励，更多是要引导，引导发挥其优点，使其更努力、更虚心地向前进取。

福州第二次沦陷，可歌可泣的人民驱逐日寇的壮举

1943年9月，我在福州市立初级中学的初二上学期，刚开学几天，母亲让我住宿在学校。那天，母亲送我到学校，怕我饿还买了一小包点心给我带进学校。到校才几天，一天上午9点多，学校通

知：日寇要侵犯福州，学校要撤退，你们都回去，带些钱、衣服，下午4点钟集合，学校按时出发。我回家已快中午12点，告诉了父母，我说我长大了，都初二了，应当跟学校到闽北，预备将来杀回来，驱逐日寇，不能在福州等死。自我感觉也像大人了，福州若再沦陷，仍留在福州也危险，不如去闽北。父母被我说动了，但是家中又添了弟弟、妹妹二人。维娟妹是1941年9月出生的，耀森弟是1942年12月出生的，还是非常困难，欠了债，家中又无现钱。日军要来了，消息传遍福州，大家都想身边留点钱，以便渡过日寇再来侵犯福州的日子。父母借了多处没有借到更多钱，各家也都贫困没钱。后来，向我父亲一个朋友处借了少量钱。我拿了钱，带了行李和衣服，晚上6点多到学校时，学生早已由校长带领步行转移了，不知去向。听说跟去的学生也不多，不少也是家中筹了钱来时，学校已开拔了。后来传说，这次日本兵又来了，是在太平洋战争中一艘受伤的日本军舰，漂到福州沿海福清一带，上岸后日本兵就抢吃的，抢了牛也要杀死吃牛肉的。当时，看到有日本军舰，国民党部队就后撤，望远镜一看日本兵拉着牛，以为是大马队，不确切消息传到福州，弄得福州又搞撤退。

隔了一天，日寇进入福州，我先从门缝中看，日本士兵是无精打采的，胆大的人就跑街上看，日本兵见什么吃的就抢什么吃。第一次福州沦陷时，日本兵趾高气扬，吃的饭盒中是高级东北大米，有肉鱼蔬菜。大家就议论，这次鬼子不一样，好像是打了败仗，漂流到福州沿海。福州老百姓就开始注意了。日本兵抓得一些人当挑夫，从城内挑到城外，挑军火箱，城外又挑到城内。日本人没有吃的才漂到福州，福州很多人也吃不饱，抓的挑夫本来是穷苦的苦力，肚子饿，日本人不给吃的还要打骂。有一次一个挑夫饿昏倒地，挑的箱子也摔破了，老百姓一看木箱里挑的都是砖头瓦块，这是蒙骗福州老百姓，掩盖其败军的困境。本来老百姓就怀疑是失败的日军，这件事一下子传开来就更证实了，纸包不住火，全城老百姓都知道了。

福州木房子很多，经常有火灾，一烧就是连片，有的去看火烧房子，以为与自家没有关系，结果风向一转，自家也烧着了，赶都赶不回去。于是，福州有很多民间救火会，都是业余的民间组织，一有火警，就马上穿上制服、戴上帽子，拉着铁制的手摇的喷水器和筒状喷水枪，敲着锣，轰轰隆隆地响着向火灾处奔跑进发。

"这次日本是败兵，无军火，一定不能让日寇在福州休息恢复等待援军"。这信息不胫而走，于是民间就酝酿以救火会为分区，某日某时一起出动，分别围攻日本据守的地点，把日本杀死或驱赶他们，把他们俘虏。当时还说原福州地区的何专员要从仓山闽江登岸，带上机枪和士兵，共同歼灭敌寇。

预先我也知道这信息，我也想去参加，但大人不让，因年岁小。比我们大四岁的卖麦芽糖的小郑已十六七岁了，被允许参加。到了义举的那一天，小郑举着旗，冲在最前头，去攻打日寇据点，那是在吉祥山顶原文山小学内，有高围墙，高处有窗户，可俯视两边路上的来人。小郑冲到前头，后面跟着附近救火队员及勇士，日寇是武器不多，但等人到了跟前，就以狙击手方式一枪打响就伤及一人。这样临时组织的民众抗日队伍，没有武器，只有土枪，攻不下石砌的围墙，却牺牲了几个人。后来知道，小郑也壮烈牺牲了。我们多次在他居住的兴化埕的住家门前徘徊，思念这位勇士。

原英华初中部前石砌的教堂处，也是日寇的据点，那天许多围攻的平民百姓也一个一个被狙击而伤亡。原说何专员要带士兵和机枪来支援，结果是上岸了，机枪打不响就又走了。

这一场可歌可泣的民间自愿组织的抗击日寇的奋战，虽然失败了，但他们应是民族英雄，永垂不朽的。

通过这次斗争，日寇稳住了阵脚，不久援军到来。要驱赶日寇，单靠老百姓的赤手空拳，也是做不到了。

就是这样，老百姓的各种抗争还是没有停止。我们住所对面是制衣店，里面有两个伙计，二十多岁。他们在我面前就曾议论，以后把日本的卡车给炸掉，后来炸了没有我没问，因为如果炸了，他们也是要保守他们的秘密。从这里可看出，福州老百姓是多么勇敢，同仇敌忾地想消灭日本侵略者。

瘟疫、肺结核等传染病的蔓延惨状

在福州第一次和第二次沦陷期间，福州瘟疫流行，主要是霍乱和鼠疫这类可怕的急性传染病。若染上霍乱，有的是吐泻几次，手指上的螺纹就凹陷下去，很快就死亡。当然，主要与天热、苍蝇多、饮食不卫生密切相关。有的人上街吃一片西瓜，回家过不多久就发作，不治而亡。

鼠疫，特别是肺鼠疫，通过空气传染，有的一家夜间睡觉前还没事，第二天就全家没了。人们对肺鼠疫更是害怕万分。

那时，街上有公益性义务收尸的，这些义务人员抬着薄木板钉的棺材，由死人家抬出，到市郊附近荒山野岭，倒在坑里一埋就了事，那时还没有火葬，而死人多，公益的棺材不多，于是埋了死人后空的棺材又抬回去，再抬另外的死人。我们在街上，就经常看见装有死人的棺材和没装死人的空棺材在大街上抬来抬去。看见这情景，真是感到不寒而栗。因为日本侵略，使经济停顿，广大人民真的都处于艰难困苦之中，医疗条件不好，缺医少药，更主要的是多数人上不了医院。吃饭都困难，哪有条件上医院。况且，这些瘟疫也很难治疗，预防也得耗费很多的费用，须采取多种、全市的措施。对于霍乱，医生说吃的东西要煮熟，再放点醋，可起些预防功效。

由于在抗战期间，特别是在日寇两次入侵福州期间，福州老百姓的生活是很艰难的，不少人是食不果腹。那时候真的是有这一餐，不知下一餐在哪里。能吃到大米和番薯干的混合粥就是很好的了。在营养不良、环境不良的情况下，生疥疮是小事情，得上瘟疫是注定难救治。此外，肺结核病又蔓延流行。那时，五伯父的大女儿，我们叫她四姐，只14岁就患肺病去世。把她埋在吉祥山附近的坟地时，我母亲去送她，我想去母亲不让。不久，五伯母也因肺病而去世，还有十一叔，我祖父的第四个孩子，他也得了肺结核，经常吐血，后来去世在我们共住的三进房屋的对面房子，中间只隔一个小后厅堂。

那时候，因瘟疫的蔓延困扰，心中确实打了结一样，不知何时何日我们也会遭此厄运。所以，想长大了抗击日寇，又想到应当设法让自己不要遭遇这些可怕的病魔。营养不良那是没有办法，尽可能锻炼身体，以增强抵抗力吧，心想只有这样了。

不能荒废学业，当抓紧学习，自我提高

第一次沦陷时期，我依靠自己努力学习，仍然可以在光复后按原有班级继续学习。第二次沦陷了，何时日寇能撤走，这是一个未知数，等日寇败走，学校搬回复课后再学习，显然也是个未知数，也不可行。

唯一的选择就是自觉学习。自己抓紧学习，就像上学校学习一样，自己教自己，主要是有了课本，有了参考书本。于是，我自己订个计划，把初二上学期的课本，开始系统地自看自学。后来，连初二下学期的课本也学习了。

当时，叔伯的兄弟们都住在一个三进房屋中，有的学习差，自觉学习不能坚持，而更多时间耗费在玩麻将、玩纸牌上。于是有的大人就想找一先生来教，原以为可以先免费、义务的，将来送些礼物，等日寇撤走后，再送也不迟。结果邻居从熟人中请了一位老先生来，开始是说先不给钱，这老先生也无事，乐于教些小孩。过了两天，这位老先生来了，穿着长衫，说是要教《左传》，于是讲了两个钟头就走了。第二天来，就提要先给"束脩"，这时我们才知

道这"束脩"就是给老先生的上课薪金。开口的数量很大，要百多斤大米，另有现金。先生走后，几位大人合计一下，各自家中大米都很少了，要这么多大米和现金，那是不可能凑齐的，于是决定不请来教书了。大家凑了一点米和钱，婉谢了这位老先生。

看来，这位老先生对古文很有研究，真像个穷秀才的样子，那时我心中是非常同情这位老先生的，可是穷困潦倒那是沦陷的苦难啊！而原先家长们想请的是教现代学校课本的老师。集体学不成，只有靠自学了。对自学初二的课本，我是一点困难都没有。另外，自己也看了中国四大名著，以前我看过，这次又仔细读了《红楼梦》。这些书我母亲都看过，很熟悉，她还常看《镜花缘》等系列古书。有一天，母亲看见我还在看《红楼梦》，而且好像沉入到林黛玉和贾宝玉的爱情之中，于是母亲对我说："耀［母亲叫我常用福州话'耀（音幼）'］，你不要看红楼梦，看呆了，弄得神兮兮的。"我赶忙说："依妈，我不会的，我会正确分析这红楼梦中贾、林等这么多人物。"其实母亲说的没错，看这《红楼梦》，贾、林的情感对我有不少影响，这在后面再谈及。后来，会背诵林黛玉的《葬花辞》，特别是"侬今葬花人笑痴，他年葬侬知是谁"，主要是对苦难的日子有伤感，而那时还不涉及爱情的情愫。

第二次福州沦陷，时间长，到了1945年4月，日本兵才撤走。对我们没跟学校上闽北去的同学而言，是荒废了一学年。学校于1945年9月搬回福州复课，对没有跟校去闽北的学生出了一条规定，就是1944年9月时上的班级要通过考试，及格了可进下一班级。对我而言，通过初二上学期考试合格了就可进入初二下学期了。我考试后成绩合格，于是在1945年9月后，进入了初二下学期。这样，使我由秋季班变成了春季班，浪费了半年，结果还是晚一年才能上大学。

抗战歌曲唤起人民大众的抗日激情

抗战初期就有很多的抗战歌曲在民间广泛传唱，我们虽然年幼，但也深深为这类爱国抗日的歌曲所激励，感到"少年不忘国仇家恨"。我在上小学时就参加了学校组织的儿童合唱团。

印象最深的首先是田汉作词、聂耳作曲的《义勇军进行曲》："起来！不愿做奴隶的人们！把我们的血肉，筑成我们新的长城！中华民族到了最危险的时候，每个人被迫着发出最后的吼声。起来！起来！起来！我们万众一心，冒着敌人的炮火前进！冒着敌人的炮火前进！前进！前进！进！"

这首歌原是电影插曲，在全面抗日战争开始的 1937 年 7 月 7 日这一天成为全国抗日的第一首战歌，激励与表达了亿万人民大众的抗战决心。的确，中华民族到了最危险的时候，每个中国人都要发出抗日的吼声！在当时，幼小的我唱这首歌时，心中就是充满仇恨日寇与我要抗击日寇的冲动。

"同学们！大家起来，担负起天下的兴亡！听吧，满耳是大众的嗟伤！看吧，一年年国土的沦丧！我们是要选择'战'，还是'降'？我们要做主人去拼死在疆场，我们不愿做奴隶而青云直上！我们今天是桃李芬芳，明天是社会的栋梁；我们今天是弦歌在一堂，明天要掀起民族自救的巨浪！巨浪，巨浪，不断地增涨，同学们！同学们！快拿出力量，担负起天下的兴亡……"这也是田汉作词、聂耳作曲的影片《桃李劫》中的插曲，对青年学生当时是很适时的抗日的呼喊。幼小时，在抗战中也传唱了这首歌。当经过福州第一次沦陷，小学毕业时，再唱这首歌曲，心灵中更激起男儿应当担负起国家兴亡而抗击日寇的职责感。

《大刀进行曲》《游击队之歌》等歌曲，都是少年们所传唱的。当我们唱着东北流亡三部曲中的《松花江上》时，一次次地感到悲伤,虽然我们老家不在东北,但是歌中"爹娘啊!爹娘啊!什么时候才能够回到那可爱的家乡!……"就是呼喊什么时候把日寇赶走,让我们不必逃难,在家乡过上安静的日子。这是年幼的人,也是大人们,更是祖国的呼喊声:把日寇赶出去!

抗日战争胜利了,我们热烈欢呼!

日军从福州撤退了,抗日战争怎么样呢?太平洋战争怎么样呢?第二次世界大战如何呢?这在日军侵略的福州,大多数老百姓都不很清楚,有的人有收音机,听广播那是极个别的,有时也会有传闻流行。日寇撤退后,我们这些小孩似乎经二次沦陷的洗礼,心中爱我中华、渴望打败日寇的诉求也变得更加迫切。

日军撤出福州后,关于太平洋上美日的打仗,关岛、塞班岛等许多岛屿的激烈争夺,日本的自杀性木质飞机,美国在广岛投放原子弹,苏军大举进入东北击溃日军等许多战争信息,让我们受到极大的鼓舞。大家都明白,日本快完蛋了,大家都在等待着这一天的快速到来。

"日本无条件投降了",这消息于1945年8月15日迅速地传开了。开始大家还怕消息没搞准,后来传来信息是千真万确的,日本天皇下诏宣布无条件投降。8月15日11点多我听到这个消息,马上到街上去看,那时我才14岁,脚上还是穿着大人穿的大木拖鞋,拖鞋前的橡皮带太大,不好走路,我干脆脱下木拖鞋拿在手中,光着脚跟着人群跑到大桥边。那大桥是福州横跨闽江的唯一大桥,连接中洲岛和南台,中洲岛还有一短桥连接仓山区。这个桥在日本侵略军撤退前几天被国民党军队轰炸,后来听说是给日本人一个威慑,拟要阻碍日军的大部队畅通闽江两岸。

我们人群在炸断的大桥边不断高呼"我们胜利了""小日本完蛋了"……

当时，我真是含着眼泪在欢呼，虽然那时才14岁，但我好像已是大人了，经历两次福州沦陷，这时更感到我们不再是受日寇欺凌的中国人，我们不是亡国奴。

在日本撤出福州后，我们也曾欢呼过，但不像这次是"日本鬼子无条件投降了"，这时的心情，我想没有经历过十四年抗战、没有经历过两次在日寇占领而沦陷的城市中生活、没有过悲惨的苦难经历的人，是不能从感情上面深刻地理解的。

十四年苦难童年的感知与成长

从1931年5月22日我降临到这个世界到1945年8月15日抗日战争取得胜利，日本宣告无条件投降，时间是整整14年3个多月。而且出生时正是世界第一次金融危机，紧接着日寇入侵，经济也受很大影响，生活艰难困苦，是可想而知的。那时，福州市区人口也只有30万，汽车很少。但是，全国所需要的石油产品在抗日战争爆发前，主要是由福建宁德三都澳良港进口美孚石油。抗日战争爆发后，这良港就衰落了。

14年的岁月，对我自己来说，也正是一个磨炼学习的成长过程。现在回想起来，有以下方面的感受与收获：

第一，树立了国家意识。

我开始记事的时间是1935年，我仍记得一天晚上妈妈带我在家门口看提灯游行，母亲指着游行队伍中的一个人，说是我的大表哥依黎，他是我母亲大哥的儿子。那时什么西安事变，什么张学良都不知道，只记得要抗日。其中的道理及含义当然是一无所知，只是"七七事变"后，全国掀起抗日战争的浪潮，自己上学受到影响，改到夜晚上学；再加上看见日寇飞机的蛮横飞行与轰炸，我们开始逃难，才感到日寇侵略中国的"国破山何在"的日子。福州两次沦陷的经历，更在幼小的心灵中感受到国难的悲哀和当亡国奴的痛楚。这14年的苦难岁月，使我幼小的心灵受到打击与震撼，逐渐增强了我是伟大的中国人的意识，心中也更坚定地产生男儿应为自己的祖国做事，首先应当"精忠报国"。"穷人的孩子早当家"，同样，"苦难的国家（小孩）早成长"。

第二，中国应当团结，增强国家力量。

小时候常听说"众人拾柴火焰高"。就是说许多人都拾到柴禾，就会不断补充燃烧的火堆，使火烧得更旺盛。大人也常说："一根筷子，很快（或容易）被折断，你拿一把筷子，那就折不断了。"就是说，人多齐心力量大，人多好办事。对于抗日战争，大家齐努力就会有4万万同胞的力量，把日寇驱赶出中国。这些明显的道理，在少年的我的心中是很容易理解与接受的。

第三，中国应当更强大，才能抵抗外侮。

中国之所以遭受日本的侵略欺侮，就是因为中国太懦弱、贫困。中国在清朝末期，受到外国侵略，列强瓜分，就是因为朝廷腐败与国力衰弱，这些在我小学高年级时就领会了。特别是在初中，经历福州的平民自发义举，驱逐日寇，最后失败的惨痛经历，使自己更深刻地领会到这一点。如何让国家强大，当时年少的自己是不太明白的，但是有一点很清楚：我应当在年少时多努力学习，将来才能为国家强大作出贡献。否则，"少壮不努力，老大徒伤悲"。将来长大了后悔也来不及了。

第四，个人应当有强健的体魄为国出力。

外国人嘲笑中国人是"东亚病夫"，又输入鸦片以麻醉中国人。林则徐，他是福州市三坊七巷长大的，他的禁烟壮举激励国人当自强奋起。看到那时国民党军队的衰弱情况，我自己深感应当有健康的身体。当时，虽然有这意识，但是受经济环境的限制，不能像现在少年那样有较好的经济条件作为保障。

我处在福州这一隅之地，经受的童年至少年，相对来说还是很平常的经历，在抗日战争期间也了解到一些耳濡目染的史实。至于在全国，各种抗日的斗争史实，我们也听到、看到许多可歌可泣的抗日英雄事迹。例如上海一个女童子军勇敢赴十九路军固守抵抗日寇的四行仓库等。中国的抗日战争赢得了世界的尊重。

今天，重忆自己的成长历程，难以忘却日本军队的入侵，以及其对中国人民犯下的滔天罪行。日本的当权政府领导人，必须为这些侵略的行为认罪才能取得中国人民的宽恕。

在80多年前，日本强占东三省，接着又发动全面侵华战争，并侵犯东南亚多国，打起"东亚共荣圈"的旗号，这口号我在童年时也听过，实际上日寇的行为是掠夺资源，奴役被侵略的人民。这段历史过程对于深深遭受过日寇恶行的人民来说是永远不会忘记的。

三、解放战争时期，高中学习成长的历程

福州第二次沦陷，自1944年9月至1945年4月，使我们没能随校撤退到闽北学习的学生荒废了一年学业。虽然我自学不懈怠，但学校只允许按之前上过几天课的班级，考试及格后才算通过了这个班级的学习而进入下个学期学习。我考试及格，于是1945年9月进入福州市立初级中学的初二下学期。

其实，跟学校去闽北的同学并不多。学校老师带学生到了建瓯一带，校舍也难找，学生带的钱不多，也花光了。后来听人说，不少同学去拍卖洗脸盆、衣服等，那样也坚持不了多少日子。不少同学也就是15~17岁这段年龄，就不再学习，去打工养活自己。那时闽北有很多逃难的学生，就是出来打工赚钱以养自己，又谈何容易啊？有的同学就参加中美合作训练班以求生存，当然不少是怀着抗

日的愿望，进去受训后可扛枪打日寇。这些人受训后的去向，听说有的进入国民党的部队，有的成了国民党的特务。听到这些消息，我深深吸了一口气，那时如果随校北上，肯定也得不到好的学习机会。

升入高中学校的抉择

1945年9月起在福州市立初级中学初二下学期，直至1946年12月，由初级中学毕业。1945年8月15日抗战胜利后，早期北撤的学校就陆续搬回福州。校舍是老的，迁回再开学也容易得多，很快就恢复了正常的教学。

我初中毕业了，但是福州市立初级中学没有高中部，如何升学成为我们的现实问题。当时，福州有两所好学校可以选择：一所是仓前山的福州私立鹤龄英华中学，另一所是城内东街口附近的福建省立第一中学。这两所中学都很有名。和目前中学生升高中一样，学生及家长都想升到名校，那样就有把握考入好大学，毕业后也易找到工作。

福州私立英华中学是个教会学校，于1881年创办，至1946年年底已有65年历史。原先是"英华书院"，后改为英华中学。国民党主席林森是福州人，曾在这所学校读书。这所中学设在仓前山，有初中部和高中部，分别在邻近的仓前山一带。学校高中部有美国来的教师，也有从英、美学习回国的博士，教师的阵容非常强大，培育出了许多英才。那时，还不知道有许多革命烈士也毕业于此校。1894年中日甲午战争时，中国"致远号"的管带（舰长）为邓世昌，副管带就是英华中学的学生。早期英华中学的学生英语水平高，在高二时就可担任口头翻译。

福建省立第一中学是全省的重点中学，师资力量也很雄厚，教学成绩也是名列全省前茅，更主要的是学费收得少一些，是公立学校，似乎毕业后，省里也易于关照就业。那时，有不少初中生，因各种原因，有的辍学，去找工作以贴补家用，有的选择升入专科学校，就是现在所说的职业中学。

当时，这两所高中是分别招生，我就分别去报考。先报考英华中学，不几日又报考省立第一中学，两校相继公布成绩，我都被录取了。上哪所学校？当时对我来说也是一个重要选择。父母想让我进英华，因为我父亲那时在中国航空公司福州办事处工作，这办事处就在仓前山英华中学附近，办事处主任是我一个表伯，抗日战争胜利后从外地调回福州，我父母和这表伯、表伯母都要好，他的一个女儿比我小两岁，一直在她叔叔家长大，在英华读书，可寄宿，也易得到他们的关照。最主要的问题是：第一，上英华中学要多交学费，但这学校有奖学金，我父亲、表伯还有他们同事，从外地调来福州，认为我一向读书好，应当上英华，将来可不用交学费，而且可以得到奖学金。如果得不到的话，他们可贴补我一些学费。第二，英华出来的好学生，多保送去美国留学深造。他们认为我是一块好材料，有望深造。我父亲还说，无力出国升学，就是升入清华大学也很好。他在北平、上海工作学习过，知道些情况。我父亲还说，清华大学在国内外都有名，就是说，清华毕业出来，也易找到工作。

我自想，我爱学习，成绩也是拔尖的，那我就选英华中学吧！将来争取有奖学金，毕业后可被保送出国，或者入清华大学。就逐渐立下志愿，在国内非清华不读。

英华中学的环境深深吸引了我

1947年2月初，我正式进入英华中学高中部。高中部建在福州市仓前山区的一个山丘上，是三座红砖的三层建筑，在当时是高级的建筑。中间的楼房，第三层是礼堂，二层是学校领导办公室和部分教室，一层是学校行政办公室；西边楼是教室和实验室；东边楼房第一层是学生食堂，二、三层是学生宿舍和少数单身教师的宿舍。校门名"哲明门"，朝北，在西楼和中间楼房之间，有一校门房。校门房前有一小平台，有可通汽车的狭小土路，往东通向前仓山的另一片建筑和英华中学初中部。在校门前小平台地上，往北可望见闽江滚滚东流去。闽江和高中部山丘之间是一条干道，两旁有低矮的一层或双层的木结构房屋。在西楼和中间楼之间，与校门相对的是一块小平地，全高中三百多学生，早上先集合在此，《三民主义歌》是中华民国当时的国歌，升青天白日满地红旗。平台往南就是这山丘的南坡，远望只有一条小路相隔，是华南女子学院和其附属中学。

抗日战争胜利了，又进了理想中的英华中学，当时是满心欢喜，所想的就是学习，学习，努力学习！想到不能做书呆子，学校有这么好的条件，我应当多方面充实自己、提高自己，将来考上清华大学，或者被保送出国。

参加英华铜管乐队

小时候，参加过小学校儿童合唱团，后来又受抗战歌曲的激励，使我对音乐很感兴趣。我们高一上学期，有的同学就会拉二胡、弹三弦，我同房间的谢清华同学，从上海来，因为我想上清华，这位同学又叫清华，不知不觉之间，就与他很亲近。他带了月琴，我有空时就跟他学月琴，有时也学弹三弦。

英华中学原先的校长是陈芝美，他当了多年校长，对英华贡献很大，我进入英华高中时，他刚离任赴美，我到校不久，新校长林观得硕士毕业由美返国，他也是英华毕业的。他从美国回福州带了一些铜管乐器，请一位美国老师一起来华教铜管乐。我原先喜欢奔放、饱满、多声道的钢琴，也喜欢乐色美妙、委婉、如歌如诉、似高山流水，又能急促跳动的充满美妙旋律的提琴。但是，要学习钢琴，或者学习提琴，两者都是昂贵的乐器，学习时必须要交纳相当数目的费用。在校学钢琴的同学不多，因为钢琴有限，学钢琴和提琴的学生应当有自己的钢琴或提琴，对我来讲，交学费交不起，更买不了提琴和钢琴，我就放弃学钢琴和提琴，而选择学习黑管。我觉得黑管的音色在铜管乐队中是很有特色，也可以独奏的。美国新请来的老师教我如何吹黑管，我只试了一两次就会了。但是，要吹好它真不容易。黑管发音是靠吹口背后有一簧片，用气不好，很容易出怪音。久而不练，一下子吹奏它，必定会出怪音，这就会破坏铜管乐的整体和谐的音律。

我虽然是福州市立初级中学的篮球代表队成员，但是进了英华高中就显不出来了。因为我个子不高，而英华高中篮球代表队已具有很高的水平，是全福州大中学校中名列前茅的。有一次和一所大学争联赛冠军，我们都去当了啦啦队。

英华中学有一个好传统，新进入初中的班级都有班级特色的名称，升入高中后仍继续用此名称。我们那一年级一半以上是英华初中升上来的同学，所以仍称"激扬"，就是"激励奋扬"的意思。例如：1940届力学级，1941届流星级，1942届天鸡级，1945届芸蔚级，1946届成渊级和日新级，1947届南薰级，1948届嘤求级，1949届群力级、历须级，1950届激扬级、精勤级，1951届朝阳级、三合级，1952届乐群级等。

在福州市，那时学校很重视德、智、体、美的综合教育。当然，当时的德包括忠、孝、礼、义、廉、耻，美方面包括美术、音乐、劳作等。美术方面，包括绘画、刀刻版画，劳作就包括操作做工具、雕塑等。音乐方面，包括歌咏、乐器演奏。学校还经常举行音乐会、音乐欣赏讲座，传授古今中外的音乐名人与经典音乐。

我参加铜管乐队，也经常练习，主要在开学典礼及重要的全校性活动时进行演奏。

在福州，当时铜管乐队最好的是福州私立格智中学，乐器崭新而齐全。我在文山女子中学附属小学读书时，就参加了一次晚会，在文山女中的大礼堂，那时还没有内迁闽北。其中，有格致中学钢管乐队的表演。清白的制服，光亮的钢管乐器，演奏的曲子我不懂，但很雄壮、悦耳，给我留下了深刻的印象。

1950年，为庆祝元旦举行了以铜管乐为主的一个音乐会。还好，虽经时代的动荡和各种变迁，当时的节目单，我还找到了，现列如下：

铜乐队	
乐器	姓名
Saxophone（萨司）	史继华
Clarinet（黑管）	卢耀如
Cornet（短号）	游冠章、史霖
Trumpet（长号）	郭昌华、史继华
Alto Horn（中音号）	陈成希、阮景纶
Bariton（巴松）	林藩平、洪惠废
Slide Trombone（拉管）	阮景纶、史继华
Bass（低音号）	王阳珍
Snare Drum（小鼓）	沈祖德
Drum（大鼓）	王萃凯

私立英华中学铜乐队为庆祝元旦举行晚会

名誉顾问：林观得校长

指挥：陈万桢先生

钢琴独奏：陈美德小姐

小提琴独奏：林哲民同学

吉他琴独奏：蔡德祺同学

时间：一九五○年元月七日下午七点半

地点：南台仓前山鹤龄英华中学初中礼堂

注意：请听众保持肃静

节　目

一、国歌　　　　全体起立

二、Cornmande Manch　铜乐队队歌

三、国际民族革命战争进行曲

四、Little Brown Church in The valc-vm. S. Ptts.

五、小火星

六、钢琴独奏

七、The Yankee March-Ed Chenette

八、你是灯塔

九、Jingle Bells March-Ed Chenette

十、小提琴独奏　　林哲民同学

十一、Satar March　　E DE. Lamater

十二、团结就是力量

十三、Golden Gate March　　Arthut Johnson

十四、吉他琴独奏　　蔡德祺同学

十五、Long Long Ago　　Thos. H Bayly

十六、In The Gloawing　　A F. Harrisson

十七、How Can I Leave Lee

十八、钢琴独奏　　陈美德小姐

十九、凯旋歌

二十、校歌

二十一、散会

尔乃世之光

刚进入英华高中部学习，因为是新生，而班上多数还是由英华中学初中部连续攻读的。他们经历了三年的学习相处，特别是抗战时期在闽北顺昌县洋口镇山区学习的经历，所以同学们相处有着更亲切的同窗之情。我们几个是新来英华的学生，从老同学处也学习到同学间相互关照、友爱、帮助的良好作风。另一方面，我和谢清华都是新来的，又是同房间住宿，就更易于相互接近。

进入英华，首先得到的校训就是：尔乃世之光。就是要求每个学生知道，在学校中接受教育，目的不能只是为个人的利益与发展，不能只想为家庭的利益而学习。首先应当想到的是：你生在这个世界上，你应当为国家、为世界，做出你的努力，让你的行为更好为国争光，为世界发出你的光芒。大家都发挥能量，发出光芒，那整个世界就会充满人间的光芒，就有光辉的美景。

英华中学校歌歌词第一段是："猗欤休哉，惟我英华，肇造白鹤龄。猗欤休哉，惟我英华，雄踞闽江滨。闽山苍苍，闽水泱泱，济济萃群英。蔚成学府兮，负盛名。猗欤休哉，可爱哉我英华，猗欤休哉，我爱英华。百年树人，十年树木，造福我印家，琅嬛福兮，我英华！"这校歌与当时许多校歌是相近的，主要表示英华学校的好地好盛名，要学习中外，培养国家的栋梁之才，学校肩负十年树木、百年树人的理想，为国家造福。

在"尔乃世之光"的感召下，英华的确也涌现出不少人才，例如：林森（1867—1943），担任中华民国国民政府主席；黄乃裳（1848—1924），前中山元帅府高等顾问……

参加民主革命的烈士，已知的有方尔灏、郑维新、吴大麟、陈学仁、黄乃模、王助、邱文凯、曹维新。还有在抗日及解放事业中献出生命的大批英华学子。

福州于1949年8月17日宣告解放，仅在1948年英勇牺牲的英华学子就有杨甲左、黄回辰、林城良等25位革命烈士。

的确，英华中学自成立以来，是以树人为主，为国家增培优秀的栋梁。为建立民主的中国，为追求民主与争取新民主主义革命的胜利，英勇牺牲的烈士已知的有40多人，还有更多的英华莘莘学子牺牲在战场上。

这些先烈，以他们宝贵的生命，为我们今日的中华人民共和国作出了贡献，他们是永垂不朽的。

英华学习的历程

在英华学校高中部学习时，抗日战争胜利一年多了，学校由闽北顺昌的洋口镇搬回福州，各方已恢复较正常的秩序。所以，我在开学后，首先想的是好好学习。因为英华是名校，有名教师，虽然因抗战搬到洋口，但仍会保持好的教育水平。而福州市立初级中学是临时成立的，老师的水平、教学经验以及教学有关设备当然比不上英华。这样思考，我就有自己努力跟上老同学的意愿。在高一上学期这半年，大家都还不太了解，但是到了高一下学期时，我就显露出学习优秀，在班内属于前列的状态。同班同学已感到我是一个学习成绩优秀的学生了。

学习中，我感兴趣的是数理化，特别是数学和物理。经常上完课后，有的同学还有不明白老师讲的，我就给个别同学或几个同学做些辅导，也有的是在教室里，我像小老师一样，再做些讲解。虽然我数学和物理比较好，而且成绩在班内是名列前茅，可实际上得到满分的成绩不多。因为考试的要求很高，就是答案对了，如果演析过程表达的词句不完整，也都会扣分。另外，我有一个自满的表现，就是经常追求先交卷、先解脱，以显示自己不畏难情绪。结果常常造成有正确解析计算的结果，可纸上有的却写出不是正确的数据，结果被扣大分。

教我们数学（几何、代数）的王世章老师，直到今日我仍经常去看望他，因为他后来去了东北，又到北京，在北京钢铁研究院为高级专家。前十多年，我看望他时，他说："你在英华时，我就觉得你这学生不简单，有一道题较难，别的不少同学做不出来，而你却很快用两种解法做了出来，而且都很正确而新颖。所以，当时我觉得你这学生不简单。"

我的化学成绩也不错，但我对化学不是太感兴趣。有一次全省比赛化学，史家驹老师选了我，因为我成绩好，在班上史老师对我的提问，我常对答如流，化学反应式背得很熟，我吸取了在初级中学那次补考的教训，对化学书几乎可从头背到尾，还可由书本最后往前倒背，把有关反应式也能背得很清楚。这样，老师从我成绩上考虑，认为选我去进行口头、笔试的比赛一定会胜任，会为学校争光的，所以挑选了我。

我是 Beaker（烧杯），不是 Booker（书呆）

后来，学校又考虑到化学比赛一定会考实验，所以就让我单独在实验室做实验，锻炼操作，以免出差错。我就经常一个人在化学实验室中进行一些实验，主要让自己双手操作灵活、准确。开展化学实验，就需要烧杯（Beaker）、漏斗、玻璃棒、试纸、玻璃管等，烧杯又有大小不同型号。同班同学有事叫我，该去锻炼了，或是该上什么课了，或有什么事需要我就出来一下。他们叫我时，我常常还拿着烧杯。后来有一次，陈宝琛同学对我说，你老是忙着拿烧杯做实验，你和 Beaker（烧杯）结缘了。于是，后来我就有了 Beaker 这个绰号。

同学们都知道，我读书很好，成绩拔尖，但我不是死读书，没有整天把自己沉迷于书本中。首先，我参加了铜管乐队，班上成立了各种小组，我在康乐组搞文娱、体育活动。我也参加了学校组织的英语讲演比赛，我们和老师还去福州郊外远足（旅游）。所以，没有同学叫我 Booker，而是叫我 Beaker。

前几年，上海有关组织部拍我的一些活动，到了福州。他们也想听英华同学是怎么看我的。当时，我们激扬班的江晞和郑均镛都参加了访谈。他们俩向记者们都说了，在英华学校，卢耀如是学习成绩好，但他不是只管读书的书呆子 Booker，而是叫他为 Beaker（烧杯）。

江晞是我们班上最年幼的，靠母亲抚养。在校时就参加了中国共产党，毕业后，进了福州公安系统。郑均镛和我曾在福州市立初级中学同校，英华又同班。1950 年，我进清华大学地质系，他进清华大学地理系，后他转入北京大学地理系，改革开放后，回老家福州工作。

为化学比赛，学校又抽选了高三一位女同学，以便我们两个人进行选择，择优选出竞赛人选。我们两人先通过笔试，据说笔试我成绩很好。后来，在一些老师和学生面前，两人按要求做实验，相应做些说明。显然，张学姐操作实验比我利索、快捷、准确，我是男生，动手操作就赶不上她，而且在语言上，我当时还没有锻炼，说普通话还有福州口音，又紧张，张学姐语言也比我强。后来，通过学校全面考核，我落选了，没参加全省比赛。但是，我得到的"礼品"是：我是 Beaker，并不是 Booker。

获得奖学金的鼓励

在英华，每学期开学时，学校初中部和高中部全体学生要在大礼堂（设在初中部）开大会，全校教职员也参加，会上先由校长报告学校的上学期教学总结，并提出本学期安排与对师生的要求与勉励。然后，宣布全高中前5名和初中前5名，予以奖励，主要是给予奖学金，免收学费。全高中前5名，是以综合的各方面分数的统计结果，包括德、智、体等方面。我还留有两期的获奖名单。一次是1948年上半年高二下学期时，当时高中前5名是：第1名陈坤官；第2名康腾骥；第3名黄荣搏；第4名卢耀如；第5名薛来弼。另一次是1948年下半年：第1名薛来弼；第2名黄荣搏；第3名陈坤官；第4名黄淑英；第5名卢耀如。还有一次可能是1949年高三上学期时，我在班上都是列为班上第1名或第2名。高中六学期，可以得奖的只有5学期，最后一期高三下学期时，已毕业离校，就不可能得奖了。当时公布得奖的学生班级，应是开学后的班级，得的奖是上学期学习成绩。我刚入英华，第一学期情况不熟，未能赶上，可以得到的只有四个学期。

对哥德巴赫猜想的浓厚兴趣

在英华中学，除了几位是美国人，在学校只教英语、语法、音乐之外，还有原英华毕业生在国内外深造的年轻老师。沈元先生就是其中的一位佼佼者。沈元先生1916年诞生于福州，1935年毕业于英华中学，而后考入清华大学，因抗日战争去了昆明西南联大，毕业后到英国攻读空气动力学，致力于中国航空事业。沈先生英国学成后回清华大学为航空系教授、系主任。1947年时，母亲病重，他返回福州探望，后因国共内战爆发，北平解放，出现南北阻隔的局面，沈先生无法返回北平。于是，英华中学就请这位校友回英华母校授课。沈先生学识渊博，他讲授数学，也开讲伦理学。沈先生家在福州城内，为方便和学生多接触，而且那时（1948年）他也才三十多岁，仍是单身，和同学们平易相处，师生融洽。沈元先生住在西楼三层的一个单身宿舍内，我们也住在那座楼。

沈元先生以其渊博的知识在他所传授的课堂上讲了哥德巴赫猜

想，他说："自然科学的皇后是数学，数学的皇冠是数论，哥德巴赫猜想就是这皇冠上的明珠。"因为福州二次沦陷，我被耽误了半年，成为春季班，沈先生教的是比我低一班的学生。但是沈先生这次有关哥德巴赫猜想的言论，马上风靡全校，引起很多学生的关注与兴趣。

我在此之前和沈元先生就曾有接触，他也知道我数理化很好，是校内学习成绩拔尖的学生。所以，为了这哥德巴赫猜想问题，况且沈元先生将来必定要返回清华大学，而我又是抱着上清华大学深造的愿望，所以有一天晚上我就去沈先生房间拜访他。沈先生很热情地接待了我这个冒昧的学生。沈先生说："我知道你数理化成绩很好，你对哥德巴赫猜想感兴趣。要摘取这皇冠上的明珠，是不容易的。需要艰苦的努力，你敢摘取吗？"停了一会儿，沈先生怀着深切期盼的目光，紧盯着我，等着我的答复。那时我是初生的牛犊，毫不犹豫且坚定地对沈先生说："沈先生，我敢！我一定要摘取这颗明珠！"沈先生说："好！看你的将来！"后来，我们又交谈学习及将来升入清华大学的问题。临走向沈先生告别时，沈先生说："有事你再来找我。"我万分感谢沈先生，向他鞠了躬，离开了他的房间。后来，我又找过沈先生谈学习问题，沈先生又讲述了哥德巴赫猜想，再次给我以鼓励。

在英华高中部，沈先生的威望是非常高的。校友回英华母校教书不论是时间长些或短些，都成为英华的一个传统。此外，还有临时短期回母校做些学术报告，这些回英华母校做讲座报告的学长，给英华在校的学弟学妹们以很好的启迪，开拓了他们的视野，对他们后来的成长起到很大的促进作用。来校讲学、举行讲座的内容，我记得有长江三峡大水利工程〔（YVA，Yangtze River Aufhority），是从美国开发田纳西河流域（TVA，Tennessee River Authority）而转化的英文名称〕。当时讲演的校友，我没记住名字，但这讲演的内容，特别是提到 1919 年孙中山先生《建国方略》中就提到这个工程。

来校讲演的校友，讲演内容还有涉及如何破解日寇的军事密码、中国的经济与金圆券问题、有关核能的知识等。

这些校友讲学的内容，从学校的课堂上是学不到的，对学生后来的成长，以及走向社会都有很大的帮助。

四、政府腐败、民不聊生，学生运动高涨

由于政府腐败，加上经济问题日益严重，危及学生们的生活，已安放不下一张平静的书桌，促使学生运动如火如荼地开展，熊熊革命火焰烧毁了旧政府的基础。

物价飞涨，民不聊生

"民以食为天，食以粮为主"，这句话反映了自古以来人民赖以生存的最主要的食物就是粮食。南方人的粮食是以大米为主。

在抗战时期，福州市人民大众的粮食是很困难的，那时我们仍幼小，就吃过不少的白薯等杂粮。那时，食不果腹、缺粮、断炊的日子也是很普遍的。但那是抗战岁月，是日本入侵造成的。

抗战胜利后，由于国民党的腐败，加上奸商的囤积居奇，民生为主的粮食——大米的价格，在上市货源被控，价格朝夕猛涨的情况下，弄得民怨冲天。例如："榕粮市昨极度混乱，米价破百七十万关，……福州市粮价昨惊人上涨，上白米价格自突破每石一百五十万元之大关后，……昨一日数度波动，每石售价高超达一百七十余几元，粮食市场仍趋恶化，市民谈粮色变，莫不为坐困愁城而恐

慌"［福建中央日报，1948年（民国三十七年）1月8日］。"粮价暴涨，威胁民生""粮价腾涨昨复猛烈，当局应有效平抑""榕米价暴涨，市民生活情绪均因陷于紧张惶感之中，尤以公务人员为甚""厦市米价狂涨""榕市米价涨风又起"（以上见福建中央日报，1948年1月9日—2月7日）。

的确，极少数商人囤积居奇，老百姓围住米店，要求买米，都是"等米下锅"的饥民。公务员拿到薪金立即买粮，稍一迟缓，这薪金所能买的大米就会大大减少。

腐败囤积，币制改革，金圆券迅速贬值

1948年，国民党政府忙于内战，物价飞涨，民生艰难，民众失望，经济已近于崩溃。在这种情况下，想挽回败局，实行货币改革。于1948年年初，就有舆论做准备。

1948年8月20日，各报刊都登载发行金圆券的消息："总裁昨发紧急处分令，即日实施币制改革，采取虚金本位制发行金圆券。金圆券法币兑换率为1：300万，配合改革同时颁三办法。"

新的一元金圆券，可换300万元法币。从这比例上可看到当时法币（国民党政府的法定纸币）已经贬值到了如何惨状。朝夕贬值难以控制，已近于废纸。

当时新定的办法，主要是全国发行金圆券；拟十足准备金以作保障，流通使用，要民间拥有的金银、外币都到银行兑换金圆券。不少人慑于当时法令，怕拥有金银将来换不上钱，就把仅有的少量金银拿去兑换，有的人是基于共同出力，稳定物价对自己也会有好处的考虑，也自愿去兑换金圆券。当时规定金圆券发生总量为20亿。就是想以20亿金圆券，吸收6千万亿的法币。

金圆券发行不到几天，就发生贬值，又开始新的经济危机和物价高涨，以及产生新的囤积居奇。在刚开始发行时，报纸报道"币

制改革，全国欢腾""榕工商界概表拥护""虚金本位即为金汇兑本位，发行金圆券备有十足准备金"（福建中央日报，8月23日）。

发行金圆券没几天，就有"加强管制经济的办法""按昨日价检查金圆券""禁止封锁、罢工、怠工"等报刊上的提法。"收兑金银、外币，拨充金圆券准备金，取缔囤积，普遍推行节约运动"（福建中央日报，1948年9月3日）。金圆券只发行了十多天，报刊上就出现这样的呼吁，由"全国欢腾"到呼吁"取缔囤积"，从中可见金圆券的发行并没有控制住经济衰败崩溃，民间有限的金银、外币拿去兑换金圆券，很快又是等于废纸，民脂民膏又被哄骗、榨取，使得民心向背就更加清楚。

"稳定物价、安定民生，政府已痛下决心"（福建中央日报，1948年9月6日），"政府决采用更严手段，制裁奸商平抑物价"（福建中央日报，1948年9月9日），"取缔囤积居奇办法，补充要点公布""沪经警全部出动，搜捕黄牛党"（福建中央日报，1948年9月12日）。

这些措施都挽救不了。当时蒋经国也亲自到沪，可因涉及四大家族而未能下手使出杀手锏，结果就是：物价飞涨，金圆券又成废纸，民怨载天，民心已失。战场上的失利，又加上"反饥饿、反内战"的学生运动，工商业的倒闭破产，军事与经济的双崩溃，蒋氏的灭亡指日可待，这已是全国人民的共识。

风起云涌的学生运动——反饥饿、反内战

刚进入英华中学高中部时，我是住在高中部外面、初中部门口右侧的一座黄色的两层的"平和楼"。大概是高一上学期入住没多久，就发生学生罢食事件，抗议包厨人过分赚钱，伙食太差，矛头指向包厨人，实际上是指向训导曹主任。据老的英华学生说，这包厨人是曹主任的亲戚。后来，还是这位曹主任出面，责成包厨人要

改善伙食，原先的稀饭只是米汤，很少见到米粒。福州人那时习惯早晚两餐都是以稀饭为主，在家里也一样，但是稀饭还是较稠的。喝稀饭必须多放大米，才能吃饱饭经饿。

这次学生罢食事件，只是局部在平和楼发生，使我开始感受到了当时的学校、当时的福州、当时的中国，虽然取得了抗日战争的胜利，但是已经是不平和了，也就是不平静了。应当说，这方面伙食之差，与物价飞涨也是有关的。

从1945年日本无条件投降到1947年中，我已是高中学生了。这两年，中国社会仍在动荡。开始我们还是希望有平静的学校与社会环境，可以安心专志地抓学业。但是，这个理想很快就被打破了。

抗战胜利后，国民党接收大员贪婪、腐败的消息不断见诸报端，更主要的是物价飞涨。法币不断贬值，使广大人民对国民党感到不满。后来，国民党政府出了金圆券，把不值钱的用大麻袋装着上街买东西的法币作废，换以金圆券，原先宣传这金圆券每张都是有含金量作保障，动员不少老百姓用有限的、仅有的少量金银首饰去兑换金圆券。没多久，这金圆券也不断快速贬值，大家又去抢金银、抢美元。没想到，国民党的贪污腐败如此糟糕，物价飞涨、民不聊生，如此悲惨，人民对抗日战争胜利后国民政府的信任渐近于零，因此激起了学生们与国民党政府抗争的正义运动。

李后主李煜的《虞美人》词中写道："春花秋月何时了？往事知多少。小楼昨晚又东风，故国不堪回首月明中。雕栏玉砌应犹在，只是朱颜改。问君能有几多愁？恰似一江春水向东流。"当时，真是人人都在问，包括青年学生，"问君能有几多愁"啊！人民生活日益陷入绝望困境。那时拍了《一江春水向东流》这部电影，在社会上流传，由白杨主演，描写了抗战胜利后的国民政府的腐败。还有一部《一江春水向东流之八年离乱》的电影，也是反映当时抗战胜利后国民党官员的腐败。《一江春水向东流》表示时代在向前，旧的事物（朝代）也许就要葬入大海之中了吧。

在这种形势之下，北平爱国青年学生掀起"反饥饿、反内战"的学生运动，反对国民党独裁，要求民主救国。这一运动很快席卷南京，席卷到全国。

1948年下半年，英华进步学生运动也蓬勃发展，掀起了要求成立"民主墙"的斗争。我也积极参加了争取民主墙的斗争。我们坐在西边楼房的朝南墙壁下，上面贴上"民主墙"三个字，学生领头人在前面演讲，提要求，我们在下面高声歌唱《团结就是力量》。歌词是牧虹作词、卢肃作曲："团结就是力量，团结就是力量。这力量是铁，这力量是钢，比铁还硬，比钢还强，……向着法西斯蒂开火，……向着新中国发出万丈光芒！"后来显示了学生的力量，学校当局还是让民主墙成立了，但是过后，学校开除了一些同学，是比我们高年级的同学，他们是民主墙事件的发起人。我那时，还只是参与者。

意外在北京遇见好同学的儿子

我看到学校贴的布告中有一个叫简柏林的名字，这位同学比我高一年级，在福州市立初级中学时，我和他就认识。这次被开除，我很难过，没见到他。过了大约50年，有一天，我在北京西单皮裤胡同的地质部招待所住（后改为"山水宾馆"），大概20世纪80年代后期住招待所还多是不认识的人，由招待所接待的人登记客人介绍信后，给安排房间，不熟的人也住在一个房间内。那时西单招待所一个房间住3~4个人。英华中学校友会寻找到了校友，编了一个新校友目录，我看到这位简柏林同学的名字注明现在广州珠江电影制片厂。一天，我问刚来同住在一间的年轻人，我问："你是哪个单位的?"，他说"我是珠江电影制片厂的"，我马上想到那位简柏林同学也是在珠江电影制片厂，我问他："你认识姓简，名叫柏林这个人吗？"，他说："我是珠江电影制片厂出差北京，你问简柏林为什么事，你和他什么关系？"，我说："简柏林是我同学，我们很要好，他因学生运动离开学校，最近英华校友通讯录上写的，他在珠江电影制片厂"，他接着说："你问对了人，要问别人虽然他在珠江电影制片厂，但人家不知道简柏林，他改名为简直，我是他儿子。"真使我喜出望外，后来和简柏林通了信，他告诉我后来他又回英华学校学了几个月，毕业后到广东，参加东江游击队，参加了推翻国民党的武装斗争。他当时回英华学习，为不影响别人，所以都没找别班同学，我一直不知道这事。联系后又过了两三年，一次我去广州出差，想去看望他，和他原工作机构联系，电话中说简直同志已经走了。我很内疚，没早点去看望他。后来给他家中打了电话，告诉他家人，我是简柏林的老英华同学，向他们表示深切的慰问。柏林学兄，身材瘦小，意志坚强，他在艰苦的学习与革命的历程中经受了多少艰难困苦，身体不好，在改革开放的好日子中，未能再健全，再奉献。在此，谨再致深切的悼念！

争取平价米的斗争

由于物价飞涨，英华高中学生们在米价不断上涨的日子中，既要努力学习，又要愁肠牵挂如何喂半饱肚子。那时，吸取平和楼学生罢课事件的教训，加上物价飞涨，所以寄宿学生需自己准备大米等粮食和蔬菜，学校食堂只管代学生蒸饭、菜，收点费用，学校厨房有时也卖炒好的蔬菜。而且学生食堂还组织了膳食委员会，由住宿学生推选有威望、可信任的同学为膳食委员。

1948年下半年，我被英华中学高中部东楼宿舍的学生推选为膳食委员会主任，主要是要监督好厨房，蒸好学生饭菜，也要低价地卖些菜给学生。那时正是学生运动如火如荼的时候。反饥饿、反内战，学生们个个义愤填膺，充分显示对国民党当局的不满。

一天晚上，王世章老师、宝琛和我三个人在宿舍二、三层间的楼梯旁商议，好像是无意间相遇，在那儿商量反内战、要民主、要自由的大游行。王老师等和我说，你是膳食委员会主任，利用这身份，在游行快结束后，你再带领住宿的同学到南台粮管部门，要求政府给平价米。我说：好！其实，在反饥饿大游行中，就已经喊出要政府给低于当时猛涨的市场米价的所谓平价米卖给学生。大游行至一段路程，我就带着住宿同学前去管粮部门，同学们高呼"反饥饿""我们要平价米""我们要吃饭、要学习"等口号。第二天又去呼喊请愿。后来，过一天通知我们可以去领平价米，比市场上低几倍价格，每人可买 27.5 斤大米。凑了钱交了，领出大米，我们几个人又推着车回学校。打开一看，大米外面大多发霉变绿了。那时，对食品没什么健康概念，实际上那样发霉的大米，霉菌是易致癌的。但是，当时的确是很难买到平价米，同学们说霉了就霉了，多洗几次再蒸着吃！只好这样，无论如何，在当时，我心中虽然感到没有完全满足同学们的愿望，但能为大家做一件真正的好事，还是很高兴的。现在每人有这 27.5 斤的米，虽然发霉了，但还是一个胜利吧！心中又感到了慰藉，我这膳食委员会主任是同学们选的，我也真没辜负同学们的期望。但这也是王老师和宝琛的策划与支持。

五、英华为迎接解放做多种准备

当时的形势是，国民党大势已去，如何迎接解放。英华开展了进一步的学生运动，斗争也是渐趋紧张和尖锐。

参加洪山桥夏令营

1948年夏,为了迎接解放,英华中学高中部在福州洪山桥举行夏令营,去参加的师生是自愿的,实际上参加的都是思想进步、参加学生运动的积极分子。自从国共两党没有能够继续和谈,物价飞涨,民不聊生,学生已是义愤填膺,发起了反抗的学生运动。后来这燃烧全国的学生反饥饿、反内战、争民主、要自由的学生运动,被称为解放中国人民的解放战争的第二战场。

那时,学生当中流传的歌曲都是针对当时国民党统治下的腐败现象而又有艺术加工,更加显示出对当时社会的讽刺与不满。当时主要唱的群众歌曲《团结就是力量》《五月的鲜花》等,相对是较直接表达情怀的,而《古怪多》等歌曲,就是尖锐讽刺当时社会在国民党统治下的丑态万种的不合情理的裙带、贪污与腐败的现象。例如歌词中有:"古怪多,古怪多,板凳爬上了墙,灯草打破了锅……"就是说,许多不可能与不应当发生的现象,却在国民党统治下,什么丑事、坏事都在发生与发展。另外,歌曲也有委婉地表达对解放区的向往,表达对解放全中国、打败国民党的愿望,例如唱:"山那边啊好地方……"

这次去洪山桥,大家搞些文体活动,也唱这些进步歌曲,以更好地鼓舞大家,更好地迎接解放。实际上,这些活动都是共产党地下有关外围组织所举办,当然是以学生会公开名义而召开。为了避免引起特务等注意,这些娱乐文体活动在表面上是作为主要活动内容,当然也要唱唱民歌、爱情歌曲,例如:"达坂城的姑娘,辫子长呀,两个眼睛真漂亮,你要想嫁人,不要嫁给别人,一定要嫁给我……""十五的月亮升上了天空啊……"

那一天上午,大概是夏令营开始后的第三天,大家唱歌、老师说话、同学座谈、交流学习心得,要迎接解放等言语是不会直接在会上交流的，给人的印象就是暑假的娱乐。预定下午饭后去洪山桥边游泳。

我之所以要参加这个夏令营，一个目的就是去洪山桥游泳、唱歌。我是喜欢游泳的。第二次福州沦陷时，想学游泳，我们没敢去，因为那时听说日寇有的就把人捆了扔下闽江，小河沟也不安全，所以辍学在家，有的是时间，但不敢去江河学游泳。后来复学了，就想应当学习游泳，也是今后生活中必需的技能。我们几个年纪相近的兄弟，利用暑假，就在闽江旁浅滩地带自学游泳，先狗刨式，而后在浅小滩学潜水、穿过站在水中的人胯下等动作。小孩子学得快，当时附近有年纪大的人老学不会，就很羡慕我们这几个小孩子。而我最羡慕的是小郑同学，他还带我们在一条小河上，他从桥上跳下去，跳水姿态优美，也带我们去南台青年会的游泳池，从跳板上屈膝打滚跳下去，令人赞叹。我想他会跳这么好，我也应当学会。

后来，我就学了各种姿势游泳，蛙式、自由式、仰泳，但就是学不好蝶泳，因为需要双臂更大力量划水，而我由于小时候从双杠上摔下来以后，双臂力量一直没练好。学了跳水，没有教师指导，只是凭着年少敢摸索不畏难，所以，我在原福州发电厂下游附近的闽江上，从一个作废的木头码头上，也敢往下跳，那里离闽江落潮时水位有 8~9 米高。

那时，在青年会上得到游泳池免费的票，我也进去游泳，但游泳池太小，人太多，想上跳板跳水的要排队。跳板上排队的人太多了，我就从游泳池这边跳入水，快到对岸时浮上来。有一次我从这一岸跳下水，只觉得在水中我头碰上什么有点晕，我也不在意，还是憋着气，从对岸爬上来时，周围几个人老看着我，我想我没有碰池底，没有什么事，有一个人用手指一下他的鼻子，示意我"看看你鼻子"，我也摸一下鼻子，才发现在流血。出水时，身上水和鼻血混在一起，所以没感觉鼻子出了血。过后，有一人说，你跳下水后，这岸那个人也往下跳，刚好你头开始往上浮时，他跳下去，他的头碰了你鼻子，那人头受我鼻子阻挡，也就往上浮，所以我们整个身体没接触，只是晕了一下。从那次跳水以后，我一跳水，就下意识地头往一侧偏，另一手似乎要保护着头，这样跳水也跳不好了。

当时，对游泳我正是着迷的时候，所以我积极参加了这次夏令营。我并不知道其具有迎接解放的内涵。

救了老师没救活一同学的终生遗憾

到了洪山桥，这是很向往的闽江水流湍急之处。饭后稍休息一会儿，我们就到洪山桥边。我先看一看有没有可跳水之处，一看桥墩距离短，水流特别急，没有适宜跳水的地方，更主要的是水下情况不明，没有看到当地人在跳水，所以就放弃了跳水的念头。

我选择从上游下水，然后进入急流，不用使劲就冲过桥孔到了下游。下游右侧有一浅沙滩，不会游泳的老师和学生就在这浅水滩边上学游泳，距离也只有几米至近百米，相对很安全。我从桥上游往下游冲，到了浅滩边，再上岸走上去到桥上游几十米或百多米，然后往下冲。这样做了五六次。有一次快冲到浅滩边，看见有两个学游泳的人沉下去，水没过头顶了，我赶快用抬头的自由泳冲过去，看见是王老师，他刚又浮了上来，我就拉他右手，往岸边游几步，便可站在水中了。后来才知道，左边正好还有姓王的学生拉了他左手，算是我们两个人合力挽救了他。

我扶王老师站稳定了，他那时气喘吁吁，面色不佳，我一想还有一个人，就顾不得王老师了。那时游泳，我是用绳和牛皮筋把眼镜固定在耳朵上才游泳，所以我清楚地看到江中有人再浮了上来，我救人心切，自由泳冲过去。因为没有经验，只想快点救人，所以我尽快加速前进，能游多快就游多快地冲过去，加上江水本身流速快，我冲过去时，正好那人又浮上来，我身体撞上他身体，我感到他两手突然紧紧抱住我身体，我两手也被抱住了，因为我碰到他身体后，我就想拉着他的手或身体，结果他在溺水后，拼命在挣扎，所以更快速地、下意识地就把我两手及上身抱住，我只觉得两人在往下沉。

当时我已经很累了，冲了五六次大桥下的闽江急流，又救了比我体重要大得多且较胖的老师，接着又自由游冲向他，当时没想别的，只想应当再救人。这时，我们两人往下沉，他已是昏迷或半昏迷状态，听我说话肯定不可能，在水中我也说不了话，在往下沉的过程中，我口中也灌了些河水，当时好在我相信我的游泳能力，所以仍较冷静地憋着不多的气，使劲将双手往上向外伸张，扩大他双手搂抱我的空间，逐渐让自己身体往下缩，这一招很有效，我挣脱了他紧抱的双手，又马上让我的头露出水面时，挣扎中我连灌了几口水，头露出水面我就深深吸了一口气，一看那人在前面又浮了一点，我又冲过去，但速度慢多了，到了他背后，想拉他两臂，因太滑，身体也近于筋疲力尽。当时，虽然极力拖他抱住的双手，真的已是力竭了。那时就是在生死搏斗，我只想一定要救他，却没抓住那位同学，急流把我们冲散了。我转了一圈，再也找不到那人的身影，我真的非常疲乏了，只能遗憾地游回岸边。

这件事，一直在我心中似一块石头哽着，我救了老师，没救到这位同学。当时去洪山桥夏令营的师生，游泳技术都不好，都没有人可帮我去救人，附近也没有船工。后来，在清华上体育课游泳时，体育先生告诉水中如何救人，不可猛撞，要先把溺水人打一下，在他背后，伺机将他手反背拖着。后来我一想是我无知，救人也不会，如果我那时懂得如何救人，那个同学就不会溺水身亡，所以这是我终生难忘的心病。

因为意外溺水事故，夏令营就提前结束了。这位同学比我低一年，他家和叔叔家只有这一个孩子，使我更感内疚。过了很多年，有的同学还说：你怎么当时不再救那同学？这真使我哑口无言，难以解释。当时勇于救人，是好的一面，但救人不得法，让一个生命在你手缝中溜走，这真是不可言状的终生遗憾！

他们两个人站在浅滩边，水只到胸前，为什么会溺水？这是因为急流冲下去，沙滩边成陡岸，急流冲下一段距离后，会产生回流，低流速时使回水中的泥沙沉积下来形成沙滩，或为高水位淹浸的浅水滩。人站在浅滩边，由于急流的冲刷，常使水下沙滩陡岸发生坍塌，所以那次就是两人站得太靠边，在两个人重量影响下，加上急流侧蚀作用，使砂层突然坍塌，导致两人溺水。

过了50多年，家乡记者采访我时，我也说了这件事，主要表示我仍感到没救活那位同学的自责。但是，记者在报道中却未提及这溺水死亡的事件。

前两年，我在福州有事，抽出相对空闲的时间来到洪山桥，看到原先的老桥已拆了，剩下一些桥墩，新桥也早建了，就处在老桥的上游不远处。新桥的修建，当然技术设计比老桥好多了，桥拱也大得多，没有旧桥那么多桥墩。这样，闽江水通过新桥时，就没有显得那么湍急。我在岸边凝望曾想救护那位同学的闽江水，水显得很平静，可是我的心中，却是不平静地在翻滚。岁月流逝了一个甲子，经历了多少的历史进程和人世间的悲欢离合，但是这位同学的生命在我无力的手缝中流逝，还是我终生不会忘却的。我默然地在岸边悼念着，并祝这同学在天国中还是快乐的！

时代潮流滚滚向前的思潮变化

中国是二战战胜国，得到"开罗宣言"和"波茨坦公告"的公认，各国承认废除强加给旧中国的一切不平等条约的特权。那时，作为战胜国，真是感到扬眉吐气。台湾也归还给中国，一雪1894甲午海战之耻，推倒1895年的不平等马关割让条约。

在刚胜利的日子，学生们和多数人民大众一样，渴望的是：中国要真正变得更加强大，不要再受欺凌。刚胜利，大家对美国是向往的，街上充满很多美国货，包括救济的美国服装。似乎今后中国会建设得更强大，真正会屹立于世界民族之林。孙中山先生倡导的"天下大同"，一定会到来。

在早期，中国学者们争论的是要"德先生"（民主，Democracy）还是以"赛先生"（科学，Science）为主。这两种认识，在抗日战争之前，五四运动前后，就有过争论。抗日战争胜利后，"德先生"和"赛先生"的思潮又开始涌现。有的人认为日本帝国主义已被打倒，德意法西斯也被消灭了，世界太平了，应当发扬"赛先生"科学的作用，建设现代化的强大的中国。有的人认为，世界还不太平，中国也不太平，国民党还没有发扬民主，团结各党，特别是共产党，所以应当要高举"德先生"的旗帜。没多久，国共谈判破裂，内战炮火震醒了不少关注"赛先生"的人。我本来一心一意挑选英华，就是想学好科学知识，这教会学校有机会出国学习，也更有希望进入理想的清华大学。

当然，我仍抱着"赛先生"科学的理想，在努力提高充实自己，在校学习成绩名列前茅，得到同学们公认的时候，中国却进入内战，学生运动迅速在全国爆发，"反饥饿、反内战""要民主、争自由"的震天动地的呐喊声中，真是又面临着"偌大的福州""偌大的英华""安不下一张平静的书桌了"。在这种情况下，"赛先生"救国，也不能独占鳌头了，而最抢眼的就是"德先生"，民主必须回来还给人民大众了。经济上的崩溃，食不果腹、民不聊生、社会动荡，在这种情况下，加上国民党军队的节节败退，充分展示了国民党必败的前景。

军事上，国民党先已失去了东北，淮海战役中黄百韬、邱清泉、黄维等国民党兵团被歼灭，杜聿明剿"匪"军队的瓦解、司令官的被俘、天津陈长捷的守城失败，以及傅作义的北平起义，宣告蒋介石的国民政府大势已去。在这解放军由解放战争初期的属于少数至1949年年初的属于多数，就意味着福州离解放已不远了。

是谁在散布共产党的传单

在1949年福州面临解放的高三上学期，我们班上学生之间已公开议论解放战争的形势。有的同学家中有收音机，就把听到的共产党新华社的广播在班上传开，"上海解放了""南京解放了"……真是消息不断。有的同学还急于公开表示"我喜欢陈毅""刘伯承会打仗，很厉害"等。

在高三上学期刚开始不久，有一次在英语课堂上，美国老师无礼地对学生说："你们是学生，不好好学习，搞什么罢课，还相信什么共产党解放！"本来已好久没罢课了，老师话刚说完，同学们不约而同地哗啦啦站起来，鱼贯地走出教室，进行无言的抗争，又自动地罢课。我也在这退出课堂的同学之列，罢了这堂课。

在这紧张的日子里，有一天我们正在教室上课，曹训导主任叫了我班的翁美农、郑均镛、陈宝琛和我四个人到他办公室。这位冷酷、满脸胡须的训导主任说：在传达室发现共产党的传单，就是你们四个人中有人干的，你们说呀！谁干的！四个人沉默不语，不做回答，也无惊慌。这位训导主任又发狠怒骂："你们别以为会躲过而不认账，我会查清楚的！"其实，他是在讹诈。又沉默一段时间，这位训导主任眼看问不出什么，就让我们走了。那三位同学，参加一些学生的歌咏活动等较多，这些活动也是进步学生运动的一部分，起着团结同学、共同进步以迎接解放的作用，这是解放后才知道的。

我积极参加民主墙的斗争，参加"反饥饿、反内战"的示威游行，是出于青年学生的纯朴正义感。我带领同学要求国民党政府卖给平价米，完全为了让同学一时可摆脱买不起米、挨饿的困境。想到这些，所以从训导主任处出来，我丝毫不紧张，也不害怕。况且我根本没散发过共产党的传单。回家向父母简单提及，没说我也在被训导主任训斥之列的事，只说是别的学生。我父亲说：这一阵听说许多学校有学生出事，你可要小心。我想，我父母可能隐约地感到我可能也曾参加些进步学生运动，但可能认为我不会太冒进，因为我爱学习，爱数理化，想上清华大学，所以他们不担心。

谁是我班的地下共产党员

英华中学虽然是私立教会学校，但是随着时代的发展，学生们还是受到时潮的影响，英华中学在福州起着追求民主的革命学生运动的先导作用，这种作用与中国共产党的组织有着密切的关系。

1948年秋，是国民党统治的最黑暗的岁月，我们班上加入中国共产党地下组织的有江晞、陈宝琛、翁美农和陈纡（女），这是解放后很久才知道的。

中国共产党地下党组织在北京全国学联，派出北京大学地质系的陈天祥回到福州，在英华学校开展群众运动，教唱进步歌曲等，目的就是促进福州学生运动。

当时英华地下党组织在我们班开展的活动，当然也是与全校活动相关联，主要有：组织读书会，组织民歌民乐会，组织参加"反饥饿、反内战"游行等学生运动，印刷刊物，准备迎接解放（保护校产），开展社会调查，开办工友夜校等。

我参加了进步学生运动，参加民主墙的争取运动，出面组织了争取平价米的活动，有时也参加一些民歌民乐社活动，以及夏令营等。我也参加给工友开办的夜校讲课。当时，不知道这些活动有中共地下党组织，而是凭着正义感，应当积极参加。班内在解放前夕、江晞等4个人加入共产党，我是不可能知道的。但是，那一次训导主任把陈宝琛、翁美农、郑均镛和我叫去他办公室，说"有共产党传单是你们四个人中有人散发的"，我没做，心不虚。他们三人也很镇定，但后来我自己心想，如果有的人散布共产党传单，陈宝琛和翁美农最多也是外围做些事，不会是散布共产党传单的地下党。

陈景汉老师于1948年从厦门大学调来英华中学，时间不长，看他很热心参加进步学生运动，特别是解放后，由他为主组织了很多迎接解放的活动，并让我代表南台同学致辞欢迎解放军，但心中猜想，他可能是参加了共产党。虽然已解放了，还是不便询问。

应当说，英华的革命传统是骄人的。

无宗教、无信仰的迷茫至倾向新思想

我5岁以后，住在76号三进院的房子，第一进是搞些纸张商业的人，有伙计、账房先生等几人。第二进是一家姓林的，信天主教。我们家及伯父、叔父他们是信佛教。他们祭祀祖宗牌位，也奉祀菩萨、观世音等。每年6月前后，我小叔就身挂一黄袋，双手拿一小木凳，这小凳前有短铜管，固定在木凳上，这铜管上插三炷香。我小叔走三步就立正，走第七步就把凳子放在地上，人就下跪在地上，这样一路立正举起小木凳过头，接着双手把木凳放在地上，人双膝下跪，头前额碰上木凳，通过这动作拜佛，以表真诚，从住处一直拜到于山。目的是为我祖母祈寿，为一家祈福。那时，我没有信仰佛教。

不管是不是迷信，在福州还是有些当地风俗。例如：在除夕晚，将小木材架成立体"井"状，然后取出炉灶中燃烧的木材，用以点燃这立体井状的木架，撒上盐发出"噼噼啪啪"的声响，又把燃烧的"井"形木架分几次用铁钳子夹住马上送回灶内以表示要有好运，在家中就祈求发财了。吃年夜饭时，祖母拿一草纸在马桶盖上擦一下，然后出来给每个小孩都在嘴上擦一下，说这样好让小孩不会乱说话，因为"祸从口出"。至于祭灶王爷，让上天说好话，接财神爷有财运，等等。我对这些拜神活动都不相信，但大人要让做，自己也随大流以应付。

二进房屋住的林家人信天主教，也有很多宗教活动，像念"圣母玛利亚……"和我们家念"阿弥陀佛"是各信各的。天主教是不允许和不信天主教的人联姻的。因为我书读得好，人也懂礼貌，林家伯母等对我都很器重。他们家有三个女儿、一个男孩。一次，我才12岁左右，林伯母突然对我和其他人说："这孩子（指我）学习好、很有礼貌，可惜不是天主教徒，就不能把女儿许给他。"我不知道为什么这么说，从那以后，我回家或出门经过二进院时，我总是奔跑穿过。

进了英华中学，这是教会学校，为基督教什么派别，我不信基督教，但是为了应同学要求和娱乐，在圣诞节晚，也会和几个同学一起去老师、校长家，唱着《平安夜歌曲》等圣诞节歌曲，或吹着黑管等去老师家，老师请同学们吃糖果、点心。在我心中，也还是不信基督教的。当然，有的同学信基督教，而且很虔诚。

有一次，傍晚时候，那是1948年接近年末时，在高中部举行基督教徒洗礼仪式，信教的同学都走上礼堂。我不信基督教，更不会想去受洗礼。但是，一时间我又受好奇心的驱使，想看看受洗礼是什么样子。其实那时自己虽然什么教都不信，但遇到各种宗教活动时，还是感到为什么他们这样？自己也解释不清。对宗教是迷茫无知的。我站在礼堂门口徘徊犹豫着，想：去看一看，行吗？心中在斗争，又想：不去看了。不会有人以为我信基督教吧？正在这时，宝琛喊了我："你还想上去吗？"所以犹豫，就是怕同学误会。"别和他们在一起"，宝琛这一喊，使我从迷茫中清醒了过来。我说:"我不信他们的基督教,我只是想看一看。"然后,我就跟宝琛回宿舍去了。应当说,在关键时刻,宝琛还是拉了一时迷茫糊涂的我。我如果上了礼堂,想看热闹,那时信教的同学是否会把我也拉过去呢?我想我是不会被拉去做所谓的"洗礼"的。但他们拉我也是可能的。其实,那时思想上相互争斗还是很激烈的。

在中学时代,我是无党派的学生,因为抗日战争,国民党的中央政府领导抗战成为老百姓的一般共识。说实在话,多数人对共产党抗日是了解不多的。抗日战争胜利后,国共两党才呈现在人民大众面前。国民党腐败,物价飞涨,人民日益陷入困苦境地,那就必然产生对国民党的失望和对共产党的寄望。特别是青年学生,容易接受新事物,这就是唾弃令老百姓失望的国民党独裁政府,期盼廉洁、新生的共产党的来临。人民的向背,决定了三大战役的胜败,也就是当时所传颂的"人民小车推出来的胜利"。

我也是一个被历史潮流所推动着向前的人,欣然期盼共产党领导的新中国的成立。虽然还只是一个无党派的青年学生,但是到高三上学期,也就是1949年的上半年,这倾向在我心中已是很明确了。这时,客观上还是无信教、无党派的中立青年,但已是在脑中开始树立具有一定倾向的青年学生。此时的我已不再迷茫与彷徨了。

六、福州解放后的英华

福州快解放了,这是大家心知肚明的未来。英华学子们,都是喜在心里,外表仍是显得平静。

迎接福州"八·一七"的解放

高三上学期有一天傍晚，我们几个同学在高中部北门的平台上正闲谈散步时，看见有几个国民党伤兵走来，也站在这平台的旁边，有的拄着拐杖眺望闽江。那时，福州市流传很多国民党伤兵闹事，因为受伤后没有人管他们的生活。这时，我们就凑过去和他们交谈，听听他们怎么看待这内战。他们也很直爽地说明，他们都是贫苦人家被国民党拉来当兵，他们最不满的是受伤了，没有收容所管他们的生活。说到打仗，他们异口同声说，共产党士兵太厉害了，不怕死，而且是采用人海战术，国民党军队抵挡不住。那时国民党报纸上也宣传"共产党用人海战术"。实际上就是伺机以优势兵力集中歼灭国民党部队，从围歼一个团、一个师，至一个军、一个兵团。像东北战场上黑山阻击战，至淮海战役，国民党一个个兵团被歼灭。通过这次和国民党伤兵的交谈，我们也更清楚地明白了，为什么国民党会兵败如山倒，国民党的很多部队倒向共产党，或被俘后一诉苦就参加共产党的军队，掉转枪口打国民党。我的一个远房的姑父，因为他儿子被国民党抓壮丁抓走，不知死活，他也出家了。

福州于1949年8月17日解放了，解放前2~3日，国民党报纸上还刊登消息，说国军在什么什么地方大捷，歼灭共军多少人。在福建也有大量"共军投诚"等伪新闻的报道。可在8月17日这天清晨，共产党军队就从洪山桥那边进入福州市，一直往南追击，冲过闽江大桥、中洲岛、仓山桥，没有遇到什么反抗。老百姓很快都出来了，送茶、送水、慰问人民解放军。那时候，解放军真是秋毫无犯。开始解放的日子，都是露宿房檐下，老百姓开门相邀，也不入室。解放的第二天还是第三天，一早我去五伯父家，想和年纪相近的兄弟等聚一聚，想号召带领他们迎接解放军，因为我认为我是比他们更多更早参加进步学生运动的。一到伯父家门口，一些解放军就在墙根下休息，我请他们进屋，他们不进，对面房屋老主人也请他们进屋，他们也不进，过了一会儿，他们就整齐地集合，然后开走了。这事的确也给我上了一课，中国人民解放军就是为人民而奋斗，对老百姓是爱护、解放，与国民党的军队是两样的。

8月17日还在暑期，因为解放了，师生们都迅速回到仓前山英华中学高中部，商议迎接、欢迎中国人民解放军事宜。那时，很短时间内就贴出"中国人民解放军第十兵团司令部的布告"，大意是要大家安居乐业、遵纪守法，解放福州是为人民推翻腐败的国民政府。下面署名是司令员叶飞、政府委员韦国清。

师生们在英华中学高中部，真是欢天喜地相互祝贺，并商量如何迎接解放军。首先，当然要做的就是写欢迎解放军的标语，贴在校内外，真是一片喜气洋洋，特别是积极领导与参加进步学生运动的师生们。这时，解放前耀武扬威的曹训导主任、教官等，也是收敛了一些。原来不参加学生运动、自认清高、不过问政治的一些老师，这时也以焕然一新的面貌，积极参加迎接解放军的活动。

"我们这个欢迎解放军的大会，不是只有英华中学参加，而是华南女子学院，三一中学，陶淑女子中学，毓英、寻珍等中学，凡是南台学校都联合一起开个欢迎解放军的大会"，这是陈景汉先生对我说的话。他是英华高中部教中文的老师，思想进步，解放前积极支持学生的进步运动。后来才知道，1948年他秘密加入了中国共产党。陈先生继续说："这个会一定要开好，热烈、团结与欢乐，充分显示南台各校师生员工对解放军、对中国共产党的期盼、热爱与支持。这些正确的意见，也是广大师生的共同愿望。"

陈先生又说："卢耀如，你代表南台的学生们，在这次欢迎解放军大会上做一发言，以充分表示广大南台学生对解放军欢迎的心情。"我紧接着对陈先生说："陈先生，要我代表南台学生发言，不！不！我没有在大会上讲过话，也讲不好，还是找别的同学吧！"我马上紧张地一口回绝了。陈景汉老师不以为然，他仍以和气、鼓励的口吻对我说："你就不要推诿了，我们是慎重考虑过，你一向是积极参加解放前学生运动，你功课又好，在同学中也有影响，还有大家都相信你一定会做好欢迎解放军的发言。"陈先生见我面有难色，仍不厌其烦地对我说："大胆准备好发言，我们相信你会完成交给你的任务。"

看到陈景汉先生的坚定态度，我知道不应当再推托了，否则是太辜负陈先生和广大同学的一向支持与帮助了。于是我说："景汉老师（这"师"发福州音"沙"），那好吧！我试试看，我先写一个发言稿，你再审查、帮忙修改，好吗？"陈先生说："好！那就这样。"隔了一天，我写好三页稿子，也只要讲六七分钟。我给陈景汉老师审阅，他看后改了几句，认为很好，"就这个发言稿吧"，景汉老师说。当时，陈景汉老师要我代表南台学生发言欢迎中国人民解放军，也是欢迎中国共产党。但是，那时刚解放，党员及外围先进组织都没公开，让我发言主要考虑我是一个无党派的积极支持学生运动、支持解放的功课好而大家都已接受的热血青年学生。很久以后才知道，景汉老师在解放前夕已领导了我班上江晞、陈宝琛、翁美农和陈纡四个地下共产党员。

在欢迎解放军大会上发言因激动而忘词

英华中学礼堂在初中部大操场的边上，是美式建筑，红砖单层的礼堂，中间有高近一米的舞台，舞台左侧有一钟楼，相当于三层楼高，有大钟在钟楼顶层。这座礼堂可挤下800~1000人。高中部和初中部学生共有七八百人，加上教师、员工，这礼堂都可容纳下来。

那天举行南台学生欢迎解放军的大会，很早就有各校师生代表入座，解放军代表最后整齐进入礼堂，受到与会各校师生站立起来热烈鼓掌欢迎。那时，全礼堂灯光照明都打开。但是，当时全福州只有一个3000千瓦的火力发电厂，礼堂配置的灯光与现代礼堂的照明亮度就差得多。

晚7时，欢迎会开始，我坐在第一排左侧。主持人简短讲话宣布开会的目的，再次引导与会师生起立鼓掌欢迎解放军。接着又是组织大会的领导演讲，谁讲话，我记不得了，但不是陈景汉老师。接着还有1~2位讲话。主持人宣布由南台各校学生代表、英华中学的卢耀如同学致辞时，我快步走上舞台，鞠了躬，然后发言："解放军同志们、各位师生们"，抬头一看是黑压压的一片，心中就不觉打一寒战，开头一段是表示感到高兴，很荣幸能代表各校学生来欢迎解放军同志，他们为福建、福州人民的解放进行了艰苦的斗争，终于使我们能在此感受到人民解放、当家作主的喜悦，表示对解放军的敬意与衷心感激……这时，台下师生热烈鼓掌，解放军也鼓掌，我在台上也鼓掌。这掌声、这时激动的心情，使我感到了紧张，接下来该说什么，我脑子里一片空白。那时候，没有拿着稿子讲话的风气。学校搞演讲比赛，当然不能带稿子，而是背诵演讲，学生运动游行，街头讲演当然也没稿子。所以，我写的稿子经陈景汉老师审查修改后，我就背记下来，这时一紧张，忘记下面该表示的几点意思了。好在是鼓掌后停了下来，冷场时间不长，我就马上在脑中组织讲稿，心中感觉：好像应当表示拥护解放军去解放闽南、厦门，那时这些地方还没解放，似乎也应表示为福州解放，学生们应做好各方面力所能及的工作，还有就是学生要下决心更好地学习文化知识，首先也要更好地学习解放军。于是，我就临时发挥，讲了一段，当然表达的意境、措辞的准确达意，以及自我感谢方面，也按预定稿件熟练表达出来，稍稍差了一些。讲完话下台来，还是得到了热烈掌声。我立刻走到陈景汉先生的座位旁，向陈先生检讨说："陈先生，我没讲好，一下忘了该说什么。"陈景汉老师还是很热情地鼓励我说："别多想，你还是讲得很好，表达了同学们对解放军的心情。"

过了一段时间，有一天晚上，是在南台的闽江大剧场召开全市欢迎解放军大会，会上张鼎丞首长要来讲话。那时，南台已有南台学联办事处，实际上是新民主主义青年团福州工作委员会在仓前山成立南台办事处，南台学联同志让我也参加了这个大会。开幕前，他们原先叫我去做一简短发言，表示对福州解放的心情和对解放军的欢迎。这次是全市性的大会，想到上次的忘词，这次我不敢再冒昧去发言，让由别的同志去讲。

热烈欢迎国民党军机的起义

福州解放了，国民党退守台湾，中国大陆与台湾岛中间相隔的台湾海峡的宽度，短的只有130多千米，长的达200多千米，飞机的飞行时间只要几十分钟。

解放福州后不久，解放军就在英华高中部所在山丘顶上架了高射机枪，位置在校门哲明门东北的山丘最高处，与哲明门之间距离只有20多米。在英华高中部旗杆所在的平台上，往南可看到福州当时唯一的军民共用的义序机场的周围山丘，跑道在中间看不见，与英华高中部直线距离只有十多千米。

一天下午，偶然机会我和几位同学看到一架飞机低空下降义序机场，紧接着不到一两分钟，就看到有两架国民党飞机追到机场并来回俯冲扫射，大概是想把起义飞机摧毁。过了几天，请了这次起义的飞行员在英华礼堂做报告，他讲了他预先加好油，饭后偷偷溜到机场，紧急滑行起飞，马上低空贴海面飞行，沿闽江也是低空飞行，快到义序机场时，立即升空再迅速下降到跑道。起义飞行员受到热烈欢迎。可能是预先与福州前线有过地下联系，第一次飞到福州的起义的国民党飞行员受到极其隆重的欢迎。

中学毕业演出，给我一个教育

学校，对于学生的成长来说是非常重要的场所，学知识、学做人，打下今后发展的基础。所以，莘莘学子对母校都怀有深厚的感激之情。英华中学还有一个好传统，就是每个老些的先生，都成立一个以老师名字命名的"团契"，就是让师生更融洽、更团结，也更有助于教学。我们原先参加了王穆和老师团契，后来在高二时，又成立了教代数的王世章老师团契、教英文的美国雷西老师的团契，为的是让学生与先生之间多点交流数学与英语学习的机会。开始是别的同学写了这团契参加的人员，一个同学从后面位上问我，把你也写上好吗？我说：同学都参加，我也参加吧！你一块儿写上名字。这两团契至成立时，大家聚一次，各说几句话，吃点东西。快毕业了，和林观得校长一起聚会，林校长请我们每人喝一碗粥。雷西和他夫人好像回美国了，我们就没有举行告别聚会。

我们班最大的临别活动，就是预备演出五幕话剧《黎明前夕》，作为激扬级话别演出，以答谢母校。《黎明前夕》是表示解放前要迎接解放的一个故事。

《黎明前夕》演出之事，因我原先负责班上的康乐组，所以这次告别演出，班上又让我主抓这项工作。学校事务主任杨文汉先生对戏剧有造诣，这剧本是他推荐的，我们也请他当导演。就我们一个班，要演出这五幕话剧，谈何容易？很多同学又忙于考虑毕业后的出路、去向。毕业时学业也得要抓，不能不及格，否则毕不了业。同学们让我负责，不仅因为我不是死读书，也爱文娱活动，而且功课上不会有问题，所以让我具体抓这五幕话剧的演出。福州解放后不久，有几位同学参军了，开赴闽南，有的文艺活动骨干也走了。当时我感到困难重重，我思考后，找了杨文汉先生，他在中间楼房的一层。到了他办公室，我说："杨先生，我向您汇报一下，这五幕话剧演出任务太繁重，现在没有女主角，男主角由我担任，我没演过戏，也演不好，是否我们就不排这五幕话剧，演些小节目？"当时我想不如唱唱歌、跳跳集体舞，搞个篝火晚会也好。欢迎解放，于高中礼堂举行过庆祝会，我曾和低年级的阿星共演夫妻开荒，这是把延安时演出的《兄妹开荒》，经别人改编后在福州有过演出，而引入英华让我和阿星共演，也很成功。所以，我想举行这样的晚会，低年级同学的节目也可凑数一些，大家联欢，话别嘛！

听完我说的话，杨文汉老师立即变脸说："你说什么？你不想干了，不想演出这五幕话剧了？有一点困难，你就打退堂鼓，像你这样，有点困难就不干了，将来走上社会，你还能干什么？什么也干不成！临毕业演出，也是给你们锻炼的机会，提高组织能力！"杨先生真是愤怒得很，一向他是很冷静和蔼的样子，停了一会儿他也控制了自己的情绪，接着说："你好好考虑一下，这样做对吗？我们做先生的，是很器重你，也支持你来做这件事。"当时，听了杨先生一席话，我真是感到无地自容。"有一点困难，你就打退堂鼓，像你这样，有点困难就不干了，将来走上社会你还能干什么？什么也干不成"这句话震撼了我的心灵，一直鞭策我，应当能勇于克服困难才行！

我马上振作起来说："杨先生，我错了，我一定要使这五幕话剧成功演出，还请杨先生多指导。"杨先生说："这样才对呀！我会大力支持你们，没有女主角，可请福建医学院二年级董北光女士客串，我知道这戏他们演过，她就是演的女主角。"

后来，我们就去医学院找了董北光大姐来客串，我请了宝琛当剧务主任，他出了大力，他也是这戏能成功演出的一个功臣。毕业告别演出进展一下子变得非常顺利、迅速。董北光大姐也请来了，只走场排练了两次后，就正式演出。人员分工，可见下面所列。

五幕话剧：《黎明前夕》演职员

演员（以出场前后为序）

阎国梁——卢耀如

阿七——赵克昇

老赵——郑均镛

阎大魁——胡海钦

懿丽（客串）——董北光

周太太——林熹

李文远——林法泓

周惠兰——刘郁芬

李文芳——吴大嫩

周惠明——苏隆活

剧务主任——陈宝琛

舞台监督——杨尹任

前台主任——林立愚

后台主任——余山

布景——潘梦熊、邵振华、林开文、黄承恩、薛来弼、陈星辉

化装——杨文汉、金章岩

道具——赵克明、陈忠冰

灯光——许世晖、金章旭、林榕

提示——倪秀英、陈建华

效果——熊光华

保管——王作磬

司幕——董伯鲁

会计——许如明

庶务——陈国钧

招待——吴心光、江晞、王进金

演出者：王穆和

导演：杨文汉

演出顾问：林观得、王世章

其中：林观得为校长，王穆和为英文老师，王世章为数理老师，许世晖为校教务主任，杨文汉为校庶务主任。

（以上很多老师、同学都已先走了，我谨祝他们在天之灵安息吧！）

告别演出非常成功，不仅有英华师生，还有外校的师生，收到非常好的效果。

毕业演出五幕话剧的确是不容易，但在师生共同努力之下，胜利演出，给我的教育是很深刻的，使我得到了锻炼，知道应当克服困难、勇于向前，就有成功的希望！使我也懂得发挥大家积极性，做好分工协作，才是成功的保障。

英华中学，我们不能忘记的母校

英华中学，1881 年（清光绪七年）由美国传教士创办。1883 年爱国人士张鹤龄出巨资在仓前山建造校舍，学校更名为福州鹤龄英华书院（Anglo Chinese College）。1924 年改制为福州鹤龄英华中学。1927 年，陈芝美博士接任第一届华人校长。

正像清华大学，虽是美国人用庚子赔款以创造清华留美预备学校，1911 年正式建为清华大学后，却成为争取民主革命的核心。英华中学虽是美国传教士创办，却也是革命先烈辈出，涌现了不少的革命先烈和各方精英。英华中学似在福州的重要的革命基地，出了不少英烈，上面已论述了一些。

从 1881 年英华学校建立起，至 1951 年，英华和其他一些教会学校合并，英华即消失了校名，先后成了福州二中、福州大学附中、福建师范学院附属中学和福建师范大学附属中学。

不可否认的是，英华中学的教育业绩是令人敬佩的，涌现了各方面的国家精英。在英华受过教育的两院院士有：

侯德榜（1890—1974），中国科学院院士，化学专家；

沈元（1916—2004），中国科学院院士，空气动力学家；

高由禧（1920—2001），中国科学院院士，气象学家；

王仁（1921—2001），中国科学院院士，力学专家；

陈彪（1923—　），中国科学院院士，天体物理专家；

曾融生（1924—　），中国科学院院士，地球物理学家；

厥端麟（1928—　），中国科学院院士，半导体材料学家；

陈景润（1933—1996），中国科学院院士，数学家；

郭孔辉（1935—　），中国工程院院士，汽车工业专家；

张钹（1935—　），中国科学院院士，计算机专家；

卢耀如（1931—　），中国工程院院士，地质学家；

萨支唐（1932—　），中国科学院外籍院士，微电子学和半导体专家；

黎念之（1932—　），中国科学院外籍院士，化学工程专家。

此外，还有：

王世仲（1913—1985），台湾中研究院士，农业专家；

刘广东（1921—2006），台湾中研院士，美国研究中国近代史专家；

王铁崖（1913—2003），世界艺术与科学院院士，法学家。

以及，洪煨连（1893—1980），历史学家；陈岱孙（1900—1997），经济学家；萧乾（1910—1999），作家；薛谋洪，外交家等。

从 1937 年 7 月 7 日日寇全面侵略中国至 1949 年 8 月 17 日福州

解放,这 12 年,是我成长的重要历程,也是中华民族苦难与天翻地覆的 12 年,感怀:

《十二年的感怀》(1937—1949)

外侮欺凌,生命涂炭;
金瓯破碎,民族奋战;
华夏河山,不容侵占;
敌降我胜,凯歌高唱。
憧憬美好,内起忧患;
内战中华,民生苦难;
学运崛起,反饥反战;
人民觉醒,期盼解放。
仰首问天,建设呼唤;
自力更生,日月变换;
新风新尚,前途有望;
祝愿祖国,美好无量。

父亲卢心仁
(1909年9月9日—
1990年12月30日)

母亲洪如璋
(1911年6月26日—
1983年10月23日)

2016年，兄弟姐妹八人第一次相聚合影
（左起：耀宝、维娟、维铿、维华、耀如、耀光、耀森、耀燊）

第一章 童年至青年成长的历程

参加英华中学铜管乐队
（右第一人为卢耀如）

英华中学高二上学期（1948年春）

激扬级毕业时合影
（前排左第十人为沈元先生、第十一人为校长林观得，第二排右第四人为卢耀如）

1981年回福州与激扬级同学及陈景汉老师合影

（前排左四为陈景汉老师、左五为卢耀如、左六为陈纾）

2000年激扬级同学聚会时合影

（左一为班长胡海钦、左二为吴静、左三为卢耀如、

左四为陈宝琛、左五为陈纾、左六为王开文）

第二章
学联的战斗与大学升学之路

《升大学感怀》

两岸垂柳和榕须,

随风飘逸,在阳光下,

追逐闽水波涛向东去!

我在轰鸣的飞艇上沉思,

学联的同志们,再见了,

滴水之恩,我当涌泉相报!

别了父母亲人,

养育之恩永铭心怀!

清华!清华!

梦寐以求的学府,我今来到,

蓝天、阳光,令人陶醉的歌声飞扬!

三三、两两,

莘莘学子,急促步伐,

奔向古今中外相交融,

打开心灵的清华学堂!

清华,这就是我的选择,

清华,这里是我的学习战场!

探测人所依存的地球,

未来的地质英才,

要在这里茁壮成长!

一、高中毕业后的迷茫抉择

因为日本侵略，荒废了学业，后来只弥补了半年，我们成为春季班学生，春天开学时为上学期，而正常秋季班是秋天开学时为上学期。春夏多是下学期，正好在较长的暑期中，毕业班可报考大学。

高中快毕业了，去向如何。在高三上学期时，厦门大学曾单独在英华学校招生，以作夏季招生。而且我立志想上清华大学，就没有想上厦大，中途退出招考，想真正完成高中教育后再升学。

在高三下学期时，是否升学，如何升学，成了一个问题。高三下学期快毕业时，王世章老师曾组织他看中的学生弟子，想一起去东北。那时东北是解放后全国工业的中心，我也拟跟世章老师去东北，还有宝琛、建华等同学。可是，那时我们家境困难，1944年9月耀燊弟出生，1948年1月耀宝妹出生，送了人后，母亲思念至极，于三个月后又让抱了回来。这时我们家除送给人的一妹和一弟之外，还共有6个兄弟姐妹。父亲解放前在中国航空公司福州办事处做一般职员，解放前夕民航福州办事处几位人员都撤到香港，他们都不是福州人。因父亲是福州人，孩子多，那时就不能去香港，领了少数遣散费，还了些债，剩下不多钱也已花光，无力给我去东北的路费。一天我到城内，向王世章老师道歉，表示去不了东北，那次还见到曹训导主任来找世章先生，表示对解放前压制学生运动的悔悟。

再请教沈元先生

去不了东北，升不了大学（春季不招生），家中又贫困，前途在哪里？心中的确很迷茫。所以，那时我不想多花时间而又艰难地做五幕话剧的演出。各种苦楚，也难启齿向杨先生说明。那次演出已是1月28日了。在这之前，我曾思考了下，还是先工作吧！也好先让家中解决弟、妹升学问题。沈元先生是我崇拜尊敬的老师，有一天我又去向沈先生请教，我说："沈先生，我是喜欢数理化，我将来一定要升大学，再摘取那明珠，但现在家庭经济困难，可不可以先工作一段时间，再升入大学？"沈元先生看到我嗫嚅声音的为难表白与询问，他很温和地对我说："先工作一段也好，有了工作经验，理解力也强，将来再到大学去学习，会有帮助的"。我知道这是沈先生对他器重的学生的一个慰藉。

这样，我也坚定了，先工作吧！以后好好地工作一段，自己不丢掉功课，还是可再考大学。于是，我和一些同学就外出寻找工作。

第一次，我和两位同学一起去仓山派出所，听说那里要招收学生当警察，早些日子江晞已经决定去公安部门。我只了解了仓山派出所，觉得在那里不合适，就没再去。尽管他们还是表示愿意接受我们去工作。

第二次，是有人介绍我去到台江一个地方，见到南下的领导干部，当时负责工人运动、工会工作，他热心地接待了我，希望我去干工会工作，并且有可能让我先去福州唯一的火力发电厂做工会工作。当时，这电厂装机有3000千瓦，是福州解放初期的最大工厂了，我表示感谢，说回去商量一下。那时心动了，是有较大可能性接受这项任务。

第三次，是没过几天，学联的李清藻同志介绍我，希望我去南台学联办事处,也就是新民主主义青年团(后改为共产党主义青年团)福州市工作委员会南台办事处(对外简称南台学联,下同)工作。刚解放后,不久即成立这南台办事处就吸收我参加很多活动,包括要我在全市欢迎解放军大会上发言,以及办学习班等,那时南台学联在毓英中学曾举办学习班,我也出了力。而且,李清藻同志是英华的学生,解放前去打游击,为了解放事业,已作出很多贡献。南台学联工作范围包括英华中学、华南女子学院及附中、陶淑女子中学、寻珍女子中学、毓英女子初级中学、三一中学、文山女子中学、福建医学院等学校,都是我熟悉的学校。主要是建立新民主主义青年团组织,组织学生学习时事政治及担任学校课本辅导、开展学生文体活动等,基本上还是像在校一样。我想做学联工作,应当不会荒废学业,将来升大学还是驾轻就熟的事。于是我就答应了去南台学联办事处工作。毕业告别演出后,我就正式去了南台学联。

南台学联的繁忙工作

三次工作的选择,最后我很高兴地选择了进入南台学联工作的机会,这不仅肯定了我的寻找工作有了好结局,更主要是进一步确立了我的进步的影响力,这样才能到各校去进行相应的建团等工作。当时,在南台学联办事处的主要工作有三项:

第一,了解各学校师生的思想状况

因为福州刚解放半年,从旧社会过来的师生,显然不可能都是铁板一块,思想认识肯定是有很大的差别。所以,了解师生们思想情况,有问题时予以引导、沟通,思想问题解决了,老师在教学上就会更好地发挥积极性,学生们也会更好地明确为新中国建设而学习的目标。

有一次,组织一个报告会,由福州市委领导来作报告,南台各校都有师生参加,那时作报告的领导年纪也不大,把当时形势讲得很好，也说共产党是为人民解放事业、为人民服务的。领导讲完后宣布散会，受到师生们鼓掌热烈欢迎。这次报告会是在吉祥山山顶上一个礼堂召开的，那是福建医学院的礼堂。领导讲完后，走出了礼堂，就有20多位学生围住他，有的表示对报告的赞赏，有的要问些形势问题。突然间，有一个同学发问：共产党是为人民服务的，这是很好的，可是为什么解放了，共产党当领导的也和国民党当大官的一样，还坐汽车，这还是不能与老百姓平等呀。那时，我也在旁边，我想：我来回答更有效果，于是我说："解放后共产党当领导的人当然要平等对待老百姓，坐汽车主要为节省时间，领导忙，可多做些事，时间花在走路上，很多事就不能及时办理，这不能说仍是搞国民党那一套。"我这一解析，化解了当时尴尬的局面。话又说回来，当时领导做完报告，学生可一起面对面讨论是很好的风尚。而后来，有的领导做了报告，一般群众是没有机会接近的，为的是保卫，结果是脱离了群众。

当时解放福州时间不久，才半年多，学生与老师之间思想肯定是多种多样，特别是刚解放，福建和福州市又处在与国民党所占的隔海峡相距的海防前线，那时国民党的特务活动还是很多的，不少情况下都是要先调查了解，并做好思想工作是非常必要的。有时，似乎很紧张，我们晚间出去，还让我带了一把手枪放在裤袋中。当时没打过枪，也没练习过打靶，但为工作需要，只知道该怎么用，就带枪出行，主要为了安全防身。

第二，帮助建立学生会及建立青年团组织

解放前，学校都建立了学生会，也曾以学生会名义，共产党的地下组织开展了"反饥饿、反内战"的斗争。在学生会中，在宗教有关活动中，国民党潜伏的特务或被利用的学生，做些有损革命事业的特务活动，也是常有的。

所以，解放后各校组织新的学生会，特别是建立新民主主义青年团组织，发展团员，明确青年团是中国共产党领导的后备军。进行这方面工作,帮助解决师生们的思想问题,提高他们的觉悟,也是极其繁重的工作。不少学生还是以不过问政治为宗旨,仍是以"学好数理化,什么都不怕",以"赛先生"科学来为新中国服务作为主导思想。当然,解放后,这些想法并不能算什么错,只是要求学生应当更好认识共产主义的新民主主义革命,应有明确的奋斗目标,树立为人民服务的精神。

第三,组织学生的文体活动、办学习班与夏令营

青年学生有其特点,不能死板一块,更不能像老夫子那样死气沉沉,那样就不可能更好地带领青年学生,共同进步,为新中国准备将来的栋梁之才。

我参加了毓英中学、寻珍女子中学及陶淑女中等校举办的学习班,那时学习的不只是该校的学生。我感到,有的学校原来的一些领导对举办学习时事、形势的政治性学习班不感兴趣的。甚至有些抵触。但是,通过学习后,学生、老师们积极性高涨,更明确为新中国教育事业、培养新的人才这崇高事业的价值,从而激起了更高的教学热情。这样,也打消了他们的一些顾虑。

在华南女子学院,还应他们的要求,由吴荣萱和我一起去当他们的"导演",演出一个话剧,我们和演员们还一起合了影。

"傻大哥"绰号的流传

我在英华中学时,演过短小歌剧,是将兄妹开荒改编的《傻大哥夫妻开荒》。我演的"傻大哥"并不是不勤快、不早起干农活的傻大哥,这傻大哥装懒,也是为了逗他农妇妻子,是夫妻两人在勤劳开荒中的逗趣、恩爱的表现,"傻大哥"在戏中是他妻子对他的揶揄称呼,甚至也算是"爱称"吧。当时,我是这么理解,也这样演出的,所以博得了好评。如果真的把傻大哥演成懒汉傻乎乎的,这短剧就不吸引人,也不会引起观众的欢笑与赞赏。当时演出后,

这"傻大哥"的绰号在英华还不怎么流传。到了学联工作后，有别校学生知道我演过"傻大哥"，实际上给他们是"好大哥"的形象，就不知不觉间散播了出去。在学联工作这段时间，各校同学有的不知道"卢耀如"名字，但一说这"傻大哥"就知道是我。我也把这称呼当作"昵称"不介意，相反感到和广大学生更易接触。

有一次"傻大哥"没有做好带头工作，受了批评。那是一次学联组织学生到鼓山去远足，就是现在说的郊游。原先到学校去，开会、学习都相对地正正经经，虽然和学校师生都还和谐谈论问题，了解情况，但还是不苟言笑、正襟而坐时居多。这样，学生们暴露的思想还是有局限，甚至是有顾虑，不真实。

那时，在仓山基本上还是男女分校，几个女子中学都没有男生，英华中学、三一中学是男校，才开始收些女生，一个班40~50人，女生只4~5人，比例为1∶10，在英华中学时，看到打篮球的校队男生和校花女生前后行走时，在食堂用餐的学生，就会围在窗户，向外喊叫起哄，逗着乐。女校学生更不敢去男校找男学生。

正当的男女生接触，这还是有益的交流，男生女生欢笑多，思想问题易展现。

到了鼓山，欣赏风光，年轻的男女学生变得更活泼了。到了晚上，许多年轻的男女各校学生，年纪都比我小，都是初高中学生。他们就提了很多问题，又问我如何学习好，如何参加文体活动，他们也听说，这"傻大哥"功课好，英华拔尖的，会演戏，又会音乐，所以在一起就有许多问题向我提，包括问我将来打算在学联工作多久，是否还准备上大学等。男女同学间也开展了相互交流。同学们的信任和渴望，得到帮助的心情，也感染了我。我想这也是与同学们更好接近做工作的机会。在交谈中，我们还共唱了《没有共产党，就没有新中国》等歌曲，不知不觉到了晚间10点多才散会休息。平常学生是9点半就要休息。我一时因工作有成绩而兴奋，又想今后如何更好帮助同学们，当时又睡不了觉，大约11点半才睡，那时我没有手表，所以没掌握时间。

原先预定第二天早3点起床，然后大家集合，向鼓山最高峰出发，爬到山顶看日出，还可远望台湾海峡。原先有人说可看到台湾，那是不可能的。第二天早晨学联同志叫我起床，问我去不去山顶看日出。因为我太晚睡下，又太兴奋，没睡好觉，头就疼得很。我们家族好像头疼是有遗传的，长辈及弟、妹们，没休息好，有些身体不适就感觉到头特别疼。当时我说，我上不了山顶，头太疼了。学联那位同志当时说，好！你就再休息一会儿，不用上山顶，我带他们上山。他们上山后，天气不好，也看不到日出，所以也没登上山顶就下来了。这样，我似乎得到没上山的自我解嘲的依据了。但是，后来学联同志批评我说：你应控制时间，不能谈到那么晚，第二天上不了山顶，失约于同学们，影响不好。我当时没听到批评时，就已觉得这次我自己做得不对。主要是同学们要和我这"傻大哥"多交流学习，也希望他们多从他们信赖的学联同志们中得到有益的启迪，使他们能够更好地学习、成长，各校同学间也多了交流的活动，他们也都想多交换些问题，这样时间不知不觉间就拖长了。

这也是我这个"傻大哥"犯的一个过错，做了傻事，而失约共同攀登鼓山最高峰的许诺与引领的作用。

介绍参加中国人民解放军东渡服务团

1949年10月初，厦门也顺利地解放了。福州解放不久，我们班几位同学如谢清华等参了军，随军南下，为解放闽南作出一定的贡献。1949年10月20日中国人民解放军派三个团近九千人前往攻打金门，因军队海战尚无经验，主要是有所轻敌，没有很好计算海潮的影响，使登上金门岛的部队被围困，得不到后勤支援，也得不到援军，导致失败。后来，解放军在攻打舟山群岛和海南岛时，都取得迅速的胜利。金门后来没有派兵前往，主要是更深层的中央决策，让近在咫尺的金门岛牵连着大陆和台湾。1958年金门和厦门间的炮战，还都是为了一个中国，将来的统一。

1950年，有许多人分析形势，对解放台湾感到乐观，认为那时形势是：①大陆解放军总结了经验，做好准备了海上进攻台湾的一切政治、军事上的准备；②国民党退到台湾立足未稳，国民党内部在台仍是内斗不断、搞不好团结；③赴台的人员中，还是有心向大陆，希望海峡两岸能够相互携手；④在台湾还是有共产党地下组织，可为解放军解放台湾出力；⑤美国杜鲁门等对蒋介石没抱希望，有可能放弃台湾。当然，这是一般人士的分析，也是一种期盼。

根据1950年当时福建前线及全国形势，在福建的解放军积极准备于近期适当时候进军台湾以解放中国的最后一个大岛屿。在当时，这种决心已是大家共识，都认为台湾会很快解放。为解放台湾，也和解放大陆各地时的做法一样，必须在老的解放区招收训练一些年轻的学生，随军进发，以利于在新解放区开展各项地方工作，外地青年学生参加新解放区工作，以其思想进步、接受新鲜事物快、年轻力壮，会更有利于工作的开展。例如：为解放上海、南京等，北京等地早期解放区就有青年学生随军南下，参加新解放区工作；为解放福建，许多上海青年学生参加中国人民解放军南下服务团。在我们南台学联，就有上海南下的林甘地、谢琏、曾丽黎、曾丽贞、黄明等。南下学生和当地师生参加工作的李清藻、吴荣宣、罗毓琼、林平、陈文年、刘阔生和我等相结合，取得很好的工作成效。地下共产党，应当是福建等地的早期革命的学生先锋。林甘地，原先在福州进行地下共产党活动，后回上海，又参加南下服务团。所以，这次为解放台湾，也需要学生组成的中国人民解放军东渡服务团。

我们南台学联，从靠近毓英中学附近的一座小楼，已搬到英华初中部至高中部中间原音乐专科学校的校址。中国人民解放军第10兵团一个参谋单位也住在附近,有几位参谋军官也经常到我们住处来,相互做些交流。有一天,兵团参谋向学联同志们宣布,要组织"中国人民解放军东渡服务团"以配合解放军进军台湾。当然,这东渡服务团不是在最前线打仗,而是做相应后勤、宣传工作,更主要的是为解放台湾后做有关台湾的解放后的地方工作。那位参谋还向我提出:你了解情况不少,可介绍些思想进步的、能力强的好学生参加。当然,参加学生组成的东渡服务团,还不是什么学生都可吸收,主要是思想进步、参加学生运动的积极分子,党团员更好,也要学习好、身体强壮的。我还是尽我所了解的,更主要是许多青年学生自动来报名,有的直接找我,要我们介绍。当然,都是以南台学联名义加上我的签名的介绍信,兵团参谋部门再从中选择合适人员,参加"中国人民解放军东渡服务团"。我经手办介绍手续的有20多人。

后来,由于国际形势变化,1950年6月25日,发生朝鲜战争,美国政府就派第七舰队又进入台湾海峡。从国际形势上看,那时已不可能解放台湾了,我们解放军的海军和空军力量都很弱,无法只依靠陆军用以解放台湾了。后来,抗美援朝战争开始,东渡服务团和青年学生很多到了朝鲜,成为"中国人民志愿军"。

二、动摇了,临时又想考大学

许多人认为:如果没有朝鲜战争,那时是有可能很快解放台湾的。若是那样,虽然准备了东渡服务团随军前往,但我们地方干部也必定会很快地被抽调前往台湾。当时在学联工作,像是准部队一样，只是发的制服是蓝灰色干部服，风纪扣必须扣好上街。如没扣风纪扣，衣衫不整，街上有中国人民解放军的军纪巡逻队就会马上来纠正，有的要把你名字记上，以送上级。

申请退出学联准备升大学

"台湾一时解放不了，金日成往南朝鲜打去了""台湾海峡被美帝国主义第七舰队占领了"，这消息不胫而走，大家都明白不可能短期内就解放台湾了。

那时，我还是跑南台几个学校，英华也常去。有几次晚上，看见比我们低年级的同学都在备课，预备报考大学，像数学也学习较好的李栩神等同学，他们是应届毕业班，报考大学相对是驾轻就熟地复习功课。有一天，在中间楼的二三层之间楼梯上，我见到陈景润，我用福州话问："景润，好久没见你，你现在做什么？"他低声地说："我在家复习功课，预备报考大学"。原先我也听别人说："陈景润自己在家复习"。我接着对陈景润说："好呀！在家环境安静，可更好复习"。

这次连续两三个晚上，去英华有任务，也看到应届英华毕业生都在复习，不觉使我心动了。我想：我功课比他们好，不单数学好，总成绩在全高中前5名。他们都没有辍学，可我功课丢了半年多，根本没时间抓学习，将来再丢下一年，我可能就不好考大学了。不禁心中想到："没有琅琅读书声，伏首灯下也感人，心潮涌起升学欲，自问何时上学行"。

原先想工作一段时间，两年吧！先帮家庭解决些问题。当时，在学联和在其他单位一样，是供给制，我们每人每月只有一万多元至二万元津贴费，那时一万多元人民币，于1955年币制改革后只相当1元钱。那时寄一封信是800元（即后来8分）。只1万~2万元人民币，也解决不了家庭弟、妹上学。几个因素一起思考，主要还是学业能否不荒废的问题。当时感到要升学是我坚定不移的心愿，那么现在就报考吧！时间久了再报考，"黄花菜也凉了"，功课肯定会丢了，不能再等第二年了。当时，再翻一翻高中课本，感到半年不摸还是生疏了，再拖下去，可能更不行了。最后，咬着牙向南台办公处的领导提了出来。那时领导是尤正同志，他是山东部队南下干部，还有李清藻、林甘地和谢琏同志。他们接到我的报告要去升学，感到很惊讶，因为我在南台学联工作，他们还是满意的，肯劳动、能吃苦，特别是几个学校都很熟，各校师生和我关系都搞得很好。

开始接到我请求升学的报告时，他们也感意外，福州刚解放不到一年，很多工作要做，而且需要我这样的当地干部。整个南台学联办事处的十多位同志，开会时异口同声地表示，希望我留下来工作，不要现在就去升学，以后还有机会。在他们的劝说之下，我也是有感触的，我和他们相处，一起工作，有的是解放后不久就有联系，到学联也吃、住、工作在一起，是一个战斗的集体，更像是个家庭。我对他们也是心怀感激，得到他们很多关照、支持和帮助。就这么走了，心中也是忐忑不安，半夜也曾偷偷地在被窝中流泪、动摇、难眠。的确，内心在剧烈地冲突。

但是，因为从小到大我一直学习很好，在我的思想上，科学救国是根深蒂固的。后来，也高举民主旗帜，参加进步学生运动，但今天除台湾外，已全国解放了，北平改北京，成为首都，我不能再等待了，还是这次报考大学吧！我又坚定了立即升学的信念。于是，向同志们表示我对他们的衷心感谢与歉意，但也希望能得到他们对我升学的支持。

在那段岁月中，参加革命工作是第一位的，参加工作后离开，除非是犯什么过错。像我这样表现好并加入了新民主主义青年团，工作正需要大力去开展的时候，为了升大学要离开工作，在福州尚无先例。那时候，也还没有从工作岗位上推荐保送上大学的政策，如果自己要上大学，那就算自动退出工作岗位了。过了两三年后，才有调干学习的。

开了两次会，同志们都劝我别走了，有的批判我："不考虑革命工作需要，这是正非常需要你工作的时候，你却要去升大学，这是个人主义的表现……"有几位同志开始了以这"个人主义"的调子来批判我、劝导我。我仍想念着英华低年级同学的学习情况，在我脑子中涌现的都是过去学习与在开学典礼上得到奖励的情景，再想到首都北京和清华大学，我只好坚持上学的请求。我是李清藻同志介绍进南台学联工作的。过了几天，李清藻同志私下告诉我："领导研究了你的升学请求，考虑到你学习好，国家也需要培养新中国的科技人才，为国家建设出力，所以我们同意你报考大学，将来好为国家建设作贡献"。因为我们那时是供给制，吃、住、穿都是公家供给的，每月每人零花钱是1万~2万元（即1~2元钱）。清藻同志说："你可以离开这里，白衫衣（土布做）你可穿着，外边穿的蓝灰色一套衣服要上缴"。我感激地说："谢谢你，清藻同志，感谢你一向对我的支持与帮助，将来我一定要在科技上为国家建设出力，作出贡献"。

当我脱下蓝灰色干部服的一刹那，我真的强忍着别离的痛楚，我几乎是像木头人一样，心中是五味杂陈，左手再没力气把右手的袖子拉下来。我过一会再问自己，你就这样脱离了工作，能考上大学吗？同志们的情谊，你都忘了吗？一连串的自问，我真像"傻"了一样。但我还是慢慢回过神来。自我回答：没有退路了，只有勇往直前，报考大学，实现在国家建设上作奉献的梦想吧！

于是，脱下那地方干部标志性的制服，再和每个同志握手告别后，我就到英华高中部母校，和老师们联系，我搬到学校学生宿舍住，那时已放暑假，宿舍有空位。

报考时意外病了，使我迷茫

1950年，是福州解放后第一次省外大学联考，而1949年时形势紧张，外地高校没在福州招生，好像1948年学生运动高涨情况下，外地高校也没在福州联合报考。就是说，起码有2~3年的中学毕业生，期待这次外地大学的联招。首先，是华东地区高校的联合招生，有上海交通大学、南京大学等，我那时还在工作，还没有动摇拟去升学。接着华北高校联合招生，有清华大学、北京大学、燕京大学、辅仁大学、北京农业大学、唐山工学院、南开大学等，也在福州联合招生。因有清华大学，所以我开始心动了些，也先报了名。

接到李清藻同志的正式批准的通知时，离正式考试日期只有十几天了，虽然丢了几个月功课，一直没复习过，因为从早到晚，在学联工作都很紧张，那时没定是否升学，更不能拿着书本看。得到正式批准，我真脱离了工作，从家中拿了旧的衣服、被单，还有一些米和咸菜，搬到英华高中部宿舍，想好好地复习备课十天。我认为自己有好的学习底子，再者我的记忆力也不错，所以我翻看一下旧课本，恢复记忆问题不大，演算能力也会很快恢复的。就是说，对我来讲，复习功课自己感觉不会有什么大困难。

福州暑天，温度可高达41~43℃，学校宿舍简陋，那时也没有电风扇，更无空调。我只注意抓紧复习，因时间紧迫，适当运动就没顾及，也没有做好调剂体力的准备，加上夜间天热、蚊子多，很晚才能睡觉，而且饮食差，营养不足，我在临考前的两三天病了，喉咙扁桃体也发炎肿大。有一次吐痰，发现其中有血，我心中一下凉了下来，开始着急心慌。我想，可不要得了肺病。为什么怀疑自己得了肺病，前面已谈及，我们一大家人住在三进房屋，很拥挤，在几年前抗日战争后期，四姐、五伯母和小叔都因肺病去世。就在我进入学联工作的那段时间，我的堂弟与我同岁，是肺病去世的四姐的亲弟，也因肺病卧床不起。我和这堂弟是同岁，常在一起接触，一想起这些，那时福州肺病结核还很流行，所以我就觉得我患上肺病可能性大。如果患上了肺病，我就是考取了清华，也不能上学，那我出路在何方？

在家养病，弟、妹多，又会传染他们，我家经济困难，大笔医疗费从何处来？回学联也不可能，已经离开了，也不会管我的生活与医疗，自己也没脸面去见他们，考上了清华大学，因肺病上不了学，最多保留一年学籍，即使得到医治，一年就一定会治好吗？

这突发的疾病，带来我心中的恐慌，使我一下感到世界这么大，我未来的路又是多窄小？于是，我只好在临考前一天多，回到家中住，注意饮食和隔离。

这次华北高校联合招生，考试地点设在城内福州省立中学内，为了防备蒋介石由台湾派飞机来轰炸，考试时间定为早上7点开始至9点多，下午4点开始至晚上8点。从我家住处要走一个多小时才能到考场，那时福州也没有公共汽车，天太热，晚上都乘凉到凌晨一两点以后。我有病，更主要有心病，担心肺病，觉也睡不好，只迷糊两小时即需动身去赶考。

第一天早考，进考场时我脸也肿了，头上还包了头巾，巧的是沈元先生受北京联合招生委员会指派，那天早上是他监考。他看到我那样子，还说："你怎么了？"我没敢说什么，只说病了。我见到沈元先生感到愧疚，因为我要先工作，再考大学，得到他的赞同，突然又要去升学，我却没有向他汇报，听取他意见，而在考场上偶然见到，我又是如此狼狈，那时我真的感到很对不住沈元先生这两年对我的厚爱与鼓励，真是无地自容了。

在这次高考中，生病的确给我沉重打击，病态毕露、睡眠不足、路途奔波、心有负担的情况下，读误写错造成的错误去分也不会少。但是，从考场出来和别的同学交换感想，都觉得我考的不错。我也逐渐相信不会太差吧！考完后，病也好了些，心情也舒畅很多，我也没去医院检查，那是要一笔钱的。只等录取结果通知。

考后，仍是8月的暑假时期，南台学联在文山女子中学举办夏令营，主要是为高中学生补些课，开展些文体活动，以培养学生提高学习水平。我已不是学联工作人员了，他们考虑我也没别的事，只是等录取通知，于是学联同志们为了让我宽宽心，也做些事，就让我在这夏令营中担任教员，给学生讲课、补习，辅导他们的学习，以有助于提高他们下学期的学习水平。

成绩尚可，需要重填志愿

我原先是选择清华大学，想读数学系或物理系，所以在报考1950年秋季华北高校联合招生时，填的志愿就是数学和物理作为第一、第二志愿。因为，我自认为数学不错，老师也赞许，物理也好。在等待发榜的日子中，我主要做夏令营的辅导工作，这工作是要讲课的，对我也不成问题。

9月中旬的一天，福建日报上发表了华北高校联合招生的录取名单，清华大学数学系录取了比我低一年级的应届考生李同学，我名列在"下列考生成绩尚可，但所填系科无法安插，需重新填志愿"这栏中。一下子傻了眼，就是说清华大学的数学系和物理系都没录取我。当时感到紧张，再填志愿能否被录取，填什么志愿，那是没底的。

到英华和一些同学商量，也到了学联，他们也看到了报纸，还安慰我说：你考得不错，你填什么志愿不好录取，再填确切的志愿就不会有问题，一定会被录取的。他们以为我志愿没写对，所以成为备取生，而是继续给我以鼓励。

后来，我父母商量后，打电报到北京清华大学沈元先生，请他代向招生委员会问一下，是否我可上北京，会有被录取的可能性，如果有确切回答，我就可安心，也可准备去北京，免得等填了志愿，再等通知那就晚了，误了开学。第二天，沈元先生就给我回电，告诉我：成绩可以，速到北京。这一下子，我心定了下来，起码有学可上了。

当时报考填志愿时，不像现在知道些情况，那时清华大学数学系要录取新生，不会像我想象的那样，将全国报考清华数学系的考生成绩都集中一起，从中挑选。在福州这中等城市，可能只录取1名，成绩必须符合要求，名额早有分配。那时，数学系全国只招收十多名。物理系也是同样的，招收新生很少。其他志愿就不会考虑了。后来上学时，小李虽然考上了清华数学系，因肺病，不能上学，但清华给保留学籍一年。他家庭经济条件好多了，应是较富裕的。后来，很快他就治好病，1951年秋季上清华大学数学系学习了。

这样考试结果，还是一考定了终身，主要是我没参加华东高校联合招生。那时，如果有推荐的话，我若是应届毕业生被推荐是有可能的，但我已毕业了半年，又工作了，要有保送也难被选上，因为保送多是考虑应届生，已工作的当然不在保送之列。有人对我说，你和小李两人如果将情况对调一下，考试前小李知道自己得了肺病，他肯定也会有负担，你考前没有生病，不怀疑得肺病，那你就有可能考上清华数学系或物理系了。我也同意有这可能性，这只是可能的，实际情况是多变而难说的。只怪"命运"吧！

滴水之恩，当涌泉相报

我是备取生，要重新填志愿。若等候通知到手，再填志愿那要等多久。大家商量后，提议先打电话给沈元先生，让向招生委员会代查一下，如果可上北京大学，就直接去北京填志愿，那就节省很多时间，于是我打电话给沈先生。第二天他就给我回了这电报。沈元先生在参加华北高校联合招生后，就回到清华，仍继续担任清华大学航空工程系系主任、教授。据沈先生电报，我可以去北京，上大学没有问题，但是北上路费在哪里？

抗日战争中，两次沦陷我没能跟学校撤退，就是因没很快筹钱带在身边。高中毕业后，世章老师和宝琛、建华等同学上东北，我也下定决心跟他们前往，上大学或打工都可以，也是筹不到路费，这次又面临着如何筹集路费到北京上学的问题。

家中父母也很着急，也在想办法，向亲友们设法借点钱，或让支持点。那时候，福州虽然解放一年了，但以发展海上商贸为主的福州，那时还处在被国民党所困扰的态势之下，大家生活还都很困难，没有更多的现钱可借贷或赠与的。通过几天努力，才借到10万元，就是后来的10元钱。

一个秋高气爽的初秋天气，阳光灿烂，穿一件短袖衬衫还感到炎热。我在三进房屋厅堂前，坐在一张椅子上，心中想着路费在何方啊！两眼直瞪瞪地望着天井上斜照下来的一束阳光。气温不低于20℃，但我心中却是感到高温和烦恼。再没钱，去不了北京，那我就上不了大学了啊！那时还没有录取贫困生，就可取得路费的资助而上学的措施。那时，我母亲坐在离我不远处，手中在修补我的衣服，还是准备有了路费后，就可送儿子上旅途。真是："慈母手中线，针补儿身衣，何处借路费，送儿上学程"。

突然间，我眼睛一亮，从天井前右侧出来两个人，天井当中有门，是关着的，有喜丧事时才打开。我定睛一看，是我们学联南台办事处从上海南下的黄民和曾丽黎两人，我在学联和他们都特别要好，也是亲密的战友了。见到他们俩，我下意识地感到他们是不是要问一问我什么时候动身去北京，或者让我去一趟学联，我们南台办事处的十多位同志可聚一起欢送我？我在瞎想，但马上站立起来，对他俩的到来表示欢迎。

我正要开口说些什么呢？你们都好吗？还是有什么事吗？我还

没说出来，丽黎性急口快，她马上开口说："耀如同志，我们学联同志们知道你要到北京上学，我们把这月津贴，还有你也参加劳动种的蔬菜卖了，共凑了29.5万元（29.5元）给你做路费。"我赶紧握着他们的手说："不好意思，津贴费全拿来，你们心意我领了，我不能拿，这是你们的生活费用，路费我会有办法解决的。"那时，真的是打肿脸充胖子，因为在学联工作期间我们相处得像一家人一样，现在离开他们，就像背弃了家人。现在把他们每月仅有一万多元钱全拿来，我真的是不能接受这津贴费，他们每月必须购买的必需品就靠这些津贴费啊！

黄民和丽黎一再说："别客气了，我们是战友，是同志，只要你学好为国家建设出力，我们就会感到高兴了。"

我想，我们是战友、是亲密朝夕相处的同志。我们都曾无话不谈，也曾互相鼓励，于是我心中就想说："非常感谢你们，学联同志们给我这么多支持与帮助，我不接受，谁还会帮助我。我一定好好学习，将来为国家建设出力。"心中这么想，实际上不由自主地用颤抖的手接住他们塞到我手上的29.5万元。我已接受学联同志们的帮助了。我只有一再表示感谢，并请他俩回学联，向尤正、老大哥（林甘地）、清藻、谢琏及其他同志表示我衷心的感谢！

他俩向我告别，我就赶忙把母亲介绍给他俩，我母亲也向他们表示感谢！我送他俩到了街上，一直挥手送他们远去。那时，我眼泪真的夺眶而出。心中默默地念着：滴水之恩，当涌泉相报！

北上求学的茫茫之路

因为筹集路费，拖了好多天，在近于绝望之中，学联同志送来29.5万元，连同原来借到的10万元共39.5万元（39.5元），北上求学的路费及准备的衣物，也勉强可以应付了。

后来决定了10月1日北上，那天正是中华人民共和国成立一周年，我只带一条四斤棉被，还有单人的被单，另有一个小竹藤箱，里面装一点衣服和书。那时在福州冬天还是只穿一条单裤，没穿袜子，穿一双单鞋，上身只穿一件毛衣即可。因为北京天气寒冷，买了薄的棉毛衫、毛裤两套，父亲告诉我，快到北京时就穿上。

离开福州那天，天气也很好，父母送我到仓山码头，预备坐船到南平，临时有同行的，是邻居的一个上海朋友，他回上海，邻居让他多照顾我，我第一次离开母亲，真是感到难舍，弟弟妹妹只送我到家门口，我嘱咐他们好好学习，听父母的话。离家时，父母同行去码头，心中总是感到有什么舍不得。上船不久，很快就要开船了，父母下船了，站在码头上，那是我首次远行告别父母，真的是百感交集，没有想今后什么光宗耀祖，想的只是希望我将来能学好大学回报家乡，祝父母仍健康，我可好好报答他们的养育之恩。

下午三四点钟，船缓缓地离岸，往西北方向开去，父母亲的身影逐渐远去。我心中真的很迷茫，是到北京上大学，上什么学校，肯定能进清华吗？还是一连串问题。读什么系呢？也是一个问题。还有，我何时能回福州？也是问题。那时，船不时鸣笛，英华所在的山岭匆匆远去，闽江水向东静静地流去，蓝天、白云、青山、红花，两岸茂密的树林，还有蝉鸣似乎隐约可听见，真是美丽的闽江秋景，但是，我无心去欣赏。只身漂泊去北京，如何如愿未知晓。晚上在船上待一晚，也难入眠。第二天到了南平，码头附近有卡车，我们几位坐船来预备去上饶的旅客，找到一辆卡车就一起把携带的行李堆在卡车上，人坐在行李上，我薄棉被外面包着油布，可防水、不怕脏。车上还有两位初中女生，她们预备到上海与父母团聚上学。卡车走了快两天，破了三个轮胎。在车上第二天，也是离开福州的第三天，在武夷山那一带，汽车轮胎又破了，必须隔天等着从建阳送来轮胎。那时一看红色的晚霞，映照在青山红色地层的山岭上，真是美极了，生来还没见过这美景。后来学了地质学，才知道那是丹霞地貌。武夷山那一带这丹霞地貌和朱子讲学的遗迹，后来列为世界的自然和文化双遗产目录。我们汽车抛锚的岁月，还不知道有自然遗产和文化遗产之事。那时车抛锚了，也无心再去观赏，车上司机和管车人，要我们赶快把行李统统拿下来，躲到附近一所农民房子中，在那里过夜，等明天建阳送来轮胎。要我们住在那农民房中，不能开门出来，是为了防土匪。那时福建在闽北山区一带，还有国民党散兵游勇，还有土匪没肃清，所以要我们紧闭好门窗不要外出。

第二天早上晚些时候，建阳送来轮胎，换了后，我们才上路，到了上饶，吃点东西，去火车站买票去上海。到上海火车站，已是离开福州的第五天了。

那位同行的邻居朋友，帮我去买赴北京的硬座票后，他就离开了，其他同车人早都走了，到他们亲人的家。只我一个再北上，我就随身看着行李，等到上了火车后，才发现是没有座位的票，那时过南京浦口，列车是要分段拉上轮渡。离开南京下关，过了几站我才找到座位。大约是离开家后的第八天早上才到了北京前门火车站。

三、厚德载物、自强不息的学府

清华大学，这是1911年正式由留美预科学校而建成的一所综合性大学，享有盛誉。到1950年，已近40年。

清华，美丽、庄严与活泼热情的第一感觉

火车到了北京市前门火车站，出了站感到无所适从，反而举步

维艰。看到了首都北京,"我来了,思念的北京",心中在呼喊,但是下一步该怎么走,学校在何处?怎么去?又是一连串的问题。那天是1950年的10月8日吧,阳光普照,金秋的北京,真是:天高云淡任鸟飞,一片丹心系京城,年青我今何有愁,唯愿清华寄心神。

在前门一带,吃了点烧饼,然后打听去清华大学怎么走。由于我为了筹集路费,晚到北京,那时清华大学等高校都已开学。所以,我到达北京火车站时,就没有迎接新生的安排。况且,我那时还不是正式的清华大学新生,只是华北高校联合招生的一个备取生。我必须先到清华大学教务处,因为华北高校联合招生委员会具体办事机构就设在清华大学教务处。

老北京人都知道清华大学,但怎么走不一定清楚,那时去清华大学没有什么公共交通工具。有人说,可能在东华门,还是王府井一带有校车去清华大学,但一天只有1~2班。这样一来,我若找校车去清华大学也很困难。那时已是中午了。有人劝我说,你还拿着行李,再去找东华门也得坐车去,不如你叫个三轮,直接去清华大学。我问了一下,去清华园坐三轮车,要一个多小时,要7~8千元(7~8角)。我口袋中还有些钱,虽然要出这笔车费,为了早点赶到清华,还是值得的。于是,我就搭上一部三轮车,带着我和行李直奔清华园。路上,向三轮车夫打听这是天安门,这是西单,这是西直门……。这些名称地名,多数也都听说过。三轮车夫说:"你是到清华大学上学的新生吗?"我不想多说什么备取生,我想不论何系,先进清华吧,我不敢肯定就是清华大学的新生了,于是我就含糊地"嗯"一声。他又向我夸奖清华大学如何好,如何有名等。

到了清华大学二校门,付了车费钱,向三轮车夫道了谢,就往里走。正对着的是绿色草坪,背后就是清华大学的礼堂。一看这二校门、绿色草坪及礼堂,还有两旁红砖及灰色建筑,立刻给我一个震撼,啊!清华大学这么美丽,又这么庄严,比英华中学的三座红楼，比初中部的大礼堂好多了。

那时，绿色大草坪周围有许多学生围着，草地上有在表演蒙古族舞蹈的，还有唱歌的，这歌声、舞蹈使我感到新奇与热烈奔放，我只观看几分钟，趁着看节目机会，向身边清华大学学生（胸前戴校徽的）打听去工字厅怎么走，因为沈元先生住在那里。

从礼堂边往西走，不远处就是有名气的工字厅，我打听到了沈元先生的住处，就是一个房间，我敲了门后，沈先生出来看到了我，非常高兴地拉着我的手进屋内，这是很简单的单身教授的宿舍。沈先生给我一杯水后说，我估计你这两天要来，你要先去教务处，让他们给你找个地方先住下，然后来挑选学校和系科。沈先生当然也知道，我要读清华大学数学系和物理系，但那已是不可能的，在沈先生房间我又介绍些福州英华中学现状，以及旅途的情况。待了半小时，我就告别沈先生，去找教务处。

教务处在清华学堂，这是一座清华大学代表性灰色建筑，在二楼，我很快就找到了教务处，向工作人员自我介绍，并送上有关备取生的证明。我说，对不起先生，因福州旅途远，走了快八天才到达，看该办什么手续，另外是否帮忙找一个住处。教务处工作人员给我一份可填志愿的学校、学院及系的目录，让回住处好好地看一看，做一选择，并让我先住在善斋510房间。我带上行李找到善斋510房间，这是四人一间房，两个双层床，只有一个上铺还空着。当时，清华大学住房条件也是不宽裕，那位工作人员估计我会选清华，所以把我分配到在校学生的房间。

勉强选择清华大学地质系

第二天早上我又去教务处，那位先生又接待了我，问我："你志愿选择好了吗？"我轻声地问："先生，清华大学数学系、物理系没有名额了，我数理化在中学还是很好的，这次因病可能没考好，能否试读将来不行再读别系"。这位先生说:"那怎么行,你离这两系录取线还差二三十分呢!"他又说:"这么多学校院系,你喜欢的理工科都可选择",里面的确包括很多京、津、唐地区的著名大学的理工院系,而清华大学的理学院,只有地质系、地理系,可能还有气象系。

我挑了地质系,我想这是过渡的,将来再转入理学院数学系或物理系。我深信,我的学习水平,将来转理学院内的系应当是不成问题的。接着,他们让我填写入学的表格,其中有出生年月,我写:1931年四月初六,那位先生把表退给我说:现在都解放了,你还写什么阴历四月初六。改写阳历,就是新中国采用的公历,我说:"先生,我只记得阴历,也是农历,阳历我可不知道是哪一天,大概是五月吧!我能否先填5月1日,因为五一是国际劳动节,做个劳动人民的儿子,好吗?"那位先生也笑了,说:"好吧!"于是,后来我的生日一直填写为:1931年5月1日。其实,真正的阳历生日,过了好多年后查了是:1931年5月22日。填好入学表格,那先生告诉我的学号是:50286。

接着,又让我填攻读的学分与学课,如政治课、外语等,有的是必读的,但可选择老师,我在可选教课先生的课堂上,选了给数学系新生开设的微积分,给物理系学生开设的物理学和有关实验。

选择完课程,就是说我成了清华大学的一名新生了。那时心中真是很矛盾,我是向往已久的清华大学的一名正式学生了,这似乎值得骄傲。但是我读的是地质系,而不是自己想读的数学系和物理系,似乎又觉得羞悔,没有考上高分。当时,在短时间内就做出选择,主要因为:

第一,我是一直想读清华大学,现在填志愿就以清华大学为目标;

第二,清华大学注重成绩,只要学习好,转系没有问题;

第三，离开清华，选择去别的学校，时间太迟了，落下功课更多；

第四，再去天津、唐山等工科好的学校，旅途再折腾几天，身上也没钱了；

第五，北京是首都，有熟悉的同学、老师，可相互交流、关照。

从这几个方面实际情况综合考虑，我短时间内就选择入学地质系，应是一个必需的选择。

手续都办好后，下午我去向沈元先生汇报：我办了入学手续，选了地质系。沈先生有点惊讶地说："你怎么选地质系，你不是喜欢数理化，地质系用的数学还不多……"下面似乎还有没说出口的话："你不是要摘取皇冠上明珠吗？"接着他说："你看，还有很多工科系，也需要数学的，例如北洋大学航空系等"。当时，我若能选清华大学航空系，那我一定选择，但清华大学航空系人已满，不收备取生了。

当时，没在选志愿前和沈元先生商量，我顾虑的是，他会让我为我兴趣而选择有关理工科的好院校，但我是抱定入清华大学先说，只要是理学院的系就好，将来易于在理学院内转入数学系或物理系，于是选了地质系。

学习地学——人生的开始

改革开放后，地质矿产部为奖励对国家发展作出贡献的地质人员，颁发了地质工作三十周年的奖章。这三十年，是从入学地质开始计算，那就是 1985 年了，于是就发给 1955 年前开始学习地质学的人员。所以，我进入清华大学地质系后，就算开始了我的地学人生。

在清华大学地质系，开始时总有点自卑，似乎比别的理工科学生要低一档次。在这期地质系新生中，他们都早已报到，所以多是挑选和班上新同学共同听的课堂。我挑选给数学系新生开的微积分，讲堂老师是有名的江泽坚教授，当时是英语讲授，我晚到了几天，但我不感觉有什么困难，马上就能跟上，成绩还不错。我挑选给物理系学生开的物理学等，我也学得不错，特别是做实验，吸取福州英华中学选拔比赛的那次教训，所以实验很专心，写报告也严格要求自己，一笔一画地写正楷。后来，管实验的老师还专门对我说："卢耀如，你的实验报告写得很好，但为了节省时间，你不要那么写正楷、绘图的字，一般书写就可，省很多时间"。我感谢老师的指点，但后来我还是坚持写正楷。通过自选这两门课的学习，主要是为了鼓起自己的信心，我不比别系同学差。

在地质系，学习了冯景兰老师普通地质说，池际尚老师的岩石学，涂光炽老师的矿物学，杨遵义老师的古生物，张席堤老师的地史学等，带领我进入探索地球的世界，学习了地质学的基础课，才知道我们所赖以生存的地球是多么复杂，我们需要有宇宙至整个地球的宏观、超宏观的视野，也需要微观显微镜下来观察自然的微妙现象。

在深入学习后，才知道物理学对地质科学是多么重要。清华大学1952年物理系毕业的学生大部分分配到地质部，再学点地质学，就开始搞地球物理勘探，如夏国治、赵文津、袁学诚等。数学在各种地学计算中，例如地球物理勘探计算、矿产资源的计算、工程基础的计算等，都是非常需要的。通过学习也渐渐感到地球科学的重要性、艰苦性和深奥性。

但是，那时也流传一句话："地球科学是不科学的科学"。冯景兰老师就解析说，为什么这么说，当然是不准确的，但是为什么会有这些说法呢？那是因为地球太复杂了，有些问题要搞清楚，必须下大力气，但也受当前科技水平所制约，未能深入调查研究。当问题没研究清楚，去回答有关问题时，就只能说：大概如何如何，可能如何如何。因为你回答不确切，给人的印象就是"大概""可能""或者"……那就不很确切，不能确定答案，结果就把地质学看成不科学的科学。这是冯先生的讲话大意，实际上就是说：地质科学是真正了解地球、认识地球的科学，但地球太复杂了，我们还没有深入掌握，今后研究地质学、开拓地质学研究是非常繁重与艰巨的。

选择水文地质、工程地质的新方向

虽然，对地质学有了较多的了解，但对数理化的兴趣，还是根深蒂固的。而且，传统的地质学要更多注意应用于寻找地下矿产资源，主要是各种固体矿产资源和油气资源。

那个时代，特别是第二次世界大战胜利后，战后的各国复兴建设规模大，与地质条件关系更加密切。于是，在那时水文地质、工程地质这两支新兴地质学分支就在世界上蓬勃兴起，例如，20世纪30年代，美国在田纳西州等地区发展水利，就出现与地质条件有关的一些渗漏等问题。

1947年，抗战胜利两年了，当时也想开发长江三峡水利工程，美国萨凡奇专家来指导，中国陈梦熊、姜达权、张兴仁等地质工作者也参加了调查研究。但是，他们主要还是学习与实践有关普通地质与矿产地质方面，接触工程方面也是第一次。

我入地质系不久，还在思考学地质是过渡的，以后再转系吧！有一天，系主任袁复礼教授把我叫到他办公室，那时地质系在清华大学图书馆中间主楼的2层和3层。袁先生见到我就开门见山地说："卢耀如，听说你要转系，这不好！你应当知道，国家复兴，要发展建设，需要很多地质人员，你还是团员，应当带头，学好地质，为国家出力"。另外，他还说已毕业两年多的一位清华地质系毕业生，在校为谈恋爱影响学习的情况，让我们要引以为戒。这位校友当时我没见过，因为不认识也没放在心上。这次谈话后，彻底打破了我想转系的思想。

不久，我在地质系标本框前，观看标本，一位中年老师来到我身边，他问我："你是新来的同学？"，我说："是的。"他从口音上可能听出我是福建来的，他的福州口音更重。我说："先生是福建来的吗？"他说："是的。"这样，我们两个老乡就认识了，他很热心地对我说，地质工作对水利建设特别重要，他是搞水利的，国家将来要修建"YVA"，更需要地质工作者。见了几次面，他都是在地质系，他向我灌输地质工作对水利水电建设的重要性，无形之间，也促进我再不能转系，也不愿搞传统找矿地质学，而要与工程结合的思想状况下，去寻求、开创我们地质工作的一个新领域打下了思想认识的基础。我就不再把自己关闭在转系的思维之中了。这位老乡，原来是土木工程系的陈樑生教授，他是搞水利的。那时水利专业是属于土木工程系。

于是，在陈教授的引导下，我就选修了土木系的建筑材料、工程力学、测量学等，那时水利水电工程专业是设在土木工程系中。

有转系想法的同班同学还有几个，有两位是原先就愿学地质学，但想学新的方向，如田开铭、钱学溥两人。这样，在清华大学地质系中，创见性想学水文地质与工程地质，以便将来与工程结合，为国家出力的有这几位同学：田开铭、钱学溥、卞昭庆、孔德坊、余仁福、罗享树、任昌毅、余也果和我九人，真是原清华地质系的九位先学水文地质工程地质的学生，又称为"九仙"。后来还有由唐山工学院转到清华的戴英生，那就是十位先学水文地质工程地质人员，成了"十仙"了。再后来增加唐山来的两位，主要搞地球物理勘探。

野外实习——认识自然的必由之路

学地质学，必须要进行野外实习，以认识自然地质条件。在大学一年级时，学期中就到北京市附近南口一带，进行基本地质现象的实习；也到山西宣化煤矿进行实习，戴着矿灯帽，进到采矿地下巷道，了解各种采煤的过程和有关地质现象。当时，大同煤矿被认为是安全煤矿，我们看到在地下巷道中可烧饭，不怕瓦斯爆炸。那时说大同煤有十几层，是有非常丰富的煤炭资源，以作为我国地下宝藏丰富的见证。大同附近有一座山，远看冒点烟，近看又无烟，但山上石头很烫人，老师告诉同学们："你们可停留观察一会儿，就马上离开，不要坐下休息，更不要犯困在那里打盹睡觉，因为山中有煤炭在自燃，如果你们睡觉了，可能就会一氧化碳中毒，所以千万别睡觉！"我和几个同学穿过这山头，不敢多停留，只是匆匆看一下露头和一些构造现象。

1952年年初，我们几位去官厅水库实习，主要是参观一下中国当时在建的第一个大水库。看了之后，感到很兴奋，这是我们选择新的水文地质、工程地质的方向之后，第一个有关这方面的实习。那时，对水利建设中地质工作的重要性还是了解些粗浅的情况。

在官厅实习时，我们几个男同学住在一个房间内，睡土坑，一天晚上突然来了两个测绘人员，一个胖些，一到房间，放下仪器就躺下睡觉，没几秒钟就在大声打呼噜，门窗都要被震响，我们直看着他的脸，欲笑不能。又怕吵醒他，看来这位测绘人员是太累了，也许跑了一天的野外，我们都知道跑野外的艰辛，测绘人员更辛苦，我们就只好让他睡下去。我们实在撑不住了，也就和衣睡下，因为年轻躺下不久也睡着了。说不定我们也有同学和这位测绘人员梦中比赛打呼噜吧！

响应"一定要把淮河修好"号召，奔赴淮河

1951年，为了响应"一定要把淮河修好"的号召，清华大学也组织有关老师学生前往淮河。学校有一正式通知，让我带领几位同学〔田开铭、钱学溥、任昌毅及余也果（女）〕，赴淮河实习。清华大学没有派出老师，我们去中国地质工作指导委员会联系，也应是这委员会邀请清华大学派出学生边实习、边工作，指导的老师是姜达权工程师。我去联系几次，办有关手续，并领野外装备。最后一次，负责安排我们的老地质学家高平先生说："约好了，某月某日某时，在北京至武汉的某车次的火车上，早晨快到达信阳之前，你与姜达权工程师见面，姜工程师和你们都没见过面，你是戴眼镜的，胸前别上清华大学校徽，在餐车上，姜工程师会找到你和你们相见，带你们上工地"。高平先生是老地质工作者，那时在地质工作指导委员会管理新兴的水文地质工程地质工作。按照高先生指定的那样，几月几日几时，我到餐车上等候。吃了花三千元钱（相当于后来3毛钱）买的一份早餐，那时坐火车给我们一天近一万元（即1元钱）补助。我不得不花这三千元，为的是多占时间等候姜工程师。不久，一个三十多岁的老青年走过来，个子不高，我也不觉得他就是姜工程师，他很随便地走到我跟前，说："你是清华大学的吗？"他再看我的校徽，定下神来，笑着说："你是卢耀如老弟吧？"我说："是的，姜达权先生。"我们就这样相见了，后来同学们开玩笑说："你们这像地下工作者的接头"。

姜达权工程师领我们在信阳停一下，就进入潢川，向大坡岭水库工地去，工作地点是大别山区，正是以前知道的刘邓大军进军的大别山区。解放战争时，是小车推出来的革命胜利。我们这次也是小车把我们推向水利建设的战场。我们不坐这独轮

小车，而是把行李放在上面，方便跑野外，却带了棉袄、蚊帐等行李，还有穿着登山皮鞋、野外服装以及铁锤、罗盘和放大镜这三大件。

我们在水利水电建设中该做什么地质工作，主要是由姜达权先生给我们讲课，然后在工地上实践，进行地质现象调查，作有关记录，负责有关压水试验的实施等。因为人少，工作多，也需要多填图、跑剖面，所以经常单独一个人跑一片地区，中午在老乡家吃派饭，就是走到哪里吃哪那里，按规定交3千元（3角钱）饭钱。那时，有在收割粮食的老乡（那时土改不久，都是单十户），就请邻近老乡帮着收割粮食，中午就多做些饭菜，请这帮人吃饭。我有两次是正好遇上这样人家，他们主动地要我去吃饭，给他们钱还推让，但是我们必须按规定，硬塞给饭钱后，赶快跑开。

在调查过程中，一个傍晚，遇到一群白狗的围攻，好在那次是两个人，我们背靠背，都用铁链向前指着，坚持一段天快黑了，不知道为什么都是白狗，狗群盯着我们不吠叫，我们也不吆喝，而静静地对峙着，真像大战前的沉寂。还好，老乡下工发现给解了围。如果老乡不来，天再黑些，这群白狗就可能借着黄昏和它们熟悉环境，向我们发起集体攻击那就惨了。有一次竹叶青毒蛇倒挂在竹枝上，头向下活动伸展，处在那房屋的墙转角处，我正从墙角转过身来，刚走了一步，差一厘米那竹叶青毒蛇就咬上了我的鼻子，还好我机灵地后退躲开了。又一次，我们被洪水困在一个河流中的水滩地，四周洪水淹没，这小滩地有几户人家，水稻在地里被淹，他们也没米下锅，我们在小铺上只有一点炒好的花生，就吃点花生，多喝水以充饥。

这趟实习很艰辛，也真锻炼了我们。各个同学都写有心得，我写了一篇题为《大坡岭水库工程地质条件》的文章，后来还保留在中国地质资料馆中。

抗美援朝运动的经历

由于当时形势突变,我才萌生抓紧上大学的念头。我到了清华大学,已是十月上旬末,没过多久,十月中下旬,清华的形势也变了,学校喇叭中不断地播放着苏联的《共青团员之歌》,同学们开始议论,美国打着联合国旗号,由仁川登陆,逼近鸭绿江边了,危及国家安全和人民解放后的幸福生活,中国是否应当出兵,以帮助朝鲜兄弟,并传开了"保家卫国"的口号。

"保家卫国"已不是口号了,而是表示要出兵朝鲜,帮助朝鲜,抗击美帝国主义。抗日战争时,陈纳德的飞虎队帮助抗击日本空军,中国空军也逐渐壮大起来,陈纳德航空队还在云南与缅甸间开辟驼峰航线运送军火,罗斯福总统对中国抗战的支持,以及《开罗宣言》和《波茨坦公告》出台,都表示对中国抗战的支持。后来,国共两党和谈失败,内战发生并不断加剧。到了朝鲜战争,美国第七舰队占领台湾海峡,又打着联合国名义进攻朝鲜民主主义人民共和国,又不承认中华人民共和国。

同学们多数主张应当出兵,而且应当参军以抵抗美帝国主义,这也是清华大学当时的一个学生思潮与倾向。许多同学报名要参军,我也报名了,但后来传达下来,因国家建设也需要人才,清华大学就没有让读理工科的学生去参军。

宣传抗美援朝,当北京市长代表

"雄赳赳,气昂昂,跨过鸭绿江,保和平,卫祖国,就是保家乡。中国好儿女……"这歌声高唱了起来,中国人民志愿军已经于1950年10月25日,跨过了鸭绿江,走上抗美援朝保家卫国的道路。

前线不断传来胜利消息，后方还有隐伏敌人、特务散布的谣言，所以通过学生们开展了宣传教育的活动。

到了清华没几天，正好清华铜管乐队要招人，我就去报名，因为我在中学吹过黑管，音乐室的老师让我试吹一下就被录取了，成为清华铜管乐队一员。抗美援朝开始后，乐队主动要进城向环卫工人宣传，我们就一起去，和工人们同睡在大炕上聊天。那时，大概是11月份，去了两天，没怎么影响功课。

到了一月份，利用寒假，先到市内六部口的一座朝向长安街的楼房，由北京市领导跟我们谈话，主要由于那时候开展了抗美援朝运动，但还有人在散布谣言。要我们去做些解释，安慰老百姓。清华大学去当市长代表的有20人。

我被分配去负责颐和园那一片，开始时，我住在颐和园内左侧的派出所内，和警察们住在一起。因为宣传上要取得他们的帮助。有一天，派出所民警在颐和园门口外右侧的一座较好的平房的厅堂中召开居民大会，来的很多大爷、大妈、大伯、大婶，也有年轻的。派出所所长先介绍，这位是北京市长代表，请他讲话。叫市长代表，其实就是为市政府宣传的一个宣传员。

我这次讲话就不紧张，就按讲话稿，那是自己据市长讲话内容拟定的，慢慢宣讲，也可看稿，主要是：为什么要出兵朝鲜，为什么要保家卫国。关于谣言方面，我只反问说，你们谁在我们这片地方看到过？或听说过？必须有确切实例，没有实例就是谣言，而且说这些事，也是像制造迷信鬼怪一样，是不可信的。这些通俗的演说、解析，还是有作用的。

我也到乡下去宣传，有一次到一个村庄，当时干部很热心，准备第二天讲，晚上让我住在一间屋子里，门窗都紧关着，像是村里的办公室，但没有取暖的小炉子。不久他们端来一盆炭火，放在屋中取暖，他们走了后，我马上把炉子端到外边，用水浇灭，我怕煤气中毒。

艰苦但欢悦的学校生活

我依靠学联同志们的帮助,有了路费来北京上学,到清华大学报到后,有一小段时间还得自己支付学习与生活的费用。但是,没过两三个月,学校开始讨论助学金,家庭困难的学生可得到资助,让家庭贫困学生也能够安心学习。那时候,中华人民共和国成立不久,又是在开始抗美援朝战争,国家经济也是很困难的。

我口袋中已经是没有多少钱了,恰好那时开始了申请助学金,真是雪中送炭。那时,我在福州家中弟妹多,父母也没工作,已是坐吃山空,况且本来也没有什么财富积累。所以,离开福州后,没有得到一分钱的汇款。有了助学金,我真是像久旱逢甘霖,万分感激。那时助学金分甲、乙、丙三类,我想我可以申请甲等。但在全班同学面前,我先简单介绍我的经济情况,那时我也有自尊心,觉得这样申请很不是滋味,也感到像是委曲求全、祈得同学们谅解似的,我不禁语塞,但强忍着伤心,有提的问题,我就没有回答。不久公布学校批准的助学金评议结果,我获得乙等助学金。

乙等助学金是90斤小米,包括伙食费在内。学校学生食堂有三种伙食,甲等是大米、面粉为主食,菜也有较多肉、鱼;乙等伙食,有些粗粮,如高粱米等,而我选择的丙种伙食,一天三餐中,早晚都是粗粮,如高粱米、玉米等,肉鱼菜也少些。我挑选了两种伙食,还剩下7500元(即后来7角5分钱),只有这些钱,我的学习生活就得很好安排,具体是:

寄两封信:1600元,每封信邮费800元(后来0.16元,每封信8分钱);

买牙膏、肥皂:1500元(即0.15元);

看电影两场:1000元(后来1角钱,每场5分钱);

笔墨纸张:1500元(1角5分钱);

讲义费：1500元（1角5分钱）；

这些基本费用就是7100元（7角1分钱）。

每月团员还有应急费300元（3角），这样每月剩下只有100元。多月累积，就有几百元作应急之用。

那时候，清华大学有校车，从二校门至东华门，一人单趟就是2500元（2角5分钱），来回就是5000元（5角钱）。学校附近也无公共汽车。偶尔进城，只能沿着清华园的火车站至西直门站的铁路，徒步而走。然后由西直门走到西单，去书店看看书，买一烧饼200元（2分钱），喝几口路边的自来水（开一下水龙头，有水柱上涌，直接俯着而饮，不必用茶杯，很卫生）。如去王府井，就更远了，那时在学校，渴望能见到福州的同乡、同学，但又害怕见面，因为囊中羞涩，连喝一碗馄饨汤都请不起。

这4万元你拿去配个眼镜戴吧

在清华上体育课时，一次我的眼镜掉在地下被踩碎了，那还是在我高中时，我伯父把他旧的眼镜送给我。有几天没有眼镜，学习真的不方便，但我也没钱去买。我也没有向别的同学或向学校请求帮助。我同宿舍有一位大六同学周树强，为什么叫大六同学呢？他是清华大学地质系学生，于1948毕业，因他离校工作一年后，又返校进修别的课程，还担任些助教工作，有些经济收入，所以我们叫他大六同学。同房还有一位地质系四年级学生陈元熏，另一位是电机系二年级学生。正当我为眼镜坏了无力购买而苦恼之时，一个星期天，这位大六的周树强老大哥对我说："走吧，我请你吃饺子"，我不好意思地说："不用了，谢谢！"他说："走吧！"拉着我走出善斋，走出了学校西校门，走到清华大学和燕京大学（现为北京大学）间的一条小街，有些简陋的餐馆、小卖店。在一间茅草棚的店铺中，我们落座了，大六同学周树强叫了饺子，我们两人吃着，周大哥说:"你多吃点",那是我第一次在校外吃饺子,吃好了饺子后,周大哥对我说:"你眼镜坏了,学习不方便,这里有4万元(4元钱),你去配一副眼镜",一时我激动得无以言表,周学长马上把钱塞到我口袋,说:"赶快去配副眼镜吧!"就先走了,我望着他走远后,到海淀区街道上,找了眼镜摊铺,就买一副合适的眼镜戴上,再回校,大概是差不多这价钱,剩下1~2千元(1~2角钱)。

搞捐献到建设工地劳动

清华读完大一,暑假有一个多月,我们几个同学到一个工地参加捐献劳动,先到北京东单一个建筑工程公司,由一负责人说:"要反对偷工减料,所以请清华大学学生——你们来",那时修建房屋,还是私营企业公司多,这位负责人讲了很多有关反偷工减料和注意工程质量的问题。我们负责到北太平庄附近一个工地,周边都是农田,在那里劳动,了解偷工减料情况。这个工地是要修建一个规模较大的工厂。工地面积很大,由农村来的男女青年工人很多,首先是需要和他们工作、生活在一起,打成一片,感到大学生没架子和他们一样爱劳动,这样才可以了解到建筑业老板要偷工减料的具体手段。但我们去工地后,他们知道了,不能明目张胆地搞,收敛了。这样也起到了保障工程质量的监督作用。

有一次,工地要迎接京剧名家马连良来工地演唱京剧,于是就办一个晚会。可是按照预定演出时间,在马连良来唱之前,还应演出些小节目,工地上年轻工人因和我很熟悉,结成了朋友,他们就喊叫:"让清华同学卢耀如来一个",我真没有准备,他们不停地喊。我只好硬着头皮上台,没有音乐伴奏,自己想起在英华中学、搞些民歌民舞,我就临时应急地表演几下,包括转身踢腿和悠闲的、抒情的舞步。大约跳了5分钟,结束后,民工们给我热烈的掌声。不是我跳得好,而是给他们认为平易的大学生朋友,予以捧场。

工地偷工减料情况，举一例子，东单一剧院建好后，在那里开一个检查会，我也去了。当时开一下悬挂在墙壁上的电扇。结果电扇只转几下，就掉了下来，差点砸了人。

劳动结束后，给了我十三四万元。回到学校做了汇报，本想全部捐出去，但负责的干部看我鞋已坏了，还要跑野外实习，就让我留下3万~4万元（3~4元），去买一双野外穿的皮鞋，其余10万元都捐献了，自己还觉得捐献太少了。

八一五〇制度，锻炼身体

我在初高中学习时，已经注意锻炼身体，小时候为长大后打日本侵略者，也知道要有强壮的身躯。到了清华大学，学的又是地质，需要上高山、过激流，长途跋涉，更需要有强壮的身体。所以，到清华后，除了上体育课之外，自己每天也锻炼身体。

运动，在清华是很普遍的。清华有一体育馆，前面就有400米跑道的体育场。那时，全校两千多名学生，多数在这操场上锻炼，有技巧好的，在体育馆内练习吊环、鞍马、单双杠。这方面技巧，我都弄不好，我喜欢游泳，但除了上课之外，其他时间游泳池也不开放。打篮球人也多，不好进去。

我想，搞地质的，跑野外需要耐久力，于是我就跑步，后来就练长跑3000米。每天下午5点，在操场跑一圈，然后沿着明斋、善斋至化学馆，再折向气象馆，穿过静斋至西校门，再转向二校门方向跑，正好3000多米。几乎天天如此。跑完后，再做些别的放松动作，休息一会去冲个澡，再去吃晚餐。晚餐后，立即上图书馆，去占一座位。

学校各宿舍没有淋浴，只有体育馆有，男女学生部也只各有几个水龙头，那时马约翰体育教授提出"三分钟洗澡法"，以节省时间，又可满足学生多的需求。三分钟洗澡法就是：每人在水龙头下冲1分钟热水，即出来擦肥皂，全身摩擦使皮肤发红，用时1分钟，然后进入水龙头热水冲半分钟，再转为冷水冲半分钟。实际上，因人多，学生都很自觉，不用1分钟，淋去了汗水就出来，擦肥皂不用1分钟，最后也就是一冲热水就转冷水，真正在水龙头下，也不过1分多至2分钟。一个龙头1小时60分钟，可洗50人，2小时可洗100人。10个龙头可洗1000人，男女浴室加起来，每天可洗1千多人，有的学生不一定每天洗，这样基本上可满足学生的要求，这就是三分钟马氏洗澡法的好处。

后来，教育部把学生时间定下来，称为"八一五〇"制度，即：每个学生每天有8小时睡眠，一小时运动，每周有50小时学习，周一至周六每天学8小时，星期天晚自习2小时。这样规定，学生们必须晚9点半前准备入睡，10点就熄灯。这制度基本对学生健康有好处。但有时，学习紧张，熄灯后学生跑到走道灯旁或厕所内再看点书。

中国民乐让人陶醉

我参加铜管乐吹黑管，当时清华还有一个交响乐队，主要小、中、大提琴，再配些管乐器，其中黑管双簧管、巴松是很重要的乐器。我进清华时，交响乐队已有吹黑管的同学，是地质系比我高一年级学生，另外，音乐老师也在交响乐队中吹黑管，所以我不能进西乐交响乐队。但我在中学时，也玩过中国月琴、三弦，也喜爱二胡，也吹过中国笛子，但都不精，水平不高。那时在北京也开始有了民乐合奏交响的曲调。有一次我们铜管乐队应邀在北京中山公园的音乐会场演出，也听了民族交响乐演出。于是在清华，我和物理系一个同学共同发起组织了民乐交响乐练习，我们班刘宝珺弹扬琴、贾文慰吹笛子等，好多同学参加了，物理系也有几个同学参加。

　　1952年春节，没有回家过年的同学就于春节前在礼堂举行联欢会，我们民族演奏也应邀演出了节目。当时演奏的是：《马车夫舞曲》和《草原上升起不落的太阳》两首民歌，还有一首可能是《歌唱二郎山》。刘宝珺等同学演出后回天津。

　　这是清华大学第一次有多声部合奏演出，还不敢称民族交响乐演出，由我组织起来并担任指挥。我们的演出受到热烈欢迎，由报幕同学带我到台前，鞠躬表示谢幕后回后台。同学们还是不停鼓掌，我出来谢了三次，最后由报幕的女同学说："同学们，你们热情鼓励民乐队，很感谢！但乐队指挥卢耀如同学告诉我，他们刚成立，只练习了这三首，只好请大家原谅，下次再演出。"这样，得来的是一片为不能尽兴欣赏民乐发出的叹息！

　　后来为答谢同学，再演出其中一段欢快的《马车夫舞曲》，或演奏其中后半部也可。当时没经验，不知可以这样的。受到如此热烈欢迎，都是出乎意料的，应当是被高兴冲昏了头脑，不知如何感谢同学们的热情。但这事也启发我，真正是民族的，还是会受到群众欢迎的。

音乐当使人类的精神迸出火花

　　"音乐当使人类的精神迸出火花"这是贝多芬的一句名言，我在英华中学时也欣赏过音乐讲座，在清华大学，音乐室在周末也经常举行音乐讲座、欣赏会，介绍古典音乐，当代的音乐，给我深刻的印象。当时我喜欢的有贝多芬的《第三英雄交响曲》《第五命运交响曲》《第六田园交响曲》和《第九交响曲》；还有柴可夫斯基的《天鹅湖》和《6号悲怆交响曲》。这些交响乐的确很好，但怎么能激起火花呢！我在思索这个问题，这些交响乐，确实有其和弦和旋律，也震撼了我们的心灵，但是我觉得音乐最能让人心灵上迸出火花的是与时代紧密相结合的音乐。

抗战时的抗敌歌曲，唤起了很多民众抗日的激情，迸发出火光。一次在清华大礼堂，介绍冼星海的《黄河大合唱》，真的也使我心潮澎湃，感到中华民族的苦难与坚强。

我在清华也参加了铜管乐队，我记得最感人的是在1952年五一国际劳动节大游行，穿过天安门时，我们乐队演奏了王莘词曲的《歌唱祖国》。

庆祝五一国际劳动节和国庆节，那时都举行大游行，过天安门接受中央领导检阅。我们凌晨3点就起床，吃早点，4点多到清华园火车站，坐火车到西直门，再从西直门整队步行去东单，耗时一个多小时。8点多就要到东单指定地点，大会9点开始，我们游行到西单结束，再走到西四，进入一个中学，下午和中学生联欢，晚上5点多又进入天安门广场，参加大联欢至12点，然后又去学校休息一会儿，早上起来由西直门坐火车回校。

我们铜管队必须先赶回二校门，迎接参加游行联欢的同学回校。我们就在清华园二校门，吹奏这首《歌唱祖国》。同学们给我们热烈挥手，有的也在唱这歌曲。当时，真的深深地感到这音乐激起了同学们的心灵火花。

突然间，开始进行院校调整

在1952年上半年，开学不久，就有关于进行院校调整的风声。当时，如何调整不是很清楚，但是确切知道的是，清华大学地质系和北京大学地质系要合并，成立新的学院，以适应国家对大批地质人才的需求。

听到这消息后，我真的说不出话来，因为我原先抱有"非清华不读"的思想，好不容易千里迢迢地放弃了学其他专业、进入其他学校的可能性，也放弃了在福州团工委南台办事处的工作，而为了进清华大学，我还是挑选进入理学院地质系，以便转系。现在为建设需要，我不转系了，刚安下心来，又要调整，离开清华，心中真是很不愉快。心想，我要读清华，要这清华的毕业证书，结果又不行了，将来毕业的新的、无名的学校，谁知道你还是清华大学的学生啊！只怪自己命运不好！如果考上数学系、物理系，也没这事。当时，还不知道详细的院校调整方案，也不知道清华大学数学系、物理系，也要调整到北京大学。

首先，只知道清华大学、北京大学的地质系要合并，我们学生了解后的信息是，这两校地质系老师，都是国内外知名教授，很多也是国外留学回国，多数教授作出贡献，是国内外知名的，两校地质系又各有风格、特色，以前也有相应的竞争，这次要合并了，两校老教授也有门第之见，也不愿意合并。

听到这信息，我心又缓和了点，感到两校教授不愿合并，大概不一定会合并，心中涌起了一种期盼，希望两校充分表达意见后，教育部会考虑取消合并的措施。

过了一段时间，又听说清华大学地质系可能不并了，因为清华土木、建筑等理工学科，都需要地质专业，所以清华大学要在校内成立工程地质系，使地质系能更好地符合国家建设的需要，也可更好配合有关学科建设，并且已有具体的考虑，将生物馆作为工程地质馆，就不用离开清华了。工程地质是新兴学科，我们又是首先选择搞这新专业，心中又涌起新的希望。当时，我就曾在生物馆教室，听了工程力学课，是张维教授开的课，所以我的心完全放下来，认为十有八九不会离开清华了。

平斋不平，要调离住此的地质系学生

没过多久，教育部一个领导来清华，他作了报告，说明一定要大规模进行院校调整，地质系调整是肯定的，还有别的系也要调整。事已至此，一个学生有何作为？只能听天由命吧！

那时，已离放暑假不远，而且学校要我领队带同学去淮河实习，实际上是边实习边工作，我就只好专心致志地准备去淮河实习工作之事，院校调整问题就放在脑后。如何调整，做学生的只能听从学校安排了。这真是在清华最后的一段日子了，临出发去淮河前，不禁产生与清华大学难舍难分的心情。那时，我和刘宝珺、卞昭庆及林尔为四个同学住在平斋。我想，去淮河回来，我们就不是清华人了啊！

刚进入清华大学，就听到有：善斋不善，因为这座学生宿舍的一楼连着有肺病同学的食堂，这些同学基本上已不是传染期，餐餐吃蒜，用以治疗；明斋不明，这所宿舍，中间走廊采光不好；新斋不新，因抗战胜利后，由西南昆明联大搬回，校舍没有很好修复；平斋不平，地上确有凹凸不平的地面；这四座都是男生宿舍。另一座女生宿舍为静斋，路过时经常可听见女同学尖叫欢笑声音，所以叫：静斋不静。

不知是什么时候流传起这说法，但我们进校后，感到这样的称谓很贴切。当时，我更感到"平斋不平"的含义，因为地质系四年级不住平斋，一、二、三年级都住平斋，将来都要到新组建的"北京地质系院"去了。那时只知地质系要出来，心中真的是不平。谁叫我们住平斋啊，平斋就是不平，忽然以迷信来解脱。

其实，真正去北京地质学院的只有一、二年级学生，三年级提前毕业，还是清华大学的毕业证书。

我在清华大学，虽然只有两年，但结合教育的影响都是终身受益。在这学校，引领我走进地质学的奥妙世界，启发我懂得地质学与工程建设关系密切，并和几位同学共同进入水文地质、工程地质的新领域，接触了重大的国家建设项目。

在清华大学，我也得到了全面的培养锻炼，政治思想上提升了觉悟，成了正式的青年团员和党的培养对象，我懂得了艰苦奋斗和团结大家共同向前的深刻意义。

在清华大学，我的身体真正变得强健了，可经受繁重的野外工作的考验。我也提高了个人文化综合素质，更好接受古今中外的文化的综合熏陶。就是说，在清华大学这名学府中，我在德、智、体、美等多方面都得到了提高。使我更加懂得："自强不息，厚德载物"校训的内涵。

清华入学五十周年的同学聚会

离开各自的母校，进入新合并组建的北京地质学院，同学们在新的学院中，虽然还是团结得很好，但更多接触的还是母校同学，思念的还是母校的地质系。

清华大学是以每年四月份的最后一个星期日作为校庆日。刚离开清华，原清华同学回校参加清华校庆，还是很少。因为清华没有相对应可接待的系、院或研究中心。通过岁月的流逝，改革开放后，各学校的校友与母校的联系都大大加强，回校参加校庆的也空前增多。离开清华的地质系校友也都在校庆时返回清华，当时只是有家在清华的，原清华大学袁复礼教授的后人及家在清华原地质系毕业的杜学长与学校联系，找个地方大家相聚。

在2000年，正是我们入清华大学地质系的五十周年，由原来我们清华大学地质系同班的班长余鸿章及卞昭庆、童有德等在京同学发起，在入清华五十周年时，同学来聚会一下。鉴于当时有的同学政策仍未落实，经济困难，所以需要予以资助，以便同学们都可前来团聚。

一天，老班长余鸿章打电话给我，说："清华同学相聚，有的同学仍很困难，应当给予资助，我已和刘宝珺讲了，他出五千元，你是否也可出些力帮助困难同学"，不言而喻，余班长要我和刘宝珺各出五千元，因为我们班只有刘宝珺和我两人是院士，相对应当经济条件好一些，还没退休所以余班长和我们商量是很正确的。刘宝珺和我在清华，住在平斋同一房间，他在上铺，我在下铺，对面是林尔为上铺，卞昭庆下铺。接到余班长的电话，明白他的意思后，我说："不行"。余班长马上着急地说："你怎么不行，刘宝珺都同意了，你……"，我说："不行就是不行，我和刘宝珺都出五千元，两个"五"，像两个手掌各五指，不行"，停一会儿我说："我想最好我们两个各出六千元，两个六千元钱多好，六六大顺，让同学们都一切如意"，余班长听后说："好！好！"当时我说"不行"，是逗老班长，他对我们班同学出了不少力。让人痛心的是，他后来因腰部手术不顺利而逝世。安息吧！老班长！

这次聚会，同学们能来的都来了。大家欢聚特别高兴，去看了清华大学原来住过的平斋、地质系所在的原系址。再领略一下老校园的建筑风格，感到特别亲切。原清华老师，健在的也请来一起团聚。

针对周模尚同学未很好落实政策，我们也积极反映；后来周同学也得到他在清华当地下党的通讯员时的有关证明，使他落实了政策，得到待遇的落实。

清华百年校庆的盛典

2011年4月下旬，是清华大学百年校庆，在中国工程院一次会议上，清华大学钱易院士告诉我，要组织百名院士、专家（清华毕业的）搞一合唱，在校庆时演出，希望我也参加。我非常感谢她的信任和邀请。我说："我一定参加，你替我先报个名"。在校庆前一天，我去清华先练习了一下，唱的是清华大学的原校歌，说实在话，解放初期在清华园，这老校歌我们真没唱过。

校庆时，两个晚上有文艺演出，都是由校友及在校师生的演出。我们这院士合唱中，杨振宁院士也参加，还有在校年轻的教师合唱的支撑，共同演出，连续演出两个晚上，这节目很受欢迎。我的二女儿卢梅，20世纪90年代初在清华自动化系学习，参加舞蹈队，还当上队长，也参加了有关舞蹈队老队员、校友们排的舞蹈节目。

清华百年大庆是在人民大会堂举行的，清华大学为国家培养了大批杰出英才。两院院士有五百多人，有幸我也是其中之一。

为庆祝清华大学百周年校庆的撰文

在清华百年校庆时，我写了一篇《盛世清华话今昔》文章，登在《科学时报》2011年4月22日的专版上，也刊登在《清华校友》校庆等刊上，该文反映了我作为清华人的一份感怀。

全文如下：

清华百年校庆，无论是高龄学长，还是正在孜孜求学的年轻学子，都会从心中怀着感激与喜悦，向母校致以衷心的祝愿。

我是1950年秋进入清华大学地质系读本科的，因院校调整，于1952年到新组建的北京地质学院。在清华园两年时光，为我奠定了坚实的基础。

发挥优势，接受交叉学科教育的熏陶

我的中学时代是在福建省福州英华中学度过的，成绩优秀，尤其数理化成绩好；我于1950年春季中学毕业。因家庭困难，于是在新民主主义青年团福州团工委南台办事处工作了半年多，把功课都丢了。华北高校统考时，我提出申请报考大学，几经曲折得到批准。于是我抓紧复习丢下的功课，满怀"非清华不读"的信心报考了清华大学数学系、物理系。不幸临考前几天生病了，痰中有血，精神负担很重。那时天又热，睡不好，考试时有些恍惚，没考好。

考试结果登在报上,我的成绩在榜单上被列入"下列考生成绩尚可,所填系科无法安插,须重填志愿"。

在学联同志的帮助下,为我筹集了路费29.5万元(后来一万元为新人民币一元)。我走了7天多,由福州来到北京清华园。教务处给我华北统考可选择的备取院校系,清华大学可选的系不多,理科只有地质系。因此我选择了清华地质系。

刚入地质系时,我仍抱着转系的愿望,后来因国家地质工作需要,组织上要我带头打消转系的念头。

土木系教授陈梫生也是福建人,有一次碰见他,他对我这个小老乡谈起长江三峡工程等都需要地质工作,于是我就接受地质与水利土木交叉学科的学习。在二年级时,我选修了建筑材料、材料力学,以及必修的测绘学。后来又修了理论力学、土力学等。

1951年毛主席发出"一定要把淮河修好"的号召。1952年暑假期间,学校指定我为领队,由老工程师姜达权先生带领,和田开铭、钱学薄、任昌毅及余也果4位同学一起奔赴淮河参加工程建设。结束后,我写了《淮河大坡岭水库的工程地质条件》,这一论文一直保存在地质部资料馆中。

我们班有36个同学,其中有12位同学偏向于水文地质、工程地质这方面新兴学科发展,其他专攻传统地质学和矿产的同学也从清华的学科交叉中接受其他学科的学习,以更好地从事地质工作。可以说,我们班12个人是我国最早偏向水文地质、工程地质专业的。当时国外也刚刚开展不久,这可以说是清华大学交叉教育的成果。

重视实践,培养学生创造能力

学校传授的是基础理论,而实际工作能力,特别是创造精神更重要。

大学一年级时,老师带领我们进行实地的地质现象观察,从中领悟自然界的地质现象。刚入学不久的一天，我问同房间大六的周学长一个问题，他说"我不知道，现在不能回答，以后探索研究后再说"。当时我无意识地说他，你都大六了怎么还不知道，他严肃地对我说："许多知识要在实际中学，大学学习，也只是给你一把知识的钥匙。"当时我深感自己的无知和狂妄，深深记住学校只是给你入门的钥匙，需要有创见、创新精神。

后来，去淮河、去官厅水库的实习，给我出校门后担任地质部淮河工程地质队队长、官厅水库地质研究队队长和负责三峡工程南中关石灰岩，坝区的勘测与研究工作打下了坚实的理论与实践的基础。

大师风范谱写师生和谐情谊

因为清华大学有着众多大师，所以成为国内著名的高等学府。我们上学时，叶企孙、周培源、钱伟长、华罗庚、梁思成、陈岱孙等教授都是国内外知名的大师，早期还有王国维、陈寅恪、赵元任以及闻一多等，但已去世。大师们的学识、治学精神与人格、学风，支起了大学的骨架与灵魂。在清华，大师和学生都有着和谐的师生情谊。

一次，时任教务长的周培源连续三天晚上，亲自到我们住的善斋（510房间）隔壁找文学院一位同学，和这位同学交流，并真诚地宽慰这位同学。从这个教务长的耐心三夜谈话，可以想到大师、教授们以学生为本和认真负责的示范行为，深刻体现了清华的师生之情。

坚定信念，培养为强盛中华而奋斗的精神

"厚德载物"的校训，对清华莘莘学子有着深刻的影响。为强

盛的中华，清华师生英勇奋斗，在五四运动、抗御外来侵略者、抗日战争与解放战争中的革命先烈当中，许多是清华学子，让人深深怀念。

我们进入清华已是解放后的新中国，培养的是要有坚定信念跟着共产党走，为新中国奉献自己，真心实意地为人民服务的精神。

在和平时期，建立为国为民的思想，树立高尚道德情操是不容忽视的，这也包含着科学研究上的顽强奋斗与学术道德。

全面素质教育为走向社会打下坚实基础

在培育德育智育高素质人才之外，体育是清华的一个重要教育方面。当时清华和全国学校一样，推行"八一五〇"制，即每周有50小时学习，每天有8小时睡眠和1小时体育锻炼。

那时，我练3000米，每天由体育馆出发，路经善斋、化学馆、气象馆、生物馆、静斋、西校门内、清华园二校门礼堂前广场，再回到体育场。全校两千多人，多数都锻炼。在美育方面，清华有许多文艺社团，如歌咏队、舞蹈队、戏剧社、美术社、音乐欣赏等。我当时就是清华的铜管乐队一员。

1951年我们组织了民乐队，主要由地质系和物理系二年级学生组成，我任指挥。1952年春节演出了《康定情歌》等三个曲子，受到热烈欢迎，我谢幕了三次，但是观众仍然掌声热烈，报幕同学只好向大家解释："对不起同学们，民乐队只练了三个曲子"，观众这才作罢。

从全局出发，为国家的大发展作奉献

1952年全国院校调整，清华从大局出发，很快就将理学院调到北京大学；研究地球的地质系，以北京大学和清华大学两校地质系为主体,成立了北京地质学院;清华地理系并入北京大学,其地理系后来变为地质地理系,而后又分建地质系和地理系;清华航空系也调出组建了北京航空学院。于是,清华上天入地的两个系都没有了,只留下了工程学科。

在母校清华百年校庆之时,作为其中一个老学长,和许多同学一样,对母校仍是充满了感激与思念之情。在此,仅有一个愿望:祝清华大学今后能更好地发展,居于世界著名大学的最前列,为中华培养出更多英才,也为世界教育作出重大贡献。此外,也祝愿清华大学,能很好恢复与发展地学,以促进许多学科的再发展。

值此母校清华大学百年华诞之时,谨赋诗一首以表心愿。

《赞清华》

水木清华逐时波,几代风流舞中华;
报国为民涌豪杰,厚德载物育英才;
百年教绩环球誉,千秋伟业历代传;
盛世大庆论今昔,世纪学堂赞歌扬。

四、在国家建设的尖兵学府中成长

从淮河实习回来,到清华大学向学校做了汇报,办了相关手续,就准备到新成立的北京地质学院报到,那时已是1952年的9月份了。

正式进入水文地质、工程地质系

在清华大学,我们几个人倾向于水文地质工程地质专业,但那时清华大学还不明确有这个专业,只是我们自己朝这方向努力,各人选修了有关课程,每个同学选修的并不一样。在北京地质学院正式建立了这个系。系主任是袁见齐老教授,他主要研究有关盐湖的,对水文地质、工程地质也有所了解。

最主要的是,我们也学了一些传统课的新创见,更学了有关专业课。所以我们除继续学习矿床学、地质构造之外,还学习了地球物理、水文地质、土力学、理论力学、第四纪地质与地貌学等。

在清华大学,我和刘宝珺、林尔为、卞昭庆四人同住一屋。到了北京地质学院,我们就按专业分班,刘宝珺和林尔为属于矿山地质专业在甲班,我们水文地质工程地质专业和西北大学并过来学石油的一起在丙班,孔德坊、余仁福、卞昭庆和我四个人,就住在原北京大学的西斋。西斋是一座座平房,每个平房有四间房,每间房住4个人。西斋是北京大学原有名的学生宿舍,有其历史名声,但每个房间没有卫生间,是外边共用的。宿舍也没暖气,冬天是要烧火炉。那年冬天的寒假,他们三位都分别回山东、上海和天津过年,只我一个人无法回家,住在宿舍中。我不会生炉子,生了又灭了。后来,干脆不生炉子,晚上在床上当"团长",就是拥着棉被,人蜷曲着以暖和些睡觉。旧平房房子门窗多缝,有刮风时,冷风萧萧地往被里钻,但年轻的我,那时还是挺过了寒假。

要毕业了,如饥似渴地抓紧充实自己

北京地质学院的二、三年级学生是由清华、北大为主,再加上西北大学、唐山工学院有关学生组成,我们是三年级,在北京地质学院算是老大哥。

1952年,为了国家建设,全国高等院校的理工科学生都提前毕业,那时就知道我们这届理工科学生也要提前毕业。就是说,在北京地质学院我们是最后一年了,于是大家都抓紧多学些,多充实自己以便走上社会为国家服务。

学矿山地质的同学，功课少，于1953年5月就结束了，然后有俄语专科学校来的教授和毕业生当助教，突击教两个月俄文。我们水文地质工程地质专业，要补的功课多，就不突击学俄文，而是要把有关课程学深学透。

我们原来都是清华大学、北京大学的本科生，应读四年，实际上最后一年主要是写毕业论文，及考虑工作去向。我们在淮河高质量实习、工作，写的报告被收入国家地质资料馆，实际上相当于完成了论文的提交。我们专业课又利用暑假延长时间多学习，补了该学的课程。所以，实际上虽是三年级提前毕业，所接收的教育和四年级教学没有多大的差别。真是：加倍努力，以弥补毕业时间的提前。

做毕业分配工作的艰难

在北京地质学院三年级学习，我担任丙班的团支部宣传委员，书记是西北大学来的邵荃麟，组织委员是北京大学来的熊曾熙。在快毕业前三个月，就是需要毕业生的分配名单。例如，电力部多少人，地质部多少人，中科院研究所多少人，留校多少人，到别校去多少人……有了单位分配人数后，再研究具体分配名单。这重要的原则是一定要做好思想工作，让每个学生都能愉快地走上工作岗位。我是宣传委员，更要多做宣传工作，那时宣传不是讲什么大道理，什么服从组织分配啊，什么不怕艰苦条件啊，都不需要讲这些道理，而是要和同学们交心，让他们都能愉快地接受分配。

在那个年代，同学们所想的是，争取到野外艰苦的地方去锻炼，为祖国寻找宝藏，为国家建设能真正贡献力量。当时，拟分配的单位上也有留下来当助教，也有拟分配到研究机构做研究工作的，或到有关机关做管理工作。分配这些岗位时，那是非常困难的，因为大家都想到艰苦的第一线去作贡献，以从实际工作中为人民服务，绝对不是私心、个人主义，你不能扣帽子。只有交心，说服："这些都需要有人做，国家更需要，而是出于爱国的公心，这方面作出贡献，比一个人去野外，贡献要大得多，你这方面学习好，一定会更好地担任这些教学、研究工作，等等"。

我只能苦心相谈，那时分配名单，学校系里老师有个初步意见，再交党支部、团支部研究，做些调整，但必须做好思想工作。我自己不知道去哪里，由学校分配，最后告诉我去地质部门。

要赴野外，做好准备，却拔牙大出血

我想无论如何，将来总是要到野外去，当时野外医疗条件差也是肯定的。我在临毕业时，抓紧治疗我的多个龋齿，而且北京口腔医院离沙滩不远，我抽空去看口腔科。大夫建议把龋齿拔掉三颗，但只能拔一颗后，休息几天再拔另一颗。我一星期内已拔了两颗大牙，去拔第三颗大牙时，开始也很顺利，回校后，吃点流质的软面条，然后在西斋边一个王爷府（也是学生宿舍）约一个同学在那谈分配工作。正交心，突然口腔大出血，我赶紧用冷水冲，血也没止住，于是赶快由一同学陪我去锡拉胡同口腔医院，医生看后说，可能伤口内有异物，那时不能用麻醉药，就直接把伤口扯开，冲洗干净，再撒上止血药，并把伤口完全压紧。过了一个多小时，不流血了，伤口没问题了，才让我回校。

别了，母校，背起背包走向祖国的山河

在快毕业时，北京电影制片厂来北京地质学院，他们要拍《深山探宝》，需要拍毕业生背起背包走出校门的镜头。学校让我负责，召集了二十多位男女毕业班同学，在沙滩地质馆楼顶平台上，先拍

大家打起背包的镜头，就是将棉被像军队那样，打起背包，背在身上。我在福州南台学联工作时，打过这种背包，预先让准备了背带，所以拍这镜头很快完成。

接着拍学生们背着背包与师生告别走出校门的镜头。因为我是这次拍摄工作的组织人员，在沙滩楼前先有师生在那里等我们出来，导演要我第一个先走，我没同意，我说应女同学先走吧！后来女同学走过"欢送"队伍，和送别的老师学生握手告别，接着我跟在后面，还有李廷栋同学，他是乙班团宣传委员。这次拍摄很顺利，过了一两年，《深山探宝》电影放出来了，里面有走出校门的镜头，就是采用拍摄我们的那段情景，接着是坐卡车飞奔赴野外的镜头，但那不是拍我们的。电影里配上了《勘探队员之歌》的插曲，歌词："是那山上风吹进了我们的帐篷……"中国地质大学（原北京地质学院）五十周年校庆时，专门到电影厂拷贝出这段镜头，放在纪念光盘中。

前几年，电影制片厂还到我在北京的公寓处，因为这首歌首先为我们镜头配的，就拍了我说的一些话，作为纪念这首歌的五十周年，他们说，歌曲作者没想到这歌曲对地质影响这么大。是啊！激情的岁月，奋战在高山峻岭，渡过急流险滩，用生命心血，唱出这感人至深的无私奉献的地质队员的真实心声，这首歌的价值在于充满了地质队员献身伟大祖国建设的豪情壮志与无私奉献精神。

后来，刘少奇同志到地质学院，赞扬地质队员是建设时代的尖兵。

在我们毕业典礼上，我荣幸地代表三个班的毕业生讲话，那时已不是像在福州英华欢迎解放军时讲话那样，不感到紧张了。因为三年的两校大学的磨炼，我也长大成熟了。

这次，我真感到自己长大了，也成熟了，我已是真正的地质毕业生了，我代表毕业班同学，在奔赴岗位之前，衷心表示对学校，当然也包括对前清华大学、北京大学等母校的感谢！也真诚对各位老师先生对我们的教导，表示衷心感谢的心情，那是经受岁月磨炼的学生，感情是炽热的。

当毕业时，我们的决心是什么呢？就是做个真正的地质工作者，真正的地质队员，为祖国贡献我们的智慧，贡献我们的一切。任何艰难险阻都不能影响我们。我们毕业班同学的心愿，是共同把全部贡献给我们伟大的祖国！

我代表毕业班同学表示的临别话语，是真心的，也是经得起岁月检验的。今天，回想毕业时的誓言与决心，我们作为中华人民共和国成立后培养的第一代地质队员，真的是作出了不可磨灭的贡献，这些共同毕业离校的同学，不可否认的是都经历了艰难的磨炼，不少的同学现在已经离开了这个世界。他们做出的成绩，已融入我们伟大祖国的伟大事业之中。在此，愿已离开我们的同学们静静地安息。

同学们始终记着我们的同窗友谊，祖国不会忘记我们——新中国第一代成长的地质人员！

在中华人民共和国成立六十周年的大庆日子，在北京我参加了天安门的庆典和阅兵。在上海我也参加了院士、专家的合唱，唱的一首歌就是《祖国不会忘记你》。

在这篇中，我也写几句，以寄托对先走了的同辈地质及诸多的地质赤子的思念之情。

《祖国不会忘记地质赤子》（二则）

《地质赤子功勋》

四九金秋胜往昔，华夏红旗舞九天；
建设先兵多召唤，地质赤子重任艰；
北清西唐聚京院，东长南成也新编；
甲子岁月箭飞逝，多少豪杰已升仙。

《祖国不会忘记》

千万地质好儿女，九州花园血汗浇；
茫茫大海融一滴，滚滚江河冲浪尖；
保障发展破急流，寻找宝藏登峰巅；
祖国不会忘记你，地质贡献大功勋。

说明：北清西唐，指北京大学、清华大学、西北大学、唐山工学院；东长指东北的长春地质学院，南成指南方的成都地质学院。

1950年2月参加福州市新民主主义青年团南台办事处（南台学联）工作

在福州寻珍中学举办学习会与骨干师生合影
（左第一人为卢耀如）

在华南女子中学协助"红五月"演出,(后排左第一人为吴荣宣(南台学联)和我(右第二人)为导演,右第二人为杨文汉老师(指导)

清华大学地质系50级1951年去山西大同煤矿实习(右第一人为卢耀如)

在清华大学跑三千米
（右第一人为卞昭庆，第二人为卢耀如）

清华大学地质系
本科二年级时留影

参加清华大学90周年校庆（2001年）

2011年清华大学百年华诞，与常印佛师兄（两院院士合影）

清华百年华诞和二女儿卢梅在清华校庆史展览馆，
卢梅1994年清华自动化系专科毕业，曾任校舞蹈队队长

北京地质学院三年级于北沙滩地质馆

2002年参加中国地质大学(前身北京地质学院)五十周年校庆

和卞昭庆参观校庆展览厅

与中国地质大学（前身北京地质学院）张咸恭教授合影
（左为沈照理教授，清华师兄，中为张咸恭老师，右为卢耀如）

清华大学地质系50届工程地质组入学50周年聚会合影

我国首批学水文地质工程地质的"九仙"于2000年时聚会在地质馆
（左起：余仁福、钱学溥、罗亨树、卞昭庆、卢耀如、
田开铭、余地果、潘裕德、孔德坊）

第三章
地质人的梦想与工程实践

《地质人之歌》

背起背包,挺起胸膛;

高唱战歌,告别学堂。

不怕艰难险阻,

何畏天冻地寒,

我们热血澎湃;

奔向华夏广阔的野外战场。

高耸入云的山峰峻岭,

吹响我们探测自然的号角,

滚滚的江河,

咆哮的急流险滩,

挺起我们勇往直前的地质人脊梁。

为了新中国的强大,

为了人民的福祉,

地质人员的业绩,

是跨越振兴之路的桥梁。

我被分配到地质部,那是国家地质工作指导委员扩大而建立的,由李四光任地质部部长,何长工、刘杰等为副部长,我被分配到地质部下属的工程地质室。

一、走上工作岗位的新的地质队员

我代表所有来地质部大学生发言

大约是1953年9月下旬的一个晚上,地质部所在地西四兵马司的一个古老建筑的后院,举办迎新晚会。会上,刘杰副部长代表地质部领导,对分配到地质部的大学生们表示热烈的欢迎。那时,分配到地质部来的,不仅有北京地质学院的几位毕业生,还有长春地质学院、南京大学、北京大学、兰州大学等许多大学生,专业上不仅有地质,还有化学、物理、机械等多个专业,都是地质工作所需要的。在这会上,又让我代表所有分配来地质部工作的新大学生们讲话,表达我们要献身地质工作的决心,也表示新来大学毕业生们对从事伟大而光荣的地质工作的豪情壮志。新来大学生中,虽然有的对地质工作还不是很了解,但分配来部之前,还是有过一定的学习与介绍,对地质工作的重要性与国家需求的迫切性,还是有了一定的了解。这次我代表大学生的讲话,就更多表示非地质专业的学生的抱负、理想与追求的愿望,那就是用所学的专业知识,为国家寻找宝藏及保障国家建设的地质调查工作贡献力量。强调了各学科大学生们的相互学习与帮助,以及共同迈向未来的美好中国的决心。

冰天雪地的浑江水文地质调查

轰鸣的火车往沈阳飞奔而去,在列车上既感到骄傲,又感到幸运,因为我已是正式的地质队员,正在胡海涛同志率领之下,赴东北浑江,为水利工程而奋斗。1953年9月中旬被分配到地质部,并具体分配到工程地质室工作。那时候,地质部只有几个老的地质学家转专业进行水文地质、工程地质方面的工作。我在工程地质室先做些准备工作,然后跟胡海涛同志负责的地质部东北工程地质队,开赴东北。

先到沈阳和有关水利部门联系,准备有关工作,再赴浑江野外。沈阳那时是解放后我国的重要工业基地,当时一看沈阳,真是令人兴奋又羡慕,沈阳市内烟囱林立,令人目不暇接,叹为观止。当时想,什么时候全国都这样发达,中国肯定会更加强大。那时,关于环境保护、空气污染这方面问题,真的还知道很少,没有感到会有问题的存在。

由沈阳再坐火车到吉林通化,下火车后坐上爬犁,真正领略到了冰天雪地的世界。那里,最低的温度可达-35℃,人、马呼出的水汽,又成冰霜沾在皮、毛上。人们穿着皮袄、戴着皮帽,脸上冷风飕飕,真是感受到了在洁白的冰雪世界的别样情趣。

结合调查,担任教师

我们的目的地,就是要到桓仁,那里要修一个水电站,已有了围堰,但大坝基础和库区尚有问题需要地质调查。另外,整条浑江该怎样进一步规划,也应该进行流域的地质调查研究,以便作出相应的抉择。

时间已是11月中旬末,天寒地冻,要调查野外地质现象,确实很艰难的。山上有雪覆盖，但在有陡坎地带，相对雪的厚度要薄些，用扫把扫扫积雪，有的可以看到岩土露头。对于地下水露出的现象，因地下水温度高于0℃，有时还易发现涌水地点。在桓仁的首次调查任务中，我担任水文地质组组长。我是以第一届学水文地质、工程地质的大学生身份来队做具体工作，当时还有从云南和东北来的两批人来跟队学地质，主要是学水文地质。我在野外还要结合实践调查给他们讲课。一批人员是云南省来的学土木的人员，年龄比我大些，搞过水利建设，上级让他们要学些地质补充新知识，有利于今后开展水利方面的建设工作。其中老彭已是土木工程方面科技骨干，主要在气候暖和、被称为四季如春的云南昆明，没见过这冰天雪地。一次在浑江冰面上调查江边地质现象，他不幸重重摔了一跤，头与冰面相撞，后来得了严重脑震荡，提前回云南。另两位坚持学习完回云南，后来也转做地质工作。另一批是年轻的学生，只有十七八岁。他们的专业是学地质，以便培养做中级的地质人员，但有的后来有机会进一步到高等学校深造，成了水文地质工程地质方面重要骨干，我也成为他们搞水文地质、工程地质方面的启蒙老师了。

如何做好首项任务，也就是这第一炮该怎么放？这是现实问题。当时想"放炮"，主要是如何做好这项水文地质工程地质工作。首先，是必须要实地调查，于是我们就从上游一直调查到桓仁，要基本查清流域的水文地质条件；其次是重点了解有关水文地质现象，特别是泉水和喀斯特的现象，还有最基础的就是地层与构造。我把观测到的水文地质现象加以结合，对当时库区的水文地质条件就有了基本的概念，相应的基础稳定性与渗漏方面的问题就有了评价的基础。

第一次调查的收获

这次调查中，我的主要收获就是：

第一,地质条件是水利建设的重要前提条件;

第二,水文地质条件应在地质的地层与构造的两大基础条件上叠加有关水文地质现象,作为评价水文地质条件的基础;

第三,解决工程建设问题,要掌握水文地质条件是不可或缺的要求,只有将水文地质的区域性、地带性基本特征掌握之后,再了解有关工程地质的数据,并进行实验、监测,对工程地质条件就易于掌握。

这次调查任务时间短,先提了初步成果,预备1954年再作调查,但于12月底返京后,我就离开了东北工程地质队。

野外队伍的集中冬训

1953年的12月,我们水文地质工程地质方面的野外队伍都集中在百万庄进行冬训、总结。那时,阜成门外基本都是农田,我们从阜成门下车,沿乡间小路行走半个小时左右到达百万庄。这里正在修建三层楼的四部一会的住宅区。房屋没盖好,各个队伍就住了进来,用没有门窗、砖砌的墙壁,也没粉刷的房间作宿舍和办公室。房间内没有修好下水管道,所以没有水,也无厕所。男同志住三楼,女同志住二楼,一姓辛男同志,晚上跑到楼外上厕所,因冬天太冷赶紧回屋,人未全醒而又迷糊,结果走到二楼就进屋,发现错了,又赶快跑出来。这样的笑话,真是不少。

虽然处在艰苦环境下,但大家情绪仍很高,共同的想法就是力求更好工作。我担任青年团副支书,支书是行政人事干部的马学礼担任。我尽力以自己行动起表率作用,把冬训办好,要帮助解决思想问题,解决生活工作上的问题,还有要求入团入党等问题。上级领导、周围青年地质人员对我都很尊重。在那个时候,人事部门还经常让我参与做些有关人事上的工作。到了阳春三月,冬训结束了,大家又准备马上出发奔赴野外工作,开始新的战斗。

二、第一次个人情感的挫折

一天,新来不久的一位领导,他是延安过来的老干部张更生。张更生的到来,趁着那时候国家开始建设的机会,大力发展水文地质工程地质工作,更注意到利用年轻人以扩大这个队伍。他已开始注意到我这个年轻人,他注意到我是清华大学的学生,也是共产党员。他也想多培养年轻的水文工程地质骨干。

为了新中国建设,在中华人民共和国成立初期,就有苏联专家来华援助。1954年时大批苏联专家要来,所以在1953年北京地质学院的甲、乙两个有关矿产资源方面的毕业班提前结业,进行突击学习俄文。在这个春天里,水文地质工程地质也预备有苏联专家来华,张更生就内定让我跟苏联马舒可夫专家学习工程地质,任福弘跟水文地质专家学习。这个决定告诉了我,让我有思想准备。在专家未来之时,就把我派到浙江参加新安江水库的地质勘察工作。在这春暖花开的季节,我要去江南去做地质工作,不仅是浙江离福建近,我有可能回家乡去一趟,看望家乡父母及许多亲戚朋友,特别是应当感谢福州南台学联的同志们,我离开福州已经三年半了啊。

但我想的是,去杭州要路过南京,我想顺路在南京下车,去看望堂弟堂妹,他们正在南京学习,也更想去看望远房的一个亲戚。

青梅竹马,等待我童年的阿娇

她是我家乡远亲,她父母和我父母是很密切与深交往的亲戚和朋友。他父母多数岁月在外地工作,我父亲在我小时也常年在外地工作，她就寄养在她的亲叔叔家成长。我母亲和她叔婶也很亲近，我父亲回到福州后，也经常带我去她叔叔住处玩儿，特别是夏天晚上，在他叔叔家门前大池塘边上，乘凉、谈天说地，小孩就相互玩耍，听到大人讲溺水人要讨个替身以得超渡时，小孩听后都吓得鸦雀无声，但我并不害怕。给我留下的印象是，静静池塘水，轻风吹拂，漪涟波涌，远方的堤埂上，似乎还有人在垂钓，寂静的月色，还是传诵着玉兔、嫦娥的美丽故事，还有远处飘来的忽隐忽现的笛声。给我更多记忆思念的是：两小幼年无猜，相聚时短时长，转眼却已长大，羞容相远心怀。

　　我要上大学去了，我要告别的人就是她。一天中午我到她就读高中的学校门口的一棵大榕树下，我等她出来后，我们在榕树下相距而立，我说："我要去北京上大学了"她说："好啊"我们那时没有握手，更不会拥抱。沉默了一会儿，我说："将来过两年多你也到北京上大学吧"，她说："好的"，那时我还没定是否能留在北京，但我相信会留在北京，上清华大学。她说："你功课好，你在学联工作，上大学也好。"我说："到了北京我给你写信，好吗？"她说："好！"过一会儿她又说："你上北京不要忘了家乡人啊！"我说："哪能呢，以后我们通信吧！你快上课了，我就走了。"我们没握手就分开了。我从榕树根部往下坡路走去，十步一回首，二十步又回头，停一下，她一直站在那儿，看我远去。

　　几十年过后，我听《弯弯的月亮》，我常怀深情地改了歌词："遥远的夜空，有个弯弯的月亮；弯弯的月亮下面，有条弯弯的小塘，小塘的旁边，有个弯弯的小堤，弯弯的小堤旁边，有那弯弯的榕树，弯弯的榕树下，是我童年的阿娇。"

坚定信念，心中的海誓山盟情怀

　　在清华大学学习时，每月两封信，一封给家中父母，另一封寄给她。我们的通信，由一般的学习生活情况的交流，进而到内心情怀的交融，再进而表示依恋难分的甜蜜；从家乡的亲友交往及同学间的近况事物，也涉及家中大人对我们的愿望与期盼。

我们分别时，并没有像年轻人那样，说什么心心相印，再加上山盟海誓。我们以很平淡的同志、亲友的信函交往。

在福州分手时，的确两人还是朦朦胧胧，没有什么更深的思考。分别之后在往来通信中，才隐约地感到了青梅竹马的难以忘却之情。这时想起《诗经》国风中的《关雎》：

关关雎鸠，在河之洲。
窈窕淑女，君子好逑。

这河不是黄河，应是闽江，或者那座池塘。那就应是"在江之洲"或"在塘之边"。通过深入内心之交流，两人的感情得到升华。

随着日月的飞去，两人不知不觉间却产生了感情，虽然远隔千里之外，身距南北两地，但这迸发的深切的爱情，却像是久已等待的一个成熟甜美的果实。随着岁月的流逝，家中长辈也感到了我们两人长大后的内心世界。一天，她来信中说："你妈来我家说，将来要把她（我母亲）的嫁妆——大挂钟，作为我们结婚用。"我看到这里，心中美滋滋的，但是我没有给我父母写信谈及此事，我父母也没对其他亲友说及此事。所以，我于1953年5月10日加入中国共产党成为预备党员时所填入党申请书中，爱人的名字这一栏，我填上她的名字，表示我矢志不渝的决定的情感。我以为这应当不会变了。她来信中，又提到做梦时的思念。的确，我更坚定填上这名字是不会错的。后来才感到，我不理解这"爱人"的含义，也冒失地以为将来一定会成婚，现在是恋人，写在爱人这栏目应当是可以的，如填"妻子"，那当然未婚不能填上。

1954年4月初，我就要奔赴南方浙江，领导考虑我工作学习各方面表现，我党员转正期就要到了，于是就很快召开支部党员大会，以先通过我的转正手续。

到了4月8日（大概）那天，我怀着万分喜悦的心情，登上开往南京的列车。到了南京那天，天气特别晴朗。我先在火车站附近找了一个小旅店的单间，放下行李，然后去学校找她。那天是星期日，在学校门口见到后，我们高兴地握了手，这是第一次握手。她说："我们去中山陵看看，那里清静。"我说："好！"

第二次握手，我们的爱情却告别了

到了中山陵，我情绪很高地爬上中山陵的台阶，看到了陵墓（说是衣冠冢）所在的圆顶建筑，然后缓缓走下来。上坡时，我冲在前面，因为常做野外工作要爬山，所以不自觉地速度快了些。下山时，我想快点，好像她不愉快，是否怪我没等她一同登山呢？所以我就下得慢些。当时，我还认为没有什么事，不太在意。等到下了山，我们漫步到了吃饭的地方，是在饭店外的一张桌子上坐下来，只有我们两个人，那时可能已过了12点多了，那时游客也不多。我想叫些好菜，好好吃一顿。那时我还是大学生新参加工作的试用期，每月只有45.5元，因为工作还不到一年，而我每月都寄35元给家中，为了弟妹们上学。那时在北京，人均每月生活费8元，就不能申请生活补助，我也从不申请。那时，我真的钱不多，为南京见她，我新买了一件浅灰色布外衣，身边也把极少储蓄带在身上。

在等待送菜过程中，两人也交谈不多，突然间我感觉两人像陌生人似的，而不是信中所说："我梦中都想念你"。我突然意识到，出什么事了？他家中有事？不会，有事还不赶紧告诉我，我得罪了她什么，我有什么失礼的地方？没有啊，我想不出来，突然间好像有所感觉，她是否又变卦了？我在沉默中，逐渐肯定是这方面出了什么事。后来我鼓起勇气说:"你有什么事,就直说吧!我会承受得住,我会为你着想",她似乎要流泪,但她在强忍着,后来她说:"我们换个地方吧!"我说:"好!"我们就起身,我结账后一同动身,桌子上三四个菜基本都没动过。

经过一段路走到公共汽车站,搭上车不知过了多少小时,我们到了玄武湖,进大门不远,顺湖堤走了一小段路,她说:"我们就在这里坐一会儿",我俩就在靠近湖水的湖堤的坡脚附近坐了下来。过了一会儿,她说:"真对不起!我不应当和同班同学发生不应有的情感关系,这样……"她有点语咽了。这一句给我心上像重锤猛击一下,突然间血涌上来,我感到我们两人情感真正出事了。一时间,好像天昏地暗,我何所从啊!我从开始有点发恨的眼光,逐渐收敛下来,用冷静的语调对她说:"我明白了,在中山陵就想有事发生了,但是,请你放心,你说吧!我会理解你的",她鼓起勇气说:"我不该和那位同学有(恋爱)关系了","我不知道怎么办",我心中已明白,她实际上已经有抉择了,只是怕我痛苦,我问:"他是谁",她说出他的名字,我以前也认识,我还问:"他现在做什么?"她说:"他在××大学读书,现在是留苏预备班,准备到苏联留学"。我明白了,我们已有的关系真的是完了。

冷静下来,我压抑着翻腾的情绪,告诉我自己,理智!理智!后来我沉默一会儿后,开口对她说:"你不要难过,我成全你们,我退出来,我经受得住。"那时,她才滚滚地流下热泪,我是强忍着,我说:"你不要难过,这不怪你,他也很好"后来她又说:"你们在地质队也有女同志吗?"我没回答,又静静坐了一会儿,南京玄武湖的晚霞似乎在映照着我的沉痛的流血的心,这情景真是令我终身不忘。晚霞玄武湖,悲痛忍泪水,花随它水流,自强为爱谁。

是啊!我为什么这么痛下决心呢?因为,我深深地思索过,我怎么了?我的处境是什么?当时,我家庭条件太差了,做地质工作，也难有稳定环境……

是的，这是很重要的问题，我当时家庭负担重，一个月工资45.5元，寄回家只剩8元多，那时出差补助也有限，并没有机会去苏联镀金，去美国已不追求也不可能，去苏联也无望，我又是搞地质的，东奔西跑，原先她也同意学地质，现在她没学地质，他的那位也在名校，现在是留苏预备班，他们又是同班同学，现在这个局面，我如果硬要强求两人结合，那又有什么情义呢？

我又问自己，你爱她吗？我肯定回答：是的，我非常爱她。我又反问自己："你既然是爱她，她认为是幸福的结合，你为什么就不能随她心意，让她过着自认为幸福的生活和婚姻呢？既然爱她，你何必强要她跟你呢？你爱她，就让她得到真正幸福吧！"我这么一想，就告诉自己，不要从自身考虑，太自私了吧。我只能这样思考，我才能平静地作出坚定的抉择：我退出来吧！

于是，我把一切痛苦都压在心灵深处，我对她说："你不要难过，我就退出来，我会经受得住，不论如何我们还是有亲戚朋友之情，终身不可忘却的。祝你们幸福！"

为这事，她学校团组织帮助了她，还特别肯定我的高尚行为。这是后来她来信告诉我的。

这样决定后，我们就从玄武湖堤上站起来，缓缓地走在湖滨路上，我送她回学校，我们平静地握了手，这是第二次握手，就告别了我们的恋情。

把痛苦都哭出来，但一定要坚强！

我回到旅馆住处，关上门，躺在床上不禁热泪上涌，万分悲伤，我就闷着棉被，在被中痛哭不已，晚饭也不吃，就这样反复到天明。

第二天清早去南京火车站，上了由南京奔赴上海的列车，我不禁伏在座位前的小台子上流泪不止。同车的人都看着我，没有言语，大概猜出我这青年家中一定出了什么不幸的事。过一会儿我擦干眼泪，望着车窗外，我告诉自己，你不要难过，你要坚强！你要坚强！一定记住清华校训：自强不息啊！

多年后，我母亲到北京，也见到她，因为总是有亲友的关系是改变不了的。后来别人告诉我，我母亲和她谈话，真是从小相识的两辈人，她也谈了和我之间的事，她说："如果当时耀如真的坚持要和我好，我可能会和他结合的，因为我们是青梅竹马呀！"情感是久远时日中成长、燃烧起来的。听到这话，我无言以对。当时，我的抉择错了吗？我想不会的，再回过头去，复杂的岁月变迁又会怎样呢？

我不迷信，在20世纪80年代地质矿产部给从事地质工作三十年的老地质工作者送了一个台式闹钟，镶嵌在大理石中，以纪念老地质工作者的功绩。许多北方地质人员反而不高兴说："我们都五十岁以上人了，有的更老，六七十岁以上老人了，什么不能送，偏送这个'钟'（音同终），这不是给我们送终吗，不吉利"。

南方人没这种看法，结婚送嫁妆就有大挂钟、闹钟。我母亲说当我和她成亲时，把母亲唯一留下的嫁妆一个大挂钟给我们，难道说这'钟'，就意味着"终"结我们的爱情，成不了亲了吗？我不迷信这些，但事实上是终结了，那是诸多因素造成的，我没有怪她，真的没怪她，也不会怪自己，不是迷信，还是有"命"呵。

我经过这件悲痛的经历，但我还是坚强地在新安江奋斗、贡献！

后来，我曾写一首七律，表示当时的心怀。

《金陵心曲》（七律二则）

（其一）

竹马原有青梅伴，
金陵春园遭春霜；
一朝离曲破林境，
半生悲歌失楼观；
强涉江河描画图，
智观大地写文章；
心身耗竭遍鞭痕，
安有春风渡玉关。

（其二）

自古人生苦难多，
霜剑刀逼好折磨；
串串泪珠何肠断，
句句墨字记恋波；
感悟信语铭身行，
怀念家音喜心窝；
不期风暴断真情，
我当奋发唱山歌。

能结合为伉俪，那就一切都好，要分手了，不能自暴自弃，而是应当更好珍重自己已有的纯朴之情。所以，她给我的信函，除最后一封之外，其他我一直保存至今。

三、为当时中国最大水电站而努力

从南京到了上海车站,我买了由上海直达杭州的列车。在上海火车站时,我把行李放在一个柱子旁,我就坐在行李上,仍是不时地悲痛,充满眼泪,但我又不断强迫自己,坚强吧!你不能这样啊!难道你忘了使命,这样还能干什么呀!车到了杭州,去有关水利部门联系后,在杭州住了一夜,第二天即奔赴桐庐,地质部新安江工程地质队就在那里,还有电力部上海设计院的一些勘探人员也在那里。

美丽的富春江景色宽慰了我伤痛之心

我坐在由杭州通往淳安县的长途公共汽车上,一路风光真是美极了,杭州一带的绿色菜园,还有彩色的农肥花草在田里生长,以及蒲公英的飞扬,构成一幅幅美景。特别是沿着富春江的左岸公路,向上游颠簸前行时,宽阔的富春江绿水向前涌动,晴朗的蓝天上少数的白云在飘浮,而江面上几艘白帆远景在缓缓移动。汽车又爬上连绵起伏的山冈,有着红、黄、兰、紫、白的五彩花草,在田野绽放,这是不久就要翻耕作草肥,以生产早稻,那时还没有化肥。这美景使我悲痛的心情得到宽慰,并逐渐解脱出来。车过桐庐小溪,停下吃午餐。5000元(5角)一餐清蒸鲫鱼和米饭,真是没尝过。这两日以来没有好好吃过饭,这顿饭也是一个补偿,那是浙江水利部门一个同行者硬买给我吃的,也许他看到了我的忧伤不振的情感痕迹以此给我一些宽慰吧!

到了桐庐工地，我就向工地勘测部门的党支部报到，这位黄书记年轻也是大学毕业，他是上海水利设计院的一个中层干部，派到新安江来，他听了我关于个人事情的汇报，他安慰了我。后来过一段时间，他看到我那么忘我地工作，从繁重的工作中摆脱个人情感的挫折，而且做得很好，他才对我说："老卢啊！我原来担心你，后来看到你那么忘我工作，丝毫不影响自己，我真很钦佩你。"到工地后，我也写信给北京机关的党支部，也给了我以安慰。

队部离新安江大坝的铜官坝址还有一段距离。那时在铜官坝址下游河道拐弯处的公路旁，还见过虎豹之类的动物蹲在那里。我刚到几天，先熟悉一下情况，地质老前辈朱庭祜先生对浙江地质特别熟悉，他是新安工程地质队的负责人，因年岁大些，浙江地质方面工作，他还要兼顾，所以在新安江工地和杭州之间，不断来回奔波。另外还有早些参加地质工作的张学琐同志，他们都给了我很多指导与帮助。

没过多久，电力部一个部长来，了解新安江水电枢纽情况，陪同的还有浙江水利厅厅长、水利专家徐洽时，他对我说："你来新安江工作，非常欢迎，你是搞水文地质，主要有两个问题，你们去调查要有意见：一是新安江寒武系碳质灰岩，会不会发生水库渗漏；二是新安江开发是一级开发好，即铜官一个坝址，90m 高，装机容量约 40 万千瓦，还是多级开发好。"徐厅长的指示意见，使我更明确了来新安江调查的目的。

繁重艰辛的野外调查使我欢悦

这次调查流动性大，几乎一天一个地点，而且交通不方便，主要是跋山涉水，有时要坐小船，住宿条件也艰苦。要参加人员事先做好思想上的准备。这次出发最少共有 5 男（有时增加 2~3 个男同志）1 女，一位年轻女同志，要及时对水样进行化验，以得出结果好作评价的依据。

在小船上，我们男女共6个人，只能在中间船舱上挤在一起睡觉，那位小女孩和我同姓，所以就当小妹一样，她睡旁边，中间隔一木板，头部再隔着书，然后我靠木板而卧，其他4人再挤在我身边一起，真的是连翻身都翻不了。白天我们都上岸调查，晚上到指定地点再上船，那位化验员就在船上及到达地点的岸边，烧点蒸馏水，做水质分析。不坐船时，就有一个行政人员请当地民工挑行李先到指定地点，多是找到祠堂，借些木板、凳子，搭上临时床，放上行李，晚上我们到达时先要在灯下整理资料，到十一二点再睡觉。有时，醒后才发现自己睡在棺材边，有的棺材都有了裂缝。那时新安江有的地带有一风俗，老百姓死了老人或中年人，不能就埋入土中，须先放祠堂中，等晚辈办了喜事时，如结婚等，再入土。

新安江上游一带，更是山清水秀，风景非常美好，例如靠近黄山的屯溪（徽州），古老的街道，真是个美丽的古镇，充满了文化底蕴。我喜欢游泳，但那时不敢下水，因为那一带血吸虫病厉害，那古时真是"……华伦无赖小虫何"，但那时新中国在那一带正大力开展宣传进行血吸虫病防治，我们也看到集中的病人，那真是可怕，骨瘦如柴、面色灰黄，腹部鼓胀，精神委颓，严重的看起来病入膏肓，无法医治。当时，总结血吸虫病发生要有三个条件：一是病人粪便；二是不流动的水；三是丁螺丝。所以，据此科学认识，针对当地情况，最好设法消灭丁螺丝，对不动死水一般不要下去，对病人粪便多集中消毒处理。这些措施大大地降低了血吸虫病的传播。

依据科学，回答了建坝重要问题

我们根据调查的资料，以及前人的调查勘探成果，进行综合分析，重点是调查水文地质情况作出了回答。

第一，寒武系碳质灰岩是否会发生库区渗漏

对于这个问题，我们从对碳质灰岩的岩性及调查的结果，发现寒武系地层，多数是炭质白云岩、炭质石灰岩，没有发现大规模的洞穴与暗河系统，而且这类岩石的溶蚀强度不剧烈，多是小溶隙及溶蚀层面为多。

此外，这类地层分布地区，没有发现有通向库外的低分水岭地带，一般地下水的出露都高于一级坝区的坝高90米后回水的高程。

再有，个别地带估计地下水位不太高，可以稍低于回水高程，但水库蓄水后，还会拥高地下水位，新分水岭高程，仍比最高蓄水位高得多。

根据这些论证，所以我们回答寒武系炭质灰岩在新安江水库不会发生向库外渗漏的问题。

第二，一级坝还是多级坝开发好

这个问题，由水能规划上认为根据新安全江的情况，开展一级较好，效益也高。

其一，从地质条件上看，一级坝区在铜官，是泥盆系千里岗石英砂岩，岩性坚硬，虽然有倒转构造，但岩石破碎不严重，坝基断层应当还是可开挖进行加固处理。右岸坝肩外围有些石灰岩，可进行防渗处理，不会产生绕坝渗漏。

其二，二级或三级建坝，每级发电量不是太大，但可挑选的坝址主要是红层砂页岩，岩性破碎，做坝基是要更多处理工程以防止滑动，有的坝址还有些风化较严重的页岩，坝基稳定性也是有较多问题。

其三，多级坝的梯级开发，需要多级的围堰，以开挖坝基。而多级坝开发中，有的坝基开挖后，存在防止江水向基坑溃入的问题。

其四，如果多级开发，必须对上面梯级做进一步勘探比较，因为上面梯级做的勘探工作量不够，要进一步做比较必须深化探测。

而一级坝开发方案，对铜官坝址，已有较多勘探，只要针对坝基断层如何处理，再进一步做些研究。

其五，多级开发，需淹没多些城镇，涉及上游库岸边坡稳定，就需要做更多的调查研究处理。

其六，新安江供给电力，主要是为上海供电，当时虽然只有40万千瓦的装机，但对上海等地需求的电力，却是非常重要与迫切需要的。

所以，我们回答一级开发比多级开发好，因为新安江只是一个小的流域，一级开发就可充分利用新安江的水能资源。

为掌握新安江洪水的一次奋战

要设计好一个大的水利水电枢纽，必须要掌握好多年的水文资料，以掌握设计水能利用的确切数据，以作设计防洪、溢洪与蓄洪的复杂设计的决策依据，从而制定相应的施计方案及有关措施。

新安江这条小流域，以前水文资料不太多，特别是大洪水资料，系统记载不多。1954年5~7月间新安江正好来了大洪水，有一次洪水特大，而临时水文站设备不足、人员也不够，于是我们地质人员都去帮忙。那真是一场声嘶力竭、惊心动魄的战斗。

我就被派在队部上游、坝址下游的一个观测点，对岸是水文站的站长在巡逻，我披着雨衣蹲在江水边，天还在下滂沱大雨，还有电闪雷鸣，我眼看标尺上水位上涨，过一段时间向对岸大声喊叫报告观测结果，那时也没有大喇叭和通信设备。在雨声、波涛声、雷声和风声之中，与我向对岸报数的声嘶力竭的呼喊相混合。我第一次经历为抓水文资料的这样搏斗。等到风雨过后，天也开始发白，我身上像散了架，真是筋疲力尽了，但心中很愉快，我们和洪水做了斗争，我们掌握它的脾气了。

这次的洪水资料，给工程设计提供了重要的依据。

认真负责的地质工作是工程成功的基础

建设新安江水电站,当时主要是为了满足上海及浙江省发展对电力的需要,以目前我国已开发 2 亿多千瓦装机容量的水电工程而言,这 40 万千瓦的发电能力却是极小的一个数量级。但是,在当时中国发展大水电站的经验还没有,新安江这座大型水电站建设成功,却是一件大事。

我虽然回答了重要的两个地质问题,这也是依据已有的许多地质调查成果,包括朱老(庭祜)、张学琐及许多地质队员和上海水利设计院的曹政之等一些勘测队伍成员的功劳。在我们的调查中,还有福建省水利厅派来跟我们学习的陈祖煜等几位勘测人员。陈祖煜等后来都成为福建省的水利部门的重要骨干。在许多前人工作基础上,我们再做些补充调查,进一步肯定了这两个结论。

当时,我们就听到传说:要做好衣衫,必须量身七次,搞好工程建设,必须大量勘测七次。这七次只是表示复查准确的意见。在清华时,有的老师就指出,地质是科学,要担负起国家建设的责任,特别是工程地质,一只脚在外边,另一只脚在监狱中。你要想两只脚都在外自由行走,你必须认真负责地调查好地质条件,这样才能提供正确的意见,不会因你错误的意见,给工程建设带来损失;反之,那是对人民犯罪,就会两只脚都在监狱中。你做出科学论断,为工程建设保驾护航,你就是自由行走的人。老师的这席话,给我很大的教育意义,所以我们在工程地质勘测中,牢牢记住不要做出错误的地质结论,给国家造成无可挽回的损失,也使自己对人民犯了罪而受到惩罚。

新安江工程设计要赶超世界先进水平

完成新安江这次任务后，我就调离了新安江。后来，仍有地质人员参加工作，如钱学溥、任福弘等。有了地质上的丰硕成果，工程设计上就以一级开发新安江为主，在设计中潘家铮作为年轻的水工设计人员，他的新安江业绩，曾在当时报刊上得以宣传。看到这报道，我才知道有这位杰出的水工设计上的领军青年。后来，在1966年年初，为了贵州乌江渡水电站的建设，我才和潘家铮总工程师认识。

新安江建设中，就以赶超当时的四个国际先进水平为目标。1966年年初，潘家铮、谭靖夷及我三人，应当是设计、施工和地质三方面专家的聚会，在完成乌江渡审查后，我们又一起应邀去考察东风水电站，东风水电站我已去过多次。车上，潘总说到一个趣事：新安江工程建设中，要赶超世界上四个先进水平，一天工地领导们在开会，一位主要领导在会上介绍了详细的关于赶超四个先进水平的问题，正在此时，他的秘书推门进到会议室，这位领导一看到秘书进来，就对他说："你到我房间把四个水平拿来"，秘书没参加讨论，不知是讨论这技术上的赶超世界水平，以为是人多水喝没了，于是就答应一声返身出去。不一会儿，他手里提着两个热水瓶来，他对那位领导说："你房间里只有两个水瓶"，弄得满屋哄笑。这是有趣的佳话，表示当时中国在水利水电建设上的雄心。

潘家铮总工程师那时谈这事，非常幽默有趣，但也充分表示水利建设当中，新安江水利工程的确是在为我国大型水电建设中的一个代表性先例，勇于追赶并超越世界先进水平的带头示范的作用。

后来，在我们三人的相聚中，我从他们两个身上也更好地学习了有关设计与施工方面的知识。同时，我也深深感到，一个工程能得以成功，必须在地质、设计与施工这三方面的密切协作。

千岛湖，一个成功的水库范例

新安江水电站建设初期，虽然以发电为主，便对整个枢纽所起的作用，包括库区的各方面建设等也有所考虑。当然，还不是很深入。铜官大坝的建成必然会拥水成湖。一些地带山岭会被淹没，有些山头会低于水库最高水位，也有不少会高于库水位，构成千岛之湖，会有较多景观供人欣赏旅游。那时对这方面的设想、规划不多。实际上"千岛"也只是"多"的意思。

新安江发源于安徽省，库水是汇聚了上游的源头与溪沟来自安徽的地表水和地下水，另外也来自浙江省域内的地表溪沟径流和地下水。新安江在建成水库前，从上游到下游，主要可通行小船，有许多急流险滩，江水也清澈，我们乘坐及休息在一条小木船上，有相当时日，我也曾试着用竹竿和摇橹通过急流，那种感受真是美极了，很锻炼人的勇往直前的意志。

新安江未蓄水前，打鱼的方法是很特别的，一次11月很冷了，渔翁披着棉衣蹲在有锚固定的木排上，眼看着清澈见底的江水，见有大鱼游过来，他立即扔掉棉袄，一手握着一个钢叉有力地向河中游鱼扔去，刺中了鱼后，他马上喝口篓中酒，赤身裸体跳入水中，不一会儿，一手抓着鱼，一手拿着叉，浮上水面，这是我离开新安江后，又陪同苏联专家马舒可夫来新安江，那次的领队是张更生副局长。大家看这种打鱼方法，感到新奇，马上让人去把这几条鱼买来，晚上招待马舒可夫专家，我们也共同品尝了这鲜鱼美味。

新安江水库蓄水后，水质还是较好的，但后来也有些变异。于是，浙江、安徽两省就有协商，共同担负起保护新安江库水环境与水质的责任，进行了污水的控制与治理。新安江水库目前成为国际上有名的千岛之湖。所发挥的作用，已超过了初期主要追求的发电效益。

如果早期能更好从地质上着手，考虑修建水库与周围地质环境的开发，更有机地把旅游事业联系起来，那千岛之湖可能会呈现出更大的价值。

四、跟苏联专家学习

在新安江工作之前，领导就已定了我要跟随苏联将要来华的马舒可夫工程地质专家学习。在新安江从上游到下游进行紧张调查，提出两个问题的答案之后，我就离开了新安江。

回到北京后，我开始跟随专家学习。

跟随苏联专家学习工程地质

跟随苏联专家学习，这在开始很吸引我，因为在英华中学时还有外国教师以及从英美学成回来的教师，对国外学校及有关课本还了解一些。例如，我们曾学习的修辞学《Composition and Rhetoric》，就采用外国课本，这对英文学习相对就有帮助，也了解到哥德巴赫猜想。在大学里，无论是清华大学或是北京地质学院都没有外国教师，中国教师也没有更多介绍国外地质学的发展。虽然有刚从国外回国执教的池际尚教授、涂光炽教授和马杏元教授等，当时还都是没有过多谈及国外情况，以免宣传美国之嫌。学校中，那时也还没有苏联专家来教课。在1952年一次地质学术会议上，一位重要的地质学家还在发言中大力批判以前在中国工作的欧美地质学家。这次会议是在原北京大学旧址的化学馆召开的。我们作为学生，也参加旁听。

那时，让我跟苏联专家学习，感到一定对自己有帮助，心中是非常喜悦的。那时，全国是一面倒地向苏联学习，那是中央的决策。

马舒可夫专家为人谦和，表示对中国的友好，他在苏联卫国战争中负过伤，似乎爬山有点费力，总是走"之"字形，以减少急剧的山坡的角度。他曾对我说：我不能跟你详细开课，主要在工程建设中一起来讨论地质问题。这样，对我来讲也就是一种学习，我觉得这样也好。在跟苏联专家学习之前，我也自觉准备了一些俄文基础，后来举办突击俄文学习班，我还当过辅导员。但苏联专家有专门配合的肖庆龙担任俄语翻译，我就放松了口语的锻炼，这是自己不足的一个方面。

先后跟随马舒可夫专家奔走了当时重要的工程建设地点：去了武汉长江大桥，那时是全国重点工程，由地质部负责勘探，技术负责人是谷德振先生。那时候在长江上没有一座桥，"天堑变通途"是全国人民都希望的工程，在这工程中学习了桥基的钻探与基础稳定性以及施工用沉箱对地质基础的要求。

我们也去到广东湛江海港，那里建设新海港，对发展我国的海洋运输和经济发展，以及国防军事上的需求具有密切的关系，我也学习到有关基础稳定与保护边坡采用桩基的问题。马舒可夫还讲了桩基的种类如摩擦桩、悬浮桩、承载桩以及有关岩土层的工程地质特性等。

我们为水利建设，也去了淮河上游在安徽省内的佛子岭连拱坝、梅山拱坝，以及淮河中游的润河集分水闸和拟建设的新安江大水电站。佛子岭和梅山水库是谷德振先生做过地质工作，那时已建好，我看了后感到很震撼，后来报纸上宣传了年轻曹楚生计算连拱坝的先进事迹。通过这些工程，使我更明白水利工程对地质基础的要求。

在考察佛子岭水库时，住的招待所正对着溢洪道，而且溢洪道在招待所跟前转了90度，显然特大洪水时，就会直冲这个招待所。那时已感到溢洪道太小，上面有断裂破碎带，后来因特大降雨，超过原先掌握的水文资料，结果招待所真的被冲毁，而值得骄傲的是，连拱坝本来是不能溢流的，那次大洪水漫过连拱坝顶近一米，而大坝仍安然无恙。

在湛江海港进行考察时，给苏联专家在野外介绍情况，有的要四道翻译：由当地人介绍是用湛江一带口音的话，通过纠正补充转成不标准的广东话；不标准的广东话再译为标准广东话；由广东话再译为普通话；有时又要译成标准些的普通话；再由肖庆龙翻成俄语。几句询问当地一些情况的话，却费很大劲。在湛江还来了另一个大的苏联专家代表团，晚上当地举办宴会，也请我们专家参加，也要我参加。我感到自己年轻没做什么，就向领队杨利民处长表示我不去参加宴会，于是我就到队上去找段永侯，共吃了野外队的饭后回来。那时，宴会后还有大型舞会，有交响乐队伴奏，我们就在舞厅（礼堂）边桌子上，喝茶吃点心，不想跳舞。有的部队女同志，也坐到我们这儿，一块儿喝水谈天，躲着不去跳舞。

愿经风雨见世面到野外队去工作

多次跟随苏联专家外出，收获肯定是很多的。但我仔细想了一下，在湛江考察完成后，我向杨利民处长提出："杨处长，领导让我跟苏联专家学习，我感谢领导对我的关怀与培养，在这过程中，我也学习了很多，但是我觉得我太年轻，也没经验，不一定对专家的指导能很好地领会，是否派我去野外队锻炼，请苏联专家还有国内老先生给予指点，那样收效可能更大"。杨处长支持我的想法，他说："我支持你到野外队去具体锻炼，但是我回去要向张更生副局长汇报，也要和苏联专家商量。"

当时，我不想这样跟苏联专家学习，理由是：

第一，我没有实践经验，很多还是课本上的知识，我国正要开展大规模建设，所以让1953届和1954届这两年理工科大学生都提前于1952年和1953年毕业。我正是应当在具体建设的野外调查中得到锻炼，更好经风雨、见工程建设世面，收获也会更大。

第二，目前这样跟随专家学习，我只能听他们有什么建议，而他针对的是不同地点当地人员的调查成果与认识，我也只能一知半解地领会，苏联专家不能对我实践工作进行指导，这样我也就得不到更好的指导与帮助，也就不能很快成长。

第三，跟苏联专家出来，出去有汽车，住的是当时最高级宾馆饭店，养尊处优，长此下去，我会经不住这些物质上的诱惑。古人云："玩物丧志"，我害怕这样学习时间一久，而当时才23岁，长此下去，那就"马齿徒长"，将会后悔莫及。

第四，野外工作是艰苦的，但也是欢乐的，学校去实习时，赴淮河就感受到艰苦，在东北浑江、新安江调查也感到了艰苦，但我觉得就需要在这样的艰苦环境中锻炼。其实还是经历了苦中苦，更感觉完成任务后乐中乐，对比一下：我跟马舒可夫专家为新安江水库去上海，上海市有关领导特别欢迎，举行宴会，我也参加，让我住在国际大厦一大房间。但那席梦思床、鸭绒被，我睡不着，结果拿了被单铺在地板上睡。第二天一说，他们说我：卢佬佬逛国际饭店，成了笑话。

第五，我想到古语："天将降大任于斯人也，必先苦其心智，劳其筋骨，饿其体肤……"小时候也曾得到这样的教诲，也经历了苦难，目前做了野外地质工作，还是要好好地磨炼，我不是想当官，而是想成长为有经验的科技专家。

第六，我不会喝酒，一小杯啤酒就脸红，陪苏联专家出差，喝酒宴会是经常的，主人又一定要我陪着喝，我只好喝了，再用手巾抹一下嘴时，吐在手巾上。所以，那时一有宴会，我就准备三条手巾放在裤袋中。

从这几个方面权衡，我大胆提了要求，没想到很快得到张更生副局长批准，也得到苏联专家专家马舒可夫的赞同。当然，我也深深地向马舒可夫专家表示感谢！并期望他对我今后的实际工作多予以指导。

五、为淮河治理再作奋战

我想到野外队去工作，主要是锻炼自己具体实践的能力。领导很快批准了，苏联专家也积极地支持。不久，在1954年下半年，则让我担任地质部淮河工程地质队的队长。原队长为老一辈的工程地质专家夏其发工程师，他要调到水文地质工程地质处担任负责有关对野外队的业务领导工作。在河南我们接头后，坐着马车，向淮河上游的板桥水库出发。在这平板车上，夏其发将淮河工程地质队的印章交给我。到了板桥水库，溢洪道已修好，这是需要先修建的，而大坝仍在施工加高。我还在溢洪道上游泳。那时工地人多，住宿也困难，好在是夏天，我们等上夜班钻工上班去了，我们两人就找两个空铺位睡下。

板桥水库后来于1975年8月，由于一次特大暴雨造成大洪水，而被冲垮，使坝下游两个村庄遭受严重灾难。真是水火无情啊！

我和夏工程师又到了河南省淮河指挥部，有关水工设计的陈耀真总工程师接待了我们。我于1952年为清华大学学生时，到淮河学习也见过陈总。这次决定我们负责白龟山水库地质勘探。这水库建设目的是给平顶山大煤田开发提供水源，平顶山煤炭资源丰富，那时还没开发，也正在勘探煤炭资源。后来，很快因有煤有水两大资源，而迅速发展成为一座煤炭城市。

白龟山水库的勘测风波

在白龟山水库进行坝址勘探，坝址两岸分别是龟山和蛇山，两个小山丘，水库左侧是平顶山的山坡，水库右侧是有河流砂层沉积漫滩与台地，显然应当酌情进行防渗处理，避免库水从这沙层基础漏光。在这沙丘上要修很长的副坝，和白龟山—蛇山大坝，共同拦蓄河水而成水库。为了更好地研究防渗的铺盖和防渗墙（或灌浆帷幕）的规模与防渗效果，必须掌握这些砂层分布及其渗透性变化。于是，我们用当时简易的好办法，在野外实测其渗透性。可是，有个水利部门的年轻水工人员，为抢时间，认为少量实验室做些试验则可，我们没有听从他们的意见，仍按计划进行。

到了1956年，为官厅水库渗漏问题，我第一次向水利领导汇报时，钱正英副部长说："卢耀如我知道你，没见到你时，河南有人就告了你一状"。这状就是不同意我们做砂层的现场渗透性试验。那时，钱副部长没理会他们的告状，支持我们的工作，所以我不知道告状之事。

更大的风波是，我回北京汇报工作后，返回白龟山坝址工地，第二天宝丰县公安局来人找我说："有坏人在煽动，说你们是南蛮来盗宝（当地长久以来，河南人自认为中原，北方人被叫北夷，南方人被称南蛮），把龙头打破了这一带要遭殃。在一些原土匪、特务的鼓噪与拉拢之下，他们想用武力把你们勘探队员干掉"。白龟山在当地老百姓传说中，就是龙头所在地，由于地下基础为红色地层，所以钻探时，使用回水把磨岩石后的红色岩粉、岩屑冲带到地面，而成红色泥浆浸流在地上。坏人就是利用这红色钻探回水来造谣，想达到他们的罪恶目的。原先，老乡都瞪着眼睛看我，我还以为是老乡的好奇。

好在还是有觉悟与懂点科学的老乡，把坏人唆使之事报告了有关村干部，再报告宝丰县公安局。有关公安人员接着说："你们放心，不要声张，等几天在坏人要行动之前，我们会一下子把他们抓起来。"后来，在坏人想动手前两天，把他们抓住后，我去看了一下，有半屋子武器：步枪、手枪、手榴弹、大刀、土枪等。后来我们向老百姓进行解说，老乡们都很快觉悟，认清坏人阴谋，对我们勘探是为修水利，为造福当地人民，从而积极支持。这说明，向当地人民交代好勘测工作目的的宣传，是非常必要的。

白龟山水库勘探，不仅使我们知道更好在砂层中修建水库，必须研究其砂层的成因与岩性变化，特别是应掌握其渗透性变化，这对更好地设计有关防渗措施，是非常重要的地质上的依据。

另外，我也更深刻领会到，在进行野外勘测工作，必然会影响当地老百姓原先的生活状态与环境，我们应当充分作出评估，事先有针对性地给老百姓以宣传，并做好相应的补救措施。这样，才可达到为人民服务、为人民谋福祉的真正目的。

郏县水库的工程地质调查

白龟山水库完成后，我们队和在安徽的工程地质队合并，成为931地质队，那时地质部的野外队都重新编制，我们在淮河上游就成为931队二分队。郏县处在淮河上游一个沙河支流，河漫滩为砂砾石层分布面积很大，坝址长度也比白龟山水库长，有近一公里，主要的工程地质问题就是坝基渗漏和防渗，还有坝肩山丘为砂页岩的稳定性问题。

对于砂卵石层的渗漏问题，因为有了白龟山水库的经验，已是轻车熟路。但我又深入一步地进行勘测研究，重点进行了水库盆地及周边地带的地下水动态调查，特别是同时间的监测数据的获得，可较精确地绘制出反映自然客观情况的地下水的渗流与动力状况。当时，为了获得这些资料，我动员了多方力量，除了队上地质人员之外，还动员了其他地方人员参与进来，在凌晨进行同时间的地下水位的监测，监测点包括河水、池塘钻井地下水、泉水、人工开挖水井与水坑水位等。

在较宽的坝址上，进行一排钻孔的钻探与压水试验工作，如何判断原砂卵石层下基岩的构造，我们把几个钻孔岩心都抬出来，按位置、高程进行实际的对比。砂页岩的岩性变化大，通过这些对比，可以从中分析岩层组合的层组、岩性的变化，特别是一片软弱夹层的凸镜状分布变化，还有构造断裂带可能存在的钻孔之间的推断部位，以及已揭露的断层角砾岩、破碎带可能延展的方向等问题。

此外，也根据基岩的情况，分析了坝肩砂页岩组成的山体的稳定性和坝址下的基础稳定性。通过7~8个月的野外勘探调查，较顺利地完成了这些勘测任务，接近于初步设计的要求，给工程设计提供了地质上的依据。

郏县水库勘探工作的一些情况

在吸取了白龟山的风险的经验之后，加强与当地政府的联系，河南省治淮总指挥部也委派了一个班的经济警察到工地做保卫工作。后来才成立了武装警察部队，这些经济警察才被取消。在郏县勘探没有大的风险发生，但是小的袭击还是发生过。那里，豫西一带也刚开始对原土匪、散兵、特务等进行清理。

在炎热的夏天进行野外调查，我们早上4点就起床，吃点早饭整理行装，于早上5点左右天空有点鱼白光线前就外出调查，11点在野外吃点干粮，附近有瓜地就买点西瓜吃，下午4点收工，回住处休息一会儿，6点吃晚饭，接着在油灯下进行资料整理。虽然很辛苦，但也有乐趣。

当秋天时，河滩上都是成群的飞雁，降落沙河滩上休息、戏要、那时正是北雁南飞,真是:广阔金沙晚霞飞,清流鱼游水境美,勘探队员凯歌返,深秋暖流候鸟鸣。那时保护环境、爱护鸟类的意识还不强,也可以说是还没有。一个经济警察因为他的爱人来工地探望,他喜出望外,为了使爱人尝尝鲜就端了猎枪到沙滩,密密麻麻的雁群让他兴奋不已,他有意无意之间多装了散弹火药,瞄准雁群,一扣扳机,轰地一声,眼冒火光,枪管爆裂,托猎枪的一只手受重伤,再一看沙滩上的雁群受枪声轰响影响,早就惊慌地南飞了。这正是:不期枪爆手重伤,雁群惊得急南飞。

对队员们系统讲课,系统总结

刚开始勘探郏县坝址时,谷德振先生曾一同来工地,对勘探工作给予指导。参加工作的都是年轻新来的,老骨干有涂水源、刘均书等。行政队长是部队新转业的于是礼。谷先生来队时,工作还没开展,谷先生作了指导发言。

工作结束后,我们全队撤到安徽蚌埠,和一分队人员会合,那时931是一个队,没有931大队部,就是两个分队各管各的,仍然都直属于地质部管理,在蚌埠总结,两分队也是分开行动、住宿。

在蚌埠集训时,我们除了总结郏县勘测成果之外,我还系统地讲课,写了讲义,内容包括:地层与构造研究;砂土层的特性与管涌、液化问题;水质的特性分类与侵蚀性评价;坝基渗漏的评价与计算;防渗处理的方案抉择;地下水系统的有关问题;等等。这方面讲课学习的内容,都是在这两年实践基础上总结出来的科学认识,受到队上人员的称赞,因为对大家今后工作都有直接帮助。

这一套介绍与讲学,后来被地质出版社知道了,那时水文地质工程地质的专著还很少,所以就预约我将这些内容整理成一本书。我推托再三,因在野外工作繁忙。但出版社仍是要先付我相当几十元稿费,一定让我提交这项论著。如有些时间和相应写作条件,我把这一套讲义，适当补充些，再找些资料校核补充一下，这专著一定也会很好完成的。后来，确实因任务太紧，几乎成年在野外，而且都担负着重要而迫切的任务，没有条件与时间完成这20多万字的论著。例如，我负责的是重要的官厅水库渗漏塌陷问题，那是夜以继日地为了重如泰山的任务；长江三峡南津关坝区问题，又是国家领导关注的重任，真的没时间进行，不是没有能力完成。就像饭已基本熟了，加点火再炒一炒就可以吃了，但没时间没条件加上柴火。后来，应编辑的建议，我就提交了一篇文章《论第四纪地层坝基渗漏问题》，以郏县坝址调查，特别是坝基渗漏量计算与评价，及采用防渗铺盖与防渗帷幕，两个处理措施多种组合方案的计算效果的比较，作为论文核心，这论文对后来大量水利水电的工程，有了很现实的指导与参考意义。这项成果，登于《水文地质工程地质》杂志（1958年第11期）。这样，这篇文章代替了专著，对我自己而言，我还是感到遗憾。

六、燕子的真实往事

在郏县工作时，队上也有几位年轻新分配来的训练班（相当大专）学生，作为队领导，虽然有了南京的痛心之事，这时还是不想自己个人的事情。我们回到北京后，为工作需要，931队都要重新调整，分别去西北、山东，有的仍留淮河，但也有人调入安徽省地质部门及治淮委员会。

燕子飞入我胸怀——真诚的爱情

突然一天，我们所属的水文地质工程地质部门的党支部会上要批判我。原因是说我要强迫队上一女队员，让她和我相好，这是队上有人反映，一时把我弄懵了，事先也不知道来开会还有这事。我在会上一言不发，因为根本无此事，会上同志们原先都认为我很好，只是一个也是学校出来的老同志，我曾对他背后对老干部领导的不满之事，当面提过意见，予以制止。这次他不问情况，就乱上纲，借此发泄对他提意见的不满。在这个人的鼓动之下，当时决定给我一个党内劝告，后来这劝告不算处分。

事实是，我对队上女同志都无特殊关系，她们对我也许心有倾向，但都没有接近。有一个女同志，她身体不好，有时多问了一下。我们在回蚌埠时，在郑州换车，偶然在火车站附近，她问我："你是不是家中有老婆了，有人这么说"，这触到我南京心头痛苦之事，我就一时大声地说："谁在乱说"，我希望她说出来，她没说。是否有人在挑拨、无中生有，我也没告诉她们南京之事，因为我向北京党支部已汇报过，得到大家的赞许，说我处理得好，表现出一个党员的高尚品德。当时女方在南京学校团组织，还组织团员学习我对爱情的高尚行为。这次党的会议上给我"劝告"，真是想不通。但是，没过几天，支委之一的杨处长找我说："我们了解了真实情况，根本不是会上所说的那样，后来女方和她家长来信说，根本没这强迫之事"，实际上那女同志已经和队上一个青年私下相好了，她父母知道我无辜受"处分"，还来信表示希望我和她女儿真正成为一对朋友。杨处长又说："这事我们没调查清楚，你怎么当时不说，不表明"。当时，真是晴天霹雳，把我打昏了，我想不到怎么会有这样的事。后来仔细一想，可能有人看了我入党志愿书上，爱人这栏填上恋爱对象名字，后来我已正确对待，这关系没有了，有人就以这项当作"老婆"，对外散布以打击我抬高他自己。真是人心叵测。

我受这不白之冤，引起我们队上人员的不满，有一个女同志，就叫燕子吧！在一起工作时，她做化验工作很仔细，我只在工作上夸奖过，没有什么特殊关系。

她知道我受"处分"后，为我愤愤抱不平。那时，我们从野外回到北京，住在西单招待所，她说："卢队长，我有事找你，有空吗？"我说："好！"她就从队上工作说起，我们一起走在西单，一边谈话，对我"劝告"处分之事，她说："大家议论过，根本没这回事，是有人歪曲事实想显示自己，以换取领导的重视，分配给新的好工作或得到高升。"

燕子一席真诚的话，对饱受委屈的我，真的是一种极大的安慰。当时，她又隐约地向我表白了对我的爱慕之心，愿意支持我、帮助我。她的话语，使我在南京痛苦的心中，又加上这次别人像手刃我心中一样的双层痛楚的情绪中，给了我极大的安慰。在那种情景下，我真的感到这真是一个纯朴真实的对我的爱情，因为我们还是野外朝夕相处了近一年时间。原先是同志间的好印象，当天，她的言行激起我对她的感怀，我们还是客气地分手，希望都慎重地考虑。

第二天上午，去街上采购些她到西北野外需用的个人用品，下午在百万庄二人又交谈了许多。我那时工资55元多，每月汇寄家中40元，她工资只30多元，家中也要负担。那时，她已被分配到西北青海，考虑我们都年轻，我是刚刚因"祸"（不应有的劝告）而得"福"，得到了燕子的真诚的同情与爱心。所以，我们也不能、不愿向领导说明什么。

那天晚上，是1956年的3月中旬，在百万庄四楼，一间办公室中（因为我虽然在野外队工作，在北京水文地质工程地质局的研究室中，还是有一个共用的办公室），只有我和燕子在那里，谈到在淮河趣事，又谈到伤心之事，紧紧相拥。

过了两天，她就和其他原931队二分队的行政队长等奔赴青海，临别一句话是："卢队长，多保重"！她一直叫我"卢队长"。

燕子要走了，并不是像《诗经》中《燕燕》描述的于归，她到西北不是出嫁，而是远行，那时作为亲人远行，我还是在送别时，

"瞻望而及"泣涕如雨！这泣涕不能在车站，而是在心中。

时间过去很快，分离两地，任务都很艰巨，到了1956年年末，她从青海让人带来一块罗马手表，这是她在青海买的，在这之前，我一直没有手表，我也马上寄去吃的穿的，把我身上穿的一件毛衣也寄去。那时通一次信很困难，所以通信也少。这过程中，我一直没有向领导提出把她调回北京。我自认为个人不好提什么要求，只愿领导主动关照，可一直没有得到关照。我似乎感到她有难处，回北京对她家中就不能多关照，因为在青海，那时一月野外津贴，就相当她3个月工资。我也感到她可能对我没去西北或没主动让组织上调她回来在我身边工作，有所抱怨。是否这样，这是我确定不了的。直到1958年有人传来信息，说燕子在西北可能有人，是追她，还是结婚了，我真不敢想，但有一段时间没有来信了。

相隔数千里，劳燕分飞，在艰难的环境中，经得住暴风雨袭击，还是什么挫伤了翅膀，未能再展翅东归。我又陷入个人的伤悲。

《诗经》卫风中《有狐》，描写妻子想念在外的丈夫无衣无裳：

> 有狐绥绥，在彼淇梁，
> 心之忧矣，子之无裳。

我担心自己的燕子，不会无衣无裳，但在西北柴达木盆地，干旱，饮食不好，那正是：

> 有狐绥绥，在彼淇厉，
> 心之忧矣，子之无带。
> 有狐绥绥，在彼淇侧，
> 心之忧矣，子之无服。

的确，对燕子在西北感到担忧。那边野外艰苦得多，最适合我当时对燕子的情感，正如《诗经》的《木瓜》中所写：

投我以木瓜，报之以琼琚。
匪报地，永以为好也！
投我以木桃，报之以琼瑶。
匪报也，永以为好也。
投我以木李，报之以琼玖。
匪报也，永以为好也。

直到1982年前后，她到正定参加化验方面研修班，我见到了她，晚上她由我所小唐（她同学也搞化验）陪着，住在一间破平房里，那时我经历了"文革"，是九死一生，历经磨难，见到她，心中真是像缠一团热情、惭愧与痛楚的乱麻，但我强控制自己，她看到我手上还戴着她从青海捎来的那块手表，她也深情地说："你还戴着这块表啊！"，我说："是啊！戴一辈子"。

过了一年多，1984年我去兰州，与地质局联系后找到她，去到她家中，见到了她爱人、女儿，我们一起照了相，在她家吃了饭。后来，我把出国的一些照片也寄给了她。

燕子归来吧！

时间真是飞逝而去，不觉二十多年又过去，这段岁月，我始终记着在艰难岁月中，燕子给我的感情，也是给了我力量、勇气，给了我工作上更好奉献的动力啊！

2005年，一次在敦煌开会，会后又一路考察到嘉峪关。在敦煌开会时，一起开会的有兰州大学的一个张处长，我说："你在兰州和地质局人认识吗？"她说："认识啊！"我知道她和地质人员多有联系，我就拜托她打听一下这位燕子的现状，我只说："她是我野外队队员，多年不见，不知近况如何，过两天我们要去兰州，我想看望她一家人"。她说："好！我尽力而为"。隔了一天，她说："打听不到你那队员的消息"，我只好表示对她感谢！

隔了一天，我们去嘉峪关，晚饭后大家一起五六个人去外边散步，想不到嘉峪关那一带还有很多水域，这周边景色真的很美啊！心中还在思念着：西出阳关无故人，何处燕子听我"音"。我心中似乎有预感，不会发生了什么事吧，那位处长不告诉我？不知不觉间我落在前面人群后面，平常我都是走得快，走在前头，这时我步子沉重起来，后来那位处长和另一位女同志步伐也慢了下来。不一会儿，我走得更慢，心事更重，还是她们急走两步追到我身边，那位处长开口说："卢院士！你托的事，我当天就打听到了，怕你不好受，影响开会，所以我说打听不到，其实那天就知道了，三个月前她已走了，她和他爱人已分开，她爱人也早走了，她的子女都不在兰州。"她这席话，我似乎早已有预感，燕子走了！我明确知道这消息，心中还是感到对她的万分歉意，我说："她儿女都不在兰州？"处长说："是的"。我想她是怕我太痛苦，一时不告诉我，我只能谢谢她。

晚上回住处，真的是极度思念和伤怀，这真是又一次穿心之痛。但我想一定要到她坟前祭拜。

隔了一年，正巧又到兰州开会，见到地矿局一领导，向他问起燕子情况，他告诉我："她的情况都知道，她后事是他负责处理的，她子女也在兰州，你下次再来就找我，我打听好她儿女住址，让他们来见你"。我真是万分感谢。

当时，回到住处，就写：

《思燕子》

半个世纪常思君，雄关月夜我断魂；
淮河风波难忘怀，京城恋情永铭心；
无情一令相离苦，倔强两心坎坷经；
悔痕哭你今归去，泪洒黄土送燕子。

《祭燕子》

天长地久人生梦，阴阳相隔我伤悲；
狂风中迎燕子来，急雨后现彩虹飞；
岂知强势并蒂分，应怨傲气姻缘非；
炷香杯酒拜君坟，泪寄上苍哭心悲。

《祭燕子》当夜泪伴墨水而写，于 2009 年 10 月 9 日，祭奠燕子时，又做了修改为拜祭其坟。

当燕子西行时，我常思念，而作二则：

《燕子归期》

问君归期未有期，
祁连山雨落柴盆；
何忆淮河共窗烛，
却思京城相悦时；
孤身关外我诚祈，
丹心献君真心萌；
两相情爱今胜昨，
留得重逢酬爱神。

《别离曲》

怀君情深忍别离，
孤燕千里西域行；
一曲心歌非梦幻，
三生石头可鉴明；
斑竹洒留千滴泪，
彩羽写出百年情；
望汝关外多保重，
我坚候你归期迎。

这是借李商隐的诗韵，而感怀写出。

没有想到，燕子的归期却是如此，永无东归之期了。

第二年，我又去兰州，打电话给这位局长，他立即派负责退休老干部的办公室主任来与我联系，晚上他带了燕子的儿子、儿媳妇、孙女、女儿、女婿一起来看我，我和他们一家都变得很亲近。他们都知道我和他们母亲曾经有过热恋，那是环境等许多复杂因素，使我俩没走到一起，他们也知道我对他母亲的真诚。第二天，那位主任和她儿女带我去燕子所安身的墓位（这是兰州一大公墓）上祭拜。那位王主任说："你鞠躬就可以"，但我含着泪，觉得对不起燕子，还是不禁跪下以表几十年的真诚思念！心中念着：燕子归来吧！

北京奥运会后，2009年8月，我请她的家人一起到北京玩几天，我因有事不能陪，让地科院一个管群众工作的科长陪他们两天，他们告诉这科长：他们母亲生前有时还看我们的合影及我寄去的照片。燕子儿女也明白他们的母亲还是思念着我。

燕子的事情写到此。但燕子在我心中会一直占据着，燕子飞向西北青海时，我似乎感到，南京之痛与北京分离之苦，而后在我心中就失去了真诚的爱了吗？

七、官厅水库的紧急任务
——为首都的安全

事业为重，干好现在工作，才对得起燕子，于是，我积极准备奔赴长江三峡。

不去长江三峡，去官厅水库

"卢耀如，长江三峡你不要去了，你去官厅水库！"这是地质部水文地质工程地质局副局长兼地质部水文地质工程地质研究所所长张更生同志，把我叫到他办公室中，带着湖北口音对我说出的这句话。不去三峡改去官厅？我不理解。燕子刚飞向西北的青海，原定的是我要去长江三峡。现在突然下命令不让我去三峡，一时我思想上想不通，因为三峡工程当时被公认是伟大的工程，大家都知道的，而官厅水库相比之下，真是小巫见大巫，无法相比。

当时，我一下子血涌上来，本来我没争取和燕子一起去西北青海，就是为三峡这大工程，官厅我也去过，现在也完工了，还去有什么事。我又想到给我"劝告"处分，这明明不是真事情，难道因此还要变相处理我？于是我不顾办公室中还有其他处长、队长，我说："张局长，原先不是让我去三峡吗？这工程那么重要，怎么又不让我去呢？""领导这样决定，我个人不理解"。燕子飞向西北，心中本来不开心，领导的决定我又不理解，一时就气冲冲地说出来。

我性格直爽，但从来不会迎合领导意图，更不会去说奉承的话。我很多吃亏之事，也在此。

张局长听我说后，和颜地对我说："情况有变化嘛，所以让你去官厅，这是领导对你的信任。官厅水库规模是不能和三峡工程相比，但它非常重要，官厅水库建成了，发生渗漏和塌陷，领导很关心，让地质部负责查明地质情况，部党组根据指示，做了研究，我们也参加了，决定让你作为地质、水利和电力三部合组的地质研究队（组）的负责人，去查明官厅水库发生渗漏和塌陷的地质条件。这关系到北京、天津的安全，新中国首都北京的安全更重要，你能完成好这项紧急任务后，再去三峡也不迟"。经张副局长这么一说，我感到自己的冒失，不禁面红耳赤地表白说："张局长，对不起，我刚才不了解情况，只是为去三峡而心切，现在感到领导的信任，我保证做好官厅的工作。"

走出张局长办公室，我马上了解情况，收集已有官厅的地质资料。第二天水利部也派在官厅工作的吴、梁两位工程师来等候我制定勘探计划，以便工地上更好地配合，因为官厅问题很紧迫，主要为保障首都安全。我从早到晚思考如何调查好渗漏与塌陷的原因，及其发生的机理和如何处理的问题。

后来，我深思一下感到领导为什么派我去官厅呢？

第一，我已去过官厅，虽然是实习，但还是了解官厅情况；

第二，我在喀斯特地区的新安江，已回答了有关问题，也算有经验吧；

第三，我近年完成了淮河两个坝址勘测，虽然是砂层渗漏问题，但解决的思路与调查方法是正确的，对解决官厅问题，也有可借鉴之处；

第四，我对地质工作严谨认真，追求科学真理的作风，领导是信任的，会干实事，不会作假，不会隐瞒真相；

第五，在当时年轻科技人员中，我是共认拔尖的又红又专的青年人物，有培养前途，在水利部门也有了一定的影响力；

第六，我是共产党员，应以党的事业为重。

自我分析这六条，是领导派我去官厅的选择标准吗？我想是的。

认真设计，雷厉风行实施

官厅水库，当时是中国已建成的最大的水库，是建在永定河怀来盆地进入峡谷的入口地带，库身为广阔的河北怀来盆地，库容可达20亿立方米，坝高是45米，当然不是高坝，但在当时新中国已是土石坝中最高的坝了。大坝为黏土心墙坝，全靠这黏土心墙起防渗作用，以保障大坝的稳定性。水库于1955年年初建成蓄水后，经汛期库水已达最高蓄水位，不久就发生坝体下游两岸矽质石灰岩岩壁的渗漏水流，并在左岸坝坡产生塌陷。塌陷已达大坝要害处——黏土心墙。黏土心墙若不稳，大坝就会溃败，20亿立方米的库水涌向下游，集中水头加上不断增加坡降，加大溃决水的水流的流速，从北京三家店涌出峡谷，就会对北京造成重大的灾难，甚至影响到天津。新中国首都若被冲毁一段地区，那在国际上影响可想而知了。

永定河本来叫无定河，就是由于经常洪水泛滥、河道变迁，给两岸人民带来灾难，所以叫无定河。后来，皇帝下圣旨，把无定河改为永定河，不让洪水再改变河道，皇上圣旨当然是做不到的，洪水照样泛滥。

解放后，修建官厅水库，就是为保证首都安全，也要在洪水之前，先下泄部分库水，以备汇聚大洪水，减少北京灾害，旱季少雨时，也可起为北京抗旱供水。如果，为大坝安全现在就把库水放空，那也影响当年的蓄洪，自然的洪水也会给北京带来灾难。

考虑到这些情况，所以我们必须在汛前查明造成渗漏与塌陷的原因及其产生的机理。如果查不清，为保险就得放库水，以便调蓄1956年汛期大洪水，原有泄洪洞满足不了要求，溢洪道高程也高，难以降低到库底水位，风险仍然存在。

为了抢时间，与洪水赛跑，我设计了用15部钻抗立即15天内到齐即开钻，另加两个抽水组进行有关试验和现场水质分析。15个机组是由三个部分别抽来，4月15日前必须安好井位开钻。三部地质人员也于4月初就集中。那时，真是雷厉风行地开展工作。

年轻的我能胜任重担吗？
依靠前辈通力合作

我那时才25岁，离开学校才两年半，虽然做了新安江、淮河两个水库的勘测调查工作，在张更生副局长面前也郑重许诺要做好官厅工作，但是刚开始工作时，心中真的没有底。任务重，压力大。

刚开展工作，老一辈的谷德振先生也陪我去官厅，我对谷先生在淮河南湾水库、佛子岭水库等的贡献，心中是尊敬的。那一天在官厅坝下观察了渗漏现象，又爬到坝顶上，我对谷先生说："先生，你是我们所副所长，我们的老一辈地质学家，我真希望你能在官厅多待几天，带领我们把工作更好地开展起来"，我又说："谷先生，真的希望你……"我后面没说下去，没敢说我心中没底，我对这么重要工作有点心慌。谷先生领会我的意思，他说："你的心情我知道，但我还要赶去三峡，你在新安江，在淮河，都干得很好，我们相信你会做好官厅工作。有什么事需要我来，我还会来的"，谷先生停了一会儿，又对我说："你大胆地工作吧，你会完成任务的"。谷先生的鼓励，使我鼓起了勇气。我鞭策自己，努力吧！不要辜负张更生副局长和谷德振先生的期望，还有部党组与国家的期盼。当时我深信，决定让我承担官厅工作，张副局长、谷德振先生和部领导一定都很好商讨过，这也是他们对我的信任。

这时，我相信部党组派我来担任这工作，是听取了张更生局长和谷德振先生的意见。

官厅水库调查研究发生渗漏和塌陷的战斗号角吹响了，我亲自为15部钻机，在坝区现场一一定好井位后，轰鸣的15部钻机在大坝及两岸山上都开动了起来。随着钻机的开钻，我的信心就更加高涨。

勘测工作保障大坝安全是第一位

这次任务是要查明官厅水库产生渗漏与塌陷的地质背景和机理，以便采取正确措施，保障大坝的安全，也消除对北京的威胁。目标是非常明确的。

在这重要的目的下，进行勘测工作，当然也应是勘测工作进行中，更要注意到大坝的安全，更不能加剧大坝的渗漏与塌陷现象。在进行15台钻机的钻探，以及各种水文地质试验时，若在大坝周围及大坝上面实施勘探工作，稍有不慎，都可能对大坝及其基础造成危害，所以对这方面勘测工作必须做好安全措施。

首先，对于三个部派来的机组，进行讲课介绍官厅水库的重要性，明确在钻井中应注意的问题，对在钻探中出现事故时，不得迟延，必须立即报告地质人员。对于钻孔中进行抽水等试验，也必须严格按规定进行降深，做好各种观测。

这些详细的规定，约束了各机组和试验的精度与可靠性。但是，最主要的是增加地质人员的责任心，不得有疏忽。真是责任重于泰山。

参加工作的三部人员，专业不一、水平不一，如何发挥积极性，而又互相协调好，这是我作为负责人的重要职责。除我之外，尚有谢超凡、刘均枢、柴朝鹤、张银魁、邵卓、齐后煌、董云英、吴兰贞、牛文娟、吴世勤等，以及长期来学习的水利部几位同志，和短期来实习的地质部水文地质工程地质培训班（两年，相当于大专）和北京地质学院前来实习的1957届水文地质工程地质系同学十多人。

我作为负责人，要负全责，有什么事就得由我来承担。特别是坝上及周边钻探，影响最大，所以我一直盯着几部钻机，我们住处离大坝走路要20分钟，特别是夜间有电话，我就要赶去坝上，有时刚处理好事故，走回去半路上，又有钻工赶来，我又得赶快回坝上处理事故。后来，我就搬到办公室住，以免晚上影响他人，处理事故更方便些。这样一来，我有一段时间一天到晚都忙得连轴转，睡不足也睡不稳，能够得到放松调节的是每天早上工地上放起床的广播，播放云南、西北等地的民歌。如《小河淌水》《走西口》等，使我得到精神上的放松。难以解脱的是，我在心中不时仍是牵挂着在柴达木盆地的燕子。

研究三维水动力渗流网是第一重要内容

对于官厅水库发生渗漏的坝体塌陷，从发生开始就引起各方关注，有的专家形容，中外（苏联）专家的意见都可以把大坝铺满，这主要说明各种各样的意见都有。当然，这些意见还都是"可能""或者""估计"之类，因为没有确切的证据来证明这些观点。我们的勘测目的就是要在最短时间内掌握造成渗漏与塌陷的最重要与基本的依据。

在进行勘测工作的设计时，我通过深思熟虑后认为，不论何种见解，水库产生渗漏和塌陷，首先是在库水影响之下，因此必须掌握库水、地下水（矽质灰岩及砂卵石层中水流）、坝体内水三者之间的水力联系与渗流状态，然后据此研究这些渗流水动力如何与基础砂卵石层及坝体内的物质产生作用。这样一思考，很自然地就想到必须掌握官厅坝址地带的水库、基层和覆盖层地下水，以及坝体内包括黏土心墙、透水料、导流管等水流情况。要解决这些问题，必须从掌握三维的水动力渗流网入手。为此，最基本手段就是要测出不同深度、层位的地下水位。能有分层监测地下水位的动态变化就更好。

要获得不同部分的地下水位，要在钻孔中采取措施，涉及高效的双层止水问题。就是现在，用仪器测不同部位的动力压力，也不是很容易做到的。

为了分层、分深度测水位并能分层监测，这就需要和各机组进行具体的商量与试验。这方面的要求，各机组也都明白其重要性，从而能积极配合，我和许多机组的机长和工人，也就非常熟悉，有了合作的良好基础与友谊。

地质、设计与施工的密切配合

负责地质勘测查明产生渗漏与塌陷任务，这是要由地质上先查明，但也需要有设计和施工配合。当时设计是水利部北京水利勘测设计院冯寅总工程师负责，他是留美学水利的，那时抓官厅水库渗漏问题，常来官厅水库，冯总主要是搞土石坝，是水利部土坝专家。陈庚仪同志是水利部专家工作室主任，那时抓为防渗需要进行的工程措施。我和冯总、陈指挥长（当时为官厅水库防渗处理指挥部）三人相互配合很好，并且成了好朋友。

要掌握坝体的监测动态，这项勘测结果就由冯总指导的一个水工组负责，我们勘探中监测资料也及时交给冯总。冯总和我商量有些处理措施可先采用时，陈指挥就积极安排，高质量完成，例如坝前水下抛土以起铺盖作用，以及坝左肩北沟断层带及破碎带的迎水面进行喷浆处理和后来的防渗帷幕的加强灌浆等。

任何工程都需要地质、设计与施工密切配合。配合好就能提高工程质量与进度，并可避免产生不良的问题。当然，三者间由于专业不同,就需要更好地交流、协商。官厅坝址的渗漏与塌陷,与硅质灰岩的喀斯特有关,但有一年轻的水工人员,对地质不很了解,只认为就是坝料有问题,所以排水通道出浑水。这样,似乎把喀斯特渗漏大事情就忽视了,与地质条件无关。因为,当时是中国第一次出现这种具体塌陷情况。后来,许多石灰岩地区水工建设也产生坝基坝肩喀斯特渗漏以及诱发塌陷的情况,大家也就明白与地质条件石灰岩具有密切关系了。冯总和陈指挥都很快接受我们地质的意见。后来,很长时间,冯总、陈指挥叫我做他们的地质上后盾,一起去帮助解决有关水利水电建设中的地质基础问题。

为黏土心墙钻探立下"军令状"

要掌握大坝要害部位——黏土心墙是否遭受渗流的破坏,最好在黏土心墙上能够打钻,取出心墙的"芯"进行观察、试验。但是,要在心墙上打钻,那可不是轻易的事,就像在人的心脏上动手术,不能出差错。当时,我想在心墙上打三个钻,能有三个通过坝上游至坝下游的剖面,就可更好地判断坝体发生渗漏塌陷后的基本情况。但是,要打黏土心墙部位的钻孔,需要由水利部批准。

我做好了钻探设计,定了钻孔的位置,然后上报给水利部。一天,水利部开会让我去汇报,会议由钱正英副部长主持。听了我需要打钻的目的和希望打三个心墙钻孔的设计后,钱副部长问我:"卢耀如,你有什么措施,能够保证在黏土心墙上打钻不会破坏心墙,心墙要破坏了,那大坝就更危险了。"她又说:"你能保证安全吗?"

我不假思索地说:"钱部长,我们都充分考虑好了,我们不用循环水的泥浆,我们采用干钻,并且准备好套管、黏土球等,而且不钻透心墙,取出不同深度心墙的土样并监测水位即可,有什么问题,我都守候在钻机旁,我敢立下军令状,我负责,不会出问题的。"通过大家讨论后,钱副部长代表水利部表态说:"这不是不放心在黏土心墙上打钻,强调要你(指我)负责,保证大坝的安全。"我说:"我有充分准备,也和钻工们商量过,所以为让领导放心,我主动立下军令状,就是表示对心墙钻探是有把握,不会出问题的。"钱副部长听我进一步介绍后,感到放心了。但是,只批准我先打一个钻孔。

在黏土心墙上打钻,不是闹着玩儿,也不是那么容易,当然要谨慎实施。于是,快开钻前,我检查好应准备的东西,开钻后我一直盯着,等到钻探完成达到预定深度,进行水位观测后才结束这孔钻探,我才离开。后来,根据这孔揭示的情况,我们就放弃了再在黏土心墙上打另外两个钻孔的计划。

傅作义部长陪李四光部长来官厅考察

那一段时间,来官厅考察的领导、专家实在是很多。因为官厅在北京附近,是中国第一个大水库,有的领导和外宾是以参观新中国成就而来的,当然,抱着这样目的的来宾,是不会介绍有关渗漏问题。有的专家是了解有关存在问题而来的,这样走马观花,也不大解决问题。所以,为了集中做勘测工作,更主要的是随时要分析有关监测情况,所以,我不能天天接待来客。

一天,有人通知我,第二天李四光部长将由傅作义部长陪同前来,我就做好汇报的准备,准备采用最新的图件。那天早上十点左右,我们去车站迎接了两位部长。傅作义的名声在解放前就知道,他为北平的和平解放立了大功。虽然我多次去水利部,但没有见到他。水利部党组书记、副部长袁葆华还是来过官厅两次以上,在水利部汇报时,他也参加过两次。

这次李四光部长来,还有他夫人王女士陪同,到达后先听取了我的汇报,我向两位部长汇报了地质勘测的最新成果,并表示也掌握了产生渗漏与塌陷的机理。李部长作为地质学家,对我的汇报还是嘉许的。

在坝上李部长看了观测孔，塌陷位置，还有坝基集水井排水的情况。李部长指示：应当将集水井中的出浑水时的泥沙和坝体心墙中土体的矿物成分进行分析对比，分析看有没有从坝体心墙中带来的物质。我当时回答说：我们做了些对比，心墙中土体成分和浑水中泥沙还是不一样的。将来再做进一步对比。黏土心墙打钻取"芯"做实验，这时就发挥了作用。

苏联喀斯特专家来官厅考察

1956年，长江三峡大量进行勘测设计工作，水利部请来苏联专家组，有波波夫、谢苗诺夫、商切尔、索科洛夫等人，还有中国老专家共赴三峡，以指导三峡的地质勘察工作。其中，索科洛夫是专门研究石灰岩喀斯特的专家。所以，水利部也请他在考察了三峡之后，回国之前，抽一天时间来官厅水库。

我也预先做好了准备，自从不跟随马舒可夫专家学习之后，我还是没有接待过其他苏联地质专家，这次索科洛夫作为研究喀斯特的专家，我还是第一次接待，所以感到特别高兴，希望能多听取他的意见，以更好地查明官厅水库存在的问题。这次，索科洛夫来官厅，是由我们留苏回来刚两年的张宗祜先生（苏联副博士）担任翻译，张先生那时也参加了长江三峡的中苏专家组。

我详细介绍了官厅水库发生渗漏塌陷的情况，介绍了我们已做的工作，以及已取得的有关渗漏机理认识和初步的建议，得到索科洛夫教授的赞扬，他完全同意我的看法，他认为我们抓住有关三维水动力渗流网的重要内容，是掌握产生渗漏与塌陷的关键。

当时，苏联已经在喀斯特地区有过建坝的实例，但是在中国还是第一座在喀斯特地区建成的坝。因为这次汇报，给索科洛夫留下较好的印象，所以，在水利部1960年再专门请索科洛夫考察几个中国西南喀斯特地区拟建的坝址时,索科洛夫一定要我和戴广秀工程师陪同他考察。

我担保了姜先生是工作好的爱国专家

官厅水库建在北京上游,发生的渗漏和坝坡塌陷必然威胁到首都的安全。这坝址的勘测工作是姜工程师负责。1955年时,全国正开展有关干部审查工作。

在1956年的夏天,我回北京汇报有关工作时,有关部门的工作人员来找我,见面后,那位同志开门见山就说:"你是官厅水库这次调查任务的负责人,这个坝址原先是姜××负责调查的,会不会他有意隐瞒些情况,结果造成这样渗漏塌陷事故。如果是他有意这样做,那就不好了,我们就要进一步采取措施"。那时,姜工正在独居一室,接受审查历史问题,并要他说明官厅的情况。

我说:"我以共产党员身份、这次调查的技术负责人身份来担保,姜工程师工作很好,注意到震旦系雾迷山矽质灰岩的喀斯特溶蚀问题。但是,后来发生些渗漏、塌陷,主要是工程处理措施不够好,灌浆帷幕功效不大,帷幕前后水位只差半米。在这方面,姜工程师也相信书本上都有的说明,硅质(矽质)灰岩,一般喀斯特发育要轻得多。现在官厅发生些渗漏与塌陷并不严重,我们已查明了发生的机理,的确是处理工程没达到更好效果,况且苏联专家也都知道有关情况,姜工不可能隐瞒,只是有些主观相信硅质灰岩喀斯特不太发育,实际情况也是如此。所以我再强调一下,我担保姜工是爱国的,他做勘测工作还是很好的"。

官厅之后,我国在南北方也都在喀斯特地区修建了很多水库,也发生渗漏与塌陷,这是由于基础没处理好,也是没经验造成的。

那位同志听我讲话后说:"那你就写下你的意见",我就写了姜工爱国的表现,及官厅水库发生渗漏与塌陷不是他有意隐瞒,我也做出对姜工的保证。过不久,姜工就恢复了工作。为了怕影响姜工的情绪,后来这件事我一直没向姜工程师提起过。

前两年(2011年),在清华大学招待所,有陈处长和姓姜的地质人员与我一同吃便饭,陈处长介绍这位中年姓姜地质人员说:"这位小姜就是那位姜工的二儿子"。他小时,我见过,多年不见他已到了中年。小姜说起他去世的父亲,历史问题的平反中有一份说明他看过,记的内容有:"……一个年轻又红又专的技术负责人(负担官厅水库渗漏勘测)证明,姜工程师是爱国的,工作很好,官厅水库渗漏和塌陷与他无关(大意)"。当然,另外还有有关领导证明姜工在临解放前为保护国家财产以迎接解放的功绩。

这件事是一个有良知的知识分子应当做的,不足挂齿。所以我一直没告诉姜工本人,他是我们的老师、前辈,我们对他负责,就是对党和国家负责,不能因为自己怕牵连,而不敢作证。

小姜说,他一家人都很感激我,我说这算不了什么事,而是我应当做的。这件事也表明党和国家对人民是认真负责的。

顺利完成喀斯特地区第二个战役

新安江水库的渗透问题的判断是我这一生研究调查解决实际喀斯特问题的第一次战斗。但是,这第一次战斗还是摸索着过河。那次工作的面还是很狭小,但是工作涉及的范围是很大的地区。这次在官厅工作,工作的深度是较深的,但是具体工作地点是局限于水库坝址,而影响又是很大的(京、津地区)。这两次任务影响面都很大,新安江涉及向上海供电和城市发展,官厅水库涉及北京和天津的安全问题。

真正使我感到查明了官厅水库的渗漏与塌陷的机理,是我从分析左岸的渗漏水流中心的水动力条件,冲向坝体的砂卵石层基础,而诱发管涌、潜蚀并导致发生塌陷的情况下,找出了答案。当时,真的是万分喜悦,拍案而起,我卸下了肩上的千斤万斤的重担,那时应是6月中旬,接近大洪水汛期。有了这答案,再做些实际补充分析,就不必有汛前放空库水再做更多临时处理的必要性。

但是,我们还是要进一步做好预定的勘探工作,使有关渗漏与塌陷发生的基理,能更全面地阐明,也能够更好地提出有关治理措施。

通过勘测,最后清楚地由三维水动力渗漏网的剖面及平面上,看到三个渗流中心,与构造有关系,左岸两个、右岸一个。因此,在这渗流中心局部地带,首先要进行局部的加强帷幕灌浆,原先只有一排灌浆量那是不够的,另外上游继续做好水中抛土和裸露近水基岩面的喷浆勾缝处理,防止库水直接渗入。此外,下游做好排水处理,以减少渗水压力保障坝坡渗流压力在许可值之下,这就是:上封堵,中导引,下疏排的综合措施。

意外的一个暗访风波

1956年10月下旬,地质部水文地质工程地质局来官厅进行暗访。因为在京多数同志认为我工作非常好,还举办阶段性学术研究会。只是个别人向上反映:卢耀如不愿干官厅工作,说太累……于是地质局来官厅进行神秘调查,找了管理处党委、指挥部指挥长和老专家等,还与开钻机的机长们座谈,他们异口同声赞扬我,工作极其出色。指挥部人也支持我说:"日夜连轴转,太累,不必要的接待你不用去了,那太影响正常的勘测研究工作"。

地质局最后对我说:"我们已调查了三天,各方面人都说你好,对你工作表示非常满意,你也查明了官厅水库渗漏和塌陷的机理,为国家作出贡献,领导都清楚,将来要更好地提拔你,为国家为党多作贡献。"

过后地质局领导又说:"你个人的事,我们不知道,把陈玉燕调到青海,以后领导会照顾的,让你们团聚"。我说"我做官厅工作,不是为别的,是为国家建设,为北京安全,个人无所求。"

在1956年年底,由谷德振先生带着我向水利部部长们汇报,谷先生首先说几句,那时他是地质部水文地质工程地质研究所副所长,然后我只用两张图,把官厅水库渗漏与塌陷的机理,说得很清楚,当然其中不少说明试验及监测数据。我的汇报,使水利部门感到满意,解决了威胁北京的大问题,这个危险真是解除了。

后来,谷德振先生多次对别人提及,有一次我也在场,谷先生说:研究工作要深入浅出,多做工作,最后用关键成果就可说明问题,卢耀如在官厅做了那么多的工作,有上百张的图件中,只用两张图就说明清楚。这是值得大家学习的。

在官厅水库渗漏与塌陷的勘测工作中,我尽了自己最大努力,终于完成了任务,对我也的确是一个很好的锻炼机会,我也得到了很大的提高,这使我感到完成了喀斯特方面调查研究的第二大战斗。

一时完成了任务,心中思念的是在青海的燕子,如何了?吕局长的话能兑现吗?

八、长江三峡水利枢纽的梦想

因为官厅水库的紧张任务,晚了一年我才去三峡,那已是1957年4月初,我动身去三峡,先到了武汉,大街上穿着短袖衬衣的不少,已三年多没来武汉了。第二天,我们要乘船去宜昌,突然来了寒流,傍晚上了船,我带着棉被行李,在五等舱把行李打开蜷曲躺着又当"团长"。船开行了,江风飕飕刺骨寒,天气变化多大啊!

先熟悉情况，跑野外调查

在一年中，三峡大规模开展了水文地质工程地质调查工作。我刚到，那时还是作为地质部水文地质工程地质研究所（简称水文所，下同），来到三峡工程地质队的所在地——前坪。那时队上地质科的地质负责人是何鉴荣工程师，还有刘广润（他从苏联见习一年才返回到队上三个月），这两人我都熟悉。何鉴荣是931队一分队负责人，负责安徽省淮河的响洪甸水库地质工作，我是931队二分队在河南负责人，为河南水利工程白龟山水库、郏县水库进行勘测。刘广润一年多以前预备去苏联实习，我作为团支书还专门和他交谈过有关学习与生活问题，他也刚到三峡队三个月。所以，主要由何工介绍他们一年多工作的情况。我作为研究所的研究人员，先和队上有关人员合作，开展些调查研究。

三峡水利枢纽当时已有两个比较坝区，一是南津关坝区，主要在西陵峡出口段石牌至南津关的下游，南Ⅰ比较坝址在石牌，南Ⅱ线在南津关上游黑石沟一带，南Ⅲ坝线居南津关出口处，南Ⅳ在峡谷出口向南折而扩展河道的地带。这四个比较坝线10多千米长，主要是寒武—奥陶系碳酸盐岩地层（石灰岩、白云质灰岩等）分布，另一比较坝区在黄陵背斜的东南部，都是火成岩分布区，共有9个比较坝线。

1947年，资源委员会曾在南津关一带做些勘测工作，美国专家萨凡奇来指导，三峡工程为YVA，学习美国的TVA。后来，由于内战不能进行。我是搞了两次喀斯特地区的水利工程，而且在研究所内，也属于喀斯特研究组，组长是戴广秀工程师，他是清华大学1948年毕业的。这时戴广秀工程师带一小组去清江和长江间分水岭进行调查，我就和三峡队成员于珉、郭希哲、陈连禹、李永湛等共同进行有关南津关坝址的基础地质条件和喀斯特水文地质、洞穴等调查、监测工作。

刚到三峡这三个月，我几乎都在山上，天天跑路线，调查这一带喀斯特泉和调查洞穴，包括石牌的石龙洞等，每天爬山的工作量是很大的。我也和郭希哲等一起沿江测剖面。那时长江在峡谷中，大木船上水，是要靠拉纤的。有2~3次，我们在长江边的岩滩上调查时，我也跟着拉纤，用一小纤线扣在长纤索上，和纤夫们一样，头几乎要碰到地面，身体往前倾，也几乎贴地面，双脚轮流往前蹬。当然，只是为体验，只拉一小段距离，在新安江急流中，我也撑过船，但没有三峡拉纤这么费劲，纤夫们都大声唱着川江号子，雄壮、整齐，让人产生力量和勇气。这种拉纤，可没有后来听尹相杰和于文华唱的"妹妹坐船头，哥哥岸上走"的《纤夫的爱》这歌曲那么轻松浪漫。特别是有一次通过石牌附近天花板，我们正在往陡崖上爬，纤夫们就沿这开凿出的狭小的石梯上爬，而后又往下走再拉纤带船前行。在三峡，我真正领略到了三峡的雄伟和劳动人民生活的艰辛。

这次三峡工作，我是一人在此和早来三峡的年轻地质人员先打成一片。我的吃苦耐劳、顽强奋斗的精神，很快赢得三峡队年轻地质人员的信赖，他们后来都说："老卢是平易近人的"。我们都打成一片了。

有一次，我们走了半天山路进行调查，到了石牌，这个地方在抗战时，曾打了一大仗，国民党胡琏军队阻击了日寇，使其不能向国民党所在陪都重庆进军。到了这地方，我就想把周边多看看，当时在哪里歼灭日寇的，没注意用力猛了些，把饭盒弄翻了，饭都撒在烂泥上，同行的郭希哲他要把饭分给我，我不要，我说不饿，晚上回去再多吃，那天我们是回到坪善坝住宿地。

不要特殊，注意影响，救了我

1957年7~8月间，所内党支部给我来信，大意是党内整风，你是党员，应积极为党的事业提出有关整风的意见。看到这信，我正好在前坪队部，我想这是应该的。于是，我针对局、所的情况，感到老干部和学地质的干部似乎有不团结现象，另外党员对非党员老专家，似乎也团结不够。有些现象我是亲身感受到，也亲耳听到的，有的同志，曾在背后议论老干部，表示一些不满。当时，我曾善意制止说不要背后议论，影响团结。这次为整风，我把有关意见写好了信，走到了负责信件、报纸的老陈小屋，想买邮票贴上，让他第二天带去宜昌投递，邮寄到北京。

前坪野外队所在地，没有邮筒，更没有邮电所，只能让这陈老头，每天从宜昌去取报纸时，顺便把信发出。队上要寄信，他就从邮局买回邮票，再卖给需邮票的人。

那天，我写好信，没有邮票，就去陈老头房间，我说："老陈，有邮票吗？"他马上说："对不起，邮票刚卖完，你看走在那边那女同志，刚把剩下的几张邮票都拿走了，"他又说："你要急着寄信，我去把那女同志叫回来，让她先给你一个邮票贴上，好吗？"我一想，我从北京来，刚到几个月，有的同志还不熟悉，不要自己搞特殊，她可能帮好几个女孩都要寄信，让她代买邮票，我叫她让一张邮票，影响不好吧！我马上制止老陈说："不要叫她，我以后再寄"。当时若让老陈带信到宜昌，再贴上邮票，又觉不好，把信先封上，似乎不好，不封上信让带走，也不妥，还是过两天再寄这重要的信吧！

第二天一早上山，我把信放在背包中，在野外包中又是放些标本，又是弄点干粮，等过了十多天，返回前坪时一看，信纸都皱了，也破了，信不好寄了，要重写可真的没时间，最后我想时间已过就不寄了。

不久，反"右"运动大规模开展，我那信若发出去，有的人可能就会把我意见对上号，那我可要惨了。回想起来，真是靠我自觉不要特殊，不愿别人把已买的邮票硬要让一张给我，人家会感到特殊，心中也会有不满，当时可能认为没什么事，先给你一张，也可能认为你搞特殊，霸道行为。若这样就坏事了，这次经历使我感到幸运。

三峡工程要大干快上——世界绝对冠军

1956年毛泽东主席发表了《水调歌头》，贺长江大桥建成通车，又表示要三峡上马，"……一桥飞架南北，天堑变通途。更立西江石壁，截断巫山云雨，高峡出平湖。神女应无恙，当惊世界殊。"这诗词真是传遍大江南北。

那时，三峡工程规模很大，设计坝高235米，装机容量达3300万千瓦。苏联专家说：这绝对是世界水电冠军。

在1958年，三峡工程按照长江水利委员会设计方面的安排，以三丰坪火成岩坝区为主要勘测设计的对象，南津关坝区的科研、勘测工作，由我统一负责，我兼南津关坝区的技术负责人，全面开展有关勘测研究工作。

1998年7月，在武汉召开三千人左右的三峡科技大会。会上华罗庚教授还发言，他用一句极有分量的话："三峡工程的计算问题，我们包了"。当时科技人员都想为三峡出力，那时候关于三峡工程的防空问题，由军委张爱萍上将负责。我负责南津关坝区勘测与研究工作，也出席了大会。那时，曾传达上级指示：南津关坝区也要比选，做好勘测研究工作，如果不在此建坝，也要有好的研究成果，以说服美国萨凡奇和国外专家。1947年萨凡奇选择的是黑石沟一带坝址，即现在的南Ⅱ坝线。当时在华苏联专家，原先还是认为南津关坝区好。

1958年在南津关坝区参加研究勘测工作的有：

北京地质学院许涓铭教授进行水文地质模型试验，中国科学院赵树森负责一些水文地质计算，地质部地质力学研究所曹照垣负责构造研究，陈宗基教授（从荷兰回国）负责开展野外大型力学试验，地质部水文地质工程地质研究所王兆馨负责进行三维水电比拟模型试验，地质部物探队王桂华负责物探工作。

三峡队的南津关坝区的骨干有于珉、郭希哲、陈念禹等。地质部水文地质工程地质研究所有朱学稳、殷正宙等。我是编制水文所内，又兼队上南津关坝区的负责人。

1958年，也是"大跃进"之年，许多水利工程都大干快上。当时，有说三峡将在1961年前后开始施工，那时只有三年时间，真是太紧张了，各地有的大炼钢铁，我们没有时间，我就提议在前坪我们办一个夜校，给周围农民普及文化，当时还有农民是半文盲。晚上开办夜校，办了很短的一段时间，就因忙，又停止了。

中秋月夜三峡山岭望婵娟

在三峡前坪，天气很热，晚上也在干活，那时没有电视，也没有其他娱乐，有时深夜11点了，我们还去附近长江的一个小溪黄柏河进入长江的河口段去游泳，主要还是为了凉快些，回去再干些事。

有一次，我不小心被鱼钩钩住了腿，但我还是冷静地把钩倒了出来，当然是很疼之事。

长江三峡景色多变幻，令人别有一番心怀感受。真是：

《三峡风光》

层层山岭鸟飞绝，云纱雾帐轻舟闹；
江水汹涌风雨掠，蓝天实现阳光照；
悬崖绝壁冒炊烟，神女屹立山岭俏；
高昂号子穿天梯，劈波斩浪英雄道。

长江三峡气势雄伟、神秘莫测，令人鼓起勇气，培育力争上游的精神。

我在三峡奔波辛劳，不敢稍有懈怠，因为这项光荣而又艰巨的任务。"神女"应无恙，这就是地质人员的首要重大任务，"当惊世界殊"这就要体现出三峡工程的举世无双，水电建设上的绝对冠军，也要体现出我国科技的成熟，让世界惊叹。

兴奋是经常，但心中对燕子的思念，也是不曾阻挡。二年半岁月只是短促人生的一瞬间，但思念又是多么漫长。我思念我们在淮河，我思念我们在京城的日子。

久无燕子信息，似乎听到她的不愉快，我没有力求照顾，我不能舍去这重要任务，而奔向西北阳关外，去寻找她，我又似乎听到风传的声音，似乎有人说她已经……但是没有信息啊！

在这之前，北京所内赵俊义夫妇就专门要介绍女朋友给我，当我知道好意后，我立即跑了，这对赵工夫妇是很不礼貌的，主要是我不好说明。一听说要介绍女朋友，我又马上想到燕子，心中立即翻滚，怕控制不住思念与伤怀，所以立即跑掉以解我尴尬与烦恼。在三峡，戴广秀工程师也要为我介绍，他说，知识分子不要老把自己放在悲伤之中，什么誓言……他们似乎有所知，要为我摆脱痛苦。

这是1958年的中秋之夜，电话铃响了，在白马洞的山岭上，钻探有事故，我只好和这钻机主管的女地质人员一起去钻机上，以便及时处理好事故，三峡月夜无云雾是很难得的，淡淡的月光照映在山路上，不用手电，周边景色真是一览无余。

到了钻机旁，我们赶快了解情况，共同想出处理的办法，还是把钻具拔出来，下套管，再继续钻进。钻孔才钻不太深，问题好解决，我们又向山路上漫步回去。月亮还是那么美，但已偏西了，不禁从心中涌现出：

《中秋月夜三峡》

中秋月色大地照，峡江山路崎岖道；
快攀山巅险情急，我前她后无语笑。
玉兔可曾助鼓捣，嫦娥似在舞袖俏；
人同一心真诸葛，巧克故障在心窍。
慢步下山轻风拂，默思神往心西挂，
猿啼蝉鸣皆不闻，寄我情怀阳关外。
月夜三峡令人痴，南津关口多险要，
涛声伴随心潮涌，前坪黎明晨曦照。

两个坝区比较的争议

讨论两个坝区的比较，谷德振先生先来前坪，我们负责南津关坝区的勘探人员都住在前坪。谷先生来之前，我就为赶南津关坝区的报告日夜加班，感到很累，谷先生来后，我们向他汇报，也讨论了有关石灰岩坝区的一些问题。

然后，谷先生和我还有其他两三人，乘坐宜昌开往重庆的班轮，我们中途三斗坪下船。那时，轮船少，旅客多。我们坐在船边缘，实在太累了，多日没睡足觉，我就躺在船侧边上，下面有雨衣铺着，很快就入睡了。船上水行驶，颠簸不已。谷德振先生等我醒来后说："看你睡觉了。这几天太累吧！我就一直守候着你，让你睡，有什么事再叫醒你"，长一辈的谷先生对我的关怀，让我非常感动。

到了三斗坪，我们开始讨论，特别是两个坝区的比较与坝区的选择。讨论是很激烈的。

石灰岩坝区，有它的明显优点：

其一，在三峡出口处，石灰岩地层岩性坚硬，坝线短，只有几百米；

其二，坝址选在南津关，正是峡谷出口地带，不必再建设下游的调节水位的低坝；

其三，采用南津关坝区，下游就是开阔的滩地、台地，坝下游可作建设基地；

其四，我们深入研究了经过围堰基础处理后，上下围堰间坝基开挖后的涌水量，还是可以抽排流干的；

其五，在靠近坝区的右岸，至坪善坝之间，有些台地，便于布置导流洞及发电隧洞的地下厂房，计算的隧洞长度短，可通到下游有宽阔的台地处，隧道内施工时涌水量也是可以排干，基坑和隧洞涌水是大问题，但我们进行了多种计算对比，并开展了三维模拟试验；

其六，作为发电量最大的一个水电站，修建在三峡口地带，其景观也会显得十分雄伟壮丽，也显示出最新的科技成就。

但不良的条件如下：

其一，200多米的高坝，将来蓄水后坝肩和坝基的防渗处理工作量大，具体的防渗处理效果如何，那时还需要进行防渗处理试验，在1959年，还没有进行过这方面试验。

其二，与三斗坪的宽阔长江相比，施工场地还不够开阔，工程方面怕有布置困难，其实这方面并不是完全不可改善的。

其三，坝址选在碳酸盐岩（石灰岩、白云质灰岩）上，根据官厅水库发生渗漏与塌陷问题，不少工程设计人员，特别是有关领导，害怕喀斯特洞穴、通道等不易搞清楚，留下更多难以预计的问题。

1947年时，美国专家萨凡奇和一些中国专家，选择的是南津关坝区的黑石沟坝址，有些泥灰岩夹层。选南津关坝址，为了施工方便，工程建筑物好布置，而且也可利用寒武系中的泥灰岩及奥陶系的页岩以防渗。后来，我国在乌江及与三峡隔一分岭的清江（长江支流）上修建高坝，都可证明，当时只要认真研究、正确处理，在南津关修三峡大坝，是完全可以成功处理喀斯特。原先苏联专家也是支持在南津关坝址修建三峡大坝。

关于火成岩坝区，主要是一些中国水利方面的领导和设计部门，为了少担风险强调选用三斗坪坝址，三斗坪坝址是美人沱坝区的一个比较坝址。其优点如下：

第一，地形开阔，易于施工、布置各种建筑；

第二，坝址没有喀斯特洞穴的问题，水文地质条件易于查明；

第三，三斗坪坝址属于黄陵古老火成岩体的隆起，构造断裂没有大的地块，相对稳定；

第四，长江在此呈弧形转弯，河道中出露的中堡岛有基岩，便于三峡大坝的分期明渠导流，这一带，对三峡这条大江，历史上的洪水流量达每秒十万立方米以上，能分期进行明渠导流，施工是容易得多。

缺点是：

其一，火成岩风化厉害，有带状（囊状）风化，沿断层带由地表向深部使岩石风化，也有球状风化，使岩石上面风化后，残留下不稳定的大的圆形、椭圆形的岩体。这样，就不易掌握开挖的基岩面的深度，开挖量大。

其二，在三斗坪建坝，下面还有20多千米的峡谷，至南津关后，才是三峡的出口，而使长江奔向江汉平原，在这20多千米的峡谷中，还是险滩多、急流变幻多，需要在南津关出口下游，即葛洲坝一带修建另一个低坝，以调节水位，使峡谷、急流变得平缓，深些水流也可行驶较大的轮船，修建这径流坝，也还得修建船闸，这样下游来的大轮船，必须先通过这葛洲坝低坝枢纽的船闸后，进入峡谷中低水头水库，到三斗坪大坝下游，再经过五个台阶的船闸，提升到三峡水库。显然，船舶运输量受到很大的制约。

其三，火成岩的高边坡稳定性比碳酸盐岩差，船闸等百多米高边坡，也是需解决的重要难题。

在当时讨论与比较中，我是支持选在南津关坝区的少数派代表，那时比较两坝区，主要是对比坝址的水文地质与工程地质条件，及有关建设中的重大问题，至于选择哪个坝址，库区的问题相差不是悬殊的，也没进行详细的比较。

重要的三峡枢纽选坝成果

在1959年4月，我们编写了《长江三峡水利枢纽初步设计要点阶段工程地质勘察报告》，这是后来选坝时的主要依据的成果。

原报告的序言中，明确表达了各个分工的情况，如下：

1958年年底至1959年年初在南津关和美人沱坝区又适当地增加了勘测工作，至今这些工作已全都结束，根据新的补充资料并参考三峡研究地貌调查组、新构造调查组、地震调查组的成果，补充编写成本报告。除了此项阶段勘测工作报告外，各单位尚编写了一系列的科学研究论文。

本报告各章节主要由下列负责人写成：

序言：由胡海涛、刘广润共同编写。

第一篇：区域地质与水库工程地质条件。

第一章：区域地质。由胡海涛、李鄂荣、籍傅懋、苏慧波负责编写。

第二章：水库工程地质条件。由刘广润负责编写。

第二篇：坝区坝段比较。

第一章：美人沱坝区工程地质。由胡海涛、刘广润、李鄂荣、赵运昌、叶升安、籍傅懋、李祺芳集体编写。

第二章：南津关坝区工程地质。由卢耀如、朱学稳、陈连禹、于珉、郭希哲等集体编写。

第三章：坝区坝段比较工程地质结论。由谷德振、胡海涛、刘广润、卢耀如、李鄂荣等集体编写。

第三篇：天然建筑材料。由梁秀清负责编写。

结论：由刘广润负责编写。

全部报告由三峡队副总工程师胡海涛同志与工程师刘广润同志共同审阅。

本报告采用集体分工编写，由群众讨论定稿，经三峡队党委审查通过。呈部局批准后，作为正式报告提供设计单位应用。

两个坝区比较之中，我也参加了有关比较的结论，虽然我认为三峡工程的坝址选在石灰岩坝区还是比较好的，但当时多数主张选用火成岩坝区，没有不易查明喀斯特的问题。所以，我也同意用火成岩坝区的意见。

为庆祝中华人民共和国成立十周年，地质部水文地质工程地质研究所还出了一个《三峡集》。其中，包括了两个坝区的有关论文，目录如下：

目　　录

序言……　地质部水文地质工程地质研究所所长（张更生）（4）
三峡区域地质概述　………………………… 胡海涛、李鄂荣（5）
三峡区域水文地持基本特征………………………… 籍傅懋（19）
三峡水库的工程地质条件………………………… 刘广润（33）
黄菱背斜前震旦纪结晶岩系岩性、岩相及地质构造的研究
　………………………………………………… 李鄂荣（40）
美人沱坝区结晶岩风化壳的初步研究
　………………………… 胡海涛、刘广润、李鄂荣等（78）
美人沱坝区水文地质条件 ………………………… 赵运昌（100）
美人沱坝区河谷工程地质分段 ……… 苏惠波、籍傅懋（177）
南津关坝区的地质构造 ……………… 郭希哲、曹照辉（125）

南津关坝区碳酸盐类地层的岩性及其对喀斯特发育起作用的
实际意义 ·· 卢耀如（131）
南津关坝区碳酸盐类岩石溶孔的形成和发育问题
·· 朱学稳（138）
南津关坝区的喀斯特发育规律 ·········· 朱学稳、郭希哲（142）
南津关坝区喀斯特化地层的渗透性
························· 卢耀如、陈连禹、于珉（156）
南津关坝区的水文地质工程地质条件 ·········· 卢耀如（169）

在1966年，我们还发表了有关南津关坝区的一个研究总结性成果，即：《华南某坝区的喀斯特及其水文地质工程地质条件》《中华人民共和国地质部地质科学研究院论文集》。那时，正是"三线"建设时期，所以文中有关坝址方位少作变化。

提出选坝报告后，有关三峡南津关坝区的研究工作，仍在继续进行，特别是有关三维模型实验，仍在继续。所以，在1964后，又做了进一步总结以作今后参考，以期对其他石灰岩地区建设大型水利水电建设，也能有所参考。在这期院办《水文地质工程地质专刊》上，发表了这长篇成果，应是三峡南津关坝区的总结性报告。

庐山三峡选坝会的改期与"反右倾"

原定1959年8月份，中央在庐山开了全会后，我们就上庐山召开三峡工程的选坝会。在会中，将正式决定三斗坪地坝区和南津关坝区中的一个坝址，也就是三峡工程是决定选择在火成岩坝区，还是选在碳酸盐岩坝区。

我先在三峡准备好资料，然后先回北京，向部局先汇报一下，并再准备些补充资料。不久，接到长江三峡办公室通知，某月某日在庐山开会，让及早定行程，我就定了去九江的火车票，第二天要动身了，又来通知，推迟开会。过几天，又通知开会日期，又买了车票，到动身时，又来电报取消，会期等候通知。这样连改三次，最后通知是，庐山选坝会不开了，以后再通知。

到了12月初，长办通知开会时间在12月中，地点在武昌的红山宾馆，就不去庐山了。三峡工程很重要，而且南津关坝区由我负责，我要作这坝区地质条件的汇报。在预定安排我要汇报的第二天早上，当我出现在会场时，许多人不约而同地鼓掌欢迎，有人说："你终于来了，我们还担心你！"

通过"反右倾"，大家都说国家要更多发展，更应当多、快、好、省地发展。但是，三峡工程那时肯定列不上国家建设项目，需要钱、技术，都没有办法在那时得到圆满解决。所以，大家虽然嘴上说更要好好发展建设，心中是明白，那时是不可能上马的。

钱，从何来？技术都准备好了吗？

1959年后至1966年，由于开始了经济的困难和调整时期，这时三峡工程已不可能在1961年左右上马，地质部的三峡队人员众多，也开始逐渐分散，以担负其他工作，1960年开始，我就去三峡少了，去西南等地多了，而且又生病一段时间。至1963年，我才又去三峡前坪，取了我留在三峡前坪的简单衣物和书本。

九、十三陵水库当"诸葛亮"与京郊水利工程足迹

危险时刻，我避免了一难

我正弯下腰，双手扶在稍有弯曲的大腿上，以求稳定，等待着

两位地质部同志在堆积如山的水泥堆上，搬下一袋水泥放在我肩上，我就背着一百斤水泥袋子快步迈向前，到门口再侧身把水泥袋扔在车上。这样搬水泥，我已经搬运了十多袋。有一次，我正弯腰等待他俩把水泥袋压在我背上，突然我感到有人把我用力推了一下，我就向前踉跄几步后摔倒在地，马上十几袋水泥压住了我的双脚，我听到在场的几位同志不约而同地发出了惊叹声：哎呀！他们马上来问我怎么样？又立即去把水泥袋搬开。我感到双脚没大碍，脚也不疼，因为这是为抢速度，结果很高水泥堆，经多次两人四只手的摇晃搬动后，堆积的水泥袋形成了一个外倾斜的反陡坡，正好在加快搬水泥袋时，又有一摇晃效应，立即让那一带有十几包水泥晃倒下来，如果没有那两位同志机灵，扔掉手中水泥，瞬间就推我一把，那我就会被十几袋水泥压倒，受到体内重伤，就是这一推，我向前踉跄几步，才免了我胸背受重压之害。我当时非常感谢这两位同志。

这一幕，是我在十三陵水库劳动时候发生的。

修建十三陵水库，是"大跃进"的号角。那时地质部在京的机关及研究机构的人，每年都必须去劳动半个月。我在三峡工作一段时间后，我于5~6月返京，先参加劳动，以便下半年更好地奋战在三峡，所以我那时在十三陵水库劳动。这次劳动开始主要是夜班，下午八时多从昌平县走1小时到工地，晚10点到第二天早晨6时劳动，然后走回昌平。开始时，我们先推装土料的板车奔跑冲下坡，有几天后，又改为背水泥。这次惊险后，大家就注意水泥袋堆积的边坡的稳定性，不能搬下水泥时，用摇晃的手势。那时候，白天回到昌平县城，还不能马上休息，仍要参加驱赶麻雀，让麻雀不停地飞，因为那时麻雀也作为吃粮食的一害，列为四害之一。过后，生态学者提了建议，不把麻雀列为四害之一，因为麻雀吃的是害虫为主，掉在田野上麻雀吃的粮食，人也无法回收利用。

在十三陵水库当"诸葛亮"

有一天,传达下来要每个部委的劳动队,都要分别推举一个"诸葛亮",以提出意见,让十三陵水库能加快建设速度,更好更快地建成。那时口号是:"多、快、好、省地建设社会主义"。地质部劳动人员中,大家认为我做水利方面的地质工作多年,就推我去当"诸葛亮"。

我们这一伙"诸葛亮",就利用白天由工地人员带着去看了大坝,也去看了溢洪道,那时溢洪道正在开挖,其下面是古河道的砂卵石层,又不设计加以铺盖,我觉有问题,溢洪可以,但不溢洪时,从溢洪道基础下面砂卵石层,会产生向库外的渗漏现象,于是,我回到昌平,马上写了一封信,画了图说明溢洪道存在渗漏问题。

我让管理劳动的事务人员,马上送信给所领导张更生所长,他立即召集局、所的老专家、老工程师讨论,他们都认为我的意见正确,后来有的专家在参加有关会议中,提了出来应当注意溢洪道古河床渗漏问题。

在北京郊区,那时农村也修建了不少的小水利工程,有的是发挥了作用,有的也存在着问题。吸取了官厅水库、十三陵水库的"经验"后,在密云修建蓄水 40 亿立方米的密云水库,就特别注意砂卵石层基础的防渗问题。清华大学水利系师生参加这项工程。在官厅水库我们很好配合的陈庚仪、冯寅两位专家,也在密云负责设计施工,我也支持他们俩进一步处理有关防渗问题。在坝基上,一个个钻机紧挨着,有苏联冲击钻机排成一排做防渗墙,也有一般钻机进行防渗帷幕灌浆,百多部钻机的日夜奋战,结果取得理想的防渗效果。此外,我们还在北京郊区调查了一些水库的渗漏问题,予以帮助解决处理方案。

十、投身于西南喀斯特地区的中小型水利建设中

西南喀斯特地区常常是"地表水贵如油,地下水哗哗流""三日无雨就干旱,阴雨连绵又内涝"。这是生动地描写了西南喀斯特山区的情况。因为喀斯特地区是碳酸盐岩分布地区,石灰岩、白云岩等可以被水所溶解,使地表产生奇峰,地下又发育大大小小溶蚀裂隙、通道和大的洞穴系统,地表的降水,以及径流很快从这些通道消失于地下。所以,在喀斯特地区兴建各种水利水电建设,是非常重要的措施。

另一方面,由于喀斯特的存在,所以发生水库渗漏、塌陷以及渠道漏水现象是常见的灾害。我是主要在喀斯特地区为水利水电建设,已经进行了三个大的任务,即:新安江水库、官厅水库和长江三峡的比较坝区的勘测研究工作。因为经受了考验,做出的成绩已为水利、地质部门所接受,我也逐渐为国内所接受,成为这方面的专家。

1958年开始,在西南喀斯特地区也修建了不少的中小型水利工程。我主要调查了贵州、云南、广西、鄂西、湘西的许多枢纽,有的是库水漏光,有的是渗漏严重或坝体有大的塌陷等。

看病害水库,我们违反了当地民俗

喀斯特地区不仅农田灌溉需要修水库,中小城市的供水,也要在城郊山区修建水库,以为城市供水。但是,这些中小型水库,蓄

水量不是很大,建设时因时间、人力的关系,没有很好地进行地质方面的调查,所以不少水库存在着病害问题,有的还比较严重,危及城市安全,有人形容,这真像是人头上顶着一大盆滚烫的热水,经受不住时,水盆就会翻倒,把人浇烫受伤。

有一次,我们在贵阳郊区看花溪水库病害问题,那时陪同观看的有长江水利委员会和贵州水利部门的地质、水利人员,其中有两位女同志。我们从山上看了水库及对岸的总体情况,然后我转过身,想看背后山边的岩石破碎情况,我看见有一根木头横在那儿,我急着要看地质情况,就跨了过去,那几位男女地质、水利人员也跟我跨了这根木头。我正给他们解说地质情况,突然听见有骂声,但听不清说什么,我就转过身说:"老乡,有什么事吗?"那两位农民说:"我是说你们啊,你是外地来的,你们跨过这个梁,我还怎么盖房子啊!这是我的房梁。"他越说越气,我明白了,我了解老乡的气愤,这是不尊重当地风俗习惯,实在使我感到真的犯了错。我马上赔礼道歉,老乡后来还是原谅了我们,抬着那木梁先走了。后来听说,他们抬回去后,一定要放鞭炮去掉晦气。

我深入到百多米深的垂直竖井抓到盲鱼

在黔东南凯里的山区,为了解喀斯特情况,我们利用草绳和木棍扎了一个软梯子,从一个喀斯特竖井垂直下去,达到120~130米深处,地下是一条暗河。

由自制的软梯中下垂直竖井可真不容易,到一定深度后,梯子会向上飘,这和竖井中气流运动有关。到达底部,我在下面滚动的水流中,抓了几条盲鱼。这些鱼原是从地表河流潜入到地下暗河中,它们就在暗河中的黑暗世界,繁衍生殖,没有阳光,也用不上视力,代代退化视力,最后成为没有眼睛的盲鱼。我抓了几条盲鱼,藏在瓶中,上来后,买了高度数的当地白酒,把盲鱼泡在其中，瓶盖上再浇上蜡以密闭。这瓶盲鱼一直保存着。后来因搬迁，那瓶盲鱼可能还留在正定所内的一个仓库中。

那时探测洞穴技术还很差，垂直搭绳梯下去到达深处地下暗河，还是很危险的，现在有单绳技术，下垂直竖井就方便得多。

大包波波糖是给我最好的礼物

在20世纪60年代初进行喀斯特地区的调查是很艰难的，只靠两条腿爬山、钻洞和走路。有时，由水利厅等领导陪同前去工地，还有非正规生产的改装车辆可以乘坐。

那时，又值三年困难时期，路上不易吃上饭，经常饿肚子。贵州省地质局招待所了解到我们在野外调查很辛苦，就每月给我们二斤糕点票。我们再用粮票和钱，加上这糕点票，才能买到糕点。一次地质部水文地质局一个姓陈年轻人来贵阳，办事两天后再去四川，我送他半斤糕点，他开始不要，心想半斤有什么用。我说你一定带走，他感觉到盛情难却，勉强收下了。到成都后他来信，千道谢、万道谢，说我送的半斤糕点，一天多坐车找不到吃的，真的是在他意料之外，使他有了糕点充饥。

桂家湖水库，是安顺地区一个重要水库，20世纪60年代初，请我去指导这水库如何防治喀斯特渗漏与塌陷问题，如何保证这水库的效益和安全。我尽我所能，予以指导，县长总想感谢我，给他们解决了大难题。于是，他派了一个通讯员，连夜来回三十多里，从镇宁一个镇上买回一斤多用草纸包的波波糖。这糖由冰糖、芝麻、猪油等做的，当时闻起来香、吃起来又可口，好似一进口中就化了。最主要是当时油水少，糖中有较多油，真是增加了营养。看来，当时要买到这当地特产，也是不容易的。

第三天早上吃早点时，县长提了这大包波波糖，告诉我这是通讯员昨晚跑三十多里路买来的，是专门给我做一个礼物的。听了之后，我真的感动极了，我们一下子共同狼吞虎咽地就吃完了，味道真是好极了。

现在，镇宁那里还有这传统的波波糖卖，但不是用土草纸包的，而是装潢、印刷很漂亮的盒子，还是很好的礼物。

使我感到欣慰的是，桂家湖水库至今仍安全运转，发挥效益，而且库区风景非常美丽，和刚修建时的景象真有天壤之别。前三年，我还到过这个水库，它还是拟定作为黔中引水工程的中间调节水库。

猫跳河梯级开发的成就

到贵州去帮助解决喀斯特地区水利水电建设问题，是1959年9月在湖北武汉水利部召开的一个会议上，贵州水利勘测设计院的邹成杰工程师向我介绍有关贵州情况后，向我提出邀请的。

我主要研究喀斯特，通过三次重要研究，我已确定了这个研究方向。贵州和西南广大地区，又是重要的喀斯特地区，我当然欣然前往。1960年年初，参加百万庄科学院中午聚餐，水文所姚足金和秦毅苏利用这次聚餐，在小食堂中举行婚礼，主要就是利用聚餐再添上喜糖，很节约也热闹。婚宴后，我回野外楼集体宿舍休息一会儿，乘公交车去北京火车站，坐两天多火车（5次特快），于正月初三到柳州，又去买了硬座票去贵阳。

在5次特快上，卧铺人很少，餐车既便宜吃得又好，一大盘大对虾，才8角钱。由柳州至贵阳，因初四要上班了，人就特别多，拥挤不堪。

到了贵阳，主要和贵州省水利勘测设计院共同调查，水利部门骨干地质人员有：邹成杰、费英烈、姜德甫、任仲魁、黄付华等，我们相互合作很好。贵州那时正是开发猫跳河，这是乌江一支流，全长180千米，平均流量为 $49.4 m^3/s$，拟分六级开发，从上游到下游是红枫、百花、修文、窄巷口、红林和红岩电站，总装机容量只有23.9万千瓦。当时这几个电站除红枫电站已开始建设之外，其他主要是在勘测。在百花电站，我们还看见附近山头有豹子似的野生的凶猛动物。除了地质人员之外，有一次行政干部的院长，还专门又让我陪他从上游到下游看了一遍，并向我提了很多的问题，希望帮他解决。

后来，1963年，当我向该院的设计总工程师告别回京时，他对我说：卢总（那时我没有总工程师职称，一般为敬重我，称卢总），你对我们帮助很大，我们都按照你的意见，进行每个梯级水库有关喀斯特的处理和采取相应的措施。但是，四级窄巷口坝址，我们认为，问题不大，所以没接受你的意见，还是在原坝址建设，这个梯级没有接受你的意见，是我们慎重讨论过。

这四级窄巷口坝址的猫跳河中，有一大块枯石，叫猫跳石，猫就是老虎，老虎属于猫科动物。当地传说古老时老虎利用这块大石头往来两岸，猫跳河就这么得名。那时，国际上兴起大爆破建坝。贵州水利部门也想利用这枯石，将两岸山头定向爆破而建坝。那时，我也做了调查，左岸山头地下洞穴通道复杂，水同位素检测也有异常，进行处理工程量很大。后来，贵州方面没听我建议：在下游另有好坝址，把这严重渗漏的地带留在水库内。因爆破筑坝有困难，他们却仍然在猫跳石附近，修了混凝土双曲拱坝。这双曲拱坝的设计，是有创造性的。大坝建成后，却发生严重水库渗漏，渗漏量达 $19\sim21\text{m}^3/\text{s}$，是当时国内渗漏量最多的水库。近一半的平均流量漏了，使这梯级效益大大降低。后来，经进一步研究，如果对左岸这数量大洞穴系统的渗漏地带进行处理，还需花较高费用。相关部门就不愿再投资了。

猫跳河四级的渗漏，算是一个瑕疵，也是我的建议第一次没被采纳。但是，不可否认的是，猫跳河其他五级水电枢纽的建设，是很成功的。成为我国喀斯特地区小流域开发的范例。其中，我也尽了微薄之力，针对喀斯特地区提出了有益的建议。其实，我也是先向郭成杰等学习，他们的调查成果，再结合我的经验与认识，提出符合客观条件的建议。

应当说，猫跳河梯级开发还是很成功的，这是贵州水利部门对喀斯特地区水利建设最早作出的示范成就。

喀斯特地区水利水电建设的基础处理

在喀斯特地区进行水利水电建设，做好地质勘测工作，掌握当地喀斯特发育特征和规律性，进而采取相应的措施，以保障大坝等建筑的稳定性，制止渗漏与塌陷等不良地质效应的发生，是最基本的目的与要求。

我所有人在贵州等地调查工作后，回去跟我说：你在贵州人家把你当"神仙"一样对待。他这说法，主要是，我对工程的意见与建议，当地都非常重视。最主要的是，我的建议不能是走马观花后不痛不痒地说说而已。如果我接收关注的工程，我就要付出劳动，掌握具体情况，而后多方面考虑再分析利弊，做出正确判断，再提出可行的建议。"神仙"就是科学依据与负责精神相结合，而呈现出符合客观规律的智慧结晶的认识。更重要的是，如上面所说，首先向当地地质人员学习他们已调查的成果。千万不要哗众取宠。

对于喀斯特地区水利水电的工程处理，可归结为：

坝前处理：围、隔、通气、喷涂；

坝下处理：灌浆、截流；

坝后处理：引泉、排水。

坝基处理的方法很多，我总结出八种46类，这是从我国南北方许多喀斯特地区的水利水电建设中，进行综合的研究、分析、归纳，而总结出来的。如何选用，就需要根据当地的地质条件，主要是水文地质工程地质条件，结合工程的设计和施工的具体条件，而做出正确的选择。

在喀斯特地区修建水利水电建设，必须依据当地具体的情况而选择正确的处理方案，而且还要正确地施工，才可能收到实效。另一方面，千万不可认为工程手段是万能的，更不能认为所有出现的喀斯特问题，都可通过工程措施而予以解决的。重要的是，工程建设要与自然环境和谐。

十一、乌江流域大型喀斯特地区水电枢纽开发

在贵州，中小型水利工程我跑了很多，而乌江流域上大型水电梯级的开发，更是吸引了我。因为，长江三峡水利枢纽选在火成岩地区，而当时喀斯特最集中分布的贵州乌江流域，作为长江的一个支流，已在积极勘探了，预备不久即予以开发，而乌江流域可开发的装机容量达1千万千瓦以上。

乌江渡水电枢纽的四个岩溶通道问题

当时拟先开发的是乌江渡枢纽，装机容量为63万千瓦，东风为51万千瓦，洪家渡为54万千瓦，索风营为42万千瓦，红水河的天生桥一级108万千瓦（云南省）、天生桥二级123万千瓦（贵州省）。

当时，在云贵这片地区的大型水利水电建设，我都予以高度关注。首先是乌江渡水电枢纽。

乌江渡水电枢纽建在三叠系玉龙山灰岩层上，大坝高165米，为混凝土重力拱坝，坝基在青岗岭倒转背斜上，岩层向上倾斜，这

样就有砂堡湾页岩近40m厚,可作防渗层。乌江渡坝址在二十世纪五六十年代,是由长江水利委员会负责勘测。我多次前往,结合我们进行贵州地区的喀斯特发育规律研究,对水电的高坝建设也是密切配合的。

当时,乌江渡坝区有四个集中喀斯特通道,有的是暗河,人还可以通行一段,我也曾探测过。我主张选这坝址,虽然有暗河,但可处在坝后,而且有近40米原砂堡湾页岩,可起防渗作用。页岩局部受构造错动影响,有拉开缺口,但也是可通过加强防渗帷幕,予以补救的。在1966年年初,进行选坝比较时,我支持乌江渡上马,但我指出有四个渗流通道的存在,而且从早期坝区地下水等水位线上,也反映出有4个凹槽。渗流中心凹槽地下水的特征,是我在官厅水库工作中总结出的集中渗流通道的概念,这是因为集中渗流通道,多有洞穴通道,水流速快、流量大,所以形成凹槽,以汇聚渗透性小的岩体内水流。当时正要比较乌江渡(长委负责勘测)、东风(贵阳院负责)、普定(北京水利勘测设计院负责)这三个大型枢纽。这三个枢纽我都去过。我支持乌江渡先上马,但有四个岩溶通道存在将建坝体下游,必须予以指出,以便采取措施,予以治理。

后来,长江水利委员会的李工程师告诉我:"你像丢了一颗原子弹,他们设计地质讨论了一个月,还是接受了你的意见"。另外,从地质上看,原先想修薄拱坝,后来水工设计专家潘家铮建议改为重力拱坝。但不久,由于"文革",乌江渡就没有立即施工。

乌江流域的龙头水库——洪家渡枢纽

乌江为长江支流,由于云贵高原的上升,早期的岩溶发育面,为新近纪以前发育的,称为山贫期与三峡的山原期相当,有相对宽阔的盆地谷地,可修建蓄水较多的水库,例如乌江上游的龙头水库，就是规划修建大山盆期大盆地上的洪家渡水库，其下游的水库，由于 200 多万年来，高原上升，河流下切成峡谷（称为乌江期），不容易有大库容，有了大龙头水库就可使下面多个梯级得以更好地发挥效益。

所以，洪家渡枢纽于 20 世纪 60 年代就开始勘探，在 1960 年，我们就去洪家渡调查研究，最大问题是那时交通不便，所以未能尽早开工。

开始，我让新来的大学毕业生余庆洲自己去洪家渡，那里已有贵州水利方面地勘人员。他一早去买汽车票，买了三天没买上。第三天去买时，因有人插队，他说那人一句，结果被打得鼻孔流血，后来还是想办法才买到。

不久我去洪家渡，也是坐长途汽车到黔西县，下车后拿着图件，又拿着铁锤，疾步爬过一个山梁，走一段山路，平安到达。之所以拿铁锤，为了自我保护，也敲打岩石以观测。那时，交通不方便，加上因经济困难，所以不是很安全。

对洪家渡水库，当时我还是写了一个报告送有关部门参考，建议积极修建这枢纽，是开展乌江流域水力资源的关键。由于这水库的调节作用，而且乌江渡枢纽也经过多年考验，后来乌江渡水电枢纽又加以扩容，增大发电量。

这期间还有许多大型枢纽我也参加了。

修建大型水库的矛盾

修建大型水库，要淹没土地，易于产生农民和建设的矛盾，也存在地方之间的利益冲突。

按以往惯例，水库淹农田，给予若干赔偿。但是，这赔偿疑多数不能分到农民手中，层层扣留，农民所得有限。

地方之间矛盾在于发电厂在哪一地方，就占重要的效益，被淹地很多的地方，反而只有一次性赔偿。

针对这两方面矛盾，我曾提出"土地入股"方案。即：农民等于以租赁来的土地入股水电枢纽，每年分一定的红利。这样，每年发电效益，也分红给土地被淹的农户。这样农民生活也有长期保障，不是一次性赔偿后就无收入。这样地方间矛盾也易解决。

红水河上的龙滩水库就存在广西和贵州两地收入效益的矛盾。在20世纪80年代，关于土地入股问题，我向有关部门提出，我想按现在新政策，以土地租赁权出让，也是有相似的效益，一方面可促进发展，另一方面可避免利益的矛盾与冲突。

十二、陪同苏联喀斯特专家索科洛夫考察几个枢纽

苏联喀斯特专家索科洛夫教授于1956年去三峡后，来官厅水库，他听取我工作汇报后，很赞赏我的工作。1960年5月，他应水利部邀请，又来中国要考察清江、三峡、乌江渡和普定四个水电枢纽的喀斯特坝区，索科洛夫提出，要地质部戴广秀先生和我陪同他考察，水利部同意这要求。

戴广秀先生于1957年由清江回京后，因身体不适，养病两年多，这次才出来陪索科洛夫，他们于1956年在三峡见过。这次，因为还要事先和长江水利委员会商量及准备有关事宜，我就先动身去了武汉。

不做亏心事，半夜敲门心不惊

5月上旬的一天，我坐火车到了武汉，就在车站附近找一旧的

小旅馆住下，因为过两天就要去三峡，那时原先说可能有中央领导也来，一起去三峡，我没去住长委会招待所，嫌办住宿手续麻烦，另外因为我住过，那个招待所蚊子多，地点偏远也不方便，所以我就早上去长委会准备汇报资料，晚上坐公交车只要半个多钟头也就回旅馆了。

第二天晚上我回到旅馆后，洗了脸，躺在床上，快要睡着了，那时年轻，上床几秒钟就可睡着。突然，下面旅馆门呀呀声响，把我吵醒了。因那是老式木板门，我又似乎听见有人嘀咕两声，就听见多人踩着吱喳作响的旧木板楼梯，直冲我房而来，把门敲得震响。我快睡着了，实在忙碌了一天，结果嘈杂声把我彻底闹得不得入眠，又不停地直敲我的房门。一时气不打一处来，我问："你们干什么的？"一个人回答："查户口。"我反问："查户口为什么不先查别的房间？"他说："我先要查你。"我气得把门打开说："你是哪里，你查户口有什么证明？"一个公安人员拿出他身份证明的牌子给我看后，我说："你走过来我和你说话。"我带他往里走几步，然后说："我是地质部来的，去长办有事，要陪领导、专家去三峡，这是保密的，你负责不要外传"。接着我把带来的小帆布箱摔在椅子上打开，里面都是资料，他一看资料，面色就和蔼，带点微笑，然后我翻一下箱子，有部长李四光盖章的地质部出差证明给他看，这证明是固定格式铅印的，很正规而讲究只是填上"卢耀如同志"在名字这栏，及出差地点这空白处：填上"三峡、贵州、湖北等地"，进行地质调查，请沿途军警予以协助等内容（大意）都是印好的。他看了这证明后，连着赔笑说："打扰你了，打扰你了。"他们就告退了，他们似乎又和旅馆人说两句，就开门走了。这一闹，我过好长一会儿才睡着。

究竟为什么要单查我房间，我不明白。经过一个多月考察后，我返京后，所内同志告诉我，我走后的第二天，全所人都要找证明，说明自己那天在什么地方，做什么事，而且每人都要写几个字上交，开头所内人也不清楚，不久因破案了，才明白。

原来，离我们所一站地的二里沟外贸部门，有一个年轻人冒充国务院领导签字要钱。第二天有一管国务院有关业务的银行熟悉人员出差回来，发现有问题，问了国务院，才知道没有要钱之事，而是有人行骗了。于是立即追查，马上知道有个青年人带一包东西坐三轮车由民族饭店到西直门后，又更换三轮车到二里沟。所以，那时附近单位都查问，我正好是那人骗钱的第二天出差去湖北武汉，我单位离二里沟才一站多地。那时，当然是通报全国暗中通缉。旅馆看我早出晚归，又带一箱子，装下钱可能差不多，所以上报公安部门后，就专门来查我。当看到我那么生气，他们一想可能不对，再看我箱子中是资料，没有钱，他们就笑了，连说"对不起、打扰了。"

如果真的是骗子，看见公安人员来了，一定是当时就惊慌失措了。这可真是应了古语：不做亏心事，半夜敲门心不惊。

认真讨论是发展科技的必由之路

我和苏联索科洛夫教授是相互尊重的，他学问渊博，年岁也比我大得多，但是我们之间，他应是我的老师，而我因为那时年轻，没什么顾虑，有问题又要寻根追底，要把事情弄清楚，所以在一路考察之中，常常因为一些问题的认识不同，而有不同意见，结果就发生了"争论"。当然，这种争论是非常友好、认真的讨论，意见不同就似乎是有"争论"的性质。

在三峡南津关坝区，我们由"江峡"轮上岸，住在宜昌桃花岭，那里是当时宜昌市最好的接待客人之处，许多桃树加上绿色草坪，生态环境好，风景很美丽，也显得清静，只有一座小的灰色三层楼。当讨论到南津关坝区条件时，涉及水动力条件，我认为南津关寒武—奥陶系地层有多个相对隔水层，不是统一的完整的无限厚的含水层，索科洛夫还是他们喀斯特分带的理论。讨论到半夜，我连夜赶回前坪，那时要过长江一个小支流黄柏河，我自己撑船过去，取了资料，连夜又赶回桃花岭。到吃了早饭，索科洛夫又不讨论了。饭后我们又上船到南津关坝址去看了山上的探洞，他才表示赞同我的意见。

研究了三峡南津关坝区，接着去清江，看了清江（长江南津关下游第一个较大的支流），那时拟修建高坝洲水电站为清江最下游的梯级。上游大的是隔河沿水电站，再上游是水布垭枢纽。在高坝洲，主要是低坝的坝基渗漏问题，这个问题国内是可以解决，我们也有经验。

沿长江逆流而上，"江峡"轮发挥了它的强大马力的功能，过险滩逆流而上是很顺利的。索科洛夫专家说：如果修了三峡大坝，那就更好通行大的轮船，"江峡"轮还是较小的千客轮。到了重庆登上岸，住在大礼堂，第二天坐车奔向贵州。苏联专家和办公室一位处长及一位翻译，坐的是波兰生产的华沙汽车，那时中国还不批量生产小汽车，多是买波兰华沙牌车和苏联伏尔加牌小汽车。华沙车爬上娄山关时，有几个弯道，车冲不上去。上去一段又熄火了，退下来，再冲上去。我们北京吉普车在后，真是捏一把汗。

考察乌江渡时，重点在选坝址，索科洛夫专家开始主张选上游的白云岩坝址，我主张选下面的石灰岩坝址，后来我们争论了一会儿，但索科洛夫专家最后还是支持我的观点。他原先主张选白云岩坝址，因为白云岩一般岩溶发育强度比石灰岩弱，而且白云岩那里当时还没有发现大的洞穴系统。

我主张选石灰岩理由

第一，白云岩为寒武系，沉积后至石炭系有很多时间为古陆上升，沉积间断，受溶蚀风化作用，古岩石上面有铝土矿沉积为贵州一大矿产资源，但是白云岩也受长期风化溶蚀，岩石破碎；

第二，坝址附近有石炭二叠煤系沉积，富含 SO_4，增大对白云岩溶蚀，还有旧煤窑，有很多裂隙及危岩体，会影响坝区稳定性；

第三，白云岩坝区没有相对隔水层，石灰岩坝区虽然喀斯特发育，但有40米厚的砂页岩可作隔水层；

第四，白云岩坝址施工地形条件差，石灰岩坝区相对在下游，为九级滩页岩砂岩分布，地势宽阔平坦些，易于做施工场地；

第五，石灰岩坝区已有公路和桥梁相连，北可通遵义，南可通贵阳，坝址下游有火车穿越。

通过这些比较，索科洛夫专家也放弃他的意见，支持我的意见，后来就选用这石灰岩坝址。

乌江渡看完后，我们去乌江上游的三岔河支流的普定水电站考察，这电站原由贵阳院勘测，后来由北京水利勘测院进行勘测。

未能按时进宾馆赴宴的风波

回到贵阳，专家车辆很快进入云岩宾馆，我和戴广秀先生的吉普车，还有长江水利委员会的地质人员等乘的车，被拒于云岩宾馆大门外，因为我们考察普定坝址时，去看了一大洞穴，身上、脚上都是泥。那时当过外交官时任贵州副省长张海峰，他正在宾馆等待我们。经贵州水利部门和宾馆多方联系交涉，我们延迟了一个多小时，才进入云岩宴会厅，张副省长和索科洛夫专家等已经快用餐完毕了。因为，我们迟迟不来，他们只能一般交谈后，就开宴以解尴尬。

这过程是不可想象的一个外事错误。贵州副省长要宴请苏联专家，当然也需请长办陪同处长、翻译参加，也需要外系统中方的专家戴广秀和我，以及省水利部门主要技术领导作陪。当然，不是单纯宴请，更主要是借机向张副省长汇报，及讨论有关大型水电枢纽建设问题。

我们被阻挡不让入内，我们也说明了需要陪苏联专家，并要向张副省长汇报，就是不让我们进去。有人说：我们要赶快进去作陪，只住一天，宾馆人说：住一天我还要洗被窝，嫌我们身上泥土多。后来，没办法，我们去隔壁八角岩宾馆。大家又换一下干净衣裳，洗个脸，整理一下，经向水利有关后勤人员多方协调，终于让我们进入宴会厅。

张副省长可能不明原因，当然很不高兴。我们和索科洛夫专家很熟，他就说："你们怎么才来？"我只好善意地撒谎，我说："我和戴到街上本想买些东西，遇到熟人，他很关心这次你的考察，所以就多说了自己的思路以及多方指导的重要性。因此，不觉拖了时间，真对不起。"

这事是因水利部门和宾馆可能有什么矛盾，但最主要的是，那时贵州还不是很开放，外宾来的不多，所以贵州最好的宾馆，当时还不知道该怎样做，不是赌气，而且损害了贵州声誉。

没过多久，我又常到贵州，仍住在云岩宾馆多次，宾馆已改变了作风，从经理到服务员态度都很好，我也和他们都很熟悉，也成了朋友。

地质队员每天有一个鸡蛋吃多好

陪苏联专家走这一趟时，国内供应已经很困难了，有自然灾害，也有人为因素。有一次我特别尴尬，是因为招待人员的不妥当安排。那时，苏联专家一天规定伙食是4元钱，因为是招待苏联专家，所以采购上是有保障的。我们每天是8角钱伙食费。

那天在高坝洲，中午让我和戴工两人在一个帐篷下的小圆桌上用餐，我们是大米和玉米混合饭，另有一小碟雪里蕻炒肉末，能吃这样的饭，当时我们很满足了。关键问题在于却让索科洛夫专家坐在桌子那侧，马上给他送来一只鸡、一条鱼，还有炒鸡蛋、汤、水果等。我们不是要像专家那样供应，而是应当把我们分开用餐，不要在一起吃不同的餐。那时，索科洛夫单独特殊供应是应该的，他还客气地要我们分享，我们只好婉谢！饭后，有关人员马上来收钱和半斤粮票，使我们在专家面前显得尴尬，这真不是我们爱面子。

在遵义宾馆，我们和专家就不在一张桌子用餐，隔了一段距离，专家用西餐，有火腿及带托的鸡蛋，我们有大米粥、馒头，还有酸菜、咸菜，真是吃得非常合胃口。看到送给专家的鸡蛋放在瓷的蛋托上，当时，我突然冒出想法：地质队员每天有一个鸡蛋吃，多好啊！

"喀斯特卢"称呼的由来

陪同索科洛夫由贵州到武汉，长江流域规划办公室和长江水利委员会是设在武汉，索科洛夫专家就要回国了，林一山主任举行宴会，欢送索科洛夫，请我也出席作陪。

索科洛夫教授对这一次行程非常满意，也表示对主人的感谢，觉得看了很多东西，感到他自己也有很多收获。宴会上，戴广秀先生因有事没参加，陪同考察的外部人员只有我。而且一路上我和索科洛夫教授虽有争论，但他认为很好，反而增进了我们的友谊。于是，在这宴会上索科洛夫教授对林一山主任说："卢，喀斯特卢研究喀斯特很好，对喀斯特地区工程懂得比我多。"这是索科洛夫的过谦而夸奖我，他接着说："以后工程上有事，不必那么远请我，请喀斯特卢就可以了"。在当时我是研究喀斯特，特别是在工程建设地区，我是接触较多的研究人员之一，这喀斯特卢的称呼就这样不胫而走，许多国内，还有国外专家也知道我："喀斯特卢"。

这名称就在国内外传开，例如加拿大福特教授、塞尔维亚的米兰诺维奇教授，近日在给我新书《KARST IN CHINA》英文版中，写序言及评论中，也都称我为"喀斯特卢"。其实，这是友好的称谓，对我也是一个鞭策。

1953年11月吉林通化一带冰天雪地中进行野外调查
（右第一人为卢耀如）

在新安江小木船上沿江进行调查
（后站立左第一人是卢耀如）

1955年在郏县附近进行野外调查
（高处为卢耀如，低处为涂水源）

在雪厚近膝的积雪中

1954年5月在新安江进行喀斯特洞穴调查（左第一人是卢耀如）

1954年五一国际劳动节在新安江队部

1955年年初由宝丰县白龟山水库迁往郏县,在休息候车

第三章 地质人的梦想与工程实践

1956年12月在官厅水库（坝坡左岸陡崖上渗漏水流结成冰柱）

1956年秋从库区看官厅水库大坝与溢洪道

1957年年底，苏联工程地质专家波波夫（И. В. Попов）教授应邀再次来长江三峡考察（中间坐者为波波夫教授，右侧为卢耀如）

卢耀如于1994年在长江三峡留影

第四章
喀斯特(岩溶)的科学研究

喀斯特，
水和可溶岩作用，
产生奇异、多姿的景观，
挺立的奇特石林，
美妙的山峰如林如丛，
沐浴着自然界的阳光。
喀斯特，
奔腾不驯的地下急流，
雕塑出神奇的玉乳石花，
多么璀璨的地下世界，
还有各种千姿万态的奇异景观，
好似在地下宫殿在狂欢。
喀斯特，岩溶，
我们要揭开你发育的规律，
我们要突破前进的难关，
一定要坚持不懈地探索研究，
为了人民的安全与福祉，
为了实现中华梦而勇敢登攀。

我在具体工程实践中，开始主要涉及碳酸盐岩分布的地区。在这类地区的喀斯特现象，就是指：

水对可溶岩石——碳酸盐岩（石灰岩、白云岩专等）、硫酸盐岩（石膏、硬石膏、芒硝等）和卤化物岩（岩盐等）的溶蚀作用，及其所形成的地表和地下的各种奇异的景观与现象。在喀斯特作用过程中，经常伴随着侵蚀、潜蚀、冲蚀、崩塌、塌陷与滑动，以及化学与机械物理的风化、搬运、堆积与沉积等作用。不少的生物作用，例如，微生物、植物与动物的生命活动及其死亡机体的分解作用等，都可对喀斯特作用产生影响。喀斯特作用多数是发生在大气降水的条件下，也可在冰雪覆盖的环境中进行，地下的热液活动可产生另一种热液喀斯特作用。

喀斯特作用结果，通常是地表形成各种的奇峰、柱石、洼地、谷地等的正态、负态地形景观，涌出泉水、暗河，并塑造出许多引人入胜的现象与华彩夺目的景观；在地下则发育各种裂隙、通道、溶洞、暗河也形成多种宝贵的矿产资源和各种令人目不暇接的奇异现象，构成了神秘的地下世界。

中国不计其数的各种喀斯特现象与景观，以其鲜明的特色与丰富多彩，把中国的河山装点得分外壮丽多娇。

一、中国研究喀斯特的历史

有关喀斯特的科学性研究，早有文字为凭。在众多的文字论述中，不仅可以看到中国研究喀斯特的历史进程，而且也充分显示具有五千多年悠久历史的中国，在调查研究喀斯特方面所达到水平之高和对世界文明与科学发展所作出的重要贡献。

中国古代有关水文地质-洞穴方面的研究

首先,在矿物及资源方面,在《尚书》之《禹贡》篇中,就提到了山东莱州——带海边多盐。在《易经》中有"山下出泉""泽中有水"等有关泉和石油等资源的记载。公元前3世纪西周博物辞典《尔雅》中记述了玉石、盐等矿物的颜色、透明度、光泽、硬度及可熔(溶)性等。

在喀斯特水文地质方面,成书于公元前770—221年的《山海经》之《山经》中,就有很多有关的论述,提示了喀斯特洞穴于冬季时消落地表水,夏季多雨时涌出水流的年动态变化现象,并探讨了晋祠泉水的成因。《北山经北次三经》中,也描述了喀斯特地区地表水与地下水的转化现象。晋至南北朝(公元265—581年)时期,许多论述洞穴的文字,多数涉及水的问题。袁山松《宜都山记》中,就提到地表溪流起源于地下洞穴清泉的情况。

有关洞穴方面的文字记载也早已有之,而且数量众多。例如《山海》《楚辞》《庄子》等著作中,都提到了洞穴。在公元前1世纪西汉时成书的我国第一部药学著作《神农本草经》中,已正式提到钟乳这一名称,并研究了渗滴水沉积石钟乳的成因;还提到"石花""石床""石脑"等,并对洞穴钙化沉积物做了些分类。西晋葛洪《抱朴子》书中曾提到了"石柱"。汉代司马迁探测过洞穴;公元3世纪三国时代吴大帝派人探测过太湖地区洞穴。在吴人顾启期的《娄地记》中,较详细地记述了洞穴水文及钙化等沉积现象,提出了"鹅管"的名称及其成因。晋张勃《吴录·地理志》中,记载了广西始安(今桂林)的许多洞穴,可称是洞穴方面的专著。晋至南北朝间,论述南、北方洞穴的文献也很多,例如:盛泓之《荆州记》中提取"石柱""石鼓""石弹"(穴珠),并探索了洞穴塌陷和洞穴气流现象。隋代(公元589—618年)虞世南的《北塘书

·钞·穴篇》就是有关洞穴的一个有价值的汇编。在唐苏恭的《唐本草》中，进一步阐述石钟乳、石笋的成因及两者相接形成石柱的机理。宋代沈括（1031—1095 年）在《梦溪笔谈》中，又深入探讨了渗滴水形成石钟乳，及毛细与蒸发作用形成"石花""石珠"的原因。

早在《山经》中就提取了喀斯特地貌景观。公元前 3 世纪的《水经》中，较多地论述了水系。西汉（公元前 202—公元 8 年）所绘制的九嶷山图，见于马王堆出土的《地形图》中。北魏（386—534 年）郦道元著的《水经注》中，论述了包括长江三峡、漓江等许多南、北方喀斯特地区的水系与河段。同一时期，在郑缉之《东阳记》中，探讨了石牙、石林等喀斯特地貌现象及钙化梯田的成因。唐柳宗元（773—819）记述了柳州等地喀斯特地貌。宋代范成大（1126—1193）的《太湖石志》两书中，都有较多有关广西桂林及江浙太湖一带喀斯特地貌的论述。宋代周去非在《岭外代答》一书中较详细地论述了湖广的喀斯特地貌，并做了分类。

明代徐霞客（1587—1641），名泓祖，字振之，号霞客，南直隶江阴人。历经了 30 多年的时间，出游中国各地，包括现今 19 个省、直辖市、自治区，写成《徐霞客游记》这部巨著。保存下来的达 60 多万字的记述，内分 10 卷 20 册，内容包括山川、河流、地形、地貌、洞穴、温泉、矿产及动、植物生态品种等各个方面。其中，还对喀斯特地貌景观做了分类，并注意到组合类型，书中还探讨了喀斯特水文地质特征及其发育过程中产生喀斯特塌陷的机理，并记述了百余喀斯特洞穴。可以说这部游记是具有很高科学价值的专著，迄今仍有重要的科学参考价值。西汉时就有利用石钟乳作药材的文字记载。这么早、这样高的成就，是对喀斯特等学科进行深入研究的结果。当然，这众多中国古代论著中，不用"喀斯特"这近代名称，用的是直接岩石、水、洞穴等直观的现象。今日概括之，都属于上述的水对石灰岩等溶蚀作用产生的各种现象。

古代喀斯特地区的开发历史

显然，中国喀斯特研究已有4000多年悠久灿烂的历史，并且在距今3100~2200年间，就已达到很高的技术水平，已能在喀斯特地区进行大规模的矿产开采与水利建设。一直到17世纪中叶，我国对喀斯特的研究和开发都居世界的前列。后来，由于中国封建社会的停滞与衰落，特别是19世纪中叶以后，中国沦为半殖民地、半封建社会，喀斯特研究和其他科学一样，进展缓慢，甚至日益落后于其他开始发展工业的国家。

中国很早在喀斯特地区，就进行了大规模开发。

距今3100多年前，西周开始延续了13个世纪至东汉，大规模开采了湖北大冶喀斯特成因的铜矿。至今还保留有复杂的地下坑道系统的一部分，四川自贡，于战国时期就已开采了地下深处的喀斯特岩盐井中卤水。公元前453年前后，就已开始利用晋祠喀斯特泉水，灌溉4万多亩农田。

秦朝修建的灵渠是著名的水利工程，迄今已有2200多年，仍在发挥着灌溉、航运等作用。因小溪流灵河水也注入渠内，故名"灵渠"，又称"秦凿渠""陡河""兴安渠""埭江""兴安运河""湘桂运河"等。

灵渠修建在作为两江分水岭的早期喀斯特剥蚀面上，发育有峰林谷地，也有洞穴存在。灵渠全长34千米，沟通了湘、漓两江，使长江和珠江两大水系相连，可调节分水岭水源，对促进南、北文化交流和民族融合，曾起过重要的作用。灵渠的修建反映了当时对喀斯特水系的认识深度，在测绘与水利工程建设方面，都达到了很高的水平。

我为什么要坚持喀斯特的研究

有关中国研究喀斯特与水文地质的历史，是有许多当代有关科技人员以及研究古历史与古文学的发现的积累，我加以概括。在以往论著中，也曾应用过。

在这本自传中，我又论述这些，主要目的是：

第一，借此机会也向读者介绍喀斯特现象的形成、发育，在中国具有着悠久光辉的历史。喀斯特的调查研究，是我国的一个光荣的科技发展历史。

第二，借此说明我为什么坚定喀斯特的研究方向，中国已有如此长远的研究喀斯特历史，我国建设需要，是相对偶然机会促成的，连续三大重要任务：新安江水电枢纽、官厅水库渗漏塌陷和长江三峡的石灰岩坝区研究，都是喀斯特问题，而且也连续摸索研究方向。所以，我应当继承中国已有研究调查喀斯特与水文地质的历史成就，我当然应该更好地进行喀斯特研究，利用现代科学进展，更好地揭示喀斯特发育的机理与规律。

第三，我国历史上在喀斯特地区，已取得开矿、水利以及农田灌溉等多方面成就，在今日我感到更应当为喀斯特地区的建设，为喀斯特地区人民的生活，更好地作出贡献。

2001年，在我主持的喀斯特地区可持续发展第一届国际学术会议上，老地理学泰斗任美锷院士来参加会议，他对我说："解放初期有研究喀斯特人员，后来有的都转校做别的，或者不专搞喀斯特，就是你一直在坚持着，而且不断深入探索，不断有工程上的贡献，不断有论著。"任先生说的是肺腑之言，这是老辈地学专家（他也搞喀斯特）对我的鼓励。

二、中国喀斯特地貌景观的组合类型

在伟大中国的广阔领域内,喀斯特景观雄伟壮丽,锦绣明媚。桂林奇峰拔地而起,清澈的漓水萦回其间,真似"江作青罗带,山如碧玉簪",好一派令人赞颂讴歌的秀丽风光;云南路南的石林,巍峨峥嵘,耸向蓝天,与微波荡漾的湖光相映,衬托出另一种神往的奇特景象;源于雪山、汇集成千百条河川的滚滚激流,劈开重岩叠嶂,留下了长江三峡的神采雄姿;还有那黄果树瀑布,"一溪悬捣,万练飞空",气势磅礴,撼人心魄;闻名中外的芦笛、瑶琳、玉华、石花,还有织金、芙蓉、雪玉、腾龙、双河、龙宫以及天坑、热洞、夏冰洞等许多洞穴,迂回曲折,千姿百态,以"玉乳垂花春不尽"的风貌,展示出梦幻迷人般的仙境;泉城济南,珍泉百余,源远流长,岚雾升腾,珠涌玉迸,使户户垂杨的济南城一片生机盎然;四川黄龙与九寨沟又是另一奇景。在深山密林中,钙化坝蜿蜒如龙,晶莹闪耀,形成许多碧绿透蓝的湖泊,像颗颗巨大的宝石,五彩缤纷,光彩夺目。这一幅幅充满诗情画意的美景,都是喀斯特巧夺天工,雕塑而成的奇特现象。

这一段对我国最精彩的喀斯特景观与现象做了描述,以显示我国喀斯特景观和现象,为什么早已闻名中外。希望读者也能认识理解这光彩夺目的喀斯特。

喀斯特还有广大地区,需要我们更多地予以关注,更好地投入,进一步深入探索、研究,让更多的喀斯特地区变得更加光彩、富饶。这也是我坚持研究喀斯特的衷心愿望与梦想。

喀斯特景观的类型

我国陆地面积 960 多万平方千米，海域面积有 300 万平方千米，各种景观的形成，都是综合的地质形成过程，而导致的产物。有的是溶蚀作用特征明显的，也有的显露得差些。

所以，首先将有关喀斯特景观的形成类型，划分为：溶蚀为主喀斯特类型、溶蚀—构造喀斯特类型、溶蚀—熔蚀喀斯特作用类型、溶蚀—剥蚀喀斯特类型、溶蚀—冰蚀喀斯特类型、溶蚀—水蚀喀斯特类型及溶蚀—海蚀喀斯特类型等。

其中，溶蚀—构造喀斯特类型，主要是地质构造控制作用特别明显，熔蚀是指地下高温度的熔岩、地热作用的加入；水蚀则指在常温状态下溶蚀而形成的，或寒冷的冰川作用下形成的，主要受到水环境、湿地状态的影响而发育的，剥蚀作用则表明在干旱、风化作用强烈条件下造就的；海蚀明显表明海水的侵蚀作用条件起重要作用而出现的。

在上述这些大类别中，反映了喀斯特发育的生态环境特征，而溶蚀为主的喀斯特类型，以前曾昭璇先生曾提到了峰林现象。在综合研究各主要岩溶类型景观后，我重点划分出喀斯特正地貌景观和负态景观相结合的类型。因为，在自然界中，多是正态和负态景观密切相连的。

这方面的溶蚀为主的正态与负态结合的景观有：

石林—溶洼型、溶丘—洼地型、峰丛—洼地型、喀斯特地型、峰林—谷地型、峰林—准平原型、孤峰—坡地型、喀斯特准平原型等。

我在 1960 年就提出了这些喀斯特组合类型的分类，还有名词草案。

目前，在国际上关于峰丛、峰林，有的就直接用汉语拼音为：

Fengcong、Fonglin。

这些类型划分，主要说明：

第一，喀斯特发育受多种地质作用的影响，由不同的主导因素，也就形成不同类型；

第二，喀斯特在中国的发育，从高山到海洋，从地表至地下，分布广，所呈现的类型，也必须从更大领域之内去综合考虑、研究。

三、溶蚀作用机理的研究

在辽阔的中国领域内，从雄伟的世界屋脊喜马拉雅山到惊涛拍岸的台湾岛，从林海雪原的大、小兴安岭到富饶美丽的南海诸岛，许多巍峨的高山、无垠的平原、奔腾的江河、漫长的海岸，都有可溶岩分布，并相应地发育着具有不同特征的喀斯特。

可溶岩岩性的基本研究

岩石的可溶性，是喀斯特发育的基本内因。可溶岩的岩性当然是控制喀斯特发育的最基本的内因。因此，可溶岩首先可分出碳酸盐岩、硫酸盐岩和卤化物岩（岩盐、钾盐等）。这三大类可溶岩相应发育的喀斯特属于纯真喀斯特。当不同种类的可溶岩共存时，所发育的喀斯特属于复合喀斯特。碳酸盐岩主要是以碳酸钙（$CaCO_3$）为主的石灰岩，以及主要成分为碳酸钙和碳酸镁（$MgCO_3$）的白云岩 $[CaMg(CO_3)_2]$。此外，根据泥质、硅质含量不同，碳酸盐岩又可分为泥质碳酸盐岩、泥灰岩以及硅质（矽质）碳酸盐岩等。碳酸盐岩在中国的分布最为广泛，遍及各省直辖市、自治区。自地质上的太古代（25亿~26亿以前）直至近代，都有碳酸盐岩的沉积。在不同的地质时期，沉积的范围、厚度、岩性与岩相都有很大的变化。根据同位素等年龄测定资料，太古界鞍山群中大理岩的年龄约在25亿年以上，有的可能大于30亿年。不少地区的碳酸盐岩层的同位素年龄，也在几亿年至二十多亿年以上。因此，在中国，碳酸盐岩喀斯特是最主要的，其发育的特征也是最复杂的。

沧海桑田，海陆变迁。在不同的古地理、古地质条件下，碳酸盐岩层和非碳酸盐岩层之间存在着复杂的沉积关系。沉积组合的类型主要有纯层型（以碳酸盐岩层为主，连续沉积厚度大）、夹层型（碳酸盐岩层中有较多非碳酸盐岩的夹层）、互层型（碳酸盐岩层与非碳酸盐岩层咸互层）和间层型（少量碳酸盐岩层呈间层或透镜体存在于非碳酸盐岩层中）。其中，又可划分出许多的亚型。以裸露为主、厚度大的碳酸盐岩层，主要是属于纯层型和夹层型，最有利于喀斯特的发育。典型喀斯特景观及大洞穴，多数是发育在这些层组中。这两个层组在全国的分布面积，120万~130多万平方千米。在裸露-半裸露的互层型和间层型的碳酸盐岩层的层组中，喀斯特发育要微弱些，其分布面积为120多万平方千米。可见裸露及半裸露的各种碳酸盐岩层的总面积，约占全国陆地总面积的四分之一以上。还有更广大的地区，碳酸盐岩层埋伏于地下深处。

据目前资料，裸露、半裸露及埋伏的碳酸盐岩层的总面积，估计约占全国陆地总面积的70%以上。初步统计的结果表明，多数地区碳酸盐岩层的累积厚度在2千米以下，最厚的可达18~19千米。

碳酸盐岩层的层组类型是由沉积岩相决定的。我国的碳酸盐岩层有海相的，也有湖相的。海相的碳酸盐岩层占主要地位，其中又有复杂的相带变化，而岩性上的变化，就更为复杂。碳酸盐岩层的岩相、岩性和层组类型，都是控制喀斯特发育的基本的内在因素。在喀斯特作用过程中，可常常引起白云岩化、去白云岩化、重结晶、硅化以及泥化等作用，使碳酸盐岩的岩性发生复杂变化。

碳酸盐岩主要由海相沉积形成，故称为海相碳酸盐岩；也有少量为内陆湖相沉积的湖相碳酸盐岩。海水中所含有的碳酸钙胶状溶质、富含钙质的生物贝壳及珊瑚尸体的堆积，都可以形成碳酸盐岩。沧海桑田，在地球演化过程中，地面不断上升和下降，海水面也是不断变动的，因此在海水下就有不同的地形地貌，如盆地、大陆架、斜坡、台地等的差别，相应地也就具有不同的沉积物。由于沉积环境不同，沉积的物质也有差异；由于主要成分粒屑、泥晶、亮晶、骨架和孔隙等的不同，碳酸盐岩的结构也就有很大的差别。粒屑是在沉积盆地内，由化学、生物化学及机械作用形成的，也称内碎屑。泥晶也称微晶方解石泥、灰泥、软泥等，是在介质海水中快速沉积的黏粒。亮晶为胶结物，又称淀晶，是粒屑之间的孔隙中后期产生化学沉积的晶体。骨架则是在礁灰岩中生活的生物的分泌物，将钙质骨骼紧密黏结而生成的。珊瑚虫为腔肠动物，多群居而成一群体，它们的石灰质骨骼聚积就生成为珊瑚；珊瑚虫骨骼的大量堆积，就形成大海中的珊瑚礁。珊瑚礁灰岩具有较多的孔隙，有利于油气的生成与储集。

已知我国南海地区珊瑚虫达 300 多种，主要有鹿角珊瑚、菌状石芝、块状滨珊瑚、蜂巢珊瑚、扁脑珊瑚、菊花珊瑚、杯形珊瑚、牡丹珊瑚、蔷薇珊瑚等属。珊瑚虫生长需阳光。水温为 $25\sim30$℃，海水含盐度为 $2.7\%\sim3.8\%$ 时，其生长速度可达 $4\sim32$mm/a（曾昭璇，1980；梁景芬，1980；黄金森，1980）。在台湾省南部垦丁及西南高雄一带有珊瑚礁体分布。鹅銮鼻是台湾省最南端的岬角，其东岸为裙状珊瑚礁海岸。在这一带，软珊瑚、棘穗珊瑚、脑纹珊瑚、同心珊瑚等构成水下的奇异世界（据台湾垦丁公园有关介绍）。

碳酸盐岩的骨架除了珊瑚虫骨骼之外，尚有藻类、苔藓虫、层孔虫、海绵、棘皮动物等。碳酸盐岩沉积后，受自身及上覆沉积层的荷重压实；特别是由于海水消落，使原来的海底变成陆面，原来海水下的沉积物便迅速固结，成为坚硬的碳酸盐岩。其岩性由于原生物质的不同，也就呈现出差异性。由海水中腔肠动物生成的珊瑚礁，转变为陆上礁灰岩的过程，可较好反映碳酸盐岩的生成机理。碳酸盐岩中的白云岩，由于受后来环境影响而变为石灰岩，这个过程称为去白云岩化作用；而石灰岩由于构造下降而被埋入地下深处，也可转变为白云岩，这个过程称白云岩化作用，其化学反应式为：

$$CaCO_3 + Mg^{2+} + H_2O + CO_2 \xrightarrow{\text{白云岩化作用}} CaMg(CO_3)_2 + 2H^+$$

$$CaMg(CO_3)_2 + Ca^{2+} \xrightarrow{\text{白云岩化作用}} 2CaCO_3 + Mg^{2+}$$

碳酸盐岩的白云岩化作用和去白云岩化作用，是一个非常复杂的问题。简而言之，碳酸盐岩自沉积成岩后，其岩性不是不变的，而是有多种演化过程。但在其白云岩化和去白云岩化这两种变化过程中，都相应发生过喀斯特作用。

对于硫酸盐主要有硬石膏（硫酸钙 $CaSO_4$）、石膏（双水硫酸钙 $CaSO_4 \cdot 2H_2O$）、芒硝（硫酸钠 $Na_2SO_4 \cdot 10H_2O$）、钙芒硝（$CaSO_4 \cdot Na_2SO_4$）等。卤化物岩主要是岩盐（$NaCl$，又称钠盐）和钾盐（KCl）。广义的钾盐又包括钾盐镁矾（$KCl \cdot MgSO_4 \cdot 3H_2O$）、杂卤石（$K_2SO_4 \cdot MgSO_4 \cdot 7CaSO_4 \cdot 2H_2O$）等。钾盐是很重要的农肥。

概括地讲，硫酸盐岩相有海相、湖相，也有热液相包括热液变质和火山交带以及区域变质。此外，还有次生形成的，例如，碳酸盐岩喀斯特发育过程中，也可生成石膏，或原生石膏溶解后，又产生次生沉积的石膏，这些都可归入次生相。在硫酸盐岩沉积过程中，受环境的影响，也有不同的层组类型，例如：①纯硫酸盐岩层组；②硫酸盐岩与非可溶岩夹层层组；③硫酸盐岩与其他可溶岩互层层组；④硫酸盐岩与非可溶岩互层层组；⑤非可溶岩中有硫酸盐岩间层。

至于卤化物岩，主要有两种分布情况，一种是固相沉积层，处于其他可溶岩或非可溶岩层之中，有海相和湖相，也有相似硫酸盐岩的层组类型；另一种则是沉积于现代内陆湖盆中，更多是产生固-液相的变化。

在地下深处的碳酸岩盐层中，有早期封存、半封存的喀斯特水，其中富含许多元素。可开采盐卤水或喀斯特矿水，并可从中提取许多重要的微量元素。

可溶岩是宝贵资源

这三大类可溶岩都是宝贵的资源，研究其岩性的变化，不仅从中可探索这些岩性差异的可溶岩对其喀斯特发育的影响，还对如何合理高效地利用这些资源，具有很重要的作用。

碳酸盐岩的石灰岩、白云岩，都可作为建筑材料，石灰岩可作水泥原料，白云岩也对冶炼矿产资源有重要作用。硫酸盐岩的石膏等都是很好的、重要的材料。最主要的是，碳酸盐岩中有丰富的水资源，如溪水，也有热矿水资源，生物灰岩、礁灰岩又是很好的生油层和储层。世界上许多大油气田，都是在礁灰岩中。碳酸盐岩经地质作用而变质重结晶后成为大理岩，那就是更好的建筑材料或工艺品原料。

我国大地的碳酸盐岩中，是否有大的油气田，这是大家关注的。这方面就必须更好地结合地质构造运动和古环境变化，来探讨碳酸盐岩的形成演化和有关古环境变化与成油的演化过程。

溶液（水）的溶蚀能力因素的研究

可溶岩的溶解（溶蚀）是由于溶液——水对它具有溶解的能力。硫酸盐岩类和卤化物岩类可以被水直接溶解，而碳酸岩的溶蚀，就主要借助于二氧化碳（CO_2）及其他酸类起溶剂作用。

　　水是怎么形成的？可以说水的起源是和地球起源相关联的。地球可分为岩石圈、水圈、大气圈和生物圈。已成岩的碳酸盐岩属于岩石圈。地球表层水圈中的水体大部分集聚在海洋中。水体的体积通常认为约有$14×10^9 km^3$，其中海洋水体占93.80%，陆地水体约占6.2%。陆地水体包括地表河流、湖泊、冰川。湖泊又分淡水湖、微咸水湖、咸水湖和盐湖。在陆地表层水体中，以往认为冰川水体约占32%，地下水体占66%，流动的河水只有2%。由于极端气候的变化，这些比例也在不断地变化，但主要的趋势还是基本如此，若长久异常演化，冰川消融过多，水的格局就会大变，对人类产生的水、旱等灾害也会有大变化。

　　由地球浅层至大气对流层低空，构成狭义的水圈。其中的水循环主要表现为：大气降水汇集为地表径流，地表水向地下渗透成为地下径流，大部分地下水又排到地表转为地表径流，也有地下水直接排入海洋的，而地表径流汇集成河流注入海洋。海水、湖水及河水的蒸发成为水蒸气而散入大气中，遇冷再出现降水。这是浅层的水循环，其中尚包括水的冻融及冷凝等作用过程。大气降水、地表水及地下水，只要对某种可溶岩没有呈现过饱和的溶解状态，都可继续对该可溶岩产生溶解或溶蚀作用。通常水的矿化度（即水中溶有的物质总量）小于1g/L，对易溶性的卤化物岩及中溶性的硫酸盐岩，都具有较大的溶解度和溶蚀能力。至于咸水湖和盐湖，在混入淡水、雨水或在水动态变化的状态下，仍可对卤化物岩产生溶蚀作用；但在溶蚀的过程中，又伴有快速的沉积作用，即一方面对卤化物岩产生溶蚀，另一方面在附近又立即产生沉淀、沉积作用。

　　地球的范围在广义上包括从地核直至地表及大气圈部分。水和地球在形成与演化的同一过程中，是密切相关的。

溶解作用中 CO_2 的重要性及其来源

溶解作用通常属于水对可溶岩的化学溶解过程。溶蚀作用就是在地质作用的基础上,水对可溶岩产生的溶解过程。

水中所含的成分,阳离子主要为钾(K^+)、钠(Na^+)、钙(Ca^{2+})、镁(Mg^{2+}),阴离子主要是重碳酸根(HCO_3^-)、硫酸根(SO_4^{2-})、氯离子(Cl^-)。可将水质划分为碳酸根水质类型、硫酸根水质类型及氯化物水质类型。其中,主要有 HCO_3-Ca、Mg 型,HCO_3-Ca、Mg-K、Na 型,SO_4-Ca、Mg 型,HCO_3-Na-Ca、Mg 型及 Cl-Na 型,Cl-Na 型,Cl-K+Na+Ca、Mg 型等。根据水中离子成分,尚有多种水质分类。

二氧化碳(CO_2)是水对碳酸盐岩产生溶蚀作用的主要溶剂,有了二氧化碳,水才能对碳酸盐岩产生溶蚀作用。通常化学反应式为:

$$CaCO_3 + CO_2 + H_2O \longrightarrow CaCO_3 + H_2CO_3 \longrightarrow Ca^{2+} + 2HCO_3^- \longrightarrow Ca(HCO_3)_2$$

同理,白云岩碳酸钙、镁被含二氧化碳的水所溶解,其化学反应式为:

$$CaMg(CO_3)_2 + 2CO_2 + 2H_2O \xrightarrow{溶解} Ca^{2+} + Mg^{2+} + 4HCO_3^- \longrightarrow Ca(HCO_3)_2 + Mg(HCO_3)_2$$

二氧化碳的来源:

第一,大气中二氧化碳(CO_2)的来源

大气圈包围着地球,其质量的 70%~75% 聚集于对流层中,主要成分为氮(N_2)占 78%,氧(O_2)占 21%,氩(Ar)占 0.93%,二氧化碳(CO_2)占 0.03%。目前大气圈中除了地球自然演化而产生二氧化碳成分之外,尚有人类活动如工业、交通及日常生活中有

关燃料的燃烧而生成的二氧化碳。

第二，土壤中二氧化碳的来源

主要来源于地球上各种细菌、微生物作用，如丁酸细菌可分解碳水化合物等。许多细菌活动都可产生二氧化碳及其他侵蚀性酸类。

细菌氧化与分解有机质，其化学反应式为：
$$CH_2O+O_2 \longrightarrow CO_2+H_2O$$

我国南方土壤中二氧化碳变化量很大，一般在 500~5000mg/L。

第三，地球深部二氧化碳来源

地球深部存在二氧化碳，是地球演化过程的自然现象。火山喷发，其中气体以水蒸气为主，可占 72%~90%，其次为碳酸、氧气、碳化氢、二氧化碳、氮、碳化合物及硫黄等。

原有的碳酸盐岩如石灰岩、白云岩，因构造运动而埋入地下，受地热影响，也可分解生成 CO_2。

第四，其他酸类的生成

枯枝落叶中，有大量有机酸生成，如：醋酸、蚁酸、琥珀酸和柠檬酸等，都可对碳酸盐岩起溶蚀作用。

为了探索不同可溶岩和水质，在不同温度状态下的溶蚀作用，我们曾进行了大量的试验研究。例如采用方解石（$CaCO_3$ 成分和石灰岩相同，但是结晶好、质纯）、白云岩（有 $CaCO_3$、$MgCO_3$）、石膏、硬石膏等作为可溶岩标本，采用水中含有不同含量的 CO_2、SO_4 等成分，在不同温度状态下，例如 25℃、50℃、75℃及 90℃等温度环境中，试验探索水-岩的溶蚀作用与特征。

我们通过这些试验，以更好地掌握可溶岩在不同水质、不同温度下的溶蚀作用过程，这方面试验，由房素娟、戴莺、贾温茹等负责。

后期，又进行了在压力变化的状态下进行些溶蚀作用的试验。

进行这方面试验，就是要设法在实验室中寻求有自然界中要长期发育过程的溶蚀现象，得以从试验中探索到其规律性，再用以研究自然界中长期喀斯特发展的宏观机理的研究。这方面博士生刘琦做了新的试验。

实验室研究是以小见大，以小探索大环境，而野外调查是取得感性的第一认识，通过室内试验，再升华为理性的客观见解，两者的密切结合，就是发现科学真理的必由之路。这里也结合科普性的介绍，表示在这方面研究的几十年过程。

但是，我们感到不足，今后应当加强的是进行高温高压的组合状态下，进行相应的溶蚀试验，以深度探索喀斯特作用，以及有关160℃左右有机质的变化与生烃的过程。这涉及地下石油的形成过程。

水的性质，各地不同。用当地的水分析其水质，再利用当地可溶岩进行演蚀试验，会更符合当地情况。我们曾采取油田深处的大量地下水，运到所内以便进行试验，但是要大量采样试验，相对是不易于过多进行。

CO_2 与温室效应问题

由于人类各种活动，增大 CO_2 排放量，使产生温室效应，出现极端气候条件，地球升温，灾害增多。这似乎已是多数科学学们关注的问题。

上述 CO_2 有多种来源，自然界中消耗 CO_2 主要有两个方面，其一是 CO_2 和 H_2O 在阳光的光合作用下，成为植物的生长的养分，而起到吸收 CO_2 的作用，其二是 CO_2 在海洋中和 Ca、Mg 等物质化合，成为碳酸盐岩沉积。

至于 CO_2 溶于水，溶解碳酸盐岩，主要产生喀斯特作用，但是有流速压力变化时，水中溶解的 $Ca(HCO_3)_2$ 等，又会快速分解，使

CO_2 逸出，产生 $CaCO_3$ 的钙化沉积。所以，正常的喀斯特作用是不可能减少 CO_2 在大气的含量。因为，喀斯特作用过程，CO_2 可溶于水产生对可溶岩的溶蚀作用，但又会逸出使产生沉积作用，而 CO_2 总量仍不变。

目前，有考虑将 CO_2 捕捉后存储在地下，这样是代价高，也不易于大量捕捉、长期储于地下，在自然界中，地下就有 CO_2 气田，如我国山东、广东等地都有发现，但不多见，主要还是由构造因素，而易于逸散排向大气。

喀斯特地区瀑布都有钙化沉积，这是由于水流到跌水处，水流速受自由落体重力影响，而急剧增大，相应水内压力降低，就导致水中溶解 Ca、Mg 的 CO_2 逸出，导致产生瀑水钙沉积，洞穴中石瀑布、石帷等沉积，也是这个道理。

俄国沙皇坐火车去西伯利亚一地方，当地官员为迎接皇帝，在月台上尽量往前站，结果沙皇的列车没在那里停，仍快速驶过，那时快速，其实是低速的，就是这种状态下，在列车和官员人体之间的空气流速也被带动而增大。于是在官员身后是一个大气压，胸前是低于一个大气压，列车驶过后，这一排官员都不见了，因此身体前后有压差，把官员都压推下轨道。这原理与水流速增大而产生 CO_2 逸出而沉积 $CaCO_3$ 是同理。

从地质发展史上看，全新世中暖期（有称大暖期）时，当时长江流域气温比日可高 3℃，而西部却可高于目前 5~6℃。这说明，关于温室效应问题，应当结合着地球自然演化与人类的开发效应，而综合探索。

这在我的论著《岩溶水文地质环境演化与工程效应研究》中就有论述。

四、生物喀斯特作用的研究

地球本身，存在着岩石圈、水圈、大气圈和生物圈，这四个圈层是相互依存，而又相关联着运动与演化的。例如：地球上一片岩石或土地，是岩石和土颗粒构成的，属于岩石圈，但这岩石和土层，既含有水分，又是属水圈，没有水的空隙有气体，又是属于大气圈。岩石和土体，可以有生物生长，例如草根或乔木植物生长，其他动物在此活动、停留，还有微生物的存在是占据更小空间，这又是和大的乔木植物、大动物共属于生物圈。所以，地球上四个圈层是相互依存与相互运动与演化的。

各种生物与喀斯特作用的密切相关联性

在20世纪60年代，我开始准备有关生物作用的实验室，阎宝瑞同志正准备开展有关生物试验，我向她约过，请她协助开展生物喀斯特作用研究。正预备开展，又因搬迁、"文化大革命"等影响，拖了下来，直到90年代才开展。

在生物喀斯特作用中，我们早期注意到生物作用产生二氧化碳，而CO_2溶于水增加对可溶岩的溶解。但是，对大的植物及动物粪便等对喀斯特的影响还是注意到了，但是对微生物直接消耗可溶岩，而产生的生物喀斯特作用，到了20世纪末，才开展了系列试验。主要由张凤娥和张胜负责进行，后来张凤娥作为我的博士生，又继续深入开展系列试验。

其中重点研究了硫酸盐还原菌（*Desulfovibrio*）、排硫杆菌

(*Th. thiosparus*) 和脱氮硫杆菌 (*Th. denitrficucans*) 和不同石膏间的喀斯特作用。

这方面研究成果，体现在我和张凤娥合作的《硫酸盐岩岩溶硫酸盐岩与碳酸盐岩复合岩溶——发育机理与工程效应研究》专著中，于2007年由高等教育出版社出版，被纳入中国工程院院士文库。

喀斯特发育制约因素研究

除了水与可溶岩的岩性这两项主要发生喀斯特作用的内因之外，尚研究制约喀斯特作用的主要条件，即：

第一，地质构造条件；

第二，气候因素。

气候因素中包括降水量（及强度）、温度等。

两个重要制约喀斯特发育的条件是：地质构造与气候条件，但两者又是相互密切关联的。

目前，强调人类活动增加CO_2的排放量，使地球产生"温室效应"，使地球温度的升高。CO_2的急剧增加，与人类燃烧煤、石油等化石能源关系密切。

上面已谈了自然界上重要依靠CO_2和H_2O，在太阳光影响下产生光合作用，以消耗CO_2。这也是最直接改进提高环境质量的重要措施。减少人类活动的CO_2排放，增加植被的发展，以消耗CO_2，这是保护环境的一个重要措施。

这方面关于水—CO_2—可溶岩的系统性溶蚀试验，应是长期研究过程。这方面今后应当要做以下工作：

① 坚持研究目标，以水—岩喀斯特作用作为基础，创造更好的条件，掌握溶蚀作用机理与不同成因CO_2的环境效应；

② 积累野外调查成果，储备试验标本，最好在当地开展有关溶

蚀—沉积试验；

③ 对比各地研究的效果，可更好地揭示不同地点的硫酸盐岩及硫酸盐岩与碳酸盐岩的复合喀斯特（岩溶）发育的不同特征。

五、喀斯特水动力条件的研究

陪同索科洛夫教授考察了几个坝区后，回到北京，张更生所长设宴欢送索科洛夫教授回苏联。第二天我陪张所长到机场送索科洛夫，他在北京机场候机楼又向张更生所长赞誉了我。有了他对我在水动力条件研究方面的创新认识的肯定，我也就借此进一步准备有关喀斯特水动力条件的试验，并准备写有关的文章，以便提交论文给中国科学院地学部主办的首届"中国喀斯特学术会议"。

水动力条件研究的多种条件类型得到肯定

根据各地野外调查及有关勘探成分，对喀斯特水动力条件先进行了相应的分析，归纳出一些主要的类型。根据这初步分析的结果，又进行了二维水-电模拟试验。得出不同水动力条件下，及不同洞穴系统影响下，水动力网的特征，这就构成了水动力条件的不同类型的基础。这些勘探、实验的综合研究结果，更充分地完成了我的喀斯特水动力条件的系统认识，结合工程，在典型地区又进行三维的模拟试验。

我论文的观点：索科洛夫教授的水动力分带，是以巨大厚层的硫酸盐层而考虑，划分出充气带、季节变动带、完全饱和带、地下水缓慢运动带及向远处的渗流运移带。

在中国碳酸盐岩的层组类型中，可分多个层组：有厚纯碳酸岩层的，有少量非碳酸盐岩夹层，有多层砂页岩夹层，还有碳酸盐岩本身为非碳酸盐岩的砂页岩中的凸镜状间层，加上构造的影响，这些地层可以受地壳应力影响，产生中间隆起的背斜，也有中间下凹的向斜，还有穹窿状、地堑状构造，另有许多裂隙与断裂分布，这些都影响到喀斯特水动力条件，也发育着不同的洞穴系统，不同洞穴—通道系统的特征和喀斯特水动力条件的不同类型特征，两者是密切关联的。

当时，我划分的主要喀斯特水动力条件，是根据各地调查研究的实际情况，而进行概括的，主要划分的类型有：分流状、差流状、平流状、聚流状、散流状、汇流状、间流状、块流状、阻流状和深流状等。

首先，显示在这喀斯特水动力条件的完整单元体中的基本水流的特征，而每一类型的喀斯特水动条件，当然还有其不同的动态。

研究这些水动力条件类型的功效

就像对一个人身体而言，不知道其血液是怎么流通的，这和不掌握一座屋子中，雨水降下来后，通道是如何集水与排泄一样，就不会知道如何利用这水，如何防止房子受淹。最根本的是，如果不知道这些基本要点，那这一个人、一座房就不能很安全，也难以维持其生命，房屋甚至会不能很好地供人居住，甚至被破坏。知道其水动力条件，才能科学地考虑安全有关开发利用。如何利用这些喀斯特水资源，如何避免因人类活动和不当建设，而带来的不良效应，这是需要认真考虑的问题。

我抓住这问题，也涉及水和可岩溶之间如何发生溶蚀以及其他沉积等作用的机理，客观认识喀斯特事物就是有益于建设与发展。

我的这一成果也受到国内研究喀斯特同行的赞誉，所以在我生重病之时，谷德振先生和张更生所长到我们临时"病房"中来，要我一定去参加在南宁召开的"中国科学院地学部喀斯特全国学术会议"。时间是1961年3月。

好在后来，水动力条件研究还是引起多方面重视，加强了水动力条件的研究与应用。

受疾病的困扰

1961年的初春，谷德振先生和张更生所长来到百万庄4楼主楼上朝南的一个房间，那时我们有近8个人，挤住在那间作为临时"病房"的原来的办公室中，谷德振先生那时不再兼水文所副所长，主要在中科院地质研究所工作。谷先生对我说："你过两天还是要到广西南宁，在全国喀斯特学术会议上做一个关于水动力条件报告，你这报告在大会上作为主旨报告"。我说："谷先生，我现在病成这样，一点力气都没有，走不动路，所以前两天向领导提出，我不去参加开会，也给你们添麻烦了"。那时我失眠，加上水肿严重，正在水文所的集中"病房"，那里就是浮肿严重的几位，没有家的病员集中在一起，每天喝点小球藻，以增加营养，这小球藻就是水上"浮萍"。谷先生说："我知道你身体不好，我和张局长说了，给你买软卧"，谷先生又说："到会上，吃好些，给你一个单间，可好好休息，说不定病就好了"。张局长在旁说："谷先生说了，去南宁会上吃得好些，休息好些，没有问题，你就去吧！"我真的无力气，真不想去，但谷先生和张局长都亲自来请我，我不能不去啊，于是我说："谢谢谷先生和张局长来看望，并邀请我参加会议，那我一定去，请放心好了。"

在列车的软卧上，我脑子像演电影一样，闪过许多画面、镜头。同时，又在组织会上怎么作报告，我做的报告是：《喀斯特水动力条件初步研究》。在生病前，就写好了一个较长的稿子。

到了南宁，住在中国国际旅行社。会议上，真的给我一个小单间，伙食也好些，有了肉菜、一条鱼。我做的主旨报告受到大家的热烈欢迎，因为参会人都感到中国有大面积分布的喀斯特，而且也进行许多调查研究，应当在喀斯特地区进行了很多的工程建设的基础上，总结中国自然条件的有关喀斯特发育规律与有关发育机理方面的认识。符合中国自然条件的成果，就是科学的创见与创新的好成果。

报告成功了，我的病仍不见起色，还需去医院看病，虽然离医院不远，但我走几步就得坐在马路边休息，不管地上的污物不洁，到医院做了足底针灸，以促进睡眠，但也不见效。

为什么，我病这么重呢？

六、身体与婚姻两重难，但不能倒下

1961年春天来了，但我的身心仍是处在严寒的冬季，身心都极度疲劳与不堪。但我在思考，不断告诫自己，"你还年轻，你千万不能倒下！"

奋战在黄河为龙门枢纽

1960年年底，因为长江三峡那时已没有希望上马了，但是国家对电力的需求，仍是很急迫的，于是，水利部门考虑在黄河龙门上游不远处修建龙门枢纽，坝址选在甘泽坡兴建一大型水利水电枢纽，装机容量也可在几百万千瓦以上，那一带也有灰岩分布还有旧煤窑。于是水利部和北京水利勘察设计院领导来我们所，要求我所负责组织这项地质科学研究工作，他们有勘探队伍配合。这项任务双方都同意研究工作由我负责并做进一步安排。于是，在1960年12月，我们就去黄河甘泽坡坝址做一些调查，因为那时急着要上这个项目，以解电荒。

到了山西运城，再开车到黄河龙门，汽车过不了黄河龙门的铁索桥，我们看到的只有铁索桥的空铁架，因风大木板已收起来了。这种情况下，我们只能脚踩铁索，手抓铁索，横着移动脚步向对岸前行，铁索在风中摇晃，不小心就会失足跌入黄河。

到了勘探基地，张更生局长、谷德振先生和王大纯教授三人，主要在队部研究资料，我就在北京水利勘测设计院地质人员陪同下跑路线。有一次过黄河急流时，我坐在太靠船边，被船工的撑船杆碰了一下，差点跌到黄河急流中。他们三人有时也外出。在甘泽坡坝址跑野外时，饮食肯定要差些。在工地待几天，我们到太原开会，看到老同学钱学溥，他脸也肿大，已是患水肿病了。我把他"骂"了一通，我说："你不养病休息，跑来开会做什么？"，当时看同学生病感到心疼，怎么肿成这样子。我马上又说："快回去休息吧！别管这事了！"那时他在山西省地矿厅工作。当时，他不在意我"骂"，还继续参加会议。

开了一天会，定下合作开展有关黄河龙门水利枢纽的勘测研究工作。晚7—8时，我们上火车去北京，张局长他们三人坐软席卧铺，我一人在硬座，因快过年了买不到硬卧。到车上我感觉太累了，就拿出雨衣铺在硬座靠窗的部位躺下来，头在一把椅子上，脚在对面椅子上，就昏然入睡。天亮了，也快到北京了，我就起身，赶去软卧。谷先生看见我就说："你昨夜干吗了，这里四缺一，还有一个软卧，叫列车员广播多次，喊你来，你不来。"

我说："对不起你们，我真的太累了，躺在列车地板上，一下睡到天明就赶来，真的没听见。"他们知道后，也不再责备我，说："回北京好好休息两天吧！"

担任劳动领队，疾病发作了

回到北京，真的也顾不上休息了，我想过两天就会好，不会有事。在一年多前，我和朱学稳从三峡回来，我们住在百万庄野外大楼的一间房，星期天吃两餐，我们9点吃了早餐后，回这临时宿舍中想再休息一会，约定中午12点再起来，到对面甘家口商场，再吃一碗馄饨。结果是，我醒了，看他在睡，我又睡下，他醒了，看我在睡，他又睡下，两人这样轮流醒睡，直到第二天早快8点了，别人来叫喊，我们才匆匆去办公室。

这次从黄河那边回来，没有时间休息，我就匆匆总结了考察情况后，又要去清河地质部农场劳动。因为北京工作干部，每年要有半个月劳动，这是那年最后一批去劳动。不巧的是，这批地科院劳动的领队轮到水文所，地质部系统的副领队又轮到地科院，由部里担任正领队的领导临时有事没来，我变成整个地质部那批百多人劳动的领队了。当上"领队"，半个月劳动要带头，更主要是既要组织好劳动，还要让大家注意劳逸结合。

在这次劳动中，我也熟悉了许多地科院研究所及部内参加劳动的同志，大家也很支持我这领队，来劳动还是感到光荣。我自己参加了掏厕所、倒白菜（在地下窖中，把白菜烂叶剥掉）、腌制酸白菜、锄地等。吃的窝窝头，一点青菜和咸菜。劳动中间，部里送来肉罐头，两人一小罐，我和朱学稳两人合一罐，其实一人只有两小块肉，可能二两多。

劳动后回到百万庄，我就觉得身体不行了，腿也肿了，觉也睡不好了。吃安眠药，睡觉了。我想不能常吃上瘾，不吃就睡不好，整个白天又没精神，隔了一天或两天后，又可多睡一会儿。这样下来，才真感到是身体的危机了。地科院医务室的高大夫，有一次给我号了脉后，"骂"我："我跟你说了，有好吃的就买些吃，不要图省钱，你现在这脉搏，我看不了，你赶快去人民医院。"我想："再折腾去医院，更受不了，我就回宿舍休息吧！听天由命吧。"那时想吃点好东西，可是不好买啊！住集体宿舍也不好煮东西吃。没有炉灶，更不准用电炉。

后来，水文所把水肿严重、在京无家的单身同志都集中到一个办公室，作为临时"病房"，可多休息，但也没有什么特殊治疗。那时谷德振先生和张局长到"病房"找我去广西开会我推托不掉，只好去了。不久，我成了"糖豆干部"。因为我是十级技术员，国家特殊照顾到十级技术干部，每月一斤糖、二斤黄豆，以增加营养，人们称之为"糖豆干部"。这待遇对我的病大有好处，我吃点中药，肿也消了不少，肝功能也正常了。失眠之症也大有好转，主要是别人教我，临睡前热水泡脚，然后坐在床沿，身体挺直，两手按在双膝上，闭目、控制呼吸，但使气由丹田运气到头，再吐气。我觉得主要一点是，我不多想为什么病成这样，而是"豁"出去了，"听天由命"，我无所谓了。这样实际上精神乐观，对病也大有好处。因为那时自己还年轻，才三十岁。

草率婚姻的结束

这次生病，是我一生中第一次大病。而且时间长，心中是很烦躁的。当时常想，我才三十岁，"三十而立"，可我还没立，刚做些事就病倒了，心中真是非常苦恼。这时，又出现婚姻之痛。

前面提到南京之痛楚与北京之分离。从1956—1958年，我一直在期待燕子能够回来，吕副局长的主动许诺，也无信息。很多时间，燕子无信息，我想是她错怪了我，不向领导提出，我一直在等待。这期间，不少人关怀我，如赵俊义夫妇曾让我去会一个人，我看是要介绍女同志，我就推托有事，拔腿走了，那时作为喀斯特研究组领导的戴广秀学兄，也多次说："不要把自己关在悲情之中，知识分子就这样。"他还要介绍三峡队一个女同志给我做朋友，他说以后一同到北京工作。我仍思念着燕子，还在等待，而且后来感觉三峡队已有人在追那女同志，我真不愿伤害别人，所以也不想和那个人有什么联系。他们的好心，似乎带有领导之意，西北燕子回不来了，所以帮我解脱痛楚。

直到1958年下半年，有物探队来前坪做工作，其中有一女同志是苏联莫斯科大学刚回国做物探工作的。她们到南津关，因为我必须布置物探工作，这样接触就多了些，也交谈些苏联情况，她也喜爱古典交响乐，两人似乎有相近爱好。那时野外队工作很忙，两人真的没有什么恋爱的过程。后来，队上合作的同志，也了解些我过去经历，那时戴学兄也必定告诉他们，他们有意无意地在促进我和那位留苏女同志能够快速发展。在他们看来，我工作很好，都担负重要工作，虽然没留学，也是清华的，她虽是莫斯科大学毕业，也才工作，两个也是地质和物探的结合，应是理想的事。戴兄因生病那时也不来三峡。所以队上有好心人，想到我已27岁了，应当可以考虑了，队上其他年轻的骨干也都有了对象。在他们撮合之下，我只想：燕子没信息，有关于她已有对象的传闻，是一个在郏县一起工作的人传的。我想她选择在西北可多点收入帮她家，而且我们分别这么久，也在情理之中。

那时，地质部各野外队也尽量分配些女学生，以帮助野外队找对象，解决婚姻问题。何长工副部长一次在地质大礼堂曾谈过野外队的找对象问题。他说："……咱们地质队员，人家说是爬山像猴子，穿得像叫花子，花钱像花花公子"。因为常年在野外，生活艰苦，偶尔到城市，坐了三轮不要几毛钱，没零钱，给五元也不让找回多余钱。一个人在饭馆，叫上几个菜以补补身，解解馋。何副部长又说："应帮野外队解决找对象问题。所以，我又想到燕子久不回信，她在西北那艰苦的环境，是否会有人……"所以，即使她有变卦，我也不能怪她。另外，我想这位留苏的女同志，主要是搞地球物理勘探，对我工作有帮助，她也喜欢交响乐，所以也就感到可接触发展。其实，当时什么爱情都没想，只想有个家，了结人生一事吧！

物探队在前坪搞一段时间，转去三斗坪工作。两人真的接触不多，相应交流也不多，情感也不深，相互还了解不够。于1959年9月，那时燕子已飞去近四年了，有的同志就好意要促成我们，说别拖了，看合适就算了，我也就同意了。他们找一个日子，让我们去了宜昌，登记了一下。

那天，就算是结婚了。我和队上陈连禹、郭希哲和于珉一直在讨论工作，修改文件，到了夜间11点多，郭希哲说在厨房弄了两个菜、两瓶啤酒，我们在办公室简单吃了一下，他们就把我们送入"洞房"。这"洞房"就是一个我原先睡过的大竹床，上面铺了我在野外队使用的被子，任何新的东西都没买，这房间也是我办公地点。这样不是婚礼的新婚之夜，现在人是想不到的，那时野外队婚事多是这样的。

当时草率地结婚，我什么也没想，似乎完成了人生一件事，也来不及和家中商量。在前坪只停了几天，她又到三斗坪去了，直到1960年年初，在北京见一面，而后同去她在长春的姐家住了三天，她后来随队去内蒙古。真正相聚只有几天。

这应是我草率，考虑不周，按中国老风俗看法，婚姻要"门当户对"。这看法当然是不对的，当时我没想，在经历南京、北京之痛后，想到三峡队同志们好心，认为就是相对门当户对吧！就匆匆想了结一生大事。其实一个女的学历不高，嫁给留苏男的，肯定没问题，也没人说闲话。而一个男子没去过国外，娶了留苏的莫斯科大学的毕业生，在那时一面倒，全听苏联老大哥的情况下，那真是不可言喻了，就是被人认为不般配。原先我没这样想，我想我也是国内名校大学生，况且我工作出色，当时苏联专家对我都很称赞、尊重。

没想到，我在野外草率婚姻回到北京后，所局内不少人见到我，不是祝贺，而是有讽刺地问："你用什么办法，把留苏女变成你的老婆？""你真是走大运了，让留苏女嫁给你。"……是羡慕？是嫉妒？还是赞扬？还是讽刺？遇到这种情况，不是一次，而是不断地，真的深深刺痛了我的心。

原先，我想我是有为的青年，我的行为是值得学习的，我是为别人想得多，为自己真的没更多考虑，当时我并不认为我和那留苏女学生结婚，有什么害处，也不会害别人。但回所后，这一切质问，真的使我清醒了，我又想起一件事。在1955年的一次地质部大会上，休息时我和入党介绍人徐启明同志在一起，旁边正好有部人事部门一干部，徐启明同志在部内工作认识他，我不认识那个人事干部。徐启明说："以后留苏（实习生），应当选派功课好、有成绩的，像卢耀如他们有实际经验，可更好学习苏联。"那位人事干事指着我，对徐启明说："你问他，他行吗？"一个人事干部当众这么说，难道我有什么问题吗？我一想大概指家庭关系，福建多数人都有台湾的关系，我转党拖了时间批准，主要由于参加团契之事，经调查，证明我是早参加革命学生运动，团契是那时学生普遍参加的后来还是按期转正，还有什么事？

当想到这些，大概他们认为你留苏都没去成，还娶了苏联名校莫斯科大学的女毕业生。我似乎感到他们在说："你这园内蛤蟆，还吃上留学的女天鹅"，我真是感到受辱。再想：真是人言可畏啊！不知背后还说什么。

这次重病时间久，真的使我浮想联翩。

我从南宁开会回来后，病未见痊，肝功能不正常，更加重负担，那时回到集体宿舍住宿，仍卧病没去上班。不久她从内蒙古来，没有慰问我，我那时本想陪她上甘家口商场吃点好的，那样，既增加些营养,也招待她,当然要分开吃。但是她说的话令人伤心。在那三天,不是关照安慰,而是争吵,我感到,也许她也有那些人说的那样感觉:"女留学生找国内大学生,吃亏了"。在这之前,我因病还住在原所里图书馆的存书室,张宗祜同志来看我,还送一瓶药给我,这是他的心意。我原先的恋人,因是亲戚,在我抱出去的妹妹陪伴之下,也来看望我,使我很感激。病人对来看望的人,心中是会感激的。那是:"病中好探望,一语解千愁。"

在错综的情绪和争吵之下,我一时气愤说:算了,我都这样了,我不影响你,我们分手吧!本想说气话,没想到弄假成真了。所领导知道这事,办公室罗主任(老干部)知道了说:"生病还这样,理应是照顾重病人,不安慰还吵架,就算了吧!"我们就到西单区民政部门申请离婚,一个女工作人员让我们过两天再来。后来去了,那女干部说:"我们调查了,第一你(指我)不是有第三者,第二现在还生病,女方要你还她800元,说她花了钱",天啊!我根本没花她钱。在三峡,那样婚事,只花十几元买糖是我的钱,去东北一趟,路费是我花的。我咬下牙说:"行啊!我没花她钱,我就给她吧!每月让会计扣30元。"那位民政局人还说:"你不是没钱,还有家庭负担吗?怎么'还'这钱"。这位女干部向水文所领导调查了真实情况,也听取我所领导意见。那时,离婚是很少的。我仍咬牙说:"她要钱,我给她,再没钱也给这800元钱。"

就这样,这段婚姻结束了,是我的草率,没想得太多,也许是不自量"历"吧!原先认为对工作有好处,结果还变成我的不幸。为这"钱",只好分离了。遗憾的是,我只能少寄钱回家,我一月88元工资,扣30元,剩58元,还要汇家中20~30元(本来是40~50元),我只能再刻苦些吧!

七、滇东喀斯特区域发育规律研究

自 1955 年开始，喀斯特发育规律研究就作为一个地学方面的重要研究课题纳入了全国科学发展规划中。在长江三峡及鄂西一带，结合三峡工程开展了这方面的科学研究，在贵州也是开展这方面的研究，都是以满足工程的需要为目的而进行地质勘察研究，进而结合开展区域喀斯特发育的规律性与基本机理方面的科学探索。

在华北地区，结合北京郊区及河北太行山和官厅水库的研究，也初步掌握了对华北喀斯特地区的发育规律的基本认识。本来，结合黄河的开发，拟进一步开展黄河中下游地区喀斯特发育规律的探索。因为我生病了，所以有关为龙口工程而开展喀斯特规律方面的研究就由唐宁华等进行。

这次病了一年多，至 1962 年下半年才又开始出差西南，1963 年应云南省地质局的邀请，我们开展了滇东地区喀斯特发育规律的研究。

结合研究滇东，促进喀斯特地区发展

云南省东部是云南省发达的地区，省会所在地昆明属滇东，我国著名的个旧锡矿在滇东，著名宣威火腿在滇东，石林名胜在滇东，中越紧密相连的边界在滇东，进行梯级开发的以礼河在滇东……云南省希望从喀斯特研究上，能为滇东及云南全省今后发展提供相应的科研成果。

这次研究，由我带领地质部水文地质工程地质研究所人员为主，主要有杰显义、赵成梁和刘福灿，还有地质部西南地质研究所的赵敬福、尹汉南等参加。云南水文地质工程地质队袁道先、宋爱玲夫妇还请我们吃云南的过桥米线。袁道先，原先在京时就相处过，当时是云南水文队技术负责人，宋原先在三峡，曾一起工作一段时间。对这次滇东喀斯特研究工作中，袁以队技术负责身份，参与了讨论，派了队上多个骨干参加。

云南省除水文地质队大力配合外，还有水利部昆明勘测设计院林仁惠、张汝清等主要的地质骨干。首先，还是从存在着喀斯特问题的水利水电工程方面入手，主要涉及以礼河梯级开发、黄泥河水利工程以及红水河上游工程，例如：以礼河上的二级水电站——水槽子水库，库水渗漏到 2 千米外盆地，使老乡的厨房都漏水、塌陷。另外，有的水库渗漏至 9 千米外的金沙江边，成泉水涌出。

我们采取的是重点工程调查研究，协助提出处理措施，进而做一定区域调查，采集标本，进行有关的试验，以取得相应的参数。那时在云南昆明寄标本到北京，国内线路慢，因为由云南的曲靖至贵州的安顺还没有火车，成都至昆明的成昆铁路也还没修建。所以，我们寄标本要走国际线路，由昆明送到河内，再由河内运到南宁，最后由南宁运京。但火车托运时，可指定走昆明—河口—南宁的线路。

滇东的六郎洞是我国第一个开发暗河发电的喀斯特洞穴系统，于 1957 年在《水力发电》上发表了孔令誉、曹尔斌、林仁惠的文章《六郎洞喀斯特水的水源问题》，看了之后，感到他们谈的问题很重要，但也有不足，于是我写了《略论喀斯特——读六郎洞喀斯特水的水源问题一文随笔》，刊登在 1958 年第一期《水文地质工程地质》杂志上，文中肯定他们的研究，从探索喀斯特发育规律上，也提供意见给他们做些参考。所以，这次调查研究也去了六郎洞，现场再做些补充调查与讨论。

我们要以昆明盆地为主，首先对其成因机理方面进行研究，也相应考虑滇东一带五湖的成因及水流的补—径—排的系统，与如何合理开发问题。因为那时云南省张冲副省长曾提出滇东五湖相通的问题，这五湖就是：滇池、杞麓湖、抚仙湖、阳宗海和星云湖。但是，没有想到的是，过了几年，在"文革"中，滇池却被大量围湖造田，改变了滇池的水流环境。五湖通航是否可行，可进一步研究，但是大规模围湖造田，再加上污染这就令人感叹了。

滇东野外调查的几件事

滇东地区的昆明等城市是很好的，四季如春。但是，野外农村，还是相对很苦的。

一次我们在柴石滩调查南盘江上游，住在一个村庄中，那时我是用德国莱卡小相机，胶卷由北京带来，已经用完了。自己在外面还不能买胶卷，而且小地方也没有卖的。那村庄老百姓看见我们背着相机，年轻人和小孩子，就跟着我们，也想让我给他们照个相。当时，我想给老乡照些相做纪念，他们很难照相的。可惜，我胶卷用光了，就问云南水文队一起工作的陈同志，问他有没有胶卷，他说有，多带着，没问题。

后来，就通知老乡，隔一天我们要离开时，给他们几家都照个全家福。到了照相那天，在村庄一个平地上，摆好椅子让老人坐着，一家一家地照。有的老太婆，把结婚时的衣服都拿出来穿上，老乡们特别高兴。照完后，我们告了别，就又爬山离开。

过几天我和这位陈同志说："你把给老乡照的整理一下，挑好的洗出照片，赶快把照片给寄去。"没想到，陈对我说："我胶卷也快没了，哪有那么多胶卷为他们照。"我说照多少洗多少吧！陈说："我一张都没照，是假照。"这样蒙骗欢天喜地的老乡，家家户户来照全家福，结果一张都没照，真把我气坏了。后来，没办法只好写信去告诉不慎胶卷跑光了，以后有机会补照。

这件事，真太不应该了。

从柴石滩河谷往上爬山，要去高原面上的湖泊一带调查，又是雷电交加，狂风暴雨。我们躲了一会儿，雨稍停，又上爬，到了湖边，见有打鱼人在那里，我们买了一条大鱼，就赶快去要住的村庄。到了住处，又是大雨如注，几米的石板路，都不好走过去。等了很久，雨稍小些，去附近想要点盐巴，没弄到，辣椒也没有。如何吃饭，我就让他们先把鱼宰了，掏出肚内东西，洗干净，切成块，我把老乡的铁锅先烧很热，然后冷水一放，把锅内原有一些咸辣味榨出在水中，然后鱼块放进，猛火烧熟了，大家就吃这无盐、辣的鱼汤来配干粮吃，也觉很有味道。主要还是，饿了一天没吃上饭。

昆明滇池大观楼长对联感动了我

昆明西山是个断块山地，整个昆明盆地是个断陷盆地，约有 800 平方千米，而其中滇池有 300 平方千米。西山—滇池构成美丽的景色，远望西北，有人说像个睡美人。那时的西山令人神往，真是山清水秀，让人流连忘返。

滇池使人难以忘怀的还有在大观楼的一副长对联，这是清代孙髯翁写的，真是有气派，当时我站在对联前，就默默地记在心中。在当地也买了印刷的版本，但回来我顺手一放，要看时找不到。而我心中记的都是经年不忘，因为掌握了它写的规律。上联是大滇池出现，进而东、西、北、南地概述景观事物，进而归结九夏芙蓉、三春杨柳。下联写历史，引句后，就汉、唐、宋、元朝代在滇要点写下，再转为现在的情景，后来人的追思，却让人感到时光、岁月的流逝，历史的翻滚，令人感叹。滇池美景依旧在，只是朝代人世换。该对联是：

五百里滇池，奔来眼底，披襟岸帻，喜茫茫空阔无边。看：东骧神骏，西翥灵仪，北走蜿蜒，南翔缟素。高人韵士何妨选胜登临。趁蟹屿螺洲，梳裹就风鬟雾鬓；更苹天苇地，点缀些翠羽丹霞。莫辜负：四围香稻，万顷晴沙，九夏芙蓉，三春杨柳。

下联是：

数千年往事，注到心头，把酒凌虚，叹滚滚英雄谁在？想：汉习楼船，唐标铁柱，宋挥玉斧，元跨革囊。伟烈丰功费尽移山心力。尽珠帘画栋，卷不及暮雨朝云；便断碣残碑，都付与苍烟落照。只赢得：几杵疏钟，半江渔火，两行秋雁，一枕清霜。

雄伟壮丽的石林，美丽感人的传说

云南石林喀斯特景观是国内外闻名的，我们去调查滇东喀斯特，当然要到这个地方，我把它定为石林—溶沟型，后改为石林—溶洼型作为溶蚀为主的喀斯特类型中的第Ⅰ型。这是云贵高原至广西、东南沿海的喀斯特类型中最高处、原始的景观。石林的形成在古进纪，一千万年以来，都强烈也发育着，但有三种情况：一是直接裸露大气中，为降水及地下水所溶蚀；二是埋在地下，为土中渗流水流与生物作用所溶蚀；三是埋在地下经溶蚀后，再上升被侵蚀裸露于地表，而再受地表水直接溶蚀。

千奇百怪的石柱，寓存着许多故事。其中，关于阿诗玛就是流传很久的长诗。那时，在云南拍摄少数民族的传说，真是景美、人美、音乐美，拍出的电影吸引了全国广大的观众。

《五朵金花》那时热播，也引起轰动。报纸上有报道，有上海的年轻人（不是"文革"中的下乡知青），就想到云南去找金花。我们有一次住在昆明云南饭店，旁边就是云南歌舞团，演五朵金花之一的杨丽坤就在这团里。有一天，我们在等车，远看一个穿蓝色普通制服的女同志走过来，身边有人说：那位就是演五朵金花的杨丽坤。我看是一位很朴素的女同志，距二三十米，没看清，她就进了那歌舞团的门。

我为科研去云南之前，在所内正好见到张更生所长，告诉他我要去昆明，有什么事找地质局。他说："你等一下。"过一会儿，他交给我他写的一封信，让交给云南省民族事务委员会陈可大主任。张更生所长和陈主任是延安战友，我说一定送到。到了昆明，我先打听云南民委电话，告诉值班的，请转告他们的陈可大主任，他的延安老战友张更生同志让我捎信送给他，因为张更生所长怕陈可大主任有工作上变动，或地址不确切，寄信会弄错了。我也让民委办公室人员转告时，也告诉我在云南国际旅行社几号房间。隔了一天傍晚时，陈主任到我住的地方来找我，我把张更生所长的信送给他，他看后很激动，他们是延安老战友，已多年没联系上。最近张所长才知陈主任在云南民委工作。陈主任告诉我，他正抓《阿诗玛》电影拍摄，因是拍少数民族的影片，民委要大力协助。他领我去看望了导演刘琼，他们就住在我对面几间房间内。那几天，他们屋里常有当地少数民族来，有的说话被录下来，也有唱民歌的被录下来。

我要回北京时，告诉了陈主任。他让我带一包三七药粉、一包云南大头菜给张更生，当然还有一封信。大头菜和三七药粉，都是云南特产，并不贵重，但誉贯南北。大头菜有咸甜味，是下饭的平常好菜，而三七是名药，可健身、止血，也治一般炎肿。这两件都是平淡而不可或缺的东西。真是物轻义重，更显延安两战友的革命情谊，我想是：

《革命友情常在》

延安战友情记怀，
南北相隔各奔波；
革命征途有咸甜，
三七寄望康乐多。

赶回北京，为给越南学生讲课

那一次，在昆明停几天，又到文山野外考察，突然接到电报，要我在3~4天内赶回北京，要给越南留学生讲课。

那时，交通真不方便，昆明至北京的飞机少，而且我们一般干部不能坐。有一次为水利部门的事情，他们让我从地质局招待所搬到昆明国际旅行社住下，当时要和他们一起开会，写一个文件，日夜干了几天。昆明水利勘测设计院那时请我们工作，都是我们自己负责路费等，也没有什么专家咨询费、顾问费支付。我住的房间是他们定的标准间，一个人一天是2.5元，我们小干部只能住每天0.6~0.8元一个床位的招待所。因那时宾馆没安排别人，为了开小会写报告，那时宾馆生意清淡，结账时，竟要我按包间支付，一天付5元房费。当时水利部门给定下一个床位，也没说要包间。结果，回北京后，管事的副所长，要我个人出每天超标准的4.2元，只报我每天八角钱的住宿费。最后还算照顾，让我贴出一张床费用2.5元，给我报了2.5元的床位，这样我自己要出17.5元，相当于中专毕业生月工资的一半。

所以，这次有急事要我回去，我不能买也不想买昆明—北京飞机票。由野外坐当地野外队的北京牌吉普车回昆明，马上坐火车到曲靖，再坐一天多汽车到贵州的安顺，又坐火车到贵阳，再换车去柳州，换乘 6 次特快回北京。坐火车是日夜兼程，坐长途汽车时不敢坐夜车，总共是耗费 4 天多近 5 整天赶回北京。

那位越南年轻人，是在北京上学，做研究生，先去了北京水利科学研究院，然后到我们水文所，我给他讲喀斯特及有关水文地质、工程地质。主要是工程实践的认识，讲了 2~3 天，这位越南学生，中文学得不错，是否华裔我没问。但是他告诉我，他来中国学喀斯特及有关水文地质工程地质，越南还另外派人去苏联学同样的专业。他说："我们越南都是派两套学生出去，一套去苏联学习，一套来中国学习"。

八、为"三线"建设，加强喀斯特调查研究

滇东喀斯特研究写了一个阶段性的调查报告，拟要继续深入开展，全国却掀起了"三线"建设，也就是要开展西部建设，以加强国防建设。地质工作是国家建设的尖兵，而且必须走在前头，早一个至三个五年计划中提出相应的成果，作为国家建设的基本依据。进行"三线"建设，无论是在西北，或是在西南，地质与自然条件都是很复杂的，更好、更全面提供有效资料，是非常必要的。

编制全国喀斯特图和南方喀斯特图系

我国有 960 多万平方千米的陆地面积，只知道喀斯特分布广泛，喀斯特类型众多，而且水文地质条件复杂。但是到 1964 年，全国开始"三线"建设，还是没有一张全国喀斯特地层的分布图，也不知

道何处有喀斯特，当然不只是早已著名的桂林山水和石林等地区。

考虑到国家的需求，我们提出要为国家"三线"建设绘制有关图件。在向国家科委领导韩光、武衡两位副主任汇报西南地区喀斯特情况时，两位领导也提出了提供有关图件的需求。

于是，我们提出了编图计划，得到地质部上级有关领导批准与支持后，就抽调水文地质工程地质的骨干开始编制全国性喀斯特分布图，主要根据碳酸盐岩分布情况，编制一张一千万比例尺的图件，我亲自计算出全国裸露喀斯特面积，达 120 万～130 万平方千米，还是全国最早的喀斯特地层分布图。但是该图以碳酸盐岩为主，没有包含硫酸盐岩的卤化物岩的分布情况。

除了全国性喀斯特图件编制之外，主要编制了 1∶100 万南方地区喀斯特图系。国家科委当时对三线地区喀斯特水问题特别重视，但是当时情况不明，我作为地质部水文地质工程地质研究所喀斯特、矿床水文地质和地下水动力学研究室的技术负责人，向国家科委韩光、武衡两位副主任汇报后，据科委领导指示并得到地质部水文地质工程地质局领导的支持，组织有关单位的技术骨干参加，由我担任主编及课题负责人，我先提出编图原则与方法，大家讨论补充后，立即开展编图工作。参加编图单位有：地质部水文地质工程地质研究所（简称水文所），地质部水文地质工程地质局综合队；地质部水文地质工程地质第六队；湖南省地质局 468 队；贵阳省地质局水文地质工程地质队；四川省地质局水文地质工程地质队；地质部水文地质工程地质第三大队；云南省地质局水文地质工程地质队。主要参加编图技术骨干有：陈文俊、张绍增、张洪思、李世含、李大通、吴应科、姚振行、关碧珠、马书钧、杰显义、赵成梁、刘福灿、赵敬福、尹汉南等。

图幅范围包括云南、贵州、四川、广西、湘西、鄂西和粤北地区。图系有三幅图：中国南方碳酸盐岩层组类型分布图；中国南方喀斯特（地貌）类型分布图；中国南方喀斯特水文地质图。这图系基本上较好地反映了我国南方地区喀斯特发育特征，以及喀斯特水的分布状况。此图系和我先编制的另一幅中国碳酸盐岩分布图，都呈送国家科委，供应用。

《中国南方喀斯特图系1∶100万》的三幅图及全国碳酸盐分布图，在一年多时间内编成，并制成挂图后送国家科委，得到科委领导的重视。这个喀斯特图系也曾于1966年3月在桂林召开的"中国地质学会第一届喀斯特学术会议"上展出，受到与会专家学者的好评。"文化大革命"刚开始时，为了战备的要求，国家科委将这套喀斯特图系转移到我国西部安全仓库中予以保存。1972年，为了参加国际地质大会准备成果，由水文所任园林同志协助，通过科委领导武衡副主任处查得其下落后，又从"三线"地区某地取出这三幅图，带回给我所内。

"三线"铁路喀斯特考察

1965年下半年，我参加国家科委组织的"'三线'建设喀斯特考察团"，其中考察点包括圆梁山隧道的喀斯特问题。

为了三线铁路建设，国家科委特组织了喀斯特考察团，考察了湘西、川东（现重庆地区）的拟建川汉铁路线的喀斯特情况，参加专家有谷德振先生（为技术领队）、张咸恭教授，以及戴广秀、袁学诚、卢耀如、张寿越、王士天、王富葆等地质地理专家。国家科委由李局长、石书嘉带领，沿途考察后即分工写出报告，配合考察的有铁道部第四勘测设计院的许多地质与设计方面的科技骨干。铁道部第四勘测设计院已为该线路进行些勘测工作。考察团中最受各地欢迎的是，南京大学的王富葆老师，他刚参加了王富洲等三人登珠穆朗玛峰成功的登山队，他登到了八千米为支援梯队。

通过考察后，国家科委决定要开展长11~12千米的圆梁山隧道喀斯特与喀斯特水的研究课题，决定由我负责研究工作，勘测工作由铁道部第四勘测设计院配合。

那时候考察，沿途还带着行李。考察路线由长沙至湘西，进入川东，达到重庆。这条线路主要是喀斯特分布地区，那时没怎么开发，山川秀丽，相对农村还是贫苦的。没有好的公路，更没有铁路，不为"三线"建设，就是单纯为当地经济发展和人民生活的提高，也该修建这铁路或公路以发展山村。当时，我们路过一个山区小村，老乡有一棵大的柚子树，结满了大柚子，要卖给我们路过的地质队员，他们说："给两元钱，你们能拿几个就拿几个柚子"，后来我们队伍中，有年轻的就把柚子皮剥了，用粗线把柚子串起两串，十二个左右，由两个年轻人背着，树上还留很多。这情况，反映当时农民收入是很少的，贫穷的农民需要几元现金，买些生活必需品。特别是现金，农产品运不出去，也卖不得现金，才让我们购买些。

这条初步考察的铁路，后来有些地段分别包含在别的新建铁路中。所以，当时川汉线一直没修建，实际上武汉—宜昌铁路及宜昌—万州的铁路，就是另一条的川汉线。

这次喀斯特考察，在考察前向科委领导韩光、武衡副主任汇报时，我强调了西南"三线"建设中，喀斯特问题的重要性，并且建议建立喀斯特研究所，得到科委领导的赞同。国家科委建议让地质部筹备，地质部研究后，让我具体先做筹备工作。所以，在考察中我也注意到今后成立这喀斯特研究所，该进行哪方面的研究，以更好地为"三线"建设服务的实际问题。

我们考察的这一个圆梁山铁路隧道，长 11~12 千米，是川汉线的一个重要控制工程，中国还没有建设这么长隧道的经验。考察时，让我负责写圆梁山隧道的考察报告。此外，刚开始"三线"建设时，铁道部西南研究所就派了几个人到北京我所跟我学习喀斯特调查研究工作。后来，让我完全负责国家科委的有关圆梁山隧道的重点研究工作，我还是感到压力重大。

整个线路考察结束后，于1966年年初在贵州涪陵进行总结，涪陵处在乌江汇入长江主干流的入口地带。除了涪陵榨菜之外，柑橘也很多。橘子的果肉瓣外包的橘膜，是好药材，橘子又不能储放太长时间，易腐烂。这样，当地药店就让路过陌生人，都可进店帮助剥下这橘膜，橘肉可随便吃，这就是劳动的报酬。

急赴贵州为乌江渡等三个枢纽的比选

总结快结束时，水利部来电邀请我去乌江渡枢纽，讨论坝区的比选。当时，要比选乌江渡、东风和普定三个水电站，从中选择一个枢纽先开工。我一个人赶去乌江渡，下了乌江渡火车站，自己背着行李、野外装备，走了很长路约两个多小时路才到坝区。当时，因我多次来乌江渡，对乌江渡情况熟悉，其他二枢纽我也去过。但是，乌江渡枢纽经过长江水利委员会的地质队员的辛苦勘探，还是做了较详细与深入的勘探。所以我首先支持乌江渡水电枢纽首先上马。但是，我也指出应当重视四个通道存在，并需做好基础处理的进一步调查和灌浆试验等工作。乌江渡枢纽评议后，我和潘家铮、谭靖夷二位总工程师一同去乌江渡下游东风枢纽。到了贵阳后，水利部又让我去成都，要讨论大渡河上的水利工程枢纽。到成都后，让我住在锦江饭店，先报到，再去野外考察。

我办完手续刚入住，我们所来电报转给我，要我即刻回京，筹备中国地质学会第一届喀斯特学术会议。

桂林会议争议喀斯特名称的修改

1966年春节过后，中国地质学会第一届喀斯特学术会议在广西桂林召开，在这会上及会后，我交了三篇论文：一篇关于水动力条件，一篇是和房素娟、戴莺、贾温茹合作的试验成果研究文章，另一篇是关于喀斯特名词。此外，还办了两件事：第一，开会地点在榕湖宾馆，附近有桂林图书馆，我们在图书馆举办了"中国喀斯特"的图片展，展出了我自己拍摄及收集到的一些喀斯特方面照片，为的是对外宣传，喀斯特是什么现象，与人民群众生活的密切联系，以起科学普及的功效，受到了观众的热烈欢迎；第二，在这会上，我们赶绘好的《中国南方喀斯特图系》，即：中国南方碳酸盐岩层组类型分布图、中国南方喀斯特（地貌）类型分布图和中国南方水文地质图（比例尺1：300万），也受到同行的赞扬。

榕湖饭店，早期桂系的白崇禧曾住在此，一座叫白公馆楼，楼前有"愿君多采撷，此物最相思"的红豆树，因为这棵树结有相思意的红豆，引起大家关注，也是我第一次看到红豆树，我也采了几颗红豆。

张更生所长住在这白公馆的主房间，我们也散住在这座楼的其他房间。会上，张更生所长倡议将国外音译过来的"喀斯特"改一下名称，让老百姓易懂，于是在白公馆召开了参加会议的国内主要研究喀斯特骨干科技人员，专门讨论张所长的建议，将喀斯特名词改为一个大家易懂的中国含义明确的名称。于是，小会上像开了锅一样，七嘴八舌地议论，有的同意换一名称，有的认为不必改，强调"坦克"就是音译过来，也照样通行，老百姓也明白是什么。喀斯特也一样，不少老百姓，也都明白了。但是，基于当时背景，正开展"三线"建设，也不要自己轻视自己，中文也应有反映自然事物的精确表示，有人强调要跳出音译这束缚。于是，新的中文名称，大家也提出很多，例如：溶岩、峰洞……岩溶等，也有认为"Karst"是原南斯拉夫（斯洛文尼亚）靠近意大利的一个地方名，原名是Kras，意即石头，后Kras变为德文Karst（英文也用Karst）。中国桂林有最好的喀斯特景观，就建议改名为"桂林"吧。众说纷纭。原先我不发言，也是不同意改名，看多数主张要改名时，最后，我表示不用"喀斯特"也好，先酝酿一段时间再改，如果要改以"喀斯特"表示石灰岩等被溶解的作用过程与有关现象,那也可改称"岩溶"。"岩溶"是张寿越同志当时提的。又经过一番议论,最后大家多数表示赞同用"岩溶"。我在会上强调岩溶和喀斯特两者可通用,英文还是用"Karst",刚开始都写岩溶(喀斯特),经过一段时间,"岩溶"名称就逐渐流传,而且主要媒体一经采用,有关字典上,也采用"岩溶"两字。这样,经几年后,岩溶就流传开了。

筹备岩溶(喀斯特)研究所并选所址

在桂林会上,我们去拜会了桂林市领导,张更生副局长向市领导介绍了我,并说:地质部要成立地质部岩溶研究所,所址拟建在桂林,请桂林市领导今后多支持。当时,桂林市领导特别欢迎,派人带我们去选研究所的地址。桂林市领导认为在市外的一个小镇上较好,那里有一个老的小花园,但原桂林机场起飞的飞机,常掠过这地方,飞机轰鸣会影响研究与试验。桂林市领导希望我们将岩溶所建在那里,是希望通过岩溶所的兴建、国家的投入,使当时尚不发达的小镇,能够被推动而发展起来。

通过比选,我建议将岩溶研究所所址选在七星岩公园的后门。七星岩是桂林一个重要的喀斯特洞穴。那时七星岩是桂林市第一大洞,旅客多,国内外也闻名,那时芦笛岩刚被发现,还没开发就绪。七星岩一带树木成荫,草青花红,环境优美,建立岩溶研究所后,还可建设科普地质馆,向观看七星岩的旅客开放,进行科普教育。这一带若建岩溶研究所,确实太理想了。市领导后来也同意挑选这块地,并表示大力支持。

张更生副局长对桂林市领导说:"以后建立岩溶研究所,就由卢耀如和你们联系"。后来,由于不久即发生"文革",岩溶所的筹备一时作罢,那块原先选中的地址,也被别的研究所占用。可惜啊!

当时，让我负责筹备岩溶（喀斯特）研究所，只是因为我在地质部当时做岩溶（喀斯特）地区工作较多的年轻科技干部。那时才34岁，只是先做具体的工作，并不是让我筹备岩溶（喀斯特）研究所，将来就是当第一任所长，我也没想过。张更生副局长曾问过我：将来岩溶（喀斯特）研究所的所长由谁担任比较好，是陈梦熊副工程师，还是姜达权副总工程师。他们两人都是地质部水文地质工程地质局副总工程师。总工程师是贾福海先生。陈梦熊也做过工程地质，但后来偏重水文地质调查，而姜达权主要搞工程地质，而且还抓长江三峡。那时，地质部担任大工程进行工程地质调查的人员比较多，包括正开展成昆铁路的调查工作。我告诉张更生副局长，岩溶（喀斯特）水文地质条件复杂，涉及这方面问题多，建议陈梦熊副总工程师担任岩溶研究所所长比较好，姜达权副工他应抓工程地质。张更生副局长同意了我的意见。

水文地质工程地质研究所的搬迁

1964年下半年，开始了"三线"建设，为了备战，准备敌对势力对新中国的侵犯，将一些有关工业以及一些研究机构，迁往西部"三线"地区。而沿海的省份，在其西部的山区，也算是小三线。

地质部所管辖研究所较多在北京，不能不搬迁一些。而当时，对国家在找矿方面关系更重要研究所是地质部的地质研究所、矿床研究所和地质力学研究所。由于这些所老专家多，结果都没有搬迁，而搬迁的是新兴学科、老专家少的水文地质工程地质研究所和地球物理和地球化学勘探研究所等。

水文地质工程地质研究所往何处搬迁呢？确实费很大的劲。当时，派了办公室主任一班人，专门去了西南等地，挑选搬迁的地点。最后还是一位由部队转业到地质部的旷伏兆副部长，下令水文所必须搬到河北正定县，那里有百多亩的土地，原先是地质部的一所技工学校，后来因学生闹事，学校就逐渐缩小而停办了，只剩校长和一些干部。于是地质部领导限令水文所迅速搬往这所学校，名义上为了备战，实际上也是占据地盘，别让别的部门所占据。

正定，距石家庄市中心有 8~9 千米，但中间隔了一条滹沱河，还没有桥梁连接两岸。正定，立于太行山的山前地带，是正太铁路的起点与平（北平）汉（汉口）铁路相接，也是石家庄的前哨阵地，更是前往山西高原的咽喉要地。这里应当是战略的要地，历史上战争也说明了这点。但是，就是这一块地，让水文所迁去，真要打战，那地方说不定正是一个危险而要受攻击的地带。水文所搬迁到正定后，的确是一个重大的损失，不能更好地发展，而是增添了在北京肯定不会遭受的苦难。特别是"文革"期间，从和平时期科学发展上看，水文所处在正定几十年，真的是受了很大的制约与影响。

邢台地震后加强有关监测与研究

水文所搬到正定不久，就发生了邢台地震，正定和邢台相距只几十公里的距离，正定也有震感，但尚没有遭受破坏。水文所人不敢住原先已陈旧的不坚固而无抗震功能的平房，大家都住在大操场上临时搭起的土帐篷。地震时，我还在野外，后来也赶回去。因为那时我是水文所的喀斯特与矿床水文地质、地下水动力学研究室的技术负责人。我想我这负责人虽不是个当官的位置，但应当为室内同志们的安全负责，在一起共患难。在防震的日子里，大家也不能上办公室工作。过了很短时间，就逐渐恢复正常。

地震，是可怕的，也是难以预测预报的。李四光部长感到地质人员应当为此出力。于是，从地质部抽调一些人来进行地震方面的监测和预警方面的研究。水文地质也是应当监测的，并可利用水文地质现象作为预测的一种新手段，于是就抽调了水文所一批人，开展有关地震方面的水文地质工作。这些被调科技人员在北京、天津、河北、山西等地，还有在东南沿海地区，开展了地震方面的工作，发挥了技术骨干或领导的作用。水文所的实力，又一次被分散削弱了。

赴圆梁山长隧道工地

在川汉线上，最长的咽喉工程——圆梁山隧道，由国家科委列为重要研究课题，并要我具体负责此项研究工作之后，我做了许多准备工作。因为这项任务太重要了，我国还没做过这么长隧道的地质勘探研究工作。三峡水利工程南津关坝区的发电及导流隧洞直径大，但长度短，相对地质条件简单得多而且隧洞埋深不大，易于勘探。而这条近12千米的隧道，要通过软弱的砂页岩层，还有发育着岩溶的碳酸盐岩地层，埋深达几百米以上。将会遇到的地下工程地质、水文地质问题复杂得多。

要做好这条圆梁山隧道的勘测工作，我提到了三个措施：

第一，建立喀斯特研究所：这在开始"三线"建设时已提过，得到了国家科委和地质部的支持，要我筹备。当然这个研究所不是只为圆梁山隧道服务，而是面向整个三线甚至全国，所以我向地质部建议，加速增加些干部进行有关筹备组建的具体工作。

第二，加强地质雷达研究工作：那时，国外也才刚有地质雷达方面的论述文章，由清华大学毕业在地质部搞地球物理勘探工作已十年多的袁学诚同志，和我相互配合很好，我们两所都已派人组成研究组，而且中央军委有关部门也大力支持我们研究地质雷达的要求，给了我们空中雷达（大锅盖）做参考。我们当时已开展了合作研究。这项研究对深埋的长隧道，极有用处，可补充勘探工作的不足，以进行隧洞施工的撑子面超前探测。在洞外，对一段平坦的地基，也可进行探测。

第三，要开展多方面研究：要做好深埋隧道的勘测施工，需要开展多方面研究，不仅地质上有不少问题要深入研究，更要地质和工程设计方面的密切配合，以解决施工中的难题，其中包括隧道涌水的判断与计算、隧道岩体不同工程地质特性及有关塌陷、崩塌、岩爆等问题的防治途径。

1966年7~8月间，前两个问题都向领导作了汇报，也正准备要加紧进行。对于第三个问题，我于1966年8月即赴圆梁山工地，一方面马上开展地质调查研究工作，另一方面和铁道部第四勘测设计院讨论合作研究问题和勘探工作的配合问题。那时，铁四院大队人马，已在圆梁山上安营扎寨，一部分住在民房，另一部分住帐篷。

我到了圆梁山，工作地点暂定在山上的村公所，住处就在对面的小民房。到后第二天，我就和四院的有关领导和总工程师们研究了开展地质调查与合作的问题。

研究喀斯特发育规律，卢耀如20世纪50年代就开始探索

地质部水文地质工程地质研究所是我国最早开展喀斯特研究的机构之一，1965年从北京迁往河北正定的所址（2002年）

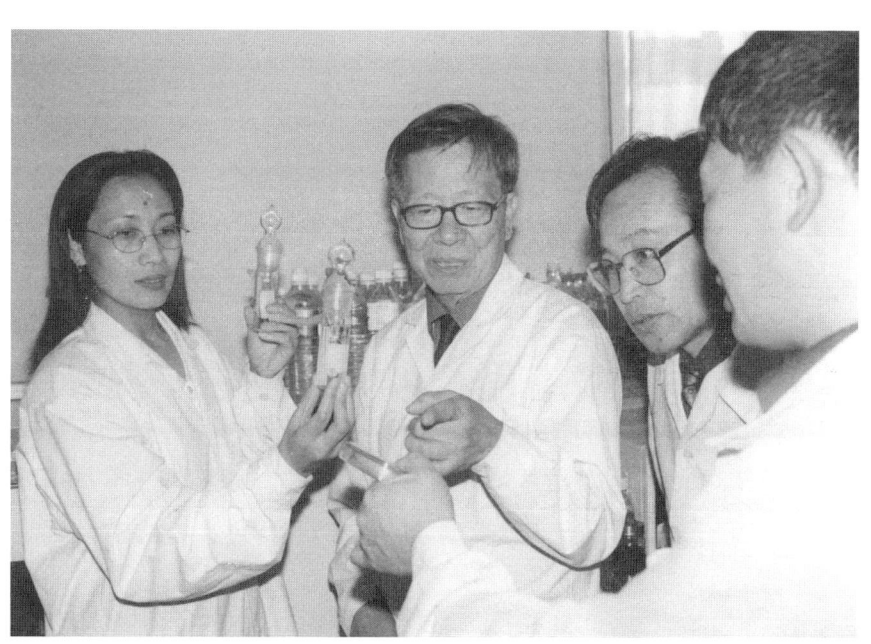

从20世纪50年代中就开展有关溶蚀作用机理试验，图为近期开展有关生物作用机理的研究（左一为张凤娥博士，右二为刘少玉博士，右一为张胜副研究员）（2002年）

第四章 喀斯特（岩溶）的科学研究

研究有关发育规律图件［左一赵玉英（协助）、
左二卢耀如、左三张凤娥、右一刘少玉］

在广西调查喀斯特塌陷与岩溶水（左一雷明堂，
岩溶地质研究所岩溶塌陷研究中心主任，右为卢耀如）（2007年）

采集贵州索风营水库水样,研究库水水质(右一为我的博士生刘琦)(2009年)

调查云南高丽贡山地热喀斯特及热矿泉

第四章 喀斯特(岩溶)的科学研究

在国际喀斯特学术会议上介绍有关喀斯特水资源与生态地质系统研究成果

与德国喀斯特专家在北京石花洞的石盾下面共影（2001年）

1996年9月和英国探洞者（Cavers）在一起

和我的两个硕士生合影于1996年（左一于海潮，1989年硕士毕业后，
推荐去美国读博士学位，后在美工作，右一为段光杰，
在广州开展工程地质，因病已去世）

第五章
十年"文革"的命运博弈

风雨地质人；

喜看春梅绽；

几度风雪冰霜夜；

依然盎然俏；

俏在春天里；

洁白独骄傲；

请待蓝天阳光照；

艳丽赞歌唱。

在 1965 年，报刊上发表有关"海瑞罢官"问题批评，以及"三家村"的批判，那时专注于"三线"建设的我们年轻的科技人员，确实认为这只是文艺界方面的革命批判行为。

一、"文化大革命"的开始

"5.16"通知的震撼

1959 年庐山会议之后，已经触及各个方面，后来的反"右"倾的效应，大家也都经历过，也付出了代价。之后几年，彭德怀又被任命为"三线"建设的领导之一，我天真地以为这件事也过去了。与批判"海瑞罢官"吴晗的事件，似乎也没多大的关系。"三家村"，登在刊物上的文章，以前我也是很喜欢看的，我总认为没什么大事，还是应当平安无事的。后来，不只是文艺界了，再到各学校进工作组，学生造反，那已是超出文艺界批判的范畴了。一种沉重的感觉，自然而然地从内心中产生出一个大问号来，为什么？

历次的运动，不断的大规模群众性、全国性发展，不能更多集中于经济建设，这个后果，广大人民是深有感受的。说实话，作为一名普通科技人员、一名普通的共产党员，心中却是感到困惑，究竟有什么问题，在我心中的疑虑却是越来越沉重，当时的确感到为什么老这样折腾？我自己当然没有答案。

三道"金牌"

我离开在正定的水文地质工程地质研究所的新址，到了北京办点事，再坐火车去长沙，坐两天长途汽车赴四川酉阳，再乘短途公交车去圆梁山，时间也刚七天多。在村公所对面小屋住一宿，第二天就与铁道部第四勘测设计院联系、讨论勘测研究工作的开展。我是国家科委指定的圆梁山隧道的地质研究项目的技术负责人，由铁四院配合。但整个工程是由铁四院设计，所以我们应是相互配合，首先是铁四院有其队伍先配合我们的项目，开展地质方面的研究，以更好进行勘探工作。

第三天在圆梁山工地的山上，下午就有村公所电话中传来给我的电报，是所里发出来的，意思是：所里有急事，请马上返回。看到这记录的电报信息，我还不以为然，刚离所几天，有什么大事要让我回去，我想把这里事情再商量后，再把工作计划上报所里。

第四天上午，早上起床活动一下后去村公所，预备吃早点后再去找铁四院同志。饭后，也和村干部谈及地质人员来多以后的住宿等安排。不久，又是手摇的村公所的电话中，传来所里来的电报："即速返所，有重要的事情"，接到这电报，心中就多了些疑问，出了什么事这么着急，有急事先说清楚，令人摸不着头脑。以前有急事，临时让我回所，例如：筹备学术会议，都是先说明任务，以早安排。这次葫芦里卖的什么药，让人感到了不安。当天中午，山上就传说，酉阳中学在山下，学生们已起来造反，揪了老师。酉阳县是四川偏远的县城，现在，也已经闹"文化大革命"了。正定离石家庄、北京那么近，恐怕也闹起来了，我心中开始忐忑不安了。

当天下午，又传来电话，"立即返所"。这时，我已深感事情不妙了。于是，我就做立即回所的准备，向铁四院领导告别，并再交谈合作之事。与村公所再商谈如果开展工作后，有关住宿和其他问题，还有就是结账交费，等候经村公所去酉阳的汽车。

这三封电报，好像三道"金牌"，我自认为我是一般科技干部，我干的事情都是国家需要的，我也干得不错啊！让我回所，大概也就是学习学习，也作自我批评，像上次反"右"倾那样，自我革命吧！但也想到，是否还有什么事，总之，那时三道"金牌"的不祥之兆，也逐渐弥漫开了。

二、"文革"在正定发生

我离开圆梁山时，心中虽有些忐忑不安，但我并没有过分紧张。我想，我才35岁，还是青年人，从那大形势看，酉阳中学都已动了，我所在正定也是难免的，但最多是烧烧身，需要自己在这场"文化大革命"中去认识些问题而已吧！

回到正定

从酉阳坐车至长沙，再坐火车到石家庄，然后返回搬迁到正定的水文所新址，耗时三天多。回到所里见到的同志们，有的还点点头，有的像不认识，转过头往别处看，有人无言而直视你，擦肩而过。这发生了什么事呢？在平房宿舍放下行李后，我直奔我办公室所在的三楼。看到的是铺天盖地的对准我的大字报，当然也有别的技术干部和领导的大字报，但是很少，有70%~80%是对准着我而写的。

我想这就是枪打出头鸟

我很冷静地看待这场运动，再分析一下，所有对准我的大字报中，大部分是我做了有益于人民与国家发展的事，树立了科技学术上的初步的影响力，也可说是有一定的威望，如果将来不断努力，可能作出更多贡献,那时才可能成为公认的"权威"。现在我自我肯定还不是权威,还差得远呢,可硬是把我拔高为"权威",再扣上"反动"的头衔,成为"反动权威",那是站不住脚的。给我这帽子,尺寸不对,不是我戴的,风吹过去,给我这大帽子肯定会随风飞掉。

再一想"我反动在哪里?"没有什么新内容,以前年轻人及领导都把我当作"又红又专",首先把我提为副主任工程师,算是所里第二位。现在可被抓的问题,只有反"右"倾中批判我自己在会上说的话,硬扣上帽子,而后也澄清了。例如,我说:"在三峡野外调查,看见地里有没收割的花生,我们吃了点,留下钱"。后来被扣上"说丰产不丰收",等等,这也不是什么大问题。还有就是学术上见解,包括有中科院有关研究所转来,对我学术论文中提出学毛主席著作两论,分析岩溶问题,本应是好的事情。所作不切实际的批判,这更算不了什么。最主要一条是,揭发我不让批准对四川某磷矿的开采,强调要进一步查明水文地质条件,这条是从地质部储委转来的。我想这条储委有关同志原来就是这意见,我和他们意见一致,怎么变成只我一个人提。而且我们室几个专家意见是一致的。看了这些内容,使我反而定下了心,我没有什么可被当作"文化大革命"中对我构成"反动权威"的证据。想到这些,我觉得应当清醒认识这次运动,自己更要做好思想上的准备,看来短期内我不可能回到酉阳去执行重要的喀斯特研究工作了。目前,这样集中轰我,就是因为我刚多做些工作受到好评,于是我成为青年科技人员中有较多贡献的"出头人",导致被当作"出头鸟"而被枪打了。

运动刚开始,首先受到冲击的是研究工作的停止,所里有不少年轻人去了北京串连,北京地质学院也有学生来正定。有一个就住在我们的房间里,对我没说什么,我也不问他,他们待了2~3天,又回北京去了。

分裂两派明显对立，开始所无宁日

刚开始，原来党委尚有些作用，组织学习形势，学习重要的社论，所以科技骨干也组织学习，大家也开展些讨论。我反对"造反"这想法，这可不能跟。有的人认为自己以前也"受压的"，其实正是受到了重用。所以，通过这次学习，真的使我明白了这次"文化大革命"，并不是在文化上需要改变什么，需要创作什么，让五千多年历史的中华民族变得更加辉煌。人物真实面目的大暴露，没有任何时候比这次"文化大革命"来得彻底。庆幸我很快就观察到了这点。平时不大管所里之事，也不议论所内事物的人，却能真正显示出了高贵的品德。

经过一段社会上的影响，只有三百多人的一个小小研究所，也明显地分为两派：一个就是"造反派"，另一个是"保皇派"。

有的技术骨干本人不敢公开站在"造反派"这边，但是有其亲人站在"造反派"一边，那就会保平安了。我是孤独一人在正定，虽然于1963年有了家，家里人也一直没来过正定，在正定也还是只有我一人。我们研究室内的人，新来的年轻人受"谋士"的拉拢，以"造反派"为多数。但是，无论是研究室内的"造反派"，还是"保皇派"，初期对我还是没有太多的动作。

水文所"造反派"夺了地质部的大权

水文所"造反派"在1967年年初，就让党委靠边站，并夺了财政大权，给"保皇派"（这称呼不当，应是"不造反派"）扣发工资，有的人去领工资，稍有不如"造反派"之意就要被打。那时，"保皇派"的人，有的也回老家，我当然不属那个派，也回北京去了。

我的工资也被扣发。有一天，我知道"造反派"的一号头头在地科院，我就等着见到他后，我直言指责："你们造反夺权，不能扣别人工资，像王××从部队转业来所不久，一个月只七十元工资，没储蓄，你们不给工资，他们怎么养活几口家人，你们不发给我工资，时间久了，我也没办法"。那头头说："我没有扣发，叫他们到正定所里领啊，他们不去领"，我说："人家去领了，你们把人家打跑，人家怎么领"。我是以一个共产党员身份指责他，也表示对当时所内"文化大革命"的做法不满。

这次正义的指责，没想到留下后来要迫害我的祸根。

水文所"造反派"，那时真是威镇北京地质系统，还夺了地质部的权，当然，这样夺权，把北京更厉害的"造反派"的权也限制了，所以引起复杂的"造反派"之间的问题，没多久，水文所"造反派"又返回正定所内。

我感到很不合情理的是，地质部副部长、部党组书记何长工，他对地质工作的开展还是起了很好的作用。但是，"文化大革命"开始不久，就被点名打倒，作为"党内走资本主义道路的当权派"，后来还让他在北京地质学院去看自行车。他在井冈山上，腿坏了，行走不便，何长工的遭遇使我真的存在疑问。

前几年，去井冈山开会，看见有何长工塑像，为此，我特地向何长工雕像鞠躬，以表敬意。

"造反派"正式夺取水文所大权

在1968年年初，水文所"造反派"借助地方的力量，正式夺取了水文所党政大权，成立了"革命委员会"。革命委员会中，必须有三结合，其中包括一名老干部。后来"造反派"选了一个处级姓刘的老干部，作为革委会主任。此人虽是老干部，水文所搬到正定后新来的，平常不懂专业、不干事、水平低，这样结合进革命委员会的班子，给全所人的印象，包括"造反派"和"保皇派"，就是此人是非常糟糕的人选，是滥竽充数，就是以有老干部结合来蒙骗群众。但实际上也蒙骗不了，明摆着的是，他连做个花瓶都不是样子，而是一块破砖，一块瓷片而已。

"文化大革命"不久，上级已派了姓张的司局级老干部来，他是有能力，思想也清晰，在"造反派"没夺权前，那位姓刘的老干部，有一次还拿着大扫把要追打姓张的这位负责人，说姓张的没重视他本人。

"造反派"夺权后，命令通知让"保皇派"及所有的干部都要回正定所内。他们要树立"造反派"掌权的威风，首先采取的手段是，对"保皇派"骨干大加惩罚，大施拷打。

仓库主任的悲惨事件

当时，在正定所内，还有地质部一个仓库，仓库主任是当过志愿军，立有战功的人。在两派严重对立之时，"造反派"想把无缝钢管拿去做炮，以为武斗之用。结果，这位仓库主任誓死不让，"造反派"没有拿成。水文所夺了权，这仓库人不多要仰仗水文所"造反派"也夺了权，成立领导小组，只有这位主任干部，就先把他结合进领导小组，不久就对这位领导小组成员进行残酷批斗。没多久，对外宣布，此人失踪了，逃跑了。

过了两个多月，5月份天气已暖和，在不常用的礼堂上有活动，准备下乡事宜，平常这礼堂是大门紧锁的。那天，突然大家闻到极其难闻的臭味，我也在场，有人说死猫！死老鼠！不可能那么臭。大家发现不了臭从何来，有人首先看有不少苍蝇向天花板上飞去，于是有人向礼堂舞台边天花板里望望，看见有两条腿悬着，马上报所内管保卫的。管保卫姓林的看了一下说："不是你们开玩笑吧，老实说上面有两条腿，可能吊死了人。我们马上都离开礼堂。"最后传出话说，这位仓库主任，在他上吊地方有一板凳，留下一棉被和一张条子，据说条子上写：我偷了红卫兵的棉被，所以没脸见人，现将棉被留在此。有这样上吊的吗？不让拿钢管去做炮，以进行两派武斗，却去偷红卫兵小棉被。大家都知道，不言而喻，这是掩人耳目。结果草草把尸体投入棺材，就抬走埋掉。他家属来也交涉无果，直到"文革"后多年，才以病故处理，吸收其女儿参加工作，这事才不了了之。

三、命悬一线的遭遇

四川磷矿没批准开采的"罪过"

刚开始时，有一张部内转来大字报，说我不让批准四川一个磷矿，把这责任推到我身上，上面已说过。事实是，当时四川有一大磷矿是国家需要的，但水文地质条件没搞清，不好批准先开采地下水面以上矿，应对有每秒十立方米涌水量的喀斯特泉水的洞穴系统有些了解，否则是很危险的，盲目开采地下水面以上及将来开采地下水面以下矿，而且，喀斯特含水层中有孤立管道流和统一地下水力面间，关系很复杂，应当有勘探成果，做些说明，否则地下水面上、下开展都会出现问题的。地质部储委有的干部管矿区水文地质的技术人员，让我负责审查，当时我们意见是一致的，即认为没查清水文地质条件，不好批准初步意见。我们由室内几个人共同审查，由我负责，还有搞矿区水文地质的，也有研究地下水动力学的，我们几个人意见一致，就是：那里有每秒达十立方米流量的大泉，没搞清成因，及其对矿区水文地质条件的开采效应是不好批准的，所以大家一致建议要补做些勘探工作，再统一考虑地下水位以上和地下水位以下的磷矿开采，并统一制定开采计划。应当说，这是科学的论述。

"文化大革命"开始，我被打成"反动学术权威"，后来进而成"反革命"，那时动乱的情况，生死之瞬间变化多，惨遭厄运也是很有可能的。这些情况，是过后有人从外调人处听到偷偷告诉我，要我小心的。

过了很久，也没有人来揪我去四川问罪，那是"文革"后才知道，四川正有人要揪我的理由是：原先我同意在地下水面以上打一探洞，当时打这探洞的目的是勘探地下水情况，将来也可做开采矿山的交通洞。施工一段时间，洞内干的，他们认为证明了不存在大岩溶水的水文地质问题，而正要行动时，这探洞突然出大水、垮塌，听说有伤亡的，所以才没来揪我。后来，我是庆幸过了这生死关。

这事过了46年，前两年，我出差到一个地方，一位原在地质部工作的同志知道我到了他单位，他先打电话要和我约好时间，他有要事对我说。晚上，我去他住处拜访他。他说："我现在有两个擦边球，就是身上有两处可能是癌症，但刚排除，今天你来了，我一定要向你道歉，为那磷矿事，我全推到你一人身上，让你吃好多苦，可你一直保护我，不把我牵连进去。你的人格我非常感谢，所以今天我必须向你表白，向你道歉。否则的话，我到了天上，也于心不安"。他的话让我感动，我马上安慰他，我说："你不要这么说，我应该自己来承担，怎么可能推给你，你还是好样的，当时都是为国家利益，我们做对了。现在不是大家都明白了，我没有什么，现在不也很好吗？你不要多想，要保重身体"。的确，当时他也是一般群众，即使他不推托，他也只是有个建议，我们如何下结论，与他无关。好在命运使我免这一死。当然探洞出事，总是不好，而且施工前就警告，是探测的平洞，要注意可能有大水，才要探测。这涉及喀斯特水中存在孤立、半孤立水流与地下水力面的共存的对立统一的科学认识。

他的自责，使我感受到人间真情之可贵啊！

艰难与迷茫之际的人间真情

"文化大革命"刚开始,我从圆梁山返回所里时,对我的"揭发""批判"使我真的感到孤独与无援,外表上是很镇定的,吃饭时我只能选在无人的偏僻的桌子上用餐,有一次我一个人正在用午饭,内心是很痛楚的,当时所里一个小M同志走过来,勇敢地坐在我这桌子上,开口说:"我们所里像你这样的人太少了应当多点,有你这样的人,所里才有希望"。意思我明白,表示我做国家建设工程是出色的,不要介意这次运动,大家是尊敬你的。这席话很朴素,也很简单,说明在这位同志口中,我还是被认为是真诚有贡献的好技术专家,也表现他们并不认为我是反动的。这简单的话,给我以激励,给我以勇气,表明一时运动中的风暴,正直的人应当顶得住。回到宿舍,我想着这句话,真的像是在严寒的冬天里,给我一杯温暖的水,喝下去,身心都发热了,这真是人间的真情啊!

我知道像小M这么理智、明事理的人,在所内还是多数,也给我增强了信心。

有一次,所内人员到北门帮农民在地里干活,散工时,"造反派"高喊开批斗卢耀如会,让农民也参加,老乡们不知所以。晚上到指定的老乡家,也不想吃东西,自己在沉思。

住在老乡家。第二天中午劳动后,在这老乡家吃便饭,一对老夫妇,准备了几个菜,还不断往我碗中夹菜,让我多吃点、多吃点。那位老太太对我说:"同志!你要想开点,这样的事多着,自己要保重自己,千万不要想不开啊!该吃就吃,将来会好的"。老农民也用一样话安慰我。把我"反动权威"称为"同志",真是感人肺腑。当时,我受这人间真情的感染,真想哭出来,但我强忍着,我想我不能让这一户农民失望,也不能让广大人民失望,显然他们并不把我当成"反动权威",更不把我当成"反革命"。他们一句话:"你千万不要想不开啊",这是对我多大的关怀,多大的激励,又是多大的信赖!我当时,就记住他们的地址,我想这一席解脱我心中困苦之念,我当用生命的行动来回报,今后我必须证明,我们可为国家、为民族、为广大人民作奉献的。

又一次生命攸关之时的真情救助

那位仓库主任之死是谜案,但大家也是清楚的,还有那时有外边的学生红卫兵在所里死了,是两派斗争的结果。所里两派斗争也激烈,一时人心惶惶,我自己认为虽然被打成"反动权威",但我是共产党员,我不反动,我在水文所危急之时,一个共产党员是革命的,应当设法缓解这矛盾。我想起鲁迅书上写的一段文字:"死于敌手的锋刃,不足悲苦,死于不知何来的暗器,却是悲苦。但最悲苦的是死于慈母或爱人误进的毒药,战友乱发的流弹,病菌的并无恶意的侵入"。我想要针对两派不应有的两派争斗,而且还死了人,还有更大悲剧在前面,可能还要死人,于是我就在鲁迅这段话的下面,接着写:"这样年轻的小兵死去,才是最悲苦的"。意思就是两派如此武斗,真是堪忧的。

这张大字报一贴出,不久就是"费尔泼赖缓行",也用鲁迅话来回击。

那一段时间,我也分析了周围环境,我和那仓库主任两个都是单身在正定,他在正定是仓库走资派,我是水文所的被斗最厉害的"反动权威",我们孤独的两个人,常坐在传达室前面的花圃边缘,谈天说地,自取一乐,以取得精神解脱。他的死亡,我几天都睡不好觉,因为,我一开门,就是他住房的窗户。真的,当时我在水文所,虽然有不少人是支持我,没把我当"反动权威"看待。但这总是暗地的支持,不能公开为我喊不平。如果我被害了,那会更说不清。那时候,表面上似乎我劳动努力,生活随意,看起来是很随和，得过且过，自寻乐趣。其实内心是很紧张，所以敢贴这大字报，当时也是想，破釜沉舟，明言相陈，让有意陷害我的人，不敢以这大字报为由，就对我动手。

这样，似乎平静地过了两天，有一天接近中午，我还没吃午饭时，从广西野外队来所有公干的姓孔同志，和我熟悉，但他来时我没和他打过招呼，怕影响他工作。一天中午，我从办公室走回宿舍，其实那时也无公可办，在操场，孔同志与我擦肩而过，口中轻声说道："有人要陷害你，中午你赶快走，什么也别拿，我在小十字口等你"。当时的形势我就明白了。无意间透露迫害我的计划。孔同志也是无意中听到的。我想，"造反派"想迫害我一个孤单在正定的人，就像对待那位仓库主任那样简单。所以，老孔冒险来通信，实际上还是危在旦夕，必须立即救我。

当时，他及时设法告诉了我，却是令我万分感谢，也深深感到人间真情的温暖啊！我也不能有什么感谢之语，就假装两人没说什么话。

午饭后，我在门口路过传达室，在附近我还掏出零钱，好像是看钱够不够，去买香烟。到了小十字路口，孔同志站在小三轮（平板）车旁等我，一看周围没有人，他就陪我坐那三轮车去正定火车站，两人没说话，怕和所里关系密切的三轮车夫听见。在车站一看，过不久正好有一列慢车停正定，他替我买了一张硬座票，亲自送我上了列车，车快开行了，我才向他真诚地道谢！他看车远去了才离开车站。

这真是永志不忘的一次人间真情的生命攸关的"帮助"。

四、一场迫害使我又命在旦夕

一个近一米高的炉子在烧着，边上五六个小板凳重叠着，让我爬上去，双腿跪在最高层的小木凳上，凳面只有10厘米左右宽、30厘米左右长，双手再高举铁哑铃，这样跪在高于地面近3米的空中，叠着的椅子经不住晃动，就连人带椅子摔在地上，旁边是五六位男女在喝骂着，又猛踢我身上，"再爬上去，老实交待你对小孩说什么反动的话！"

残酷的审问

我昏昏沉沉地又爬上高处板凳，经不住身体的晃动，叠着的木凳又倒下，我又摔下来。我只有一句话："我没和小孩说反动的话，如果你们要我说，那我就说'造反派'说了，号召两派联合，在水文所不适用"。这句话确实是"造反派"在全所开会时说的话。就这样，不断摔、狠狠踢打，再吼叫要我坦白。通宵这样狠斗。"造反派"中有一个人以前在全所大会上还指着被批斗的人说："你们梦'床'以求，想复辟"。大家听到把"寐"读成"床"这话，不禁哄地笑出来了，是"梦寐以求"，那"造反派"还说：书上就是梦"床"以求。我想那情景，我始终咬住这句话，大家都会记住。

那天审问我，又问我，"你和顾某某都说了什么，你和他什么关系，你们商量了，想干什么坏事？"。我说："他支持你们'造反派'，我们没有什么话可说"。我已把生死置之度外，但我必须坚持真理，不能贪生怕死，不能屈打成"招"，无中生有给自己罪过，更不能陷害别人。

制造给小孩说反动话的"反革命事件"

这事怎么发生的呢？那时"造反派"夺了大权，成立"革命委员会"，所里人都被通知回所里来。那时已经是近12月了，所里没有生暖气，集体宿舍也不生炉子。有一天，管后勤的人转告"革委会"决定，告诉我和顾某某，宿舍不生炉子，你们两人（在正定都是单身）搬到传达室去住，那里有炉子。传达室整天都要值班，怎么可以让我们去常住，值夜班人不休息了？这就值得怀疑。他们不断逼着我们马上就搬去。好吧！我们带了铺盖棉袄，就到传达室，正好有两个单人床。

第二天早，快8点了，我就往办公室去，那时也没有什么工作，我们去就是看看报、学习。但经常有事去劳动。要揪我去批斗时就跟着去。从传达室出来往左走，和办公楼的边门之间有毛主席大理石像，两者之间不过20~30米。我看到边楼上面二楼窗口好像有两人在注视我，我也没太注意。突然，看见有一个5岁男孩走过来，这也是"造反派"的一个孩子。那时候，我很孤单，平常我很喜欢小孩，那男孩以前也逗过，小孩到我身边，所以我就顺手托小孩下巴，说："小孩子"。然后就走进办公室。到了傍晚，传说有人跟小孩说反动的话。我听了后觉得此事反正与我无关，置若罔闻。可没过半小时，几位"造反派"的人到我办公桌前围了过来，狠狠地说："卢耀如，我们已经查清了，跟小孩说反动的话，就是你。"不容我申辩，几个人就把我押走了，在一个老房子里，有"人"字形房顶，房屋显得高大而阴森，于是就发生了在烈火燃烧的炉子旁，残酷逼我的那幕。

揪我时，我很冷静。因为孔同志告诉过我，有人想迫害我的那一段时间，直到今天被诬陷之前，我是时刻准备面对"造反派"对我的迫害，我想能找到水文所外的人，当然应是可靠的人，必要时，可替我留些材料，这样的人当然难找。他们为制造对他们有利的事件，以蒙骗或吓住所内广大的两派群众，那是什么事都可能干出来的。我的警惕性是应该有的。

这次被诬陷向小孩说反动的话，我想：千万要理智，而应当把诬陷的绳索套在"造反派"头上，所以我只有这一句："我没有和小孩说反动的话，如果你们要我说……"，大家不会忘了"梦床以求"吧。别以为"造反派"有多智慧、多高招，最主要的是"利令智昏"。

我不能为免吃苦而害别人，这是做人原则

关于和顾某某说什么，明显地他们想让我吃不了苦刑，就会为免皮肉之苦和自保而随口喷人，以求解脱。那样，既害了顾某人，也害了自己。为什么他们对顾某某这么感兴趣呢？因为顾某人脸型像外国人，他父亲是中国人，母亲是标准日耳曼民族德国人。

顾某某在《停战谈判》电影中曾客串演了坐在吉普车上的美国兵。我若因受不了刑罚而诬告人，那样也不会有好结果，顾某人由于这张脸孔，那也好过不了，我更会受更大折磨，良心过不去，不知又会加害什么，甚至危及自己生命。无论如何，宁可自己吃苦头，也不可害人，这是一个原则。

所以，在酷刑之下，我认为我应当坚持一个人的良知，坚持一个共产党人的气节，当时我想坚持的是：第一，多大痛楚也得经受，决不在淫威之下屈服；第二，自己没做的事，就是没做，把绳索套在"造反派"头上；第三，保护自己，堂堂正正地活下去，总会见到天日。这就是相信人民群众、相信党。

这次对我的陷害，我当时也想这究竟为什么呢？为了"造反派"掌握权力了，必须拿一个"反动权威"来整一下，以树立革命委员会的威信？不像，要是那样，那应当更多开展对所谓"修正主义科技路线""资本主义科技路线"进行批判；是要制造一个"反革命案件"，以此树立其政治威望，以吓阻"保皇派"和他们继续对抗？这是有可能，但是没有再进一步追问，以此事件压制"保皇派"？究竟是什么目的呢？后来出来后别人告诉我，当我一被"揪"出来，正定街上马上贴出大标语：《反革命分子卢耀如（名字上打×）和吴××谈联合》，……。主要就是在北京，没夺权前我找吴××谈话，当时他是"造反派"一号人物，我指责他的造反行动，如打倒所有老干部，专家骨干都去劳动，打"保皇派"人员，扣发工资

等,这次"造反派"二号人物,就因夺权后,一号和二号"造反派"又在抢功劳,所以二号人物在地方上取得支持,就制造了这起陷害事件,以此为借口,把一号"造反派"打下去。我的"事"制造了冤案后,他们还在想继续制造事端,以使二号人物完全掌握全所大权,那是必然的。

真理在握,我定平安

当时受这磨难,我觉得自己更成熟了。但身心却是受到很大摧残。

对我陷害的事件发生后,由于我坚决咬住那种"坦白","造反派"一时也没有想出其他的阴谋。其实,他们这种陷害也是非常愚蠢的做法,如果真正按法律来办,那他们要真犯了法的。

其一,是谁让卢耀如和顾某某搬到传达室去住,有这样的安排吗?第二天就正好在路上见小孩一个人上幼儿园,为什么那天没大人陪,一个五岁小孩自己去?显然是一个阴谋。

其二,在传达室刚住一夜,第二天早上见到小孩就对小孩说反动的话,小孩记住说什么吗?让小孩再说说?

这次诬陷的事,又说明了在紧要关头斗智斗勇,也是一个生死的博弈啊。

其三,真的是我说给小孩听,那个小孩怎么告诉家人,你们还先传出有人对小孩说反动的话,先传这信息为什么?真有人说,那不是打草惊蛇吗?而且小孩会记"说的话",更会认识、记得说的人,还用什么先散布,再调查。

其四,我否认跟小孩说反动的话,我强调原是"造反派"说过:"号召两派联合,在水文所不合适",是否你们"造反派"在大庭广众之下说过?众目睽睽,众声哗然,因为"梦寐"成"梦床"。

若按法制来审判,一调查"造反派"就要承担诬陷罪责,吃上官司，就是搬起石头砸自己脚。但那时，公检法系统也瘫痪了，到哪讲理呢？

融入群众，哀兵必胜

从长远上看，就是说还要经历一段时间，这乱必定会得到纠正的。所以，就这陷害事件来讲，我是真理在握，有了这事发生，我受到被关起来的残酷惩罚，这样也好，等于给我一个保护，避免其他陷害事再发生。

但我还得要小心，时间过去些，我也有活动与劳动之外的时间，就可逐渐出来，利用这机会多和群众接触。不一定说话，我可看看他们在下象棋，凑近人群听他们闲谈，见到支持我的同志，那就心照不宣，不言而可知会：等待吧！会好起来，乱总会过去的。

在那"造反派"掌权之下，你对他们所作所为，只有嗤之以鼻，但面对当时他们的权势，我觉得没有必要与他们相争论，与他们硬顶也没用，那时也是先"忍"吧！古语："小不忍，则乱大谋"。我的大谋就是国家必定会结束这"乱世"，伟大的党也不可能分裂，会更强大。这信心是有的。所以，目前这种情况下，仍需保存住自己。一些"造反派"看到我不吭声，不提抗争，以为我的唯诺不强势对他们来讲，是"怕死"。好吧！你就认为我"怕死"，我这"怕死"可没出卖自己，也没陷害别人。这是明智的"怕死"，让他们得意一时吧！

当时，虽说我的处境艰难，但他们也找不到缺口来进一步迫害。我想到古语："哀兵必胜"。这"哀"是有正义的一时之哀，当处于弱势之下的兵，这个兵当然不是一个兵，而是一个军队。我是一个人，不少人也会像我一样，一时受各种打击、陷害，这样包括我在内的哀兵，主要是有真理在握，所以今后必定会胜利的。

"三峡"成果前对我的批判

后来,"造反派"想从科研成果中,再抓"重大"的问题,正好有外地来调查三峡工程之事,他们以为又是一个时机来了,就让我跪在为三峡水利工程所做出的成果前,成果包括《三峡专集》以及为三坝选坝而编写的报告。说我里通苏联,把三峡成果都送苏联专家。我跪着,不少人就骂、踢,有的是做样子,不得不批"反动权威""反革命",有的却别有动机。

当时请苏联专家组来三峡,是中央决定的,勘测研究及设计成果,是通过长江流域规划办公室送的,也是国家决定的,这根本说不上里通外国,更不能说是"反革命事件"。

从这件事上,我认为"造反派"迫害我,已无新招了,黔驴技穷了,他们正是处在"强弩之末",无法射出利箭,穿过我赤诚爱国爱党之心。

五、艰难的解放过程

宣布我"敌我矛盾作人民内部矛盾处理"

过一段时间,换了新的工作组,在水文所内,那种打人"乱事"不再出现,他们就想把我这无实据,而追究起来又站不住脚的"冤案"也告一段落,但又想不得罪以前工作组和"造反派",于是仍由他们和"革命委员会"联合召开一个会,在全所会上针对批斗我"对小孩说反动的话"的事件,然后由工作组负责人宣告对我的处理意见,大意是:"卢耀如对小孩说反动的话,本敌我矛盾的问题,鉴于卢耀如能坦白认错,现作人民内部矛盾处理。"宣布完,不容我申明或表态,就宣布散会,想以此把"造反派"对我的诬陷,告一段落。"造反派"他们以为这样处理,一个"怕死"的人,不会说什么,也就给他们制造诬陷的见不了人的丑事,找了台阶下。

"造反派"没想到的是,一散会我就和工作组负责人拍桌子吵了起来,我说:"你读得不对,我没给小孩说反动的话,我是说'造反派'说的两派联合在水文所不适用。这是不是'造反派'说的话,广大所内群众都听见,制造敌我矛盾的是'造反派'。你们再看,我写的交代的都是这么写的。没有写一个字,承认是我对小孩说的。"

那位工作组负责人还是较好的,听了我说的话后,没再说别的,只是说:那我们再研究看看。其实,这次二进水文所的工作组还是讲政策的,但对我的事,确是前任工作组和"革委会"做的,留下这棘手问题,他也是想折中一下,可是把我好端端爱党爱国的人,诬陷为敌我矛盾那就是不可接受了。这时已经是1970年春天。

工作组给我摆脱"反革命事件"

过一段时间,第二批工作组撤走了,来了由南方刚调来的,他们来水文所后,实际上兼管了一切。原来"革委会"就有点靠边站了。新工作组负责人的水平也逐渐为两派群众所认可,那时,我已基本恢复了自由,可以回办公室,但过年节,还是不能回北京,因为我这"现行反革命事件"还没有处理。我不接受"敌"我矛盾,因能坦白交代作人民内部矛盾处理的决定。那时,主要还是劳动。1971年5~6月间,水文所操场上灌上水变成水田,要种水稻,先插秧,我也参加了,而且插在前头。那时,我看见两三个工作组成员在操场外看我插秧,又互助谈话,谈什么我当然不知道。

又过了一段时间,新工作组负责人让我到办公室,旁边还有一个人，负责人对我说："我们都调查过了，你业务很好，在国内外也有威望。我们也看见了，你劳动很好，插秧也非常好。关于你和小孩说反动的话的事，我们也调查了，这事不存在了。你这个人很'狡猾'，人家那时就是要搞你，而且搞定了，这一劫被你躲过了。这件事现在就不算事了"，我领会他说的是所谓"反革命事件"不存在了。新工作组当时不能说是有意诬陷，如说有意陷害，那就要追究陷害人的罪行了。但说我"狡猾"，躲过这诬陷，实际上是说我机智，反扣在他们头上。的确，"造反派"他们说过两派不能联合的话。这"狡猾"，也就是说我的博弈谋略。接着又说："这样吧！你承认个政治错误，做个检讨，你就出来工作吧！"

过两天，负责我专案的一个干部，还有老干部原副所长也刚恢复工作，也参与我的专案组，他们秉承了新工作组的说法，"写个检查承认错误"。当时，我仍很坚决，我说："我不能去掉了诬陷我对5岁小孩说反动的话，又要我承担其他政治错误"。原刘副所长说："老卢啊！你就承认吧！那也没什么，写了一个检讨就出来工作，还不好吗？何苦这样呢！你不出来（解放），那将来还会有什么事啊！"这位老干部人是忠厚，他是真心真意看我受"造反派"诬陷，受那么大的苦，他希望我出来，赶快去做业务工作，出差算了，以免再生枝节，"造反派"再来迫害。这次工作组还是讲政策的，他要我承认这不是错误的错误，就是给了前工作组一个回旋余地，让"造反派"也无话可说，我仍是感谢新工作组和原刘副所长的好心，但不是不想写这检讨。当时，我不想写这检讨时，旁边一个我室的科技人员，二话不说一下就把我抱住，绊我一脚，把我狠狠地摔在地上后，说："你写不写？"他是群众，也许为我着急，我也就不理会他。

过些日子，我写了一个不是政治错误的检讨，就算取消了以前被扣上的"反革命"的帽子，此事根本就是诬陷。

"九一三事件"发生后，作为党员在县委集中学习，学习结束后，正好地质部有工作要我承担，我就像他们所说的，又开始忙些重要任务，贡献自己的力量。后来，才知道解救我的是英雄的27军，属于九兵团。1950年，我在福州青年团工作委员会工作，介绍了二十多位学生参加中国人民解放军"东渡服务团"。后来九兵团也被调往朝鲜，参加抗美援朝，27军是个英雄的部队。

在此，特别感恩27军对我的解救，所内许多正直的同志们对我的关注与支持，还有老乡给我的宽慰！

认清形势　我自坚定信念

虽然，这次解救了我，可以外出工作。但我们要保持警惕，坚定信念，我深思，像所内"造反派"，他们能代表新兴力量吗？他们能为国家发展作贡献吗？他们会利用一些知识分子、科技人员，而有人也是蠢蠢欲动被我揭穿了。所以，我一直坚信，这一切都会过去。

另一方面，我告诉自己，千万小心，黎明前是黑暗的。虽然这次我被解救，但是要防备啊，仍和以前一样，保持警惕的最好办法，就是离所，外出工作。

正好，我马上有任务要参于，我就主要在外，一般不回所。

六、"抓革命、促生产"，"文革"形势好转

为准备恢复我国在国际地质科学联合会会员席位而努力

1972年年初，传来地质局（那时改为地质局属于国家计委领

导）的命令，要我到京接受许杰副部长的任务。到京后，见到许副部长，他是搞古生物的著名老一辈地质学家，他说："经国务院批准，我国地质科学方面应当作为科学技术界的第一个，在国际有关科技团体中恢复我国席位，那时中国已恢复了在联合国中的席位。现在已经是时候了，应当恢复中华人民共和国在国际科技组织中的席位。而且，在1972年的8月要在加拿大的蒙特利尔召开第24届国际地质大会。这是地质学界的奥林匹克大会，我国应当在恢复国际地质科学联合会（地科联）的席位后，参加这次大会。"

为了展示我国地质科学的成就，中国要准备出色的科技成果，当时决定提出三图一册，这三图就是：亚洲地质图、中国地质图、中国地质构造图，一册是中国岩溶（图册）。我具体负责这中国岩溶（图册），另外还要写出一篇高水平的研究论文。

首先，我很快写出一篇文章：《中国岩溶（喀斯特）发育规律及其若干水文地质工程地质条件》，该文章主要由我主笔写出草稿，杰显义、张上林等参加做些调查，然后共同讨论补充而成。文中，概括了对岩溶（喀斯特）的研究心得，提出了岩溶（喀斯特）水的五个对应统一矛盾的现象，即：第一，孤立的管道水流与具统一水力联系的地下水力面和扩散流共存；第二，含水岩体与不含水岩体呈交错与镶嵌状分布；第三，无压水流与承压水流相互转化；第四，岩溶水的紊流和层流运动错综出现；第五，均质含水性与非均质含水性复杂变化。文中，还总结了有关水利水电建设、矿区开采、水资源的评价等方面重要研究成果。当时提出这论文，大家都感到很惊奇，"想不到卢耀如在'文革'中受那么大折磨，还能写出这样高水平论文"。当时，我先写中文稿，由尚若筠（清华外语系毕业）翻为英文，并印了英文的单行本。

因为1966年年初在桂林开会时我展出过喀斯特图片。这次要提交给国际地质大会上，必须重新补拍些照片。许杰副部长认为上海印刷技术好些，派我先找上海地质局，让协助找上海出版社商量出版事宜。我到了上海，那时上海将所有出版社都已合并成一大出版社，即：上海人民出版社。找到该出版社后，由王国忠社长接待，他们非常愿意出版《中国岩溶》，于是定下责任编辑为邓荣辉，摄影金宝源，画家张苏予（徐悲鸿最后一位学生）共同合作，由金、张配合我们外出再补些图片。

我们去了浙江、贵州、云南、湖南、广西等地补拍了照片。因为那时还在"文革"中，抓生产也还没有上轨道。主要是距在加拿大召开国际地质大会时间太近了，只有两个多月了，我国筹备工作来不及，更主要是会前外交活动，争取各国支持恢复中华人民共和国的席位，时间也太紧迫了。所以，领导决定不参加这次地质大会。这样，我们就停下准备工作。

关于川气入沪的一个咨询

在北京，一天搞石油地质的人员来找我，对于当时正考虑沿重庆到武汉，主要沿长江修建输气管道，让川气入沪，以解决上海等东部城市的能源问题。他们认为最主要是如何研究岩溶率，即石灰岩储油气的裂隙孔隙率如何正确计算，这对评估储量有很大影响。

这方面，我提了一些建议，希望再核校一下，原先计算的岩溶率可能高了些。当时，更大问题是川气东输是否已探明了足够储量。还有是在公路和输气管道结合一起修建的安全性，以及相关工程地质问题是很多的。后来，这项工程没有实施，应是多种因素而造成的。

为北京拒马河枢纽和黄河天桥水库出力

我和陈庚仪同志、冯寅总工程师在官厅水库研究渗漏问题时，结下深厚友谊，主要是相互信任，相互支持。

到了 1972 年，陈庚仪和冯寅又找到了我，我们一同讨论拒马河水利枢纽的渗漏问题。

拒马河枢纽，是中华人民共和国成立初期就进行勘测的，清华同学孔德坊、卞昭庆和余仁福于 1952 年曾去那儿实习，而我们去淮河。从那以后，一直没进一步进行勘探。到了 20 世纪 70 年代初，需要为当时正兴建的北京石化企业供水 $4m^3/s$，这枢纽又被提到了日程上来。原先张教授（设计）和谷先生主张水库先不做防渗，为石化企业投产先赶建水库以满足需求。他们还主张在土坝中预留灌浆廊道。为此，后来介入的陈庚仪和冯寅，就叫我去参加讨论。

附近的天开水库，我和陈庚仪于 60 年代就去过，也是同样岩溶地层，结果"大跃进"中建成后，因渗漏蓄不了水，成了干水库，水都漏光了。海子水库也发生有渗漏问题，我们也去过。而且，根据官厅经验，我认为大坝建成，若发生渗漏后再处理，那是很困难的，在预留廊道中再灌浆，对大坝影响太大，所以我坚决主张必须先做防渗帷幕，然后建坝、蓄水。另一派可能受"文革"影响，以先工程施工，免得影响到用水要求，实际上是有怕被扣上延误工程的帽子。后来，钻探队来电话，在 60~70 米深处，掉钻十多米，说明地下有大洞穴或大的溶蚀裂隙，这洞穴通道如果直达岩溶化基岩面与砂卵石层相通的情况下，问题更麻烦。所以，必须首先有灌浆帷幕及其他措施。由于这个钻探资料证实我的推断和意见，两派统一了意见，必须先期采用防渗处理。我提出最少要 8 万平方米的灌浆工作。后来，我就进行别的工程出国了。在国外，听到传来信息，张教授原主张预留灌浆廊道，先不进行灌浆，知道我们建议后，他又修改了一下，认为必须有 13 万平方米的灌浆。这么大灌浆工作量，投入经费就多了，当时起码要 5 亿元修建拒马河上的张坊水库，没有那么多经费了，于是就以开采地下水等水源，以为石化企业供水，这个张坊大水利工程就搁置了。

为黄河干流天桥水库出力

张坊水库之后,冯总又拉我去了黄河中游,去看在晋陕峡谷中的天桥水库。这是峡谷中一个喀斯特地带水利枢纽,多年平均流量有1050立方米/秒,这河床中间,有奥陶系石灰岩地层出露的一个小岛,使黄河分支通过。天桥水库最高库水位高程为835米,坝下尾水高程为817米,坝高只20米左右,为径流电站。当时,也是考虑如何防治基础稳定与渗漏问题。我和冯寅总工程师等在天桥待了一个多月,具体调查、了解有关情况,并进行些计算,感到这个水库相对还是较简单的,但因为在黄河峡谷上,所以应当更好地保证其设计上的效益。

意外出国到阿尔巴尼亚

中国对阿尔巴尼亚是全面援助,从粮食到建立水电站、矿业工程、交通、工具机械制造、医药等方面。当时,水利部正帮助建设菲尔泽水电站,菲尔泽水电站是正在勘探及部分导流洞施工的工程,涉及库区及坝肩的边坡稳定问题,需要派高一级专家去阿尔巴尼亚现场,协助在那里的中阿专家组,解决问题。

经水利部领导慎重考虑后,决定以水电总局副总工程师姜国杰地质专家(姜是20世纪60年代初从地质部调往水利部)为高级专家组组长,再邀请地质部力学地质研究所胡海涛先生(胡先生原在我水文所,因要照顾他生病的夫人,所以胡先生就在水文所搬迁时,调到地质部地质力学研究所工作)和我三人组成高级专家组前往阿尔巴尼亚。水利部之所以邀请我们地质部两位地质专家去,主要是那时水利部、电力部有地质难题,都请我们去参加讨论帮助解决,而且我们都在为三峡工程做很多研究,也介入很多水利部的在建及正勘测的大型水利水电工程,所以选派我们两人前往阿尔巴尼亚，也是为了客观地共同商讨地质问题。

水利部在阿尔巴尼亚菲尔泽水电站的地质专家有门广水、崔诗礼和刘锡初，他们工作很出色，责任心强，水平也很高。我们叫高级专家组，实际上是要在他们已有工作的基础上，再共同做些深入的分析。实际上，后来胡先生和我的工作，与他们三人的工作是密切融合的。

在这项出国任务中的一些趣事

1973年年初得到通知，我当然特别高兴。"反动权威""反革命"的帽子刚摘掉，现在还出国当高级专家，真是两重天了。

那时，出国人员是很少，主要发120元费用买些内衣等，外边穿的中山装及大衣、雨衣都是要借的。水利部援外人多时间长，所以去他们后勤部门借中山装、大衣时，没有很多可挑的，试穿都不合身，最后让我们到王府井专门供应出国人员服装的"红都"。在那店中我们又试穿现成的衣服。其他单位出国人员也在那里试穿。

一个广东人要去阿尔巴尼亚搞矿山建设项目，人瘦小穿店中现成的中山装领子上可放下一个拳头，但售货员说："同志，你这正好，你出国吃得好，要胖的，胖一些就正好。"另一位胖点的，试穿时领子感到小了些，很紧，售货员说："同志，在国外穿要讲究合身，要有风度，不像国内肥肥大大衣服，你这一穿多精神。"真是能巧言的售货员。我们也都试穿了一下，大衣没合适的，要我们过两天再去取。那天取衣服时，还遇到我国电影代表团去日本，排队交款时，张瑞芳在我前面，本想打一招呼，但一想别多事了，现在还是"文革"期间。

我们坐苏联104飞机去莫斯科，下了飞机后，因办手续问题，来接我们的中国驻苏大使馆秘书，和机场苏方人员有矛盾，我们在依尔库茨克入境时，已填了入境表格，到莫斯科又要我们填。使馆秘书说已填了，就不能再填表，等于二次入境了，于是两边就争论。其他中国人都走了，我们直到当地时间快夜间3点了才去使馆，第二天一早又去机场转飞机到匈牙利布达佩斯，在匈使馆停一夜，又换机去阿尔巴尼亚的首都地拉那。

这个城市很小，只有20万人，整个阿尔巴尼亚，人口只有200多万人，我国援助已达当时人民币200多亿元，平均每个人有一万多元的援助，我们工资才120多元。

在当地工作时，国内工资照发给家里，在外发40元钱，去使馆或当地买香烟一个月要20多元人民币。再加买牙膏等只能剩下10元人民币。所以，早在那里的中国专家就说："我们是穷大哥帮助富小弟"。

到地拉那停了一天多，我驻阿国大使刘振华召见我们，因我们是高级专家代表团，而且是重要的工程，所以接见并宴请我们。他向我们说了很多，也是使馆对我们的指示和要求，主要是说："你们（指我们）与阿方接触，不要随便答应对方要求，特别是不要答应用中国外汇去买什么国外产品，你们有什么涉及这方面问题，都应当先请示大使馆。我是特命全权大使，但是实际上是无权的，我们也必须请示国内外交部、国内领导，千万不可随意答应。"

原先，我们三人是预备去2个月，姜总工程师去了一个多月就回国，让我和胡先生继续留下来。我天天跑野外，每天上几百米高山，11个月时间，跑坏两双登山鞋和两双长筒雨靴。那里岩石很破碎，木板支撑很密的人工探洞，还经常由木头缝中涌入大量泥沙石块，堵塞平洞。那里属阿尔卑斯山区，地中海气候，雨多在秋冬季，山区电话线上积雪有几十厘米，冬天下大雪，还打雷。

在阿尔巴尼亚的11个月时间，人很累，劳动量大，责任也重，援外工程可不能大意。那11个月时间，我不断拉计算尺，计算边坡稳定问题，特别考虑水动力条件对边坡稳定性影响，考虑如何减少水动力的情况下，对边坡稳定性的影响问题。水动力条件对边坡安全稳定系数的影响可达0.3～0.5。这就是说，水动力特别是库水升降变化、地下水壅高与排水降低的不同情况下，可使边坡稳定性有

0.3~0.5之间数值变化。换言之，由水动力作用的增大，可使稳定的边坡变成不稳定，正确处理及控制地下水位变化后，可降低水动力，而使边坡得以安全。

我们去阿尔巴尼亚后，阿国年轻地质人员也关注我们这个高级专家组水平如何。后来他们也信服了，认为姜国杰先生领导很稳重，但很快就走了；胡海涛先生是真正的地质老专家，对地层及古生物非常熟悉，而且重视地质构造；对于我认为是水文工程方面专家，而且擅长计算、定量研究。

后来，我们回国后，中方在阿国的专家也逐渐撤走。听说：阿国后来请欧洲专家去，欧洲的专家也同意中国专家的意见，但他们一天要支付给相当多的美金。

在阿尔巴尼亚，地质部有找矿的一个专家组，常印佛先生在那个组，我部还有搞化验的，帮助做有关金矿分析，那是沈慧君专家。那时沈慧君和我岁数差不多，我是在地质部迎新大上会认识的她和她后来的袁先生。那时她也已40岁出头了，阿国还把她当小姑娘，想给介绍阿国人做她男朋友，她笑着说我女儿都好大了。在阿国，中医针灸也非常受欢迎，一次我回到地拉那，一同工作在费尔泽的一个阿国地质人员，要我给他一个朋友向中国医疗组说情，让先排上号做针灸，因为阿国要来针灸的人太多了，我想阿国也要走"后门"啊！那位中国针灸医生是大连来的，我只好向她说了，不知后来是否给先安排了，因为那位大夫同意了，我就回野外去了。

在地拉那和国家体委派来的排球教练邓若曾及体操教练等也熟悉了，我们回国时，还欢送我一起合影。一对体操教练还让我带一小孩的自行车，返回北京交给国家篮球队的钱澄海，回京后我也到钱家送了自行车。

对我援外工作的思考

在阿尔巴尼亚11个多月。临回国时，我和胡海涛先生想坐火车由莫斯科回北京，开始使馆同意了，也和我国驻苏联使馆联系，让他们代订火车票，后来票也订上了。临离开地拉那时，使馆通知还是坐飞机吧！坐火车涉及安全问题。我们回国后，有一列火车真的出了问题，报上也登了新闻。

在阿尔巴尼亚，我们主要在工地上，工作紧张，晚上也不出去，中国专家就做些工作，有空就看电视。那时阿国电视上有很多唱歌表演的，这几年国内大量涌现专业、民间的歌唱人才，说明中国人才还是多，各方面也是人才济济的。

从莫斯科飞回北京时临近新年，我们到水利部汇报在阿尔巴尼亚工作的情况。那时，我有一个想法，就是我们援阿工作的"错误"，那就是我们专家做的事太多了，完全是认真负责，结果具体的事都由我们来做。我和胡先生是高级专家组，结果也是天天做具体工作。"穷大哥帮富小弟"，阿国需要中国的帮助确实很多，而有的是需要，有的并不是急迫的，所以在我们援外方针上，也是值得更好思考，如何做才是真正的帮助。

改革开放以后，我国对外援助就有了很大转变，这样也激起受援国更好地发展，更好地培养当地人才，我说的"错误"，不是我们工作不努力，而且太负责了，结果是吃力不讨好。

七、风云突变，华夏又动荡不安

为何让地质部"反动权威"出国

向水利部钱正英副部长汇报后出来，看见水利部的大字报，有一张写的是给钱正英副部长的大字报，揭发的是：不利用本部门的专家去阿尔巴尼亚，却叫地质部反动权威去阿尔巴尼亚，责问领导的立场站在什么地方。客观地讲，当时水利部请姜国杰总工程师领着胡海涛先生和我一起去阿尔巴尼亚解决岩溶渗漏和边坡稳定问题，是正确的。当时国内有关大型水利水电工程，有关这些地质上问题，的确也都是请我们去的。上面所说的，也是在"文革"中，讨论张坊水库和黄河天桥水库，也是我们去解决了难题。

树欲静而风不止。全国人民渴望全国能够安定下来，生产能稳定，国家能发展，可是那时又开始了"批林批孔"，风云再起，人心确实又像遭遇了寒潮。

一个物探所的科技人员，是清华大学毕业的。她也受了很多的磨难，一天到我们水文所在京一个办公室借电话用。她突然又说："这次'批林批孔'，是不是又会牵涉我。"那时我也在旁边，我也看了水利部贴的就是为我这所谓地质部的"反动权威"写的大字报，揭发水利部领导，心中已是有所顾忌，真的又有什么事会降临我身上吗？

好在是，老百姓心知肚明，"批林批孔"也解决不了当前老百姓渴望的稳定与发展的真诚愿望。

我想：以不变应万变。我已如此了，几度生命临危也过来了，未来我会坦然处之，就是劳动、种地，了此一生也好吧！

各地恢复筹备岩溶所

在经过一段"批林批孔"之后，抓革命、促生产的号召还是最深入人心，这口号的核心是老百姓要生存，不抓生产，有粮吃吗？有房住吗？生活物品有保障吗？各地又开始想发展经济、搞些建设。

贵州是西南喀斯特（岩溶）的中心，贵州也想进一步修建大型水电站，但岩溶也还是个大问题。

1975年12月下旬，中国科学院、地质部有关领导和专家在广西南宁召开有关岩溶讨论会，当然也有广西和贵州有关厅局领导和专家参加。

会上，贵州这位水利厅刘副厅长等发言，强调经过这段抓革命促生产，贵州工程建设还是遇到了很多岩溶问题，希望仍恢复筹备与建立岩溶研究所。科学院一位新的年轻领导表示，科学院对建立岩溶研究所很感兴趣，愿意大力开展建所工作。地质部参加的有张更生副局长和中国地质科学院新来的陶然院长和孟继声副院长。张更生局长表示："地质部原先筹备过岩溶研究所，是国家科委交下来的任务，卢耀如先筹备过，原先也挑选了地址，现在我们还是愿意再继续恢复筹备，一定会办好这岩溶研究所。"通过大家充分的讨论，地质部再筹备岩溶地质研究所，得到与会人员一致同意，科学院也放弃了建立岩溶研究所的愿望。一句话：大家所以同意地质部继续筹备岩溶研究所，就是因为"喀斯特卢"受到国家科委的支持，已经筹备过岩溶研究所。

散会后，张更生副局长又带领我们去广西桂林，又向桂林市委、市政府领导汇报，要继续筹备岩溶研究所，并把我再次介绍给桂林市新领导，张更生说以后就由卢耀如和你们联系，由他继续筹建岩溶研究所。但市委领导说：原先你们挑选的七星岩后门的地址，现在没有了，已被别的单位占去了。

筹备岩溶所我又被排斥在外

我们回京时，风云加大，风声鹤唳，地质科学院又要抓这个研究所，地科院由搞宗派的人和水文所极"左"的"造反派"骨干相结合，掌握实权的人说："这次成立岩溶所，要完全新型的，不要专家，以工农兵为主，完全新兴的研究所"。又是"造反思维"，贯彻在岩溶所筹备之中。

在那几个人的把持下，地质部要筹备岩溶所，这几个人就完全又把我排斥在外了。我本不想在自己科技经历中，多说有关政治风云之事，但这是不可回避的客观事实。这次风云与筹备活动有关，又使我半生心血赋予的研究事业，突然之间稍有复活后，就又被斩杀。

新的岩溶研究所不要专家，怎么依靠工农兵呢？那帮人并不是不要专家，而是要他帮派的人，也就是他们要的工农兵。我是建议并首先筹备岩溶所的人，一个有声誉的"喀斯特卢"不能去岩溶所，水文所去岩溶所多是没搞岩溶的人。

我提议筹建岩溶研究所，主要目的是发展西南及全国各地岩溶地区。他们阻止我前往，我仍一如既往地关注着岩溶所。我向地科院推荐在水文所和我合作研究岩溶、现在野外队的朱学稳，我也推荐在广西水文队当时处境困难的袁道先，还有一些做较多岩溶调查的人员。

原先让我筹备岩溶所时，我想抽所内调各方面骨干，有三分之一的水文所人员应去岩溶所，再增加几个我说的野外队骨干。结果我被排斥了。

改革开放后，20世纪80年代初期，岩溶所党委王书记亲自来水文所，要我去主持岩溶所工作，有两次在京开会，张更生局长、地科院有交领导及岩溶所人和我一起开会，仍要我去领导岩溶所，但考虑到各方面情况我没有答应立即前去。

八、黎明前的艰难奋斗与期盼

个人事小，国家为大。当时"批林批孔"之后，又开始其他批判。这是国家前途命运的大问题，也不只是涉及我们科技人员的工作前途问题。

继续筹备参加国际地质大会

此处路受阻，总有可攀登的崎岖险路吧！我在阿尔巴尼亚回来不久，"批林批孔"风云稍过，地质局（部）领导又开始筹备，贯彻中央批准的争取恢复我国在国际地质科学联合会中的席位，还要继续筹备工作，争取于1976年8月参加在澳大利亚召开的第二十五届国际地质大会。所以，在1975年上半年我就又开始了这项工作，要出版好《中国岩溶》的中英文两个版本，仍由上海人民出版社出版。

为南宁会议，我停顿了这工作，现在我应当继续把这项工作做好，于是我回水文所怀着悻悻与不愉快的心情，想再做些实际准备工作，再修改文章，让自己解脱这不平的心情，用未来的繁重工作解脱自己的痛苦。回到所里几天，心情豁然开朗些，感到我只有坚持努力，使自己尽力而为国家作贡献吧！

周总理逝世，全国伤悲

没想到，1976年1月8日早上醒来，广播中听到周恩来总理逝世的新闻报道，一下子把我惊呆了，不禁热泪涌出。周总理，我听过他的报告，那是我于1955年在中南海，听周总理报告后，还有《阿细跳月》的一个表演。我负责的官厅水库坝址渗漏与塌陷的查明工作，我负责的三峡南津碳酸盐岩坝区的勘测研究工作，也都是有周总理关心并给予指示的。更主要的是，在这动荡的"文化大革命"中，周总理却是在力挽狂澜，极力想让全国不要被拖垮，他忍受了一切，为国家前途而极力保护那些为祖国建立了不朽功勋的老干部、知识分子，以及促进群众两派的联合，避免更大的损失，真是做到了鞠躬尽瘁，死而后已。

周总理的去世，让全国人民悲痛。周总理走了，我们全国人民应该缅怀他。8日那天，本来有一个抓生产的会要开，是科技处的徐德顺召集的，人不多，我在会上说：周总理逝世了，我们不开会吧，我要赶到北京去。后来，我即赶去北京，周总理灵柩出殡那天，我一早赶在首都电影院附近的南侧马路旁，目送周总理灵柩缓缓车载西行去八宝山。十里长安街啊，老百姓的哀悼送别周总理的场面，令人难忘。

在"文革"中，周总理一身灰色中山装，别着长方形"为人民服务"的题字胸章，周总理真的是一生为人民服务，唐朝李商隐的"春蚕到死丝方尽，蜡炬成灰泪始干"用作周总理人生的真实写照。让人民永不忘怀他——一个伟大的人民的总理周恩来。

天安门前人民的自发悼念

三个月的民间沉痛悼念，不能公开地纪念周总理，人民被压抑的愤怒心情，构成高压的人民气息的气团。在1976年的传统祭拜祖先的清明节，人民意志在天安门前暴发了。

"一滴滴的热泪洒在天安门广场上，一朵朵的白花系在天安门前的苍松翠柏上。这就是人民的悼念啊！人民把总理的丰碑，建造在自己的心上"。这样的悼念，真正反映了人民的心情。

当时天安门广场上，有表达人民情怀的文字，例如："欲悲闻鬼叫，我哭豺狼笑，洒泪祭雄杰，扬眉剑出鞘。"

雨花石：这样磊落，这样晶莹，这样坚贞，这样鲜红！

灯光：是一颗红心在炽烈燃烧啊！夜夜都要亮到月落星隐。昨天蝙蝠仇视，今日鸱枭诅咒，它们全都同样地骇怕光明……

我那时也独自去了天安门，表示自己的悼念，但我只是绕场一周，向天安门低头默哀。不能吭声。想到林则徐有名言：慎言制怒！陈毅同志也讲过，虽然是针对国际形势，我觉得当时还是对中国的国内也适用，那就是："善有善报，恶有恶报，不是不报，时候未到，时候一到，一切全报。"这思想是中国古语以戒人，莫为恶呵，害人终将害己。

我刚知道周总理逝世时，真是悲痛欲绝，大声呼喊，要上北京。这时，看到天安门广场的悼念情景，我感到中华苦难将很快会过去了。

在 1976 年 1 月 12 日，我写下一首：

《悲歌》

忧患华夏夜难眠，鱼白狂飚震人间；
国残星陨景画茫，心碎血涌征途艰；
滴泪片词寄怆怀，千家万户沉悲咽；
天安门前祭总理，待看红旗舞九天。

想到爱国诗人屈原的《离骚》中有一句：
　　虽体解吾犹未变兮，岂余心之可惩！
鲁迅先生的名言：
　　横眉冷对千夫指，俯首甘为孺子牛。
当时，我也写下：

《自勉》

何处无风雨，雨珠荡涤显俏洁，

何人无痛楚，振奋精神展新颜。
我喜看竹笋，百尺竿头拔地起，
我欣赏冬梅，经受严冬绽春光。
挖空心计鬼点多，
机关三算枉聪明！
抽刀断水水更流，
烈火炼金金更纯。
一撮茬草终当除，
参天大树有好果。
仇怨不忘，忍辱负重高峰攀，
真理彰显，高山流水罗网决。
风雪雨雾，历经磨炼更坚强，
春夏秋冬，激励岁月迎彩虹。

为恢复我地科联席位取得的成效

　　我不能沉浸在伤悲、愤怒与不平之中，我应当振奋、振奋、再振奋。要把准备参加国际第二十五届地质大会而准备的《中国岩溶》图册工作，更好地进行下去。在这之前，从1975年时就开始继续这方面的工作，我们又去过广西、贵州、云南、重庆、广东、湖南、湖北，以及辽宁、山东、山西、河北等地。其中曾出了不少车祸，又是几次命悬一线。例如：一次外出，与下坡的大公交车相撞，责任在我们车司机，一次在大渡河的原铁路施工公路上，下面的成昆铁路在1000多米深的河谷中，像一根筷子粗细，我突然灵机一动，让车停在公路靠大渡河岸边，老金用脚踢几下左前轮，掉下左轮的一个螺丝帽，手一动几个螺丝帽都松了，如果不停车，那时左轮一飞，我们全掉下1000多米的大渡河峡谷而殒命；一次在云南，几百米陡崖上小公路转弯处，司机先向陡崖边打一点方向盘，再往内打时，方向盘失灵断了，如果外打时断了，那就会车毁人亡了。还有在贵州独山，下坡路时刹车管爆了，路很狭窄，对面斜坡上一大车正猛冲下来，又是命悬一线，几厘米的间隙，快车而错过。

当时，为了更好地反映我国喀斯特景观，曾和空军的运五飞机，航拍了桂林、阳朔和漓江，还有云南的滇池和断块山地——昆明西山，长江三峡等景观，惊险场面不小，但这样奋斗、工作，还是最愉快的事情。

到了1976年4~5月，我必须赶紧定文稿，马上进行编排照片时，又遇到人为的因素。当时，有人想让有关出版人士去向许杰副部长反映，让换掉卢耀如，由别人接替为这图册当主编，被许副部长一口回绝。许老负责恢复我国在地科联席位并准备参加第二十五届国际地质大会事宜。许老说："卢耀如工作很好，学术思想是公认的，文字也很好，不存在文字不好问题，图片也是他积累与近期艰难获得的。所以，不能无故临阵换帅。"当然有人那样想，就是不尊重别人劳动。

这样，我就坚守在上海，要把出版《中国岩溶》图册的事搞好，那时，国事、家事、天下事（参加地科学院，为中国科技界走向社会，走向世界，更好让恢复中国在联合国的席位，扩大各方影响，的确也是天下事）交错在一起，没有坚强的意志和坚忍不拔的精神，真的是会支撑不下去。

为出版《中国岩溶》，我放弃去澳参加会议

地科院孟继声副院长，代表许杰副部长，要我在6月底就返京，准备参加中国地质代表团，要做好一切准备，包括护照、签证等，以及有关资料。当时考虑到上海仍很乱，我们图册是分别送四个厂印刷，本来规定字的颜色是蓝色，有一家却印成黑色，这样只好让没开印外文版的工厂更改，把四部分的字体颜色变为黑、蓝、黑蓝

相间的安排，以为是有意这样安排的。许部长他们让我回京准备出国参加这盛大的国际地质大会，而且恢复我科技界在世界科技上地位，那时真是太大的事了。我能到会展现我的成果，那是新中国的成果，那当然是梦想之举。可是，我再一想，那时上海正大闹"文攻武卫"，工厂生产已不太正常，印错了字体颜色就是一个例子，我必须盯着，如果不能很好完成，或再出差错，使《中国岩溶》不能完成好质量印刷，又不能准时送去航寄，按时到达澳大利亚，那我才会真正变成罪人，何颜见许部长，何颜面见广大地质界，面对国家。真的出现印刷事故，因我准备去澳大利亚参加会议，人们会指责：为了出国，你误了国家大事。那时，我还是真想出国参加这被称为地质界奥林匹克国际会议，多些见识多好啊！但我还是咬了牙，向孟继声副院长表示：我很想去澳大利亚，在许杰副部长带领之下，去参加第二十五届国际地质大会，但为了保证能按时出版《中国岩溶》，并航运送到悉尼，我还是不去了，现在要天天跑四个厂紧盯着。我的苦心得到了领导的同意。当时，我若不坚守上海，的确有很大可能性是不能按期印出。

中国代表团在京，等待地科联恢复中华人民共和国席位后，立即赴澳大利亚悉尼，参加第二十五届国际地质大会。在代表团到达前两天，英文版《KARST IN CHINA》（中国喀斯特）也运到了悉尼，中国代表团在会上受到热烈欢迎，展示的反映新中国的成果，也大大出乎各国学者代表的意外。

《KARST IN CHINA》更受热烈欢迎，地科联的刊物后来还发专文介绍并称赞这本图册，需要说明的是：这图册受到热烈欢迎，与出色的英文翻译大有关系，我只写了中文，英文由尚若筠同志翻译，由杨遵义教授任核校，具体喀斯特现象的名词的英译，则由杨教授、我和尚同志一起讨论。杨遵义教授是我在清华大学时老师。如果英文由我自己翻译，那效果就要相对差得多。

喀斯特成果受大会热烈欢迎

参加这次大会的《中国岩溶》和论文,在我 1958 年访问原南斯拉夫时作为礼物送给他们,南斯拉夫的彼德·米兰诺维奇教授非常高兴说:"想不到中国研究喀斯特达到这么高水平的好成果",在他要出版的专著中,立即大量引用了我的论著。

虽然国内当时因"反复辟"及一些人干扰,这本《中国岩溶》图册没有署上我的名字,但我的贡献,在国外也得到流传。

在上海为出版《中国岩溶》的中、英文版,为国际地质大会的礼物,我在历经多种艰难之后,能胜利出色完成任务真的是不容易,许杰副部长作为中国地质代表团的团长,胜利参加大会、完成恢复中华人民共和国在地科联的席位胜利回国后,见到我说:"这次为了恢复我国的地科联席位及宣扬我国地质上的成就,你立了一大功。应当感谢你。"我回应说:"不!这是我应做的,还差点在印刷上出错,主要是许部长你抓得紧、抓得好!应当感谢你!"许杰副部长还知道我的艰难处境,后来还为我专程去了河北正定水文所一趟。

近期国外专家的评价

2010 年,我出版了中文《中国喀斯特——奇峰异洞的世界》(中文版),2012 年出版了英文版,加拿大福特教授,他是国际著名喀斯特专家,又是英国皇家学会会员,他在英文版序言中,写道:

非常荣幸为卢耀如教授这部总结描述中国喀斯特地貌的著作作序。他在 20 世纪国际喀斯特学研究史上占据了独特的地位。在 20 世纪 50 年代和 60 年代,受欧洲学术传统和语言影响的学者们(包括非洲、美洲和澳大利亚的学者）对中国喀斯特知之甚少，有的甚至一无所知。比如在1972年，欧洲出版了一本大部头的著作《喀斯特：北半球重要的喀斯特区域》，但是除了在引言部分提到印度支那时对中国略有涉及，并未提及中国。但是1976年，这一现状被彻底改观，正是因为卢耀如教授出版了精装本厚重的《中国喀斯特》一书，还配以极好的英文翻译。书中的彩图展示了令人惊叹的中国喀斯特地貌，其规模和层次完全超出我们的预想，包括有着美丽装饰的洞穴，巧妙利用崎岖地形及其水资源种植水稻、有着悠久文化的风景，这些景观又与正在兴建的超现代的水力发电大坝、公路和铁路通道形成鲜明对比。

毫无悬念，这本1976年的书在西方大受欢迎。所有我们这些喀斯特研究者都必须亲赴中国这片土地一探究竟。这本书出版九年后，第一批国外喀斯特科学家来到中国，并受到热情的接待。洞穴探险家也随后来到中国，在这些富有异国特色的地方寻找惊险和刺激。1986年，卢耀如教授出版了修订版《中国喀斯特——景观·类型·规律》，这本书确认了中国在喀斯特科学中的地位——中国南方的喀斯特地貌是全世界最好的。越来越多的国外学者来到中国参观访问，越来越多的中国喀斯特研究者也走向国外开展交流，形成了令人愉快的互惠局面。

由于在喀斯特科学研究中的渊博学识，尤其在解决水资源供应、石漠化、水力发电、交通路线和灾害应对等实际应用方面的丰富经验，"喀斯特卢"现在已是国际知名学者。他撰写了很多科技著作并指导了大批学生。新版《中国喀斯特——奇峰异洞的世界》一书是他科普著作的第三本。在这本书里，他总结了这一基础科学，介绍了地表喀斯特地形丰富的种类和地下具有代表性的洞穴和沉积，分析了它们从微观层面到宏观层面的特性，系统评价了生态发展和自然保护中会带来的问题，并以具有不同特色区域的地理评论作为总结。

我和卢耀如教授1984年成为同事并结下友谊。我们不仅共同热爱喀斯特这门科学，也享受喀斯特研究所带来的奇妙历程以及喀斯特地貌深厚的美学吸引力。这本书印刷考究，图表清晰，极具美感，读来让人十分愉悦。

九、我又渡过了险关，太阳出来了

在那动乱岁月，心情不好

虽然自己是个普通的科技人员，但是还是抱着"位卑不敢忘忧国"的情怀。

我住在衡山宾馆时，那是原来的较好客房，现在都改为一个套房，住好几个人的房间。我心中压力大，在单位内，受压制、受陷害，只能装"孙子"，就是先"忍"吧！时刻记住："留得青山在，不怕没柴烧"。我的忍是有原则的：不出卖自己，不给自己乱戴帽子，更不诬陷别人。但出差在上海，有时遇到不痛快事，自己确有借题发挥，大概就是让自己心情发泄些。

那次清明节，水文所在扬州召开水文地质编图会，人很多，我想去一趟，了解些新的情况，从上海坐车到镇江，我是站票。附近硬座有三个位子，是年轻夫妇和一小女孩，当时都没说话，看那男的先离开，我当时没意识到他们是一家人，我就坐了下来，那女同志也只是小声说，这位子还有人，意思是那人不是走了，我心里苦，也站得累，一下子就发脾气地大声说，我不就是坐一会儿，等人来了我再起来，不久我一冷静，感到我态度太不好了，人家也只是提醒一下。过后，那男的回来了，我站起来准备让地方，他们一定要我坐下说挤一下，于是我们就交谈了，他们夫妇是去南京，仪征中学的老师，那女老师是教英文的。后来他们一定要我去他们学校，过一段时间我也顺便去了一趟，成了朋友，多次通信。我还用英文写信给他们，以相互交流。

我可以让你每年都吃黄岩蜜橘

有一次，已是盛夏，八月初时，天热，白天又跑了几个厂，晚上也想静下来看些东西，思考些问题，突然来了几位军人住在我们的大套房内，他们新到刚住下，有很多事他们在交谈，声音大了点，我就不耐烦地对他们说，你们小声点，不要吵得别人睡不好。结果是我的声音太大了。冷静下来，我又觉得自己心情不好，也太不近人情了。和他们交流一下，还是取得他们的谅解。他们之中，特别是姓杨的军官，后来和我还经常交换些对国内时局的看法，真的是心照不宣，有相同的期待。

他们和我很谈得来，有一天他们说：以后我可以每年托人带去黄岩蜜橘，送到北京给你。一次谈话中，谈到吃水果问题，他们主动提了出来，我说："谢谢！等以后橘子上市，我们在上海再相见时，你们送我几个黄岩蜜橘就可以了。"后来，在上海又遇见，他们真的把随身带的黄岩蜜橘，送几个给我。

十、"文革"结束了

毛主席去世使我更忧患中国的未来

1976年9月9日，毛主席于北京逝世，全国又是一片悲伤，如此动乱的中国，又该如何。这是全国更为彷徨之时。那时又是有各种的传说。

当时，人们最担心的是，"文革"中控制实权的极"左"的人物，当时还不知有"四人帮"这个提法，如果那些人全面掌权，那中国又会成什么样子。我国恢复了国际地科联的席位，中国科学包括地质学，还能怎么发展呢？有条件发展吗？

人人担心，政治再动乱，经济上更糟糕，人民生活真会陷入灾难之中。

毛主席的逝世，让人伤悲的莫过于在他领导下成立的中华人民共和国会变成什么样呢。

庆祝"四人帮"的垮台

毛主席逝世，这是更大的伤心事，中国今后真的去向如何啊，大家都更忧心忡忡。好在只过了一个月，宣告"四人帮"的垮台，庆祝"四人帮"被捕，真是大快人心事！

在北京，我上街在东单观看了庆祝"四人帮"垮台的游行，真是个个喜笑颜开。当时曾写下：

《卜算子·感怀》

四害猖獗日，乌云满天翻，悲悼噙泪望金瓶，血涌千重山。今日秋风暖，除害爆竹欢，万众欢庆新碑程，待看新景骄。

你是忧国忧民的"部长"

"四人帮"被打倒后，我们党支部书记、研究室主任（行政干部、部队转业）告诉了我外调之事，说："你在上海我们调查了，你是忧国忧民，和各地群众都很好，人家把你当作'部长'看待"。的确，当时有人有思想问题，当然不涉及利害问题，他们来问我，我都予以帮助，比如说地震问题，还有单位内部团结问题，等等。

"文革"结束，开启新征程

"文化大革命"，都是些什么人物，群众是很清楚的。

久经考验的老干部，老军人都是粉碎"四人帮"的重要支柱，他们挽救了中国共产党，挽救了伟大的中华人民共和国。在中国共产党领导下，胜利结束了这场"内乱"。

党的十一届三中全会开始全面认真的纠正"文革"中及其以前的"左"倾错误，作出了把工作重点转移到社会主义现代化建设上来的战略决策，开启了改革开放和社会主义现代化建设的新征程。

1973年5月在阿尔巴尼亚地拉那合影（前排左一为胡海涛先生；左三为驻阿使馆参赞；右一为卢耀如；后排左四为张泽桢，原在阿工作组组长；右一为门广永，原在阿中方地质专家）

在地拉那议会厅

在野外调查（左为卢耀如，右为翻译李天亮）

第五章 十年"文革"的命运博弈

中方地质人员和阿国地质专家路拉（前排右二）在野外调查

中阿人员于休息日在外野餐跳舞（左一为胡海涛，左三为姜国杰副总，右一是卢耀如）

1974年1月我要回国时,在阿国担任排球教练的邓若曾与我合影。
邓若曾1979年起任中国女排教练

周总理1976年1月8日逝世,
后于1978年左右我在南京周总理纪念馆中留影以追思周总理

1976年第25届国际地质大会出版《中国岩溶》，主要合作者于20世纪末摄于上海［左一张苏予美编（徐悲鸿最后一个弟子）、左二为摄影师金宝源、右一为郭文芬（1975年航拍时她属空军，在机场接待我们，后复员回上海），右二为卢耀如］

第六章
中国改革开放的新历程

科学技术，
原是第一生产力，
知识分子，
应属工人阶级。
好啊！
改革开放总设计师，
指明科技生机！
要发挥无穷创造力，
更要奉献知识大智！
在太空自由翱翔，
向地球深部撞击，
让人民生活更美好，
让科技作用更加积极，
中华大地，欢欣歌唱，
实现伟大的中国梦，
现在正是，
奋进拼搏的良期。

"四人帮"把国家搅成这个样子,我的感叹,不是我自己想出来的,而是当时国内有良知的国人的共识。更主要的是,中国躲过了经济崩溃和坠入深渊的悲情,开始出现了新的曙光。中华民族还是要屹立于世界民族之林。

一、十一届三中全会吹响了改革开放的号角

在 1978 年年中,全国科学大会的召开,以科技为第一生产力,恢复了知识分子的声誉,更好地鼓励把科学知识贡献给祖国的社会主义建设。

陈景润哥德巴赫猜想进展的报告

1977 年 9 月,著名作家徐迟写出了文学报告《哥德巴赫猜想》,报道陈景润钻研哥德巴赫猜想的成就。哥德巴赫猜想是 1742 年,哥德巴赫发现每个大的偶数都可以写成两个素数之和。他写信给著名数学家欧拉,请他帮忙作证明,但欧拉至死仍没有予以证明。陈景润在英华中学得到沈元教授的讲授,关于哥德巴赫猜想的证明,他就一直坚持下来。在厦门大学攻读数学,毕业后仍坚持这方面研究,取得了(1+2)成果,逼近了哥德巴赫猜想的科学证明。这成就是世界上公认的。徐迟这一报告文学,也正是在"四人帮"摧残科学技术人员与成就之后,第一篇鼓励科技人员更好作贡献,起着树立榜样的号角作用。

1978年两报一刊的元旦社论《光明中国》，就发表了"……为革命钻研技术，分明是又红又专，被他们攻击为白专道路。"

看到这报告文学及社论，我的心真的沸腾了，想起在英华中学，我也为哥德巴赫猜想而激动，我学习也很好，后来没机会在大学学数学，我做的地质工作也还是努力的，但与陈景润相比，我却感到很不如愿，相差甚远，还是自己努力不够。所以，后来我写信给他，表示我对他的敬意，也表示要以他为榜样，当然不是在数学上，而是为国家建设更好出力。

1978年的全国科学大会上邓小平的两个重要决策鼓舞了我

在1978年全国科学大会上，我的《中国岩溶》图册和《中国岩溶（喀斯特）发育规律及其若干水文地质工程地质条件研究》两项成果，也得到大会奖。这成果为1976年恢复我国地质学会在国际地质科学联合会上合法席位出了力，成果也得到国际地质学家赞扬。但是，我感觉仍是一个小的成就，应当更好激起奋发斗志，在地学上作出更多贡献。

在1978年全国科学大会上，邓小平强调了科学是第一生产力，科技人员的奉献对国家发展的重要性。在全国掀起尊重发挥科学技术作用，尊重科技人员的好风尚。对我这个曾被当作"反动权威""反革命"，几经致命打击的科技工作者，现在总算乌云过后见晴天了。1978年，的确是科技人员的春天到了。

1978年，党的十一届三中全会的胜利召开，指出了改革开放的新道路。只有走这改革开放的大路，中国才能治好"方革"的伤疤，旧貌改新颜，重新向光明的未来前进，再前进！

二、离家乡三十一年知天命而归

福州,时隔三十一年的城市,已非离家时的样子。原来住家已搬往别处,位于吉祥山旁侧的一条小斜路上,这一带还变化不大。终于找到了已搬迁这里多年的我父母租住的房屋。我是年少离开老家,今已五十知天命之年,才回到自己家乡福州了。

家人团聚感慨万千

这是一座古老的房子,有二层楼,是父母租来居住的。父母所在处,即我家了。进了门,问一下不认识的邻居,是一个中年女主人。我问这里有姓卢住的吗?她端视我一会儿,微笑了一下说:"有"。她说:"你是?"就是客从何处来呀?想问,又似乎知道是谁来了,我说:"我是他们的大儿子,刚从北京回来。"她说:"听说了,你快坐,你母亲刚出去,一会儿就回来"。这真是:

天涯奔波今方回,境变家徒人已非,

新居邻人不相识,笑问来者觅谁来。

我刚再看一眼这房子,母亲已从外面回来,一看见我,就叫一声:"耀,你回来了呀!"我看见母亲比在京见面时老多了,在京见面时,才50岁出头,现已是白发苍苍的老母亲,我的心怦地一跳,没有让这份伤感流露,总是:久别母子喜相见。母亲马上拉了我的手,就像我小时一样,拉着我手往楼上登去。那位邻居大嫂,不禁羡慕地笑着向我们致意,也是一个祝贺多年家人的团聚吧。

到了楼上一看,就是一大间房子,旁边有一小屋,父母住在旁边小屋内,这大屋子一角给我安了一张床,屋里有一桌子,几把椅子。这房屋也是年久了,是木结构的,走起来地板还有响声。这是很标准的福州那时老百姓住的家,当然是不富裕人家所住。

母亲问我什么时候回到福州,怎么不告诉日期车次。我说是为开会,原先已写信告知是11月初来,因还有别人,一起坐火车来,有人接着去洪山桥附近开会。开了一天多,今天抽空自己来找家,反正这地方我也熟悉,我没告诉弟、妹们,也是怕影响他们工作。

毛主席是离家三十二年,我是离家三十一年才归来。再一想,自己真是还无什么贡献,有点难见父老乡亲,为什么三十一年才回来?

离开福州是1950年,大学提前毕业是1953年了,那时福州还没通火车,交通不便,也无探亲假期,我每月只45.5元工资,就寄30~35元给家里,后来每月88元就每月寄40~50元回家,那时探亲要靠自己出旅费,不如把钱寄回家。另外,也的确没时间,担负任务紧,节日也只1天,最多春节3天,时间短也回不了家。受经济、时间制约,不觉之间17年过去了。其中,母亲也到过北京近一年。我单位又搬到正定去了。1966年又开始"文化大革命"也回不了家乡,那样有"帽子",又会辱没家人,不解决"帽子"脱掉的问题,又何言返乡啊!直到1976—1977年,才算告一段落。那时就开始酝酿回家乡了。

"文革"后,又是好多事要参与,这次1981年借着召开全国水文地质工作会议之期,我就回到了福州,在改革开放之前,全国会议在此召开也不多。这次返回家乡,真是不易啊!

在楼上,和母亲谈起了家乡的亲人,叔公去世了,大舅、二舅和梅舅去世了,大伯母去世了,老邻居的二婶被国民党炸死了,……一切的亲友变故,似乎又是预感到了。

这样母子相谈,真是:

离家三十一载归,母年古稀儿半百;
泪洗逝年团聚欢,愿祝家乡多吉祥。

晚上,父亲及弟、妹都来相聚于陋室,往事诸多相交谈,喜悲参半多嗟叹。

在家短暂地停留了两三天,由母亲带领去看望了母亲娘家的表兄弟姊妹,舅姨辈的都多已不在了。

会见同学与学联战友

我单独去了英华合并后归属于福建师范大学的附属中学,看望了原英华林观得、陈金华、许世晖等老师,也和激扬班上同学相聚会。他们大都很健康,令人喜悦。

特别要寻找的就是南台学联的同志们,他们对我的支持与帮助,永世不忘。三十年了,把革命友情深埋在心中:滴水之恩,当涌泉相报。今日,是第一次回来,关键是这南台学联早已没有了,人已分散多部门工作,如何寻找?首先想到的是,先寻找曾丽黎、曾丽贞这双胞胎姐妹,有同学说可能姐姐曾丽黎在城内的一个商业系统。后来一问说是在中亭路的一个纺织公司当经理。我到那里一问,就找到了她,通过丽黎就知道李清藻、林甘地、刘润生、陈文年、尤正、罗毓琼、林平、金炎弘和戚文钦等同志地址,我就一个个地拜访,就都找到了。遗憾的是,曾丽贞已调往徐州,黄民被错划为"右派",后来也去世了。想到黄民和丽黎到我家送旅费来的情景,犹历历在目,只可惜英年早逝、处境坎坷,令人唏嘘,伤怀不已。

我借仓前山福州军区招待所,请他们来相聚。三十一年了,重聚首，共交谈，再共餐，共照相，真是人生一大快事，大家心中都有多少话语要说啊！但是共同一点就是世道沧桑变化，从青年都已到了中老年了，大家对我远从北京来，仍记住他们，激动不已。他们还一致地认为：你去升大学是对的，我们原想让你晚去升学，现在看来早去升学还是对的。

我再一次向原南台学联的同志们，表示诚挚的谢意，并祝他们都能更加幸福快乐。我所能答谢的，只是向他们汇报我自己工作情况。在这次聚会中，只有薄酒一杯，略表谢忱。"天下没有不散的宴席"，因为多人居住在城内，只好依依不舍地相互告别，相祝珍重、身体健康，但约定，以后我回来都要让大家相聚，"一个也不能少"。真是大家的愿望，后来我多次回来，也都找他们聚会。当时，听说南台学联的谢琏同志在山东省东营胜利油田当卫生学校书记。不久，有机会去东营市，我去那里找到了她，见了一面。遗憾的是，她不久就去世了。

在福州的学联同志们和英华激扬级校友们，我多次回去时，我们都相聚，遗憾的是人逐渐少，有的身体状况也在恶化，这是自然的规律，难于："一个也不能少"，只是希望不要过快地少下去。截至今日，已离开的有曾丽贞、曾丽黎、戚文钦、罗毓琼、刘润生，祝他们在另一世界相聚吧！

考察福建的岩溶与地质环境

受福建省地质局的支持与邀请，这次回去考察了福建省的岩溶，我们去了连城，了解有关岩溶水的勘探与开发利用，去了龙岩，了解岩溶水开发以及产生岩溶塌陷问题。还考察了龙康洞，这在当时是还没有开放的洞穴。特别考察了将乐县玉华洞，当时是封闭着，我们打了火把进去；又去永安，探测了十八洞，还去观看了永安石林。当时，水文所和福建省地矿局正合作开展厦门—漳州—

带的海岸地质环境研究，我去做了初步了解。

福建这些地区，我是第一次来调查，虽然在福州出生，上了幼儿园、小学、初中和高中，十八年的岁月都是在读书，除了抗战到福州附近农村短时间逃难外，其他地方一概没去过。对福建的地质工作，可以说是：一不了解，二无贡献。所以，这第一次返回故乡，我也利用福建省地质局邀请的机会，多看点地质现象，想办法作些贡献。

最主要的是，我把玉华洞作为重要目标，加以鼓励与宣传。玉华洞相传于西汉初年，就由当地人拿着火把进行探测，惊奇发现其如玉洁白的洞内沉积，故称玉华洞，后来又发现了金华洞和银华洞。宋朝理学家扬时是将乐人，曾对这洞加以吟诵，为后人镌刻于洞前，明朝徐霞客在其《徐霞客游记》的《闽西游记》中，对玉华洞做了很好的描述，当时他也是"手提铁铬，置松燃火"进洞调查，游记中描述了"荔枝柱""凤泪烛""达摩渡江""仙人田""葡萄伞""仙鼓"等形象命名的多姿多彩的洞内沉积现象。玉华洞的详细志书，始于明万历壬辰年，而有《玉华洞志》。后版毁于火。至清顺治甲午年，郡大天尼山孔公等，抄集前志书，又增加诗若干首，重付黎枣流传未久，又遗散人间，至清康熙年间，廖云友等又重修订刊行《玉华洞志》至今。玉华洞，在我考察后不久，也对外开放，成为旅游胜地。

强调中国四大名洞

这玉华洞后来也对外开放了。在20世纪90年代初一次国内岩溶会议上，我将广西芦笛岩、浙江瑶琳洞、福建玉华洞和北京石花洞，称为"中国四大名洞"。当时主要是东部地区先开发，西部洞穴刚有发现。广西桂林的芦笛岩洞因与桂林山水的奇峰相连，成奇峰异洞，所以许多游人都去参观。著名浙江桐庐的瑶琳洞，与西湖风光可邻接,也作过较深入研究,开过国际洞穴会议,国内外也有影响。福建将乐玉华洞主要是洞穴文化,洞穴中景观早有徐霞客生动描述命名,洞穴志中包含了洞中景观的绘画和诗词。北京石花洞主要多层规模大,石花等种类多的沉积,而且在北京许多国际地质学方面会议,包括国际洞穴大会,都去此洞考察。

在 21 世纪初,将乐县先重编了小册《玉华洞穴志》,我写了序言。于 2010 年又由上海古籍出版社出版的《玉华洞胜景图》中补充了英文对照说明。为此,我写了序言,序言末有一七律:

七律《赞玉华洞》

武夷山傍将乐里,海西腹地有瑰宝;
斗转星移变沧桑,水刻岩镂塑玉华;
雄伟秀丽真奇异,晶莹璀璨好辉煌;
绝妙诗文画真迹,名洞藏宝天下传。

这个洞穴,以其景观奇异,有绘画与诗文的配合,而取得吉尼斯的记录,这是国内外所没有的。

玉华洞还成立了福建省第一个"院士工作站"。

海峡两岸渴望和平统一的情绪

去调查漳州—厦门一带的海岸地质环境,深感到海岸带的保护是多么重要。原英华中学校长林观得先生,早在 20 世纪 30 年代,就开展有关海平面变化的研究,这在当时是处在国际前列,而到了 20 世纪 80 年代,却已是全球关注的一个地学问题。可是,那时候在我国还是没有足够关注。

站在厦门的海滩,遥望金门,中华民族的儿女,渴望两岸的和平统一的意愿都是一致的。在厦门见到了英华中学同班的谢清华，他那时还在厦门有关部队，不久后，转业担任厦门电视台台长。他夫人是中国人民解放军海峡前线对台广播站有名的对台播音员，那时她还在对台广播。她的广播感动很多人。闽南话在台湾是流行的。

1987年，正式开始台湾回大陆探亲，两岸关系发生变化。后来形势变了，陈菲菲是第一个在播音时加上"亲爱的台湾同胞、金门同胞"称呼的播音员。

现在陈菲菲已退休。这位台湾广播员还到厦门找了陈菲菲，两人成了朋友，大陆和台湾，特别是福建人和台湾人，更是一家亲啊！崔永元去年曾找陈菲菲，那位台湾广播员也出场，拍了一个短片《对台戏》，放在小崔说事的栏目中。

两岸人民渴望和平统一的愿望之情不断发展，今后的对台戏，应当是让两岸同胞幸福与繁荣。

三、探母亲再赴西南

福州再别家人，我想目前交通方便很多，以后应当争取多回家陪伴父母，亲人多团聚，为福建多做些有益于人民之事，为两岸和平统一多作贡献。

母病危急回榕

没想到啊！不到两年时间，那是1983年9月下旬，接到弟、妹们电报，说母亲病重，望我速回。从上次离开福州，至接到电报不到两年时间，怎么母亲就病重了，难道应验了老话："七十三是一关，八十四也是老人的一关"。当时，母亲正好是七十三岁，我想这不会吧，于是我赶紧订飞机票，先回福州，再去西南。那时已定在昆明要召开中国地质学会第二次全国岩溶会议，第一次是"文化大革命"前夕在广西桂林召开，时隔17年，有多大的变迁与多少的问题需讨论。在这会上我也要做一重点发言，谈谈今后岩溶研究的方向与理论研究及实践的问题。接到母亲病重的电报，我就提前先返福州，再去西南开会。那时，还要我负责乌江渡水电站的地质问题的鉴定。

　　到了福州，赶到家中，见了母亲，心中一时感到说不出的凄楚，母亲这两年又老了许多，真是一个苍老的老人，为了尽些孝心，我和弟、妹们轮流喂着母亲吃点稀的。陪伴母亲病榻前，真的感到了我的无能啊！我奔波这么多年，未能有稍宽些房子，以奉养父母，那时在北京，我四口人，住在8平方米和另外两家同在一单元内，父母来住何处？而且经历了"文革"，此家实已破碎，想到这些更多伤感。一看有不少同学，仍在福州，却是都有较好的居住条件。"老吾老以及人之老，幼吾幼以及人之幼"。这是美德，不只是尊重自己家中老人，另外更多老人也应很好予以尊重。但是我自己都照顾不了自己父母，真是汗颜，只能依靠在家乡的弟、妹们，我真是有负于他们。在外地的弟、妹们，从湖北也回来了，一时父母兄弟姐妹们相聚，母亲又好多了。有一夜晚，我们都在母亲病榻旁，母亲还背诵了很长的一首古诗。原先大家都佩服母亲的记忆力，这次能背诵出来，我以为母亲已有很好的康复，似乎问题不大了。于是得到弟、妹们的同意，我又预备动身，先去昆明参加会议。

　　原打算，若母亲身体不好，会议就不参加，但乌江渡水电站地质鉴定会，由我主持，而且我是关注这座中国岩溶地区当时最大水电站已有20多年之久，不断介入有关勘测与研究。不可否认也出过不少力气。所以，这会我应当参加，也是水电部门的愿望。当时弟、妹们也谅解这情况，大家也认为母亲病已好多了。

赴昆明开会，为乌江渡工程地质总结

到了昆明参加了学术会议，我在报告中强调了这十几年来，因"文革"影响岩溶研究，我们应当在岩溶作用的内在机理上，深入研究，更好地把岩溶研究与国家经济建设更密切地联系。

会议两天结束后还考察了云南抽取岩溶地下水诱发产生的一些地质环境问题。本来还要去广西桂林，我倡议并首先筹备建立的这个岩溶专业研究所，因"文化大革命"，我被批作"反动权威"而被拒之门外，但我仍然关心这个研究所。当时，又因时间关系，我还要先去贵州地质局，然后去乌江渡主持乌江渡水电站地质条件的鉴定会。

这会议人不多，但要深入讨论地质上的鉴定，就要决定这枢纽，目前可否安全运行，会不会诱发大的不良地质环境问题，包括：坝基、坝肩以及库区存不存在渗漏问题；基础及周边产生岩溶塌陷问题；库区边坡稳定问题等。先听介绍，看大坝现场，第二天预备去水库。其实，这些情况我都掌握，现场也去过多次，但为开这个会，我是专家组组长，仍需陪同其他专家去现场。

母逝噩耗电传四天才收到

1983年10月28日，当天下午5点钟左右回到大坝下游的简易招待所，有人送给我一个电报，真是晴天霹雳，一时热泪涌出。电报中说明：几日接转来电报告：你母10月23日病逝，如何考虑，速回电。我一看这电话离母亲去世已四天多了。当时打普通长途电话都难，更没有手机，主要靠电报，在工地还是手摇电话传的电报。母病逝的电报传送的过程是：福州至北京，北京收后转发昆明，昆明收后转桂林，桂林收后转贵阳（地矿局），贵阳收后转乌江渡，乌江渡收后等我从库区返回，所以四天多才转收到，已是惊动了多个单位。

看到电报，我想已四天多了，明天开了会，最快明天下午动身，去贵阳快一天路，那时贵阳也无飞机直飞福州，还得去别的地方转，最快还得三天路程。于是，我打一电报告诉弟、妹：赶回福州时间太长了，希望你们先作后事办理，不能拖了。他们回电，也是如此考虑，不等长子回来，就办后事，等百日后我再回去祭奠母亲。

我发电报后，就回工地招待所，一个人在床上放下蚊帐，难过流泪，真的非常内疚，母亲去世我还在外，这一生没有让母亲很好地过些好日子，她为这么多儿女操劳一生。我是在蚊帐内，自己不断地追思。一会儿，一个北京水利科学研究院副院长来到我住处，他坐在离床很近的小椅子上，不吭声，也不说什么，似乎怕谈话使我更加伤心，又怕说话打扰了我的哀思。我也没掀开蚊帐，过了冷寂的一段时间，这位院长小声地开口了，说："卢总，明天还得要开会作总结，"我回应说："院长请放心，我会做好总结的。"他听后说："那好！你多休息。"他就走了。我后来想，他没有一句安慰的话，是怕越安慰，可能勾起更大伤感。那天，工地放电影，我就一人躺在床上，夜深了仍是未能入眠，也不想睡，与母亲在一起的日子，总是不断在脑海映现。

第二天，我按时去开会，也没有人问候，当然他们都会看到我双眼的红肿。在会上我做了详细的关于贵州乌江渡水电枢纽工程地质条件的总结。总结中，论述了乌江渡水电枢纽的坝址选择的比较与正确选定，论述了坝址岩溶发育的情况，特别是四条通道的存在，更强调了对基础防渗处理采用高压灌浆手段，以及处理的效果是令人满意的。

可以认为：乌江渡是我国岩溶地区第一大坝，坝高 165 米，重力混凝土拱坝的基础是稳定的，特别是两个坝肩承受压应力的部位，基础处理是牢固的，利用砂堡湾页岩以防渗，重要地带采用的防渗墙，以及防渗帷幕的高压灌浆手段也是成功的。坝后没有发生渗漏情况，从地质上看，是个装机容量为 63.5 万千瓦的乌江渡水电枢的建设是成功的，库区也没有出现大的边坡不稳定问题。

关于乌江渡水电枢纽工程地质条件这方面的总结，大家也是满意的。我强调了，为这水电站建设，以前长江水利委员会的地质人员，以及后来中南水利水电勘测设计研究院的刘帮良、宋志雄、李森、顾仲平等的重要贡献，还有设计方面的王三一总工程师和施工的谭靖夷总工程师，都作出重要的贡献。地质设计与施工的密切配合，保障了这枢纽的胜利建成。这会上我也向他们表示赞扬、敬意与谢忱！

因为我不能回福州，于是我们和参会的水利部其他同志一起坐一中巴车，从乌江渡工地去贵阳，我坐在最前面副驾驶座位上，仍是在沉痛地追忆往事。

母亲百日回榕祭奠

到了母亲逝世百日的时候，我才回福州，以祭拜母亲。一进到父母原先居住的旧房子，看到母亲遗像挂在那儿，我不禁就热泪滚滚，这是母子的天性啊！"依妈"喊了一声，就泣不成声，在遗像前久久伫立低头，我的自责真是难以平静下来。后来，写了几句以表悔疚：

《悼念母亲》

八三年秋急飞榕，
母危挂怀儿心惊，
病榻侍奉长诗诵，
窗前祈愿短药煎，
三地急事忍别离，
四日传噩痛穿心，
养育之恩未报母，
今又隔世泪满襟。

与弟、妹们商量，父亲就不在福州森弟处住，或去三明光弟处住，两边多活动些，我在北京真的是无屋可供父亲，羞愧啊！

本来在野外，受当地人的敬劝，特别是在生产烟的贵州，我就逐渐抽上了烟。从1960年到1983年也有20多年了。母亲去世不久，当时在外跑，若买高级进口香烟，确实买不起，自己抽再请人抽，一个月工资还不够买好烟的，另外想到母亲曾让我少抽烟，还有小妹可能到北京来治眼病，所以我就戒掉了烟瘾。

人生是很短促，也是很漫长的。母亲的去世对儿女们来讲，的确是一件伤心事。在母亲生前，总是觉得以后还有好条件更好地侍奉老母，母亲一走，才感到原先自己构思的希望破灭了，机已失去，时不我待，这时才更感觉到自己未能侍奉孝敬老母，的确是有深深的自责与自疚的负罪感。

四、加强欧洲学术交流，拓展学术影响

在"文革"之前，对外学术交流是比较少的。特别是对欧美国家，这方面交流几乎没有。虽然，在1973年，我还侥幸地去了阿尔巴尼亚，但那是援助，主要是把我们已有的科技能力，无私献给对阿国的支援工程，以确保成功。之后情况就不同了。

编写考察南斯拉夫岩溶计划

1978年的4月下旬，部外事司让我到京，布置任务是要我编写一个赴南斯拉夫考察岩溶的计划，人员主要是岩溶研究所书记（王恩耀）及三位技术干部（项式均、陈滋康、周士英）、一位地质学院教授（陈爱光）、一位部科技司干部（赵运昌）、一位广西监测院（刘金荣）、一位英语翻译（蒋仕金）及我共九位，我就制订了计划，先参加在南斯拉夫首都贝尔格莱德召开的国际喀斯特会议，然后去外地考察，包括斯洛文尼亚、克罗地亚、塞尔维亚等。

到了贝尔格莱德，使馆意见：为更好了解当地风俗习惯，更方便开展考察，应增加一个塞尔维亚语的翻译，这位翻译使馆可介绍，已有熟悉南斯拉夫情况的人选，但这样要增加费用。我编的计划只有九个人，那时预算很紧的，没有多余的钱。因为，国家外汇不多，我若预算得太宽裕，上面会批评，以后还会让你出去吗？这情况，由领队王恩耀书记向使馆汇报了。

考察意义重大，学术交流成果丰硕

那次考察中，我送给南斯拉夫有关专家们的实物是提交给国际二十五届地质大会的一个图册《中国岩溶》（英文版），还有我的一篇英文论文。南斯拉夫著名喀斯特专家、工程地质专家米兰诺维奇等教授表示出很惊奇，"在那十年国外认为动荡的中国，还有这么高水平的岩溶方面成果"。从那以后，我和米兰诺维奇成了好朋友。

这次在南斯拉夫考察，了解到第那尔山区喀斯特、高原的特征，喀斯特溶蚀盆地的分布，与中国云贵高原地区多级的溶蚀盆地、洼地的特征，可以进行科学对比。

这次考察特别注重喀斯特地区的水利水电建设，南斯拉夫在特列比西里察流域上开发，是很成功的，和我国贵州猫跳河流域、云南以礼河流域的梯级开发，也有可借鉴与对比之处。特别是，南斯拉夫喀斯特山区的发展是较快速的。原先较贫困的喀斯特山区，经发展水利建设后，旱涝灾害也大为减轻，这样也就促进农村发展。

南斯拉夫监测、利用与管理岩溶泉也做得很好，特别是研究岩溶水的三个动态，反映了喀斯特化岩体中洞穴通道、溶隙裂隙与溶孔—小溶蚀裂隙这三者间水动态的变化，这对如何开发利用岩溶泉，具有重要参考价值。我们七个专业人员，都分工写了考察报告。

赴欧洲参加国际会议与考察

20世纪80年代，首先去英国参加在孟加斯特召开的第一届国际地貌大会，并进行相应的考察。那是1985年，英国有关出版社也想出版我的新著作：《中国岩溶——景观·类型·规律》的英文版，中文版已定于地质出版社出版。

当时，国内地科院等领导也还没有定下是否由英国有关出版社出版，让我先开会也顺便接触了解一下出版商的意图。那时我和长安大学孙广忠教授一同前往英国，一下飞机，那位出版商就来接我们，并订好房间，一个人一夜是55英镑，可是我们国家中规定为40英镑，这就超出了15英镑，住两晚就30英镑。英商想由他们支付，如由他们出费用，那英文版就应当由他们出版，才好说，可是国内没有定下来，只好我们自己支付。

出版问题，先探讨了一下，我们就去剑桥大学，我先去找召开水文地质会议的地点在剑桥大学的丘吉尔学院，接触一些人后，就要离开会场去剑桥大学宾馆。下午4点以前，让孙教授把我们两人行李都推到宾馆前小公园的椅子旁，我4点多赶回，买了快餐在公园吃了后，去长途汽车站坐夜车去苏格兰，这样就省钱可把多花的伦敦住房费补上。孙教授是第一次出国，我就主管经费（外事司指定）。怕多花钱，吸取在南斯拉夫经验，又是省吃俭用。回到地质部向外事司报到回来时，有关处长问我第一句就是"有外汇剩下来没有？"，我说："有啊。"他说："太好了，多少？"我说："还有300多英镑。"他说："好！好！好！"我交上英镑给他们，那时，中国外汇紧缺，部的一个代表团在外，有人护照被偷了，外汇也不够，而国家给部的外汇定额已花完，所以这300多英镑就可以给一个小代表团出去花费。

这次在英国参加国际地貌大会，也展示了我们的研究成果，使国外进一步了解中国岩溶（喀斯特）。

中英合作研究硫酸盐岩溶与灾害

1996—1997年，我和英国库珀教授（A. C. Cooper）合作研究硫酸盐岩岩溶与灾害的研究，我作为中方首席科学家参加合作研究。

库珀教授是英国地质调查局（BGS）的专家，以前没接触过，是英国喀斯特专家托里·瓦尔逊（Tony walthams）介绍的，瓦尔逊教授来过中国，知道我研究喀斯特，是有影响的学者，所以他让库珀教授与我合作。

我先请库珀来中国，我们共同考察了山西、四川、广西等地的石膏岩溶。在中国考察时，他感到什么都好吃，让他住在北京西单山水宾馆。刚到时，为了方便，就请他到西单街上吃烤鸭快餐，一份十八元，吃得很好。在四川、广西也都吃得很好。后来，他对我说："我真不知道，你到英国时，我该请你吃什么。英国的食品，并不有名气，不好吃，这是大家公认的"。我说："不要紧，上次我到英国就吃得不错"。当然，这是客气的话。我到英国先会见他们英国地质调查所所在地诺丁汉，住在中国人开的宾馆中。那时，真的是吃不好，也吃不饱，因为那时英国正流行"疯牛病"，我不敢吃牛肉，牛奶也不喝，牛油更不吃，他们说没关系，牛奶不传疯牛病，但我还是食素的。吃西餐，去掉牛奶、牛油、牛肉，还有什么可吃？还好是在中国人开的餐厅，我就多吃素的面条、炒饭和蔬菜，鸡蛋一天一个也不能多吃。

这次在英国合作，我们合作写了有关中国的文章，为维持我们的成果，我被列为第一作者，库珀作为第二作者，把我们成果登在美国召开有关喀斯特塌陷的国际会议文集上，也发表在《洞穴》的国际刊物上。

访问德国在波鸿大学讲课

改革开放后，有一个德国水文地质学家在联合国教科文组织（ÜNESCO）工作，多次来中国，我曾多次和他接触，他曾让我去德国进行交流，那时刚改革开放不久，没有时间安排。但我于1985年去英国时，曾在德国转机。

在正定让我和那一同搬到传达室去住的顾可夫,他在改革开放后,地质矿产部以及北京许多单位要派代表团去德国,都请他当翻译,东西德统一后,邀请的单位更多,因为他懂德语、英语、中文,而且对德国熟悉。访问团去有他帮助,可省经费,又效率高。大概也是太劳累了,所以他前几年在北京公交车上,突然心脏病发作,公交车直送医院,也没抢救过来。

2005年10月,应德国波鸿大学的邀请,我去做了两次报告,并交流了一些研究试验工作。波鸿大学是在著名的鲁尔工业区,那里煤炭开采已达地下1000米深,但地表沉降达18~20米。沉降区那一带,复垦工作做得很好。在波鸿大学附近的沉降地带,森林茂盛。大学外围,还有同济大学帮助建设的"世外桃源"的中式建筑在密林深处。

在德国时,我主要讲了地表灾害和地质环境的保护,也对比了我国抚顺矿区和鲁尔矿区的采煤引起地面沉降的问题。

该校岩土工程实验室,也不完全是新的仪器,他们使用离心机做一次实验,收的费用,只有同济大学收的费用的一半左右,国内实验室的离心机使用,还是刚开始用于岩土工程方面,所以费用高些。

参加土耳其有关喀斯特国际会议

土耳其真是横跨欧亚两洲,在欧洲的地中海的海边安塔利亚一带,风景很美,欧洲德国等很多人在此度假,一般可到10月中旬,过后就天冷了,不好下海。在那里我参加了三次国际的喀斯特学术会议。在21世纪初,币值贬低得多。我请两个中国人吃饭,一个人就是一个汉堡包、一杯橘子水、一袋土豆条,三人就要1600多万元。有一次在考察时,坐船到一个地中海的小海湾,各国许多代表都下海,扑通扑通游起来,看他们游一会,我按捺不住,我也下海去了。我游一会儿,就仰躺在水面上,双脚并拢伸直,脚尖露出水面上点,双手合抱放在脑后当枕头,这样悠然自得地静静躺在水面上,靠呼吸控制,使浮在水面上而不下沉,结果吸引了很多人,他们没下水的,就用照相机给我拍照。一个熟悉来过中国多次的伊朗代表,他很想照下来我不动漂浮的泳姿,但他没照好。

那次,我请客吃了汉堡包后,我在附近海湾下了水,让李冰用我相机,照我漂浮的泳姿,照成功了。

重访贝尔格莱德的感慨

在 2005 年 9 月,我又重访了贝尔格莱德,参加国际岩溶会议。米兰诺维奇教授主持这大会,这些年来我们还是有几次见面,从 1978 年至 2005 年,已经 27 年了。我们两人都老了,但友谊仍长存。

这次参加岩溶会议,主要在亚德里亚海湾一带,看了很多大的喀斯特泉。后来米兰诺维奇教授告诉我,为这会议召开,他们开会前愁得要命。因为,地中海地区在秋冬季才是雨季,七八月份的夏天还是旱季,他们拟会议考察的几个大岩溶泉,在要开会前几天还是干旱无水流涌出,结果真使他们担忧,不下雨怎么办?米兰诺维奇教授后来又告诉我:"幸运的是,快到考察的前两天,突然大雨倾盆,使岩溶泉水得到充分补给。"开会考察时,我们看到海湾几个大泉水,汹涌喷泻,气贯大地,极其壮观,我们真的看到了喀斯特泉的气势,得到包括我们在内的许多与会专家的喝彩。

这就是岩溶共有的规律,那次我也看到塞尔维亚、波里一带,有天然石漠化的地块,那里夏旱冬雨,依靠自然降水,也是一个不可回避的客观现实。米兰诺维奇对我们在岩溶地区修建地下水库,很感兴趣。

这次重访贝尔格莱德,真的是有深沉的感慨。

首先，27年前，我国访问前南斯拉夫，那时我国"文革"之后，好在有了改革开放，正处在经济崩溃边缘的中国又重新崛起，各方面都取得快速发展。而原南斯拉夫，几个加盟共和国纷纷独立，又经过打仗动乱，显然发展都受影响。在塞尔维亚的贝尔格莱德，也没有更多变化。不进则退，显然其发展不是令人满意的。

我在阿尔巴尼亚近一年，那时"海内存知己，天涯若比邻"。参加这次岩溶会议，也有阿尔巴尼亚代表，他们也询问2008年北京奥运会，我也给了他们2008年奥运会宣传材料。1973年我们在地那拉时，国家篮球队出访那里，邓若增在那里训练他们的排球，许多体操等教授也在那里帮助，但那时中国体育还不是骄人的。29年后即2008年，北京举办奥运会，也表明中国经济、体育的重大进展。

五、在北美参加国际会议与讲学

我中学读的是教会学校，有几个美国教师，在比我高年级的英华学生，成绩好的都可能被保送去美国深造。我那时学习成绩好，但我认为参加新中国的进步学生运动是更为重要的。根本就没考虑被保送去美国上大学的问题。

第一次去美国进行学术交流

我第一次去美国是1992年，那次主要是去参加有关岩溶的国际会议，并应邀去印第安那大学和阿肯色大学讲学。当然，去美国这是向往已久的。

这次去美国参加岩溶会议,是凭借着自己的学术成就去参加国际会议,那时由于地矿部的外汇仍是有限,连飞机票耗费的外汇也都要折算在内。好在当时会后考察及会议费用的旅行,举办方有补助,我还去两座大学讲学,也是由他们负担。

在美国会议上我做了发言,会后考察美国岩溶。有的洞穴是保护比较好的,洞中观察路线旁有铁丝拦住。有一个洞穴看完之后,在靠近洞出口一个地下大厅堂中,扩音器放着美国的"星条旗永不落"的歌曲,美国的观众就大声歌唱,还跺着脚,发出震响,我担心引起共振现象,使洞穴沉积物被震掉。但从这高声歌唱中,可以充分认识到,美国民众的爱国热情和他们的爱国主义教育。

有一次我坐飞机由华盛顿到丹佛,我坐在三人坐的经济舱中间,左边是一个年纪大的美国妇女,右手靠窗的是年轻的一位美国妇女。飞机起飞后,两人先简单交谈,而后却争执起来,年纪大的支持老布什,说他有经验,也有成绩,支持他继续当总统,右边年轻的表示老布什不行,经济没搞好,他支持克林顿,年轻有为,有改革的设想,年长的说克林顿没经验,不能让他当总统,两人争得不可开交。

这次出国前,我经人介绍说,到美国可找华人开的旅馆,便宜,每天只要20~30美元。我下飞机后,找一出租车就去那里,白天开会,晚上回旅店。有一个大陆来的博士从芝加哥来,也住在那里,他告诉我是来应试,找一个工作。我随口说:"那你没问题。"他说:"不,我要找这工作,我已知的就有几位都是中国人来应试的。"我也不便多说,只能说你准备好,肯定没问题。第二天晚10点左右,我在小客厅的沙发上坐一会儿,男老板也在那里,不一会儿来一中年女的,是国内一个部的处长,她对那位老板说:"你把照片给我看看。"我才知道,这个老板由大陆来,已加入美籍,他两个儿子在美国都加入了美国国籍,现在是他一个人经营这旅馆,都是接待大陆来的中国客人。他想找一个国内女伴侣,结婚后带出来，以帮助他经营这客店。那位处长翻看了大陆寄来的女对象的照片，不少年轻的；也有年纪大一点儿的。那位处长说："这个不行，会把你当跳板，最后分你财产又走了。""那个又太年轻了""这个也不行，看来不会帮你搞这个客店。"……"这个还可以，40多岁还没结婚，是小儿科医生，会照顾好你，我看就这个好了。"过一会儿这处长又说："你准备好礼物，我回国时顺便代你看一看，如果你没意见，她要同意了，我就替你定下这事，到时你回来办喜事，就把她带到美国。"我也帮腔说："好啊！如果你回去办喜事，通知我，我也可祝贺你。"过了半月，我回国时，在日本东京机场转机时，凑巧遇到这位处长，问她怎么样，她说："为那老板带了两盒腰果、两盒化妆品，回去看看再说。"第二年，我又要去美国，还想住他饭店，打了电话给他，他说："我已搬到纽约来了，在那地方，被抢了三次。"因为他接待的中国旅客交的都是现金，所以容易遭抢。我又问他，找对象的事怎么样了，他说："不行，没谈成，看来不那么简单。"是的，哪能因为在美国，那位小儿科女大夫就会随便放弃自己专业——儿科医生，去当日夜操劳的老板娘。

在美国考察岩溶与环境保护

这次考察与交流，收获大的是看到了美国大落水洞平原和猛犸洞系统，这个洞穴系统，大小岩溶通道总长度已达600多千米。通过这次考察，使我对比了美国这一带喀斯特发育和北京房山石花洞系统与喀斯特地表景观的规律差异。这些认识，在我专著中，也已作了论述。

这次开会，曾去一个地区考察排土场（landifill），我们到时看见有一排老头、妇女，还有一儿童车，我想他们不会来欢迎我们吧，为什么在这儿呢？后来才知道，他们是向国外代表告状的，反映他们矿山排土场污染了环境，我把便携式测量水pH值的仪器，去排土场旁边渗出的黄色液体测量一下,pH 值只有 3.9~4.0,说明对地下水的污染严重,当地也不处理,所以老百姓想借助外国代表来影响当地部门,让做好污染治理措施。

在印第安那州,由我的硕士研究生那时在印第安那大学读博士的于海潮和他的导师克罗西带领,去看了一个从垃圾填埋场中外渗的水流,进行污染处理的工程。这个垃圾填埋场,已不填埋了,上面树也长得高大,但从土中渗出的水,需收集通过专门处理装置后,再放到当地河沟中,流向下游,这个处理一年要 7 千万美元。

另一个例子是,20 世纪 30 年代时,一些废金属填埋在一个喀斯特洼地中,原底部防渗没处理好,经历了 60 多年,只好把填埋物重新挖起,重新做好底部防渗后,再填埋。

这些例子说明,在 20 世纪 90 年代时,美国的污染还是较多存在的。后来,也花了资金进行环境保护和治理。

于海潮和他爱人李静都在我所内,于海潮工作时,曾去了英国一趟,英语有过锻炼。在 1988 年,于桂林召开第 21 届水文地质学家大会时,于海潮担任美国印第安那大学教授克罗西的陪同,他也担任大会主旨报告的同声翻译,主要英翻中的现场口译。我在大会上做了一个主旨报告,真的是非常受欢迎。国际水文地质学家协会主席和国际著名水文地质教授等多人,觉得中国能有这样水文地质学家作高水平英文报告很惊奇,不少人向我表示祝贺和赞赏。这种情况下,克罗西知道于海潮是我的学生,就很快同意明年等于海潮写好硕士论文毕业后,就去美国他的学校攻读博士学位,他担任导师,并给助学金。

第二年,我就让于海潮别管其他事,抓紧做好硕士论文,后来 1989 年 9 月他就去美国,他妻子李静(于的同学、那时同在水文所)和女儿也一同前往美国。

赴加拿大开会再转美国讲学

我于 1973 年先去加拿大，首先到温哥华，然后去加拿大的名校不列颠与哥伦比亚大学（UBC）讲学，该校地质方面有教授很愿意和我合作，我怕合作经费没批下来，不敢马上答应。当时应当先初步答应合作，有了初步设计，再回国争取合作项目经费就好了。

温哥华讲完学，我就乘飞机去多伦多，定的是经济舱，一个换登机牌的工作人员，像是华裔，给了我头等舱。当然非常感谢她。到了多伦多后，又去哈密尔顿的马克马斯特大学，参加第三届国际地貌大会。

我住在学校内的宿舍，要经过一片森林，到马路对面想买便宜的汉堡，可省些钱。那店上一个美洲人问我说："你是中国来的吗？"我点头说："是的。"他马上递给我一小罐可口可乐，说是他老板要送的，我推诿不掉。第二天又去买吃的，那位老板出来，一定要请我们两人吃饭，我不明白为什么，那老板大意是说：他是越南人，中越边境打仗时，他被我方俘虏了，他说中方把他们送到华东一带参观、学习，学技术，没有受苦，所以他很感谢！一定要回报中国人。听他这一说，我很有感想，是的，中越两国老领导人建立的"同志加兄弟"，是应友谊长存的。

对比美国两湖和中国川、鄂两大湖盆的演化

到了开大会第一天，开幕式后在休息室内，日本代表带一竹子外壳装的清酒，一些代表都向清酒靠拢，品尝喝了小杯清酒。我国王颖教授，她曾在加拿大学习过，马上把她带的茅台酒打开，一阵醇香溢出，别国代表马上从清酒周围走了过来。这是中国茅台盖过

日本清酒的实例，很快，一瓶茅台喝光了。王颖教授说："我带少了，应当多带一瓶来，就好了。"

加拿大面积广阔，那里水域面积大，私人汽车是很普遍，比较富裕些的家庭，是以买游艇为家庭的财富状况差别的象征。

看了加拿大的世界著名尼亚加拉瀑布，其成因与冰川作用有关系。其南部的依利湖高程为175米，北部的安大略湖高程为75米。两湖间相差100米，两湖间有尼亚加拉河，长40千米，瀑布形成也与尼亚加拉河的溯源侵蚀有关。这情况，与几千万年前，我国四川为一大湖盆，中国三峡的巫山一带为向西流入四川大湖盆，和东流汇入湖北云梦泽湖的分水岭相似。由于喜马拉雅山运动，四川盆地也上升，使大盆地水向东流泄，把三峡地区两条河变成一条河，像尼亚加拉河一样，而四川湖盆水汇入湖北云梦泽湖。这次考察，有了加拿大两湖演化，与中国长江原先两大湖盆的演化，有了更好的对比研究。

完成对拿大的国际会议和考察后，乘飞机进入美国芝加哥，再去阿肯色大学讲学。

在美国阿肯色等大学的讲演与交流

这次安排我在大礼堂中作报告（1993年9月），早些时间，这大礼堂正在举行美国海军授勋仪式。我见到一个美国老太太，在礼堂外等着去听我的报告，她看到我，知道我要作报告，她就说："太可怕了，我刚看到中国一个大坝失事了，那情况真是很可怕，你知道吗？"我说："我出来离开中国十多天了，不知道这情况，我可问问别的中国同志"。后来回国时，才知道是青海沟后水库溃坝。那时，我们的卫星监测还是较差的。网络上，也没更多及时报告。

那次报告会，我还是讲了长江三峡工程有关地质环境情况，因为我负责三峡石灰岩坝区的勘测研究工作，那时三峡工程已决定上马了。

2000年8月，赴美在斯坦福大学参加华人的地质学术交流会。2007年赴美在田纳西大学参加岩溶讨论会。2009年赴美洛杉矶参加国际洞穴大会学术讨论会后，又去加州太平洋大学，进行学术交流。

骨折四个月后在美国作主旨报告

2011年1月，前去美国伊利诺伊州圣路易斯参加两年一次传统的喀斯特塌陷会议。我应邀在会上作主旨报告。以前，已经约了两三次，这次我才参加这会议。因为我2010年9月在新西兰不慎滑倒骨折，那时伤后才四个月，我还不敢多走路，所以有时坐轮椅上下飞机，很少走路。

开幕式后，我作主旨报告，介绍我对中国喀斯特研究的综合成果，在开始之前，我先说："女士们、先生们，今天我在这里感到特别高兴，因为多次承蒙邀请来参加这学术会议，因时间关系，所以我没来。不幸的是2010年9月，四个月前，我在新西兰不幸滑倒骨折，我告诉医生，我还要爬山，还要探洞，今天我站在这里，我是胜利了，我祝各位早安！"我英语讲完这开场白，引得大家热烈的掌声，并同时祝我早安。

接着我作了报告，休息时主办会议的主席和许多来开会的学者，都向我表示祝贺，认为我的报告非常精彩，中国喀斯特研究非常有意义，而且进行深入探索和建设关系密切。

会后，去参观密苏里州的圣路易斯拱门，二百多米高，以前我已去过，这次为了陪其他中国代表去，我也去了。进入大门要过安检，我通过一个安检门时，左脚腕处灯光闪亮、铃声大作，发出警报信息，一个女安检员，马上鱼跃扑地，双手按着我小腿下发闪亮灯光与警报声的脚踝部位，她一摸是真正人脚，没有铁的东西在外，她也明白是受伤的腿上有钢板，所以就笑着站了起来。这件事表明美国人是多么认真检查，这是 2001 年纽约的"911 恐怖袭击事件"后，引起严格的安检措施。在 20 世纪 90 年代，我参观这拱门时，那时是很随便地买票、坐车上去。

六、赴澳大利亚进行学术交流

1976 年，我放弃去澳大利亚参加第 25 届国际地质大会的机会，因为我想总是有机会的。

赴澳大利亚参加水文地质学家会议

1998 年，赴澳大利亚参加国际水文地质学家会议，先去墨尔本，大会在墨尔本大学举行。会议上，关于环境保护已引起更多的关注。会议后主要考察的是有关垃圾填埋场，当时墨尔本正在建设一个大的垃圾填埋场，完全是商业化，运垃圾来填埋，要收费用，在建设中，更特别注意填埋厂下面，对地层与地下水的污染，所以必须要有严格的控制，那时现场上进行讲解，并具体开展研究的是亚洲裔，可能是出国学习的或华裔教师。

我国垃圾填埋场也很多，早期对填埋场下部的防渗问题，是注意了，但做得不是很好，有的填埋场下面产生沼气，还逸散到附近的住房内，产生爆炸。

我在同济大学的一个博士生，也研究垃圾填埋场底部，利用土工布防渗的效果研究。从美国的一些填埋场情况看，多年以后产生填埋场的容量问题是普遍的，因为运行后很快就达到设计的填埋量，更主要是对环境的污染，时间久了，还会发生。垃圾如何再生应用，从中发展循环经济，利用垃圾可再生有用物质，还是一个新的研究方向。我国垃圾分类处理，还是一大问题。

在澳大利亚也有对市内交通的通畅措施的启发，我参加墨尔本会后，又去悉尼，这是海港城市，22年前我放弃去悉尼参加第25届的国际地质大会，这次去悉尼发现这大城市，多数上班族和学生是住在城外或小镇上，上班时开车到城郊，免费停车后就去轨道交通站，搭乘地铁，由露天轨道进入悉尼市区地下，有很好的地下网络。这样在市区内堵车就少见，路也通畅。下班后，上班族和学生就先坐地铁，到城郊再开自己车，回住处。

这办法，还是比较好的。但对北京如此大的摊饼般城市，真的就困难多了。我国可采用这办法，但如何才能有效利用地面和地下轨道交通网，并采取多种转乘方式与路线，以减轻市区交通的拥堵，是很重要的问题。

国际洞穴协会主席朱利亚请我吃饭，在一个泰国饭店中，饭菜很可口，我们也谈得很好，交谈了国际上洞穴探测，交换了中国喀斯特调查，她到中国多次，我们是老朋友了。我们在交谈时，服务员来，意思是问我还吃不吃了，服务员以为我是请客主人，主人不吃了，就是也代表客人也不吃了。我只顾谈话，稍示意一下，要等一会儿，服务员误以为我不吃了，所以就把菜全拿走了。其实是朱利亚请客，但她说："我真想把这没吃的带走，明早再吃。"我才意识到，吃不完外国也打包，我犯了错，应当让服务员问她，或者我直接问她才好，由她决定。但是，那样的话，她又以为我让他做主人请客。

刚遇到新西兰地震，我不幸又骨折了

2010年9月4日，我在上海醒来后，听广播新闻报道，新西兰基督城发生7级地震，尚无伤亡报告！这地震地点离我们要去开会的奥克兰很近，而且是要去考察的地点。于是，就打电话给已到新西兰的中国人，问问情况如何，他们说没有什么影响，国际工程地质大会的会议照常进行。于是我和同济大学的石振明、唐益群、王建秀、刘琦几个人就去机场，拟定中午的航班去新西兰的最大城市奥克兰，这也是新西兰最发达的城市，相当于中国的上海市。

到了奥克兰，我打电话给马潭，他是我们水文所的人员，而且搞矿床水文地质是属于我领导的研究室，他几年前因女儿在新西兰工作，一家都移民到新西兰，约定第二天（5日）他们到我住的旅馆来。那天中午过后，他们来到旅馆，我们交谈一会儿，本想请他们在附近吃饭，但他女儿女婿出差了，他们住得远，要搭公交车，就早走了。

晚上，国际工程地质大会的承办方，新西兰的有关部门按惯例举行酒会，酒会上我忙着和各方人士接触，也没吃什么东西，喝了点红酒。我们同济大学来的五个人，就都先走了。天下着小雨，路上也有点湿，有人提议从小路走，那只要连续下阶梯，有几十个台阶，又要拐弯，我还是很小心，到了平路。前面就接大马路了，我右脚踩在弯曲的约40厘米高的斜坡，左脚踩在下水道铁板上，立即就向左转身，想右脚踩上窄小的人行道，不幸右脚在弯曲（有弧度）斜坡上滑了，又已转身，左脚被铁盖粘住，拔不起来，结果全身压在左脚上，左脚腕就受伤了。

在新西兰医院无麻醉药进行骨折处理

两个同济人在我前面，两个在后面谈天，他们以为我身体健壮，不用搀扶，他们看我倒下起不来了，赶快来扶我。正好有华人小车路过，就让带我去附近奥克兰城市医院。到了医院，他们挂了急诊号,一看 X 光室上告示,9 月还要罢工半个月,到 9 月 15 日。经与医院挂号处协商,挂号处人说会想办法,让其他中国人(4 个同济的老师,还有一位在当地学习的中国博士后也赶来了)就先走了。留下我自己在等待,大约 11 点,护士把我推到 X 光室,有一个医生在操作给我拍了受伤部位的 X 光片。然后把我推到走廊地方,可放病床担架之处。大约 12 点了,他们把我推到一个房间,不是手术室,两个穿黑衣服医生在那儿,他们给我扣上塑料口罩,里面没有纱布,也无麻药,我过一会儿看他们没有补上麻药的意思,我就告诉他们,这不管用。他们把这没药塑料口罩扔掉了。让我咬住一个短塑料管,大口气地呼吸,其实就是分散我注意力。在给我那短硬塑料管之前,他们问我有什么要求,我说:"I am geologist, I hope that I will clime the mountains and investigate the karst cave in the future."(我是地质人员,我希望我将来还能爬山探洞)。他们说:"OK。"于是我就咬着那塑料管,大口气控制呼吸,两个大夫,一个按摩我大腿,就是要协助固定,怕我疼得受不了,脚会抬起来,另一个就出其不意地把我脚拉直,再急速转我的脚,以恢复到正常位置。那时这些操作,都是没有麻药情况下进行,如果脚面当时不恢复正常,会长了肌肉,就不好恢复了,他们纠正好位置,立即弄上石膏以保护,完成后两个大夫都向我伸大拇指,表示"好样的"意思!然后就把我推进一大病房,这病房住五个病人,中间有布帘相隔,白天拉开是一间,夜间把布帘放下就是相隔的五个小间,当然是不隔声的。

那天晚上,我也睡不好觉,第二天早上阳光照进病房,医院院长、主治大夫来查房,他们都给我伸大拇指,意思是:你没有麻药,不怕疼,是好样的,很坚强!他们走后有一中年护士,为另一病人做些治疗时,她就像唱歌一样,说我昨天的要求:"I will clime the mountains……"看来我的坚强给他们留下了好印象。

是回国,还是在这里动手术。我还是想回去,但也得待 2~3

天，马上就走，怕脚有急性变化也不好，利用这时间，与国内同济大学联系，我医疗的定点医院是新华医院，新华医院人多，于是想去瑞金医院，为这医院，又多方联系转院的解决办法。

我驻奥克兰的领事馆三位领事也都来了，女总领事代表使馆和领事馆向我表示慰问，她说："奥克兰城市医院是不错的，但可能病例不太多，如果在此动手术继续治疗，你们是集体签证的，还要重新办签证，你这个病人留下，还要有 1~2 个人留下，因时间久要另找住处。从国内再来人，也要重新办签证。"他们意见是，回国内还是比较好，省很多签证、住宿等事，我也是这样想的。

新西兰有一岩溶专家威廉姆斯（P. Williams），我们很熟悉，让别人通知他，那天（2010 年 9 月 8 日）中午，我睡了一会儿，突然醒来这教授站在我病床前，我连说对不起，问他来多久了，他说他等了半小时。

回上海在瑞金医院做手术

后来，我和瑞金医院的陈赛娟院士联系好了，她是中国工程院院士，我们开会曾熟悉，她那时是全国科协副主席，在她的帮助下，瑞金医院也做好安排了。

在奥克兰城市医院住了四天，结账时没有收我们费用，还送给一证明，说明因罢工，未能在医院及时进行手术，表示歉意！我们也向医院表示感谢。

到机场，休息一会儿就上飞机，进入头等舱，不好用轮椅，我靠单腿及别人帮忙，到我座位上，可平躺下来。头等舱有几十个座位，都满了，听说是新西兰一个猕猴桃水果的代表团去上海。

飞机到达上海，平安回国了。坐了轮椅到机场口，有瑞金医院救护车在那等着，进了瑞金医院，有陈赛娟院士带着几位医生、护士迎接我，护士送上鲜花，真是感人肺腑！休息一会儿，马上就全身体检，决定动手术日期。体检结果出来，定过二天（9月16日）休整好动手术！

出国前，上海电视台已邀请我录制有关泥石流的一个短片，那时正是为舟曲泥石流的灾害，再做些科普宣传，以便电视台上放映。那时，舟曲发生大泥石流灾害已几个月，但泥石流灾害很多地带还在发生。住进瑞金医院，定了手术日期后，我就告诉上海电视台，定在动手术的前一天，在病房前一个会议室中拍摄，那天我坐在轮椅上，前面桌子上摆着鲜花，我还打上领带，看不出是骨折要动手术的病人。拍摄中，我是要不断讲解，要有对付自然灾害的表情，也是我要战胜这意外骨折伤害的决心。拍摄约40分钟，进展顺利，后来在电视台上放映了。

手术那天，我不惊慌，而是冷静地进手术室，结果加上钢板、钉子，手术很成功，在医院住了一个多星期，做了些保健康复，就回家休养。在这里，我还要向瑞金医院领导、陈赛娟院士、杨大夫及护士们表示衷心的感谢！

术后不到两个月，我就带了轮椅去湖南长沙，参加中国工程院在湖南的活动，主要参加橘子洲头的笔会。

这次笔会上，利用我早些日子写的一个词，由中南大学有关音乐老师谱乐，还有其他几位院士的诗词作品也谱上音乐。在橘子洲头的一个演出会上，由当地歌唱队做了表演。遗憾的是，那天天气不好，阴沉沉，下午雨不停，失去以前金秋时的橘子洲头的美景，这是老天爷为我骨折而忧愁吧！当然不是，而我心中还是很高兴的，我没失去这笔会，我还可以少走些路了。不是老天要为我骨折而忧愁，而是老天爷要为我欢呼：你会治好腿上创伤，你会坚强的！

七、台湾讲学的曲折经历

你可能去不成台湾了

"你可能去不成台湾了",这是地矿部外事司叶永霞处长对我说的话,那是 1994 年 4 月 11—12 日,在地矿部的外事司的一个办公室,我知道去台湾进行学术交流是很难的,但不知道为什么这样告诉我。我就说:"有什么问题吗?"叶处长说:"你去台湾讲学的材料刚被退了回来,所以通知你赶快来部一趟。"叶处长停了一会又说:"目前还可争取,你是否可请相关部门改一改邀请函,但时间很紧,不知是否来得及。"我一听这么说,就是邀请函的单位和日期怎么写的问题,还是有可能争取的,于是我说:"谢谢叶处长,我争取能改一下。"

为什么我想争取一下呢?因为福建和台湾只是一个海峡相隔,在台湾的大陆人,有 80% 以上是来自福建。我们大的家族中,就有不少亲友在台湾。在福州已召开了两次台湾学者和大陆学者讨论有关地质地震问题。其中台湾方面很积极的主要人员,一个是学地质的,当时为台湾大学理学院的陈院长,另一个是卢加遇教授,是我的堂弟,在台湾出生,我们没见过,他是留法的地质学博士。在两岸于福州召开的地质学术交流会上,我也参加了,两岸学地质的堂兄弟相会,也寓意着两岸人民的相通,当时成为佳话。所以,这次由台湾大学办理邀请我去讲学。

有了这层关系,所以我想还可以努力争取。当时定的时间是

1994年5月16日开始，现在也只有1个月时间，还没有合适的邀请函，于是我马上打电话，又是传真，说明要求更改一下邀请函。又不能明说上级批准，只说清华大学、北京大学都不用国立的标定名称，所以能改为台湾大学即可，大陆用的是公历，如1990年、1994年，不用中华人民共和国多少年。所以，为大陆人士更易于了解，也请用公元1994年，否则他们不知时间。这样婉转的解析，也得到台湾方面的理解，于4月18—19日，又送来了更改了的邀请函。部外事司又很快办好公文，往国台办送已是4月21日左右了。在京我等国台办批准下来，等了一星期多，没有下落，我就和外事司同志说，我先回正定所里进行有关学术交流准备，有了消息我就来。我回所时，大约是4月28日。我要再准备2~3个报告补充内容，还要准备幻灯片和投影薄膜。接着就是要过五一国际劳动节，那时是放假一天，再调休一天，共两天假期。

5月3日，部外事司打电话到正定水文所，通知国台办已批准了，就是说部送上报告后，一星期内很快就批了下来，又逢"五一"假期，于3日一上班看有批件就通知我了，我4日上午坐火车5~6小时到京，下午就去部外事司。他们把批文给我，让去北京公安局办证处（在东交民巷）办理赴台湾的证明。5日上午去等了些时间，有位警官告诉我："你应当到地矿部，让部再写一证明，同意你去台湾"。我5日下午又到部里，说明要部再开公文的事。当时，我是地矿部首个赴台交流的技术人员，所以都没经验，部开了证明后，已到下班，第二天（6日）早我又去公安局办证处。

有关警官重新检查了我的证明，包括：部的批准信、台办批准函、台湾邀请函、寄来在台湾的通行证复印件、照片等。过了一段时间，警官出来告诉我说："可以了，你过一星期来取赴台的证件。"我一下就紧张了，我说："同志，能不能帮忙早一些，过一星期取，我来不及了，台湾已安排日程，5月16日就开始讲学作报告。"过一星期取就13日了，还要去香港转机怕赶不上，我给赴台的日程安排表看，这位警官还是很通情达理的，他进去商量了一下，出来告诉我："那你就10日下午来取，因为我们还有急的、早约定的任务要办，这周又是大休两天，8~9日没人办公，10日上班上午就给你办，你下午来取，你可先订去香港、台湾的机票。"我说："好的。谢谢你！"

当天下午，我就去建国门外的国际外贸大厦，找到香港的港龙航空公司，订了由香港到台湾的往返机票。

在香港转机差点把行李丢失了

到了10日下午，我去公安局办证处，很快就拿到了赴台湾的大陆通行证。然后就马上赶到建国门的国贸大厦，想买香港至台湾的往返机票，没拿到公安部的证件，去台湾机票也买不了。港龙公司办事处还不能直接卖给我票，只是开了证明，又让到西单民航售票楼去交款，然后由那边取票。到西单民航大楼正式买了香港到台湾的往返机票后，想就地去买北京至广州的机票。不巧，电脑坏了，全部停止卖票。我又跑去售票窗口向办事人员说明，我时间紧迫，希望给我留下12日上午北京至广州的机票，那位售票员一口答应给留票。第二天早上我去买票时，告诉我12日上午去广州的机票没有了（那时飞机航班少），只有12日的晚间票，我只好买12日晚的机票去广州，通知在广州工作的我的学生段光杰，让他来机场接我，第二天一早由广州乘早班飞机去香港。原先想坐火车，节省些，但坐火车来不及当天中午前在香港办赴台的手续，所以只好坐飞机。

5月13日，我乘早班飞机由广州去香港，为的是早点到香港，去台湾在香港的办事处办有关手续。那天是星期六，他们只办公半天。可是，到香港办理入港边境手续时，因我是去台湾，他们让我在一地方等候，把入台所有证明都拿走，包括香港到台北往返机票，等了约半个小时，才还我证件，算进香港了。出了机场，我打了一辆的士，就由九龙去香港本岛。那司机还是很和气的。我要去利波（音）大厦。该大厦有两个姐妹楼，司机指给我看，那远处就是。我突然一想，我带的多是书，公开出版的作交流实物，带去办手续太重也不方便，想在附近可先寄存一下，就问司机何处可放一下行李，他说："好的，在这儿就有"，于是车一拐就从一个后门进入一个旅馆。我给了车费后，就想已看到那楼了，可直接走去，于是我问服务员，房间多少钱，他说："一天要一千多港币。"我说："我急着办事，可否先放一下行李，我回来再办手续。"他说："好的！"于是我就把一大箱子寄存在那里，他给了我一字据。我离开柜台，这服务员又追了上来说："先生，你那条子我拿走吧，我认得你，到时你回来就给你箱子。"我不假思索，就把条子交给了他。

走到原来进来的后门口，一个大陆来搞外贸的人见到了我，很热心地说："你刚来？"我说："是的。"他说："你去哪里？"我说："我去利波大厦。"他说："我也去那附近，你跟我走吧。"我一看，利波大厦在前面，我们从这小花园穿过，转一下就可到了。于是和那位大陆来的先生，就一路谈天，他热情地给我介绍香港的一些情况，从过街的封闭天桥穿过，他告诉我利波大厦就是这楼，我道谢后，他就走向别处。

我找到了台湾办事处，他们要我把所有证件交给他们，然后，他们又和台湾联系，过了很久，他们才告诉我，你赴台是有这样安排，你住哪里，在香港有人可接你去机场，他们是专送大陆人去台湾。

在那办事处，有一个旅馆的人在那里和我说："这位（另一人）也去台湾，住在我们那里，你也可住我们那里，一人一晚才300多港币，大陆来赴台的，都住在我们那里。"我说："太好了，你跟我去附近旅店，我拿了行李跟你们一起去。"我带了他们两人，一下子找不到路。原先记得很清楚，我怎么就找不到那旅馆呢？那位旅馆工作人员问："是什么旅馆？"我说："不知道，条子被收回了。"

在附近转了半个小时，还找不到，我不好意思地说："对不起，你们先走吧，我再找找看，会找到的。"问了那旅店的人，把他们地址给留了下来，原来先施公司的旧楼上面的楼层。我想取了行李后，再直接找那旅馆。于是他们两人就先走了。

我一个人在那一带转啊转，问了过路人，说的是广州话："我不知"。我想问出租车公司，让查刚才送我去旅馆寄放东西的司机，能否查出来他的电话号码，回答也是不知道。遇到一个女学生，普通话还说很好，她很耐心地说："你好好回忆一下，什么地方走过，有什么特点，"她带我找一段路，还是没走对路。只好请她先走，可能她还有事或去上学。

那样一转已到下午 3 点多了，我肚子又饿，腿也没劲了，主要是心急啊，只好安慰自己：不用着急，最坏明天还有一天，联系原在我们水文所多年的同事，也是好朋友，他是华侨，后来到香港工作，会广东话，那时再请他帮忙。这样，心情紧张情况就好多了，又转了一会儿，我突然想，要不打电话问问附近都有哪些旅馆，设法在一个旅馆查问后，向附近旅馆一个一个打电话询问，一定会问出来的。主意已定，正好见到旁边有一旅馆，我就进门去，想查问附近旅馆的电话。一进门我就感觉怎么这么眼熟，马上想起来，我当时离开存放行李的柜台后，好像从我现在看见的这门出去的，我马上转身往左边柜台上看，我那土箱子，黑白色条纹布包着的箱子，明显地摆在那里，我的心总算落地。原来我现在进的是旅馆正门，原先进来又出去的是后门，两个相对。我找到那服务员，他说："我知道，是你的行李存放在这里。"我说："你把条子拿走，我花近三个小时，都找不到！这样吧，我先吃点面条，你再帮我找一的士去原先施公司旧楼。"他说："好的，楼下有面条。"我去楼下，一碗面条一百多元港币，吃完后，那位服务员帮我叫了一辆的士去那招待所，这是专门招待大陆去台湾的旅客招待所，我给那位服务员 10 港元做小费，感谢他记住我行李，还帮找的士。

卢先生，接待你的经费没有了，继续讲学，还是？

5月15日去香港机场，我是最早来排队办登机手续的，但是不能办理，因为香港机场和台北机场联系，说我正式的通行证还没有送到台北机场。等了两个钟头，仍无信息，而就要关闭登机手续了。陪同我的那位先生说："卢先生，我们走吧，再联系台北，以后改航班。"于是我只好跟这位先生往外走。可是，我不甘心，不应出这事，于是我偶然又回首看看办登记手续那柜台，结果看见那个办事人员伸出手做V形向我招手，我喊了一声"好"，又和那位陪同先生回去办手续。我是关闭了登记手续后又补办的。上了飞机，一直坐等起飞通知。

当天下午5点多，飞机降落在台北机场，有人专门接我（因大陆来的），给我挂一个胸卡，从另外路线办入境手续。

出机场时，一个领队说："卢先生辛苦了。"又说："由于某种原因，现在没有经费接待你了，你看，是继续访问，还是？……"

这时我一算，身边还有一千多美金，备在身边，自己付费，一天食住（以台湾大学招待所为准）也只有30多美金，一个月也够了。于是，我坚定地回答："我继续讲学交流"。我说后，他们都表示赞同。但是，我的行李主要一个箱子没有到，过两天才送来。

进行多场报告，并指导隧道水文地质调查

没有接待经费，我自己出也还可以，因为中国有古语：穷家富路。就是说，在家中，要节俭，没钱穷些，也好解决，外出在路上，要多带些钱在身边，防万一有事发生，有钱用。所以，我出来时把以往节省的外汇美金带来，也换了些新的外币，才有这数量。

那时，住在台湾大学招待所，一天200多元台币，相当于人民币60~70元，美金只十多元，再加食、行，节省些，每天十几美元，所以以一天30美元计，带的钱应可支付。

在台湾大学地质系、土木系、地理系、海洋研究所、台湾地质学会、地形研究会、地质调查所、成功大学、中央大学、垦丁公园管理处、太鲁阁公园管理处、台湾电力公司、联合大地工程顾问股份有限公司、财团法人中兴工程顾问社、台北市峒协会等单位，进行学术报告或交流。

交流内容主要有：水文地质的不同条件与特征，水动力条件类型，中国岩溶发育的类型与基本规律性，中国大陆的水利水电建设与三峡水利工程，工程建设的地质环境效应，地质-生态环境的研究，旅游地质的开展等。

每次报告给2000元、3000元台币。后来，让我指导他们有关长隧道的水文地质研究工作，又做了两次介绍，并去现场观看。此外，去作报告时，还是有招待小宴会，以相互了解沟通。这样，也少了些饮食的支付。此外，以私人身份访问了地质调查所和台湾的研究院，也参与讨论有关地震问题的讨论。

在台北，我待的时间多些；此外，还去了太鲁阁、花莲、鹅銮鼻、野柳、高雄、台南、台中、新竹、基隆等地。在台湾转了一圈。台湾东部海岸是山区多，平坦地也少，而西部则地势平坦，为平原区，东部易诱发崩塌、泥石流、滑坡等，而西部平坦地区由于抽取地下水等因素，也发生了塌陷。鹅銮鼻一带有很多礁灰岩沉积，高台地上的礁灰岩也有岩溶塌陷。

台湾的河流都发源于中央山脉，最高峰玉山达3000米以上。发源于中央山脉的水流，由东部入太平洋，西部河流长些，最长的是浊水溪，也只有150多千米。所以，在台湾降雨量可达5000多毫米以上，但可修建的蓄水库的库容不大，经常在春季时就发生旱情，水库底朝天。所以，台湾本岛干旱还是一个重要的问题。当时在台湾考察交流时，我就写了一个书面意见，建议台湾水利部门应当更好地进行地表水和地下水的调蓄，在滨海地带及河流冲积层中，修建地下水库。

21世纪初，金门及台湾本岛都发生过严重的长时期春旱。后来金门由大陆从漳州—厦门一带通过船舶向金门送水，台湾本岛又呼吁向加拿大购买冰山拖到台湾，当然这是不可能的。中央电视台4套举办了有关台湾缺水的专访，邀请陈志恺（北京水利科学研究院）和我，作一次访谈节目，在节目中我又强调了对地表水和地下水进行合理调蓄以解决台湾干旱问题的建议，当时我还提出，将来有海峡通道，也可由大陆往台湾输水，以解决台湾本岛干旱问题。

台湾有变质岩、火山岩、火成岩，也有碳酸盐岩和其他沉积岩。一个特殊现象是泥火山，由地下涌出可燃烧的沼气，同时还有地下水流外泄。为了研究，我在这次考察中还采集了一些台湾水样品，进行同位素测量，对一些成果进行对比，在1999年科学出版社出版的我的《岩溶水文地质环境演化与工程效应研究》一书中，已包含这方面研究内容。

在台湾的山区，滑坡、泥石流等灾害还是不可忽视的，2009年8月8日发生的阿里山区重大泥石流灾害，造成很多的生命与财产损失。

"喀斯特研究三十年，卢耀如自成一家"

1994年这次赴台访问，我访问了40天，进行了多方面的学术交流，也取得较好的结果。当时的台湾《民生报》第一次以《大陆地下岩溶，观光好资源，地质学家卢耀如鼓励山友等探洞》为标题，登在1994年6月15日《民生报》07版（户外活动）（记者黄育仁）。

另在1994年6月22日，《民生报》大陆风光版（36）上用大半版篇幅以《大陆喀斯特真奇特》为大标题，报道了"万年岩溶造就,奇丽山水中外闻名,参观岩溶景观须知",另一文化栏报道"喀斯特研究30年,卢耀如自成一家"。

"石花洞、云水洞规模宏大,浑然天成",就是报告中的一个标题。

"一般民众如果有兴趣到大陆一探洞穴的奥妙,卢耀如教授建议北京周围山区,如上方山、玉泉山和十渡山区,是北方岩溶的典型地带,有许多洞穴的发育,其中以交通方便的石花洞、云水洞比较适合观光旅游"。

"石花洞和云水洞等,规模宏大,景致奇丽,具有很高的科学研究与旅游价值,石花洞中许多毛细水的沉积物成花状,形成石花;云水洞位于北京房山县南郊的上方山,高于当地河谷一百多米,以附近的云彩引人注意,并以此命名。到石花洞、云水洞的交通设施很方便,洞内也经过规划,观赏路径及照明设备都经过设计,游客可仔细参观洞内浑然天成的景致。"

"三十多年对一个人而言可以从婴儿迈入成家立业,对从事岩溶(喀斯特)研究的卢耀如教授而言,三十多年的潜心研究,使他从严肃的学术研究转化为兴趣,并完成了《中国岩溶》一书。"

"大陆地质学教授卢耀如,自清华大学念书期间,即一头栽进岩溶研究,苏联学者为了强调卢教授在岩溶研究领域的卓越表现,干脆称他为'喀斯特卢'(Carst Lu),他这次来台即是应学术界邀请来讲演其研究成果。"

"六十多岁,戴着一副黑眼镜的卢教授,三十年来参加过不少岩溶的研究,也曾参与淮河、新安江、海河、长江、黄河、珠江等许多大小水电工程的勘探研究。"

"我原本是为了任务研究岩溶发育,现在已经慢慢转为自己的兴趣,卢教授笑着说,所以我一点也不觉得累或孤单。"

"有了兴趣,卢耀如教授20世纪60年代前期主持了中国大陆第一个岩溶研究室,多年来,卢耀如教授埋首岩溶发育研究,跑遍中国大陆大大小小洞穴，扛着背包和相机，仔细记录各地岩溶的发育过程。"

"卢耀如教授摸着头说，头上的重包是在洞穴探勘过程中撞伤留下来的。他指着著作中的照片，说出每一张照片的拍摄过程（很多照片都是连滚带爬才拍到的）。"

"遇到初次勘探的洞穴，才是体力与经验的最大考验。卢耀如教授说，通常这些洞穴附近的交通都不发达，一天走上好几十里路是难免的，如果有车子搭，也常发生抛锚，状况很多"。

"因此他建议有兴趣探洞的同行，最好按部就班，从已开发、规划好的洞穴先着手，累积了一些经验后，再尝试未开发、难度较高的洞穴。"

"卢耀如教授也指出，很多游客喜欢听这些神话故事，很多洞穴于是披上浓厚的神话色彩，但游客千万别忘了多从科学角度来探索洞穴的成因，毕竟一个洞穴的形成是需要数万年，至几十万年，甚至更多的时间。"

"'尤其是登山朋友若能试着去探洞，更能发现地下的自然奥妙'卢耀如以大陆流行的一句话'无山不洞，无洞不奇'来阐述中国岩溶发育的旺盛与奇伟。"

《"喀斯特卢"在台湾》（作者赵凡）

回到大陆后，《地质矿产报》发表了由赵凡执笔的《"喀斯特卢"在台湾》。文列如下：

卢耀如站在清晨的北京街头，两只厚厚的眼镜片朝向已经飘出油烟的早市一角。他长舒一口气，感觉如同几天前站在台北的清晨。

乡音未改，这个年近63岁的福建人，像许多福建佬一样，天然有一些"海外关系"，但去台湾这是第一次。在台湾作长达40天系统的讲学考察，在大陆地质界专家学者中，也属首例。

出访的契机来自1993年春的海峡两岸地震地质学术讨论会。会上，卢耀如关于岩溶、环境地质的学术报告引起了台湾大学地质系主任陈维昭的注意。

了解到卢耀如的经历，陈维昭不禁大喜。台湾地质在水工环方面所做甚少，而卢耀如恰恰在这方面专而且精。

卢耀如的专长是岩溶地质。作为中国第一喀斯特矿床水文地质和地下水动力研究室技术负责人，他从20世纪60年代起，潜心钻研30年岩溶地质，发表论文60多篇，取得了国内外交口称赞的成果。他的《中国岩溶——景观、类型、规律》获得1987年地质科技二等奖和1988年全国优秀科技图书二等奖。

"5月24日，来自大陆的地质科学家在台湾大学地质系讲演地质环境专题。"校园海报上的这条消息许多人怀疑自己眼睛出了毛病。那天下午，卢耀如知识之广博，他所展示出的大陆地质学特别是水工环方面成果之卓著，的确使台湾地学同仁吃了一惊。

卢耀如在台湾大学地质系、土木系、海洋研究所、台湾地质学会地形研究会、地质调查研究所、成功大学地球科学系、垦丁公园管理处、太鲁阁公园管理处、台湾电力公司、联合大地工程顾问股份有限公司、财团法人中兴工程顾问社、台北市山岳协会等处讲演，内容涉及岩溶与洞穴发育规律及特征、水资源开发、中国地质生态环境主要类型及演化预测、长江三峡水利工程坝址比较工程环境效应、沿海地区地质环境特征与人工开发效应等问题，场场讲座都吸引了圈内外大批的听众。

卢耀如讲演大陆岩溶的消息很快在台湾新闻界引起反响。6月22日，台湾《民生报》特辟专刊，以《大陆喀斯特真奇特》，宣扬大陆岩溶风光，介绍"喀斯特卢"其人其成果，文字加图片，足足半个版。据说，在台湾如此大篇幅报道地学家成果，尚无先例。

从5月16日到6月26日，卢耀如在台湾待了40天。40天的日程，安排得满满当当，他不仅向台湾同胞介绍大陆数十年水工环的科学进展，而且也了解了台湾相关的科技水平，离台之前，根据自己的考察研究，他认认真真地向台湾的有关部门递去了两本颇有分量的建议书：建议台湾今后加强水文地质、工程地质与环境地质工作；建议台湾北回线新永春隧道工程要做好水文地质、工程地质勘测工作。

离开仲夏台北回到仲夏北京，卢耀如仿佛只穿越了一个城市的两个街道。在台湾的时候，他经过了两个具有中国民俗意义的日子——台北叔叔的生日和汉民族的端午节。那些日子，根本无须磨合，融化在血缘中的文化亲情，使他对两岸人在商业上的执着和生活上的坚韧感慨万千。他得出一个结论：两岸同胞在地学研究领域也应该有默契。

以上是赵凡记者采访我后写的报告，把我访台经历做了很好的概括，所以也列在这里，以表对赵凡同志的感谢！

为海峡两岸交流不懈努力

2007年，为海峡两岸通道，我又去了台湾，那时讨论的是"海峡两岸隧道桥梁的学术讨论会，不是特定讨论福建至台湾的海峡通道的建设问题"。那次往返上海与台北，就是飞机直达的通航。在台北开会时，台湾海基会会长江炳坤还谈了话、接见了大陆来的专家，并共同照个相。

2009年8月8日，预备乘轮船由厦门至金门，再飞高雄走这条小三通的线路，不巧8月8日海峡有台风，那时阿里山区产生大滑坡，我们延迟至8月10日乘船去金门，再飞高雄，在高雄交流灾害防治问题，我作了气候—地质灾害链的防治问题的报告，受到欢迎，台湾学者对我讲稿非常感兴趣，认为对他们当时地质灾害的治理正是适时的参考与帮助。那时，在晚餐前我们为这次台湾受泥石流灾害作了捐献。在2008年汶川地震时，台湾同胞也出了不少力，这次台湾同胞受了大灾，所以我们应当表示两岸一家亲，也应作些捐献。

2011年12月，我们又去台湾，讨论海峡两岸通道，在会上我作了主旨报告，强调今后两岸应当为这通道开展实质性的协商，具体开展进一步的合作勘测设计。

八、在香港进行学术交流的经历

去台湾后仍需到香港转机回大陆。1994年11月，我到香港大学参加有关东亚环境演化的学术会议。1995年应邀到香港大学进行学术交流，作学术讲演，香港大学的校长和副校长都分别会见并宴请，王校长那时就要离职，去澳大利亚，在澳大利亚他有很多亲友，所以决定离开香港，前往澳大利亚。

副校长张佑启是搞有限元的专家，他和夫人一起宴请我，不久就要接替担任校长。他后来当选为中国科学院院士。

协助解决香港岩溶化基础稳定问题

在香港访问，感到香港对土地的珍用，应当说香港在有限面积内繁荣起来，成为世界上重要的港口和自由贸易城市，一方面是香港人的努力和刻苦奋斗，另一方面是有祖国作坚强后盾。香港的日常供应都是由大陆专门供给的。

这次访问，是应香港大学李焯芬教授邀请，帮助解决有关岩溶基础问题。深圳龙港区和香港相连的地带有石炭系的大理岩，这片岩溶发育结果，在深圳曾使房屋产生塌陷，也影响一些建筑物基础的稳定性。在香港曾有一片新建的住宅区发生基础桩消失在岩溶发育的地下而无影无踪。当时香港就有人指责这种现象，是对纳税人的不负责任。香港土木所有关科技人员对此很着急，也陪同我去考察。那时，我作了学术报告，并对比香港—深圳这一带岩溶发育情况，提出对香港这片岩溶化基础应当更好地进行勘探及多种处理的建议，包括探测岩溶通道，以及采取灌浆等充填加固处理措施。

香港给人印象深刻的是，在有限的面积内，很好地发展地下交通网络，香港地铁的建设经验是值得借鉴与学习的。

香港对边坡的稳定性是很重视的，那时就通过调查掌握香港地区发生崩塌、滑坡现象。当然，香港主要是火成岩的分布地区，是丘陵地带，产生的滑坡等灾害规模较小，但对香港威胁还是很大的。所以，香港决定每年处理2000处滑坡、崩塌现象，一年政府出资5亿~6亿港元，有关企业及民间出资一半以配合，这样每年有11亿~12亿元从事灾害处理，那时大陆每年灾害处理费只有5千万元。

为了地质灾害处理，香港也曾多次组织有关地质灾害方面的学术讨论会。在香港回归前，我也曾参与主持了一个滑坡讨论会。

在1995年年底，香港请了大陆十多位搞地质灾害和工程地质专家前去讲学，我也去了一趟，规定是一个星期，给予7500元港币，一切包干。当时，说是不用缴税，我来往机票及在香港停留7天的住宿、生活费，全靠这7500元港币。胜利完成讲学后，我就回大陆，准备中英合作和第三十届国际地质大会。1996年9月，我在英国开展中英合作时，收到香港税务部门通知（是由香港大学转来），大意是你领了7500元港币还没缴税，我与香港大学联系，他们说不用，这是税后给你们的津贴和讲课费用。我就在诺丁汉旅馆给香港部门回信，告诉他们我是大陆去的，这是包括来回机票近3000多元，住房费一星期，近1000元港元，还有生活饮食费等，7500元还不够。信寄出后，没再追问，就算问题已解决了。但从这件事上看，香港在金融管理方面还是非常严格的。

在香港看到"9·11恐怖袭击事件"报道，误认为电影

2001年9月11日，我回到旅馆，打开电视，是香港一个电视台，播出画面是飞机冲撞大楼起火，我以为是电视上放的电影，也没在意就关掉，预备弄点茶水喝，休息一会儿。过了一段时间，又打开电视转到别台，还是大楼起火的镜头，再听广播，是有关纽约姐妹楼大厦被袭击的报道。我又换别的台，都是这类新闻，再认真听一下，才感到这是真的事情，这就是震惊世界的"911恐怖袭击事件"。

这次，也是我应邀在香港作学术交流，当天下午作了一个报告，然后，港方几个人邀请我在一个面积不大，但中华风格特别突出，摆放着古色古香的中国家具的一个饭店吃饭，主人说这是香港最有名的中国饭店，当然菜的色、香、味都好。在主人们的劝导之下，我也喝了两小杯的红葡萄酒。宴会结束后，他们送我到宾馆，我在谢谢他们后，就独自上楼进我房间，不胜酒力的我，进房间后，还开了空调，那时9月，香港天气还是热些，一时就酒气上涌，但不是醉了，所以在反应上就相对缓慢迟钝些，看到"9·11恐怖袭击事件"真画面的报道，还坚持认为是电影。

九、在北京召开第三十届国际地质大会

中国面积广阔复杂,特别是有青藏高原的隆起,还有东部受太平洋板块的影响和弧岛的生成,所以国际地质界对中国的地质工作给予很大的关注。特别是1976年,国际地质科学联合会恢复了中华人民共和国的席位之后,在澳大利亚悉尼召开的国际第二十五届地质大会上,以许杰副部长为首的中国代表团到会,向大会提交的有分量的地质成果(三图一册)及不少论文,让国际地质界刮目相看。之后,经过十多年的国际交流,中国已被国际上承认是地质大国,所以决定1996年8月4日—14日的第三十届国际地质大会在北京召开。

在人民大会堂召开地质大会,是史无前例

为这次大会的召开,中国做了很大的努力。虽然改革开放已十多年,但中国还没有召开过这么大型的学术会议。中国应当提交更多高质量的论文,以展示中国研究地质的实力。在会前,就专门组织国内重要的院校、研究机构及有关地质勘探部门,组织强大的科技人员,进行所从事研究工作的总结,有的再进行深入补充研究,并通过严格的审查,挑选出各个领域的好论文,送交大会筹备机构。

我被指定为大会岩溶水文地质与环境分会的中方主持人,另外还有美国克罗西教授和澳大利亚的教授三人共同主持。

这次大会之前，江泽民主席在北戴河接见了地科联的委员们。大会于1996年8月4日上午在人民大会堂召开，参加会议的中外代表有6000多人。我是水文地质分会的召集人之一，所以我得参加开幕式，但是，很多的中国代表就没能得到入场券进人民大会堂参加开幕式。开幕式上，李鹏总理参加并献了词。如此高规格、大规模的国际学术会议，在中华人民共和国成立以来，还没有召开过。这次是竭尽全国地质力量而得到胜利召开，获得了极大的反响。

积极准备提高成果水平

这次会议是在建国门外的国际贸易大厦里召开，北京市内那时还没有能召开这么大规模的国际会议的宾馆，在会上我作了两个报告。

1. 卢耀如、段光杰：中国南北方人工诱发岩溶环境及其水文地质效应；

2. 卢耀如、童国榜、郭云海、张凤娥、杨丽娟：中国地质生态环境与质量及其21世纪演化预测研究。

这两篇报告，后来收录到第三十届地质大会的文集中，有英文及中文两版本。会后，为这次会议我还主编了中文版《有关水文地质》专辑。

十、参加在巴西召开的第三十一届国际地质大会

2000年8月在巴西里约热内卢召开第三十一届国际地质大会，

我们先去美国旧金山的斯坦福大学，参加华人地质论坛，三天后去巴西。

在美国开会后转机去巴西行李没到

在美国只短暂停留三天，然后由旧金山飞洛杉矶，再转机去巴西的里约热内卢。转机时行李遗失，我原想只托运行李由旧金山到洛杉矶，拟取出来后，再办托运去巴西。在旧金山机场办手续时，那位办事员会华语，看我要到巴西，他说行李就直接托运到巴西吧，我也勉强同意把行李直接拖运到巴西。

转机到达里约热内卢时，其他中国代表及别国代表的行李都取走了，就是我的行李还没有，等了很久也没到，去与巴西机场交涉，他们说：我们查一下，就先赔我 100 美金，说是一天没到行李，就一天赔 50 美金。我除了身上穿的衣服，还有一个小包，有证件和报告的材料。其他都在箱里。到了开会地点，只好去买些随身用的。有人从法国巴黎转机去巴西，行李也没到。我天天去巴西航空在会议上营业办事点去查询时，还是没消息，中间又赔了我相当于美金一百元的巴西钱币。到了会议及旅游考察快结束时，已经过了 12 天，才打电话来告诉我："你是不是箱子中有个红帽子等？"我说："是的。"显然箱子被弄开了，电话中说："你箱子弄错了，运到芝加哥，现又运回到洛杉矶"，并让我回去在洛杉矶转机时，再去查找领取。

返程时，又到了洛杉矶，就去查问，行李员让我在行李架中去找，在一个很大的行李架的最里面看到我的箱子，但箱子已破了，勉强外边加上绳子捆扎一下，再托运回国。看来，国际上要转机时，最好取出行李，再托运，直接拖运行李，易丢失。取出来也麻烦，还得出关，再办手续又复杂了。

会议地点召开过联合国的人类环境大会

这次参加三十一届国际地质大会,会议地点正是召开过联合国人类环境会议的场所,发表了《人类环境宣言》。这次会议我也提交了一个报告,涉及环境问题,也参加了有关岩溶方面的交流。

这次会议的会场地点相对集中,也较大,适于开大型的学术会议,比我国北京国际贸易大厦好,但是离城市远,那时巴西里约热内卢的治安也不太好,所以晚上都不敢外出。参加会议时,也提前回住处。

巴西那时是冬季,天气还很温暖,是热带气候条件,我们考察了野外,感到巴西土壤是很肥沃的,似乎很容易发展农产品,以供人们生活。巴西的伊泰普大水电站,因为较远,费用多,所以没有去参观,感到遗憾。当时,三峡刚开始建设,巴西的水电站算是当时世界上最大的。

巴西当局对中国参加地质大会的代表团的领导特别重视,主要是中国向巴西购买大量铁矿石,所以还用专机送代表团领导及重要成员去铁矿山考察。

十一、第三十二届国际地质大会在意大利佛罗伦萨召开

我们先到法国,访问了法国路桥大学及有关研究所,这所大学规模不大,但是影响很大,而且中法合作很好,同济大学出来的崔玉君博士,就是这学校岩土工程方面重要研究的教授。我和该校岩

土实验室讨论了一些问题，然后进入意大利。经过罗马这座名城，再进入佛罗伦萨。这是一个文化名城，在这次大会前一段时间，温家宝总理到意大利访问，也到过这个城市。

在意大利这次会上，我作了一个岩溶水文地质条件和水资源方面的报告，在这次会议上，中国代表团人数已达400多人，中国代表团和以往一样，都搭有一个专门的展览厅，有中国特色的装饰。这展览在一个很大的厅里，开大会的地点也在附近，那时是"911恐怖袭击事件"后召开的第一个这么大型的国际地质会议，对保卫工作还是很注意的。大门前还设有挡车的障碍，以避免大卡车直接冲入会场内。

意外见到"鞠平"，他不是"姐姐"

开幕式的前一天，我们到附近看一个意大利的教堂建筑，见到一个戴着墨镜的男人叫我，旁边有他爱人和小孩。他说："你不认识我了？"说完摘下墨镜，我才看清楚，他是河海大学的鞠平副校长，我说："哎哟！是你！真的没想到"。他一家来开会和旅游，这位鞠平副校长和少儿节目的鞠萍姐姐读音一样，有人开玩笑问他："你是不是因鞠萍姐姐家喻户晓，你也叫这名字？"他说："我是比鞠萍姐姐年岁大，我先有这名字，我也算有名声的教授了，不可能为鞠萍姐姐而改名。"

中国代表竞选国际地科联主席

那次学术大会，中国代表团有一个任务，就是竞选国际地科联主席。原先在巴西召开的国际地科联会上张宏仁当选为副秘书长，那是因为他筹备在北京召开的第三十届国际地质大会举办成功，当时是副部长的张宏仁教授，所以被推举为地科联副秘书长。但是，在这次会议上，亚洲有一个副主席的席位可以争取，于是就想中国应当可争取到亚洲副主席的位置。原先的副主席也是中国人，已于北京第三十届国际地质大会退了出来，是中国地质科学院的刘敦一教授。但是，中国代表团团长、国土资源部部长孙文盛说：中国地质在地科联、在世界上已有很大影响，要争取当地科联主席。在开会前，这决心一下，中国的几百名参会人员，就设法与有关熟悉的国家代表谈谈，也算拉票吧，就是希望有关专家的国家，具有投票地科联的成员国代表，给予支持。在召开大会之前，先召集地科联的委员开会。结果，张宏仁当选为地科联主席，大为扬眉吐气。中国的学者，终于站在国际地科联的主席位置了，这表示国际地质界对中国地质界的尊重，也表示国际地质对中国地质界的期盼与信任。

本来有一条考察线路是从意大利东北进入斯洛文尼亚境内，可以考察以喀斯特命名的（Kras）地方，在当地这 Kras 为石头的意思，后来才演化为德语 Karst，英文也采用这名称，中文音译"喀斯特"。因这条路线取消了，我们就改为往南的一条路线。

意大利建筑与斜塔、水乡给人的思考

最让人难以忘怀的是，意大利的古代教堂的建筑，真是气势恢宏，其石料结构建筑与中国古代的砖木结构有很大不同。当然，中国的古代建筑也是气势不凡，但不少却焚之于火而没有保存下来。国中之国的梵蒂冈，就是一座非常好的雄伟的教堂建筑。中国古建筑和意大利等欧洲古建筑是两种截然不同的风格。我认为各有千秋，只是中国古建筑保存下来的并不是最典型与规模最大的。

意大利给我启发的是：比萨科塔，是地基不均匀沉陷产生的，有的主张纠正，但在不倒塌的情况下，保持这斜塔，还是更吸引人，意大利名水城威尼斯，并不是人们想象的在海边修建有很多河网交错的一个城市，而是整个城市产生区域性沉降，建筑物的几十万根桩基也是一起下沉。所以,现在还有一个塔状建筑,当时人们担心也许游客下次再来时,那塔因深陷而垮了。目前仍在不断下沉的威尼斯却是很难救护,2012年元旦,该城市还举行了城市葬礼。

威尼斯给我们的启示是,滨海地带有许多厚层的软土、淤泥沉积,在兴建发展大规模城市时,应当特别注意地面沉降造成的区域性危害。这是值得我们吸取教训的。当然,目前威尼斯主要功能在于吸引各地旅客,体验一下这种水巷街道的乘船游览的感觉,而当地居民早已搬离,留下的是空空楼房和无奈的心情。

比萨斜塔和威尼斯的地面沉陷说明,滨海有软土分布地区须考虑地区安全与稳定性,是一个非常重要的借鉴。意大利维苏威火山于公元79年爆发,二十多米厚的火山灰掩埋了一座城,造成大量人员伤亡。还有许多地震遗址,给人以防治地质灾害的思考。

十二、参加在挪威召开的第三十三届国际地质大会

时光流逝又四年,2008年8月在北京,正是全国人民期盼的北京奥运会开幕的日子。那年,中国经历了"5·12"汶川大地震。再加上其他各种因素,中国奥运会能否举办成功,不少外国人是有怀疑的,但大多国内外人士都相信北京奥运会一定会非常成功的,我们也是这么相信的。

在筹备过程中,我参与了有关建筑物结构问题的安全性讨论,也参与有关城市火炬传递通过线路安全问题处理。当然,这些都是小事情,但也关系大局。感到矛盾的是,奥运会期间,我不能留在北京,要去挪威,作为中国代表团的一员去参加被誉为国际地质奥

林匹克大会的国际第三十三届地质大会。会上，安排我作一个地质灾害方面的报告。

在挪威奥斯陆看到北京奥运会直播开幕式

我们于 2008 年 8 月 6 日乘机出发前往奥斯陆，北京奥运会于 8 月 8 日晚 8 时 8 分开幕时，我们在奥斯陆正好是下午 1 点多，我观看了开幕式，听了报告后，回宾馆正好可收看电视转播，在外看北京的开幕式，真是激动人心。原先以为我们在京看不上开幕式，后来听说有的院士还是参加了北京奥运会开幕式。

在这会上，遇见加拿大的福特教授，我们是老朋友了。在会上，他和威廉姆斯合作的《喀斯特水文地质与地质》这本巨著已重新修订后，由 John Wiley & Sons Lid 出版社在这会上举行发行仪式。福特教授送我一本新书，那时他亲笔写上："送尊敬的朋友同行卢耀如，非常感谢他和他的同伴对国际喀斯特研究作出的贡献，福特签名"。我很荣幸又得到这位世界喀斯特研究大家的称赞。

没等大会及报告结束，在我熟悉的挪威喀斯特学者带领下，福特、米兰诺维奇、袁道先夫妇和我等几个人，进入北极圈进行洞穴、喀斯特景观的考察。

考察北极圈内喀斯特

离开挪威首都奥斯陆，我只穿一件衬衣，怕天气变化带了一个单外衣。把厚的外套、毛衣等都装在箱子里，以便中途可方便些爬山走路，结果是白天走路不多，主要坐了汽车，到了一个小地方，考察了原来的采石场，那时已进了北极圈内，时间短，只穿两件衣服也过去了。在车上不觉冷，中午也随便吃点东西。傍晚时，到了一个小土堡，他们把行李都送上这小土堡。让我们去吃饭，饭量是充足的,一个人一只烤鸡,再吃沙拉水果面包,吃得很好。我以为要回去添加衣服,结果没上小土堡就直接出发探一个洞,还去看地表构造,看地质断层剖面,天还没黑下,时间已晚,气温大大降低。在洞中已感觉很冷了,但相对好些,在洞外调查这段时间,有一个多钟头,他们都有厚衣服随身带,冷时及时穿上,我没时间取衣服,这一冻,使我咳嗽、感冒了。箱子里有感冒药吃点,还算好些。第二天去看北极圈内湖泊,他们发给连身的羽绒衣裤,还有帽子连着戴上。在船上,吹风,还是感觉很冷。渡过了湖泊脱掉羽绒服,爬山就不冷了。接着4~5天,看了很多洞穴、喀斯特泉水和北极圈内的植被,一天走不少无路的路,钻的洞又不是很好走,的确有些累,还看了冰洞,但洞内只是有些薄薄冰膜、冰块,不是太典型。

最主要的是,一路考察野外,看不到电视,不知道北京奥运会开得怎么样了。考察结束,我们回京时,还有两天,奥运会才闭幕,真是赶上一个尾巴。

在挪威看了一个地方,那时当地研究喀斯特的专家说:"卢,你看我们这里也有'天坑'",他说的"天坑"是发中国音(Tic-nken)。真正在中国叫天坑的是一种很大的喀斯特现象,四周是山体,中间向上可见青天,深百米以上,下面有大洞穴穿越,两头洞中多为大的地下河,如广西凤山、乐业,重庆奉节等地。发育的"天坑",初期与岩溶塌陷有关,先有洞穴的塌陷,但后来又不断发育,地下洞穴规模不断扩大,又区别于一般岩溶塌陷,通常是有了塌陷物质的堆积,影响了下部洞穴的继续发育。而天坑下部的大洞穴通道,有关塌陷的岩石堆积体没有很多保存,大洞穴通道中,还充满了许多神秘的色彩,包括特殊的动植物,以及奇异的洞穴水文与有关的洞穴现象。这方面对比,"天坑"和一般岩溶塌陷还是有很大的区别。

我看了那位挪威教授说的"天坑",与我所看到的与理解的真正中国天坑是完全不同的,那里只是一个早期的沟谷,深也只几十米,谷底还近似V形,我们冲跑下去,沿着有草覆盖的斜坡就到了谷底，没有大的洞穴存在。那里，就是一个正常的不对称 V 形的沟谷，我只好对他说，这不是天坑（Tianken）。

十三、组织岩溶地区可持续发展国际会议

岩溶地区环境是很脆弱的，世界上有岩溶（喀斯特）分布的地区，相对都是较为不发达的地区。由于溶蚀作用，水不易保存，土层又薄脊，加上土层被侵蚀，所以水土不匹配，当地经济发展就受制约，当地人民生活较为贫困。

例如：美国在 20 世纪 30 年代，田纳西州等地岩溶分布多，那一带出产烟草好，但农业及现代经济就不发达，这样才有田纳西州的水利开发局（TVA），使原先占平均美国国民收入 20%～30% 的情况下，很快提升达 40%～50%，再通过其他工业发展，就达全美平均收入的 70%。我国云贵地区，有广大面积分布碳酸盐岩，也是烟叶好，经济不发达。东欧原南斯拉夫联盟共和国，多有碳酸盐岩分布，有名的狄那尔山脉，相对也贫困。科索沃地区，也是贫困，又发生民族矛盾，引发战争。

主持可持续发展学术讨论与表彰仪式

基于岩溶地区的脆弱性环境，我在 20 世纪末，发起组织"岩溶地区可持续发展问题讨论"，并组织有关国际性会议。后来，这会议与袁道先主持 IGCP448 项目的研讨会相结合，于 2001 年 8 月 30 日至 9 月 2 日在北京召开"第一届岩溶地区可持续发展国际学术会议"，

请国土资源部领导参加,并邀请福特、米兰诺维奇及20多位各国代表参加会议。会上,我提议给老一辈为岩溶作过贡献的任美锷、陈梦熊、陈述彰和福特教授、米兰诺维奇教授等发表彰的纪念铜牌。组织这两次会议,得到中国地质学会大力支持并承办会议,王弭力副秘书长、浦庆余处长和王艳君处长都大力承办有关事务,会议取得圆满成功,与他们的办会有方密切相关,在此再表谢忱!

在第一届的学术会议上,讨论交流的问题有:

① 作为自然环境演化的部分的岩溶发育机理;
② 岩溶地区生态类型及其基本特征;
③ 岩溶地区水资源演化与可持续开发利用;
④ 在岩溶地区人类活动与工程建设的环境效应;
⑤ 资源的合理开发及其综合效益;
⑥ 自然环境与人类开发之间密切内在关系;
⑦ 岩溶地区自然地质灾害的监测与治理;
⑧ 洞穴发育机理及其开发与保护;
⑨ 岩溶地区的地质公园与世界自然与人文遗产。

这次会议开得很成功,中外代表学者共同讨论交流岩溶地区的可持续发展,大家深切认识到这问题的现实性与艰巨性,如果不注意岩溶地区生态环境问题,将来会产生不良影响,付出巨大代价的。会上进一步明确必须"保护中开发,开发中保护"这个辨证的原则。

可请国际学术组织设在中国

会上,中外代表很融洽,在欢迎宴会上,还请来当时科技部部长徐冠华,这是我亲自到科技部请他前来指导。更主要的是,希望科技部能更多支持岩溶的研究。

宴会上,中外代表还放声歌唱,福特唱了歌,袁道先也唱了。

我主要在鼓动组织，让气氛活泼起来。这宴会在北京西苑饭店举行，得到地科院外事处王巍处长和邓丹云同志的鼎力协助，他们对举办国际会议是很有经验的。

宴会上，徐部长说："中国现在发展了，国力也增强些，希望国际学术会议的组织可以落户到中国，这对我国今后科技事业发展，也是有益的。"我说："是的，中国岩溶分布多，国外很赞赏中国的岩溶，而且我国岩溶地区进行了很多建设，国外岩溶组织落户中国是有希望的。"

后来，中国地质科学院和部有关领导，为这目标积极努力，经过几年努力，在中国成立了联合国教科文组织下的国际喀斯特研究中心，挂靠在中国地质科学院，这中心设在桂林中国地质科学院岩溶地质研究所内，我被聘为中心理事会的理事。

这个会议开得很成功，原定拟隔 2～3 年再开一次，第二届由中国科学院地理研究所宋林华教授负责筹备，在会议闭幕式上已将下一届召开可持续发展国际会的接力棒交给了宋林华教授。后来，于 2004 年 8 月 13 日宋林华教授和贵州师范大学岩溶专家杨明德教授，为了申请中国喀斯特世界自然遗产目录，去贵州荔波途中，不幸因车祸而丧生，使第二届会议未能继续召开。

宋、杨两位教授都是多年熟悉的好朋友，他们 2004 年 8 月 13 日去世，贵州师大熊康宁教授于 8 月 15 日晚 11 时通知我，我整夜都是在脑中闪过与他们相聚研究喀斯特的情景。我 16 日忙于第二天赴意大利参加第 32 届国际地质大会的准备工作。16 日晚写了悼念他们的文章，17 日早去机场时，让来送行的地科院的同志赶快发送给贵州熊康宁教授。

可告慰宋、杨二教授在天之灵的是，在大家的努力之下，特别是杨明德教授的弟子熊康宁教授及熊的女弟子肖时珍老师的努力之下，中国南方第一批喀斯特世界遗产目录，已于 2007 年 6 月 27 日获得通过。目录中包括云南石林、贵州荔波和重庆武隆芙蓉洞。

发起与组织第一届城市环境安全与可持续发展论坛

2002年年底，我应邀来上海同济大学（关系仍属水文所），为的是做些开拓，以适应改革开放后形势的需求，希望在同济大学能够将地质科学，特别是水文地质、工程地质和环境地质与同济的专长岩土工程相结合，更好地为国家发展服务。

到同济大学后，虽然没完全脱离原所在的单位中国地质地科院水文地质环境地质研究所（原水文所已改为水环所），但为了更好地发展这方面，考虑到集中国家重点建设的大城市，今后还要不断地发展，其生态环境安全与可持续发展必将日益显得更加重要，于是筹备建立"教育部城市环境可持续发展联合研究中心"，偏重地质环境的安全为基础，以保障可持续发展。这个号召与提议，得到许多学校的支持与赞同，愿意加入的学校有：同济大学、上海交通大学、浙江大学、中国地质大学（北京）、中国地质大学（武汉）、吉林大学、长安大学、重庆大学。后来清华大学、贵州师范大学、中国矿业大学、青岛理工大学等也参加。香港大学因香港为特区，不属教育部管辖，但可联席参加，不直接作为联合研究中心的成员。除了这些学校之外，还有很多学校可直接参加有关活动，这个教育部联合中心于2005年正式成立。同济大学的吴启迪校长参加了这个中心成立的开幕式。

刚成立的头三年每年召开一次学术交流会，交流有关科学技术问题。此外，也讨论联合申请研究课题问题。

上海世博会定于2010年5月1日召开，在几年前就已开始筹备上海世博会的口号是：城市让生活更美好（Better The City, better the lives）。我们认为目前城市比农村发达，城市物质条件是好的，但许多城市环境还是脆弱的，要使城市生活更美好，必须要更好地注意城市生态环境安全，更好地注意今后可持续发展，才能真正保障城市的美好生活。因此，我们决定由教育部城市环境可持续发展联合研究中心为主要组织单位，每两年举行一次规模大些的学术会议，以扩大影响。于是决定在2010年上海世博会开幕一段时间后，在上海召开"城市环境安全与可持续发展论坛"，这是第一届论坛。

这个论坛办得非常成功，会上邀请院士、专家作主旨报告，都是与当前城市重要的环境问题有关。由于会议取得很大的成功，香港大学副校长、中国工程院院士李焯芬教授也到会，他希望在2012年举办第二届会议，联合中心各学校也都积极支持，于2012年12月在香港举办了"第二届城市环境安全与可持续发展论坛"。

2010城市地质环境与可持续发展论坛于2010年8月23日至26日在同济大学胜利召开。我作为大会主席，王思敬院士为学术委员会主任委员。中国工程院土木、水利与建筑工程学部、中国地质调查局、教育部城市环境与可持续发展联合中心共同主办，同济大学、上海市地质调查研究院、贵州师范大学等承办。本次论坛充分体现上海世博会主题"城市让生活更美好"，旨在针对自然的演化规律，寻求不同地质环境的有效保护与发展的途径，使城市能针对不同的地质环境而更合理地开发，从而有效地防治和减轻地质灾害。该论坛的目的及意义在于交流城市地质环境科学知识，为今后城市的可持续发展起到促进作用，真正做到城市让生活更美好，城市能够安全而可持续地发展。

中国工程院副院长樊代明院士、原建设部副部长周干峙院士、铁道部总工何华武院士、国土资源部副总工张洪涛教授、同济大学蒋昌俊副校长、中国工程院学部工作局谢冰玉副局长等有关部门的领导出席了大会开幕式。另外，王思敬院士、常印佛院士、宋振骐院士、王梦恕院士、葛修润院士、王景全院士、周丰峻院士、李焯芬院士、郑守仁院士、郑颖人院士、袁道先院士、王浩院士、项海帆院士、沈祖炎院士和我等共19名院士参加了本次大会。本次会议参会代表分别来自全国地质、水利、建筑、能源、铁道、交通与环境等领域共 308 人。

本次会议主要围绕城市水资源的合理开发与安全及防治洪、旱灾害，城市水资源的信息化管理系统、城市供水应急水源的保障、城市环境地质的主要研究内容与质量评估、城市地质灾害的评价与预警系统建设、城市地质灾害的防灾与减灾措施研究、城市气候—地质等灾害链与预警系统、城市发展规划地质环境综合效应、地下空间利用及岩土工程与地质环境问题、城市发展与旅游资源的保护与开发、地震高烈度区城市环境与可持续发展等 11 个议题展开讨论交流，共有特邀报告 19 个，其他有关岩溶、水文地质与水资源、岩土工程、地质工程、地质环境与地质灾害等相关话题的报告 57 个。大会论文集共收录论文 133 篇。大家首先肯定了我国城市迅速发展的骄人成就，但另一方面也深感需要从地质环境上重拳出击，以保障今后城市安全与可持续发展。

会议期间顾问指导组及有关专家代表讨论了今后城市发展及重大工程建设中地质环境相关建议，并起草了《关于加强城市地质环境工作以保障安全与可持续发展的建议》（上海宣言）。最后由我在闭幕式上对大会进行总结并宣读相关建议。首先指出地质环境影响城市安全与可持续发展，接着从地质环境上分别对水资源安全、新能源开发与能源安全、自然灾害的防灾减灾、城市交通安全、地质生态系统的安全和人民健康五个方面进行分析讨论，并针对上述五个方面的城市环境问题，对城市地质环境工作提出了几点重要建议。最后还呼吁有关城市地质环境方面的各个有关部门、学校、科技工作者，密切协作，为我国城市的可持续发展，共同努力作出应有的新贡献。

本次会议得到社会的极大关注，共有光明日报、人民日报、新华社、科技日报、科学时报、中国教育报、中国日报上海分社、文汇报、解放日报、上海电视台、新民晚报、国土资源报、地勘导报、轨道交通、隧道技术等媒体对会议进行了现场采访与报道。与会代表一致认为本次大会非常成功,在以后的城市建设过程中,应切实加强城市地质环境工作。在会议期间,与会专家认为本次会议应成为系列会议,每两年举办一次,香港大学、贵州师范大学等单位都表示想承办2012年会议,经过院士、专家讨论,2012年的城市地质环境与可持续发展会议,由香港大学具体承办。

会议议题

① 城市水资源的合理开发与安全;
② 城市水资源的信息化管理系统;
③ 城市供水应急水源的保障;
④ 城市环境地质的主要研究内容与质量评估;
⑤ 城市地质灾害的评价与预警系统建设;
⑥ 城市地质灾害的防灾与减灾措施研究;
⑦ 城市发展规划地质环境综合效应;
⑧ 地下空间利用及岩土工程与地质环境问题。

"2012城市地质环境与可持续发展论坛"在香港召开

中国工程院土木、水利与建筑工程学部,中国地质调查局,教育部城市环境与可持续发展联合研究中心和香港大学联合主办的"2012城市地质环境与可持续发展论坛"于2012年12月3—7日在香港顺利举行。本次论坛达到了预期的世界各地专家和学者之间的交流、学习和进步的目的。

这次论坛组委会主席为李焯芬院士和我。

在论坛开幕式上,本次论坛首席主席李焯芬院士、论坛发起人卢耀如院士、香港大学工学院院长田之楠教授和广东省地震局局长黄剑涛先生分别做了重要的讲话。

论坛邀请了14位中外院士和专家作特邀报告。特别是,中国科学院院士王光谦教授和叶嘉安教授分别作了城市的洪水灾害和元胞自动机的城市形态与可持续发展的特邀报告。中国工程院卢耀如院士、施仲衡、周丰峻分别作了海岸地质环境与绿色-蓝色经济链、中国城市轨道交通的进展与科技创新隧道工程和偶然爆炸冲击波与地下空间利用安全控制关键技术的特邀报告。英国皇家科学院院士Lord Julian HUNT教授作了巨型城市和气候变化的增长挑战的特邀报告。

应邀作特邀报告的中外专家和学者还有Professor Chun Fai LEUNG、王秉忱勘察大师、Professor Farrokh NADIM、高孟潭教授、黄雨教授、Mr. Duncan NICHOLSON、Ir. K. Y. CHOI和刘东升教授。他们分别就新加坡土地发展和利用、中国城市浅层地热能开发利用现状与展望、城市灾害评估和预警、中国特大地震与都市区地震风险对策、我国超大城市发展与地质环境安全现状综述、为城市尺度GSHP系统的热环保桩和隧道衬砌的发展、香港山泥倾泻灾难防治和减缓工程和重庆市滑坡灾害风险评估及工程应用研究作了报告和探讨。

参会代表们就市区地质水文环境和灾害防治、市区基础工程风险防治、市区地下水探查和灾害防治、市区地下空间利用和灾害防治、边坡工程和滑坡泥石流灾害防治和城市地震灾害风险和减缓作了15场主题报告和40场分组报告。广东省地震局主办了一场有关城市地震灾害防治预警的特别报告会。应邀作主题报告的专家和学者有钟世航教授、叶为民教授、陈昌彦教授、崔鹏教授、郑宏教授、尚彦军教授、陈致同博士、高建国教授、鞠杨教授、夏玉斌教授、阎长虹教授、邓颖芝工程师、周翠英教授、王清教授和岳中琦博士。

本次论坛论文集收录了105篇论文或摘要。

12月6日和7日，部分代表参观了香港城市灾害防治工程。它们包括香港岛半山区宝珊道山泥倾泻防治隧道工程、香港岛山区防治市区洪水大型隧道工程、珠港澳大桥香港段端部大型填海工程和大屿山香港郊野公园山区环境保护。

特别值得一提的是，本次论坛得到了王宽诚教育基金会、保华集团、保华建业集团、深圳市勘察测绘院有限公司和奥雅纳全球公司的经济赞助。香港城市灾害防治工程参观得到了香港特别行政区政府渠务署、香港特别行政区政府土木工程拓展署土力工程处和中国港湾工程有限责任公司的协助。

参会代表们强调和肯定了本次论坛的召开和交流对世界各地的城市建设和可持续发展有积极作用。认为从论坛报告和讨论中学到的新思想、新理念、新方法、新技术和新实践对十几亿人口的大中国的城镇化发展和建设有特别现实意义。

会议议题：

1. 城市地质环境、规划与保护；
2. 城市综合安全与评价；
3. 城市防灾减灾途径和方法；
4. 城市灾害评价和预警；
5. 城市水资源安全、开发、管理和应急；
6. 城市水文地质和城市地球物理；
7. 城市循环经济的发展途径；
8. 城市的环境容量与质量；
9. 港口的高效开发与环境保护；
10. 地下空间利用及岩土工程与地质环境问题；
11. 城市灾害链现象、识别和防范；
12. 近来频发大地震与中国城市地质安全。

本次第二届论坛在香港召开，特别感谢大会主席李焯芬院士，还有香港大学岳中淇教授的卓越组织，使这次论坛更充满了国际论坛的效果，在此我表示衷心的谢意！

第三届论坛定于2014年9月在贵州召开。因为我是贵州师范大学名誉校长，又是主持筹备成立中国南方喀斯特研究院并担任学术委员会主任和科技部石漠化治理工程中心的学术委员会主任。所以，让我和贵州师范大学伍鹏程校长共同担任第三届论坛主席。

我该成家吧！

两次恋爱的失败，与我的倔强的个性，不能更好地照顾对方情感是有关系的。但是失去就是失去了，给自己是苦痛，一生难忘。

两次短短的婚姻，虽然与社会一些潮流，特别是社会环境与政治背景有关，与艰苦的工作环境、长期在外的工作性质有关，但还是与自己只追求有个家的草率心思有关。

这四次变故，我只有一点可证明的是，在复杂变化之中，我始终以重视工作为第一追求，自己的孤傲也断送了幸福。真的是：觉今是而昨非，无来者之可追。

岁月无情流逝，我也已是老了。但是，我不是要什么享受，真的我只希望能有个属于自己的"家"，条件稍安静些，可以做些研究，写些东西。

我的环境，真的是不好，人们会问为什么这样。

第一次婚姻，时间短暂，相聚没几天，当时我是居无定所，在北京还无固定的集体宿舍的床位。第二次婚姻，是对方单位的一小间房，相聚不久，我又远离赴正定，北京"小屋"也回不去，在正定只有破旧的平房。"四人帮"垮台了，我仍然在正定只有旧平房，还是2~3个人一小房，后来总算一人一小屋了。

1997年，当我第一轮通过院士评审时，我还住在正定的破旧平房内，不论白天黑夜，不管春夏秋冬，我睡单人床上，都要放下蚊帐，主要不是防蚊子，而是防老鼠，就是放下蚊帐，夜间还经常有老鼠，当我睡着时，从我头顶上跑来跑去。要上厕所，必须要跑到一百多米的脏臭的老厕所，夏天苍蝇飞舞，冬天冷风飕飕。这真的是一点不夸张。那时水文所建些房子，僧多粥少，我是一个人在正定，所以还是高风格吧，不要求改善这平房。

到公布我第一轮入围后，正好一个司机要搬家了，他原住的两小间一小厅的破房由水文所分配给我住，他一家嫌这房子不好，原来有污水管通过非正规厨房，那污水管爆裂破了，有粪便污水溢出，用水泥涂了裂缝，仍未堵住。

后来到北京，地质科学院给了小套房为公寓60多平方米，可住但无产权，可放资料、书籍，要租金。我想那就住吧！可放书籍资料就好！现在是堆得满满的资料和图书。有了这公寓，免得到京找不到住房，这样我就很感谢地科院的关照。

到了2002年，已有许多单位希望我去他们单位，同济大学地下工程系也要我去。考虑到同济大学土木工程专业国内有名气，涉及各方面建设，将地质与之结合，我希望可有所创新。同济大学可提供一套房，可给些补助。

原先说只我一人去，人事部门有难处，那时我已70岁了，他们怕一人来弄不好，年纪大了，身体若不好，结果引进了人，没干工作，而是引来了麻烦。他们的表情，我理解。人事部门意见，就是说：我们欢迎你来同济大学，如果你能带一个人来，我们也可照顾安排工作。

正在思考如何来同济时，我所赵玉英，于1979年分配到水文所时，原先拟分配跟我做试验，我没接受。

我们在2002年去石家庄登记结了婚。把证书给同济大学人事部门一看。人事部门马上给赵玉英安排工作，下调动手续，赵玉英就很快到同济大学图书馆，因为在水文所，她也在图书馆待过。

后来我也于2003年2月底来上海同济大学，关系还在水文所，工资由上海同济大学发，水文所就停发工资了，但地科院、水环所工作还尽力而为。

这些年，她主要帮我做了不少研究工作的辅助打字等。刚来上海，同济大学给了房子，有补助，但自己还得要花些钱，房产写两人名字，以后就要归她。原先就这样想，给她留下点东西。

我该有个家吧！这就是现在有个家的经过。

在减灾与可持续发展全国会议上和国内外专家合影

1978年5—6月间中国水文地质工程地质学家代表团前往南斯拉夫参加喀斯特国际会议及考察（左四为领队王恩耀，左五为卢耀如）

在英国孟察斯特参加第一届国际地貌大会（1985年）

1992年在美访问，8月在印第安那大学作学术报告

在土耳其参加三次有关喀斯特水的学术会议，
图为1990年在主持国际喀斯特水资源会议

会议间隙，在海湾中浮游

20世纪90年代初恢复两岸地质科学交流,图为与台湾大学地质系主任陈维昭教授(中)和卢佳遇教授(左)与我(右一)合影(1992年于福州)

1994年5月在台湾考察太鲁阁一带喀斯特泉水

1994年进行野外考察（左一为台湾大学卢佳遇教授，左三为卢耀如）

2008年在台湾作学术报告

2008年两岸桥梁隧道工程学术研讨会上,时任台湾基金会会长江丙坤出席讲话,并接见大陆学者合影(前左八为江丙坤先生,左五为卢耀如教授)

1988年在中国桂林参加国际水文地质学家协会第21届会议并作主旨报告

在巴西参加2000年8月第三十一届国际地质大会,考察岩溶水文地质

2014在第32届世界地质大会水文地质分会上作报告

参加2008年在挪威召开的第33届国际地质大会考察北极圈内岩溶及水文地质

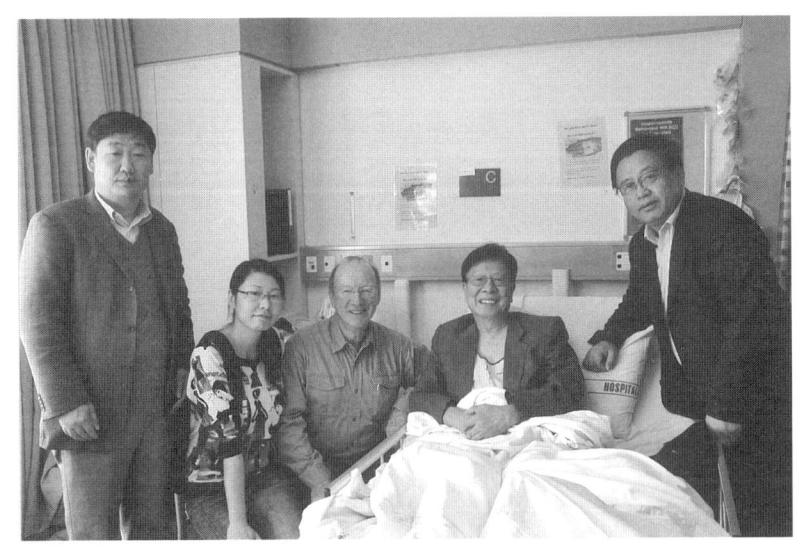

2010年9月5日在新西兰参加国际工程地质大会,不慎骨折住奥克兰城市医院,新西兰老朋友威廉姆斯教授(P. Williams)来看望

2011年1月（骨折后四个月）赴美参加喀斯特会议作主旨报告

和英华中学同学谢清华（左一）及其夫人陈菲菲合影。陈原是海峡对台广播电台播音员，见证海峡两岸的变化

第七章
改革开放后主要参与建设的工程地质问题

经济发展，
源于环境保护。
成功的建设，
在于尊重自然；
有益开发，
依于和谐环境；
巧夺天工，
源于认识规律；
成功工程，
合于地质生态。

改革开放以后,中国转为以发展经济为中心,在"文化大革命"的全国动荡岁月之后,人民驱掉对中国前途悲痛无望的心情,激起的是发展经济、改善民生的热情与期盼。

一、水利水电建设蓬勃发展中的地质问题

中国的水利建设,自"一定要把淮河修好"的号召后,大家都对旧中国的水灾频繁,加上干旱,那种哀鸿遍野的惨景仍记忆犹新,感到解放后应当真正是大禹为之感叹的全国治水的新时代。于是,全国掀起水利建设的高潮。特别是1958年北京十三陵水库的兴建,对全国水利建设,尤其是中小型水利建设,起了鼓舞作用,全国兴起了如火如荼的建设高潮。

全国数以万计的中小型水利建设,也确实发挥了作用。但是,由于大规模迅速开展水利建设,没有条件进行地质勘探并更好地进行基础处理,因而有不少工程存在着病害问题,这是不言而喻的客观事实。

有问题的工程在于对地质条件调查不够

改革开放后,水利水电方面的确是需要发展,以解决我国对水资源、水电能源的需求。但是,这蓬勃兴起的水利水电建设,多是以大型项目为主,这样投资大、效益显著(应当说是成绩显著)以保障发展。

上面已提及,从20世纪50年代末起,我就多次关注也出些力

的贵州乌江渡水电站的建设，主要是"四人帮"垮台后才开展了大规模建设，终于在1983年进行慎重的鉴定，而宣告成功地建成投产，运转达到高效。经过实际运行的检验，后来又扩建，增加装机容量。

在贵州乌江流域上，从上游的洪家渡、东风，直到下游全流域掀起建立大坝的热潮。还有红水河流域上的天生桥一级、天生桥二级中下游的龙滩、盐滩等。清江流域也进行了高坝洲、隔河岩、水布娅等水电枢纽的建设。

大规模建设中，不少都取得了很好的效益，它们多是在施工前经过很长时间的地质勘探，在有充分的地质条件的认证基础上取得的。但是，也有些工程，对地质问题没有予以足够重视，更没有采取有力的措施，结果吃了苦头，不仅耗资金，耗时间，效益也受限制。

我这里所提的，都是我亲身经历的。例如：

有的工程，有很好的小峡谷，可以建坝，防渗问题也好解决，但是，却选用订购国外有关的施工机械坝型，结果增加坝下防渗处理工程量，在泥岩等软弱地层上开凿导流洞却不断坍塌。可以吸取的经验就是：因地制宜，而选择坝址、坝型是工程成功之本。当时选用的坝型，订的施工设备，在别的坝址还是适用的。就是说，大的水利工程，更应地质、设计与施工密切配合。

有的工程，在局部工程地段，没有更好地尊重地质方面的意见，结果吃了亏，造成伤亡事故，增加投资，延误了工期。例如，有的长隧洞口，没能很好地进行地质上基础处理，造成大量崩塌事故。这样的事故，不是个别的。

为工程立项而忽视或隐瞒其不良地质条件

这种现象应当说在早期就存在着。为了得到国家批准，而忽视不良地质条件。有的是想，先立项批准了，在工程建设中再作处理。这种情况，在一个单位负责勘测设计中是经常存在的。

例如，黄河中游的一水库，没有听取专家的正确意见，只为先上马施工，结果造成很大的渗漏，损失很大。该地段黄河最小流量只有 $40 m^3/s$，而水库渗漏量可达 $20\ m^3/s$ 以上时，其影响就严重了。结果匆忙上马，工程完工水库蓄水后，还会不断加大渗漏水量。

因为这渗漏问题发生，而且渗漏量也不断增大，后来水利部门一个熟悉的老地质人员，也是我们几十年的老朋友了，他见我面就不客气地问我："万家寨水库出了这么大的渗漏量，怎么没有一个地质专家预先说话，你这么大的岩溶专家，我想你一定去过，怎么……"他意思是说：你这么大岩溶专家，为什么没看出来，也不说话。我说："我去了多次，会发生大渗漏量我是估计到了，我让他们注意，要很好处理，可是他们为上马，不叫我再去，也没听我意见。该水库渗漏情况与我预测的基本一样。但我还是弄一伏笔，强调该水库的渗漏量是可以开发利用的，可供晋、陕、煤田及火电厂开发所需的水资源量。从这一点上看，水库的渗漏量，增加地下水资源的可采量与蕴藏量，还是有益的效应。"

当然这效益并不是原先规划的，我只是不得已找一借口，以减少其危害性，找些自我安慰。

水库长期渗漏，会不断增大渗漏危险性，那是严重的，渗漏量之所以会增加，是不断产生潜蚀而扩大渗流道造成的，这也是符合自然客观规律："小洞不补，大洞吃苦"。

很多工程，如果进行详细地质勘探，可大大减少工程的不良现象出现，也可大量节省投资、控制工期，以取得最佳设计效益。有的工程不重视地质条件，出了问题就推到自然条件、自然灾害上，那是不负责任的。有些工程界朋友认为，出了事推为地质条件，这样将来吃亏的还是国家。

土耳其一个班坝，因工程蓄水前，不注意勘探库区靠坝址左岸有两个大的岩溶洞穴系统，水库蓄水后产生大的渗漏现象，为了处理这螃蟹洞和蜂窝洞岩溶漏水通道，增加了投资，处理费用占全部工程（建坝等）费用的一半左右，工期也大大延长了。

有关制度是导致轻视地质评价的原因

改革开放前，很多大工程早期的地质勘探工作，多是由另外部门或一个系统的不同单位承当，也有协作进行。这样，就比较客观而深入地调查拟定工程建设的地质环境问题，并作出相应的科学评价。

改革开放后，所有工程设计部门，都是勘测、设计和研究连在一起。这样，好处是易统一安排工作，进展快，缺点是容易不够客观。特别是，为一个工程，这部门先投资进行地勘工作，列上项目，竞标得手后，才有经费，而经费一到手，又赶施工，地质工作就不够做。原先进行了，如地质条件不好，仍客观地作评价，如果因此列不上计划，早先进行勘探的经费就白贴了。所以，为争中标上马，地质条件的评价就不客观。

所以，今后应当对大工程，必须有建设前期地勘基金，并且应由不同单位作勘探，设计部门再设计，再争取立项就好多了。

二、长江三峡工程的兴建与影响问题

长江三峡水利工程又提到日程上来

改革开放后，三峡水利工程的建设问题又提到日程上来。所以，两个坝区的条件上比选，仍是以上面论述的为准，这里就不多重复。

改革开放后，国家领导到长江三峡来考察，这就又掀起了建设三峡工程的热情。当然，三峡工程还是引起了一些争论。有些大的学者，从国家财力分配、生态影响上，提出了不同的意见。所以，这个工程于1993年在全国人民代表大会上通过，决定1994年开始建设，要历时17年，于2010年建成。确定三峡工程三大功能：防洪、发电、灌溉。

当时，全国人民代表大会上通过三峡主要功能是防洪第一，这与1991年淮河与太湖大水灾也是有关系的。90年代初，邓小平第二次南巡，主要在上海一带，提出了继珠江三角洲之后，应当发展长江三角洲的意见。而不久就发生淮河、太湖的大水灾，当时我曾以治淮老队员的身份，给水利部提了建议，指出进一步治理淮河，应当从地质条件更好规划，淮河要有好的入海通道。后来还写了一文章发表〔见：卢耀如，1993。江河流域综合治理要重视地质环境效应——从淮河、太湖1991年水灾谈起。中国地质灾害与防治学报，1993，4（1）：84-86〕。当时，长江三角洲以上海为核心，正奋起直追珠江三角洲，开始更好地发展，如遇大水灾，那是影响太大。

历史上有记载的情况，从清末到2000年间，长江有水灾200多次，平均十年一次。1158年以来，宜昌站曾发生洪峰流量大于8万m^3/s的大洪水有8次（相当于百年一遇）。1178年宜昌站洪水8万m^3/s时，荆江大堤沙市以上溃决两次；1860年和1870年，长江大洪水9.25万m^3/s和10万m^3/s，两湖平原受淹达3万平方千米。1931年、1935年、1954年、1981年长江都发大水，中下游淹地5090万~2264万亩。1913年汉口被淹三个月。1954年，长江大水，有4755万亩农田被淹，受灾人口1888万人，京广铁路100天不能正常运转。这些有关长江的大水，已是触目惊心。特别是我们经历过1954年的长江洪水，那时武汉和洪水搏斗，真是艰险得很。还有后来1988年的长江大水。当时，我也提些建议，并发表：长江流域国土地质-生态环境有待进行综合治理［环境保护，1998，252（10）89］等文章。1954年，我从新安江回京，汛期洪水，我乘坐列车就被困在蚌埠附近一天。前面也提到过，在新安江我参加监测洪水的惊心动魄的情况。所以，1993年抓住淮河、太湖洪水，提出以防洪为主，这样在全国人民代表大会上予以通过，就是容易达到三峡上马这一目的之举措。

这样，从防洪上来讲，人大通过兴建三峡水利工程，就是有现实依据的。

对三峡工程的两次建议

我于1993年12月，将早期写的文稿又修改一下，呈送给国家三峡建设委员会、水利部有关领导，即《关于长江三峡工程库区地质-生态环境保护与上游系统工程建议》。国务院三峡建设委员会复函给我，主要认为我意见很好，"三峡成败在于水库移民和保护库区生态环境"，认为这三峡工程是"功在当代，利在千秋"的工程，希望我要继续多出力。1997年，围堰胜利合垄后，我又送上建议：《结合治理长江三峡工程库区与上游岩溶石山地区地质生态环境以共同可持续发展的建议》。

在1999年，由科学出版社出版的《岩溶水文地质环境演化与工程效应研究》中，第七章鄂西重庆地区岩溶水文地质环境基本特征，第八章长江三峡岩溶水文地质工程地质条件与系统工程效应（212~292页），论述有关三峡工程库区和坝区的科学研究的认识。其中，有关这两建议主要内容，都作为有关论述内容列入此处，并加以进一步说明，以阐明自己的认识。

1999年我论著中进一步论述三峡建设

现将其中"提高长江三峡工程影响地带地质-生态环境"质量重要措施建设及有关结论，作为附件列于下面：

附：

提高长江三峡工程影响地带地质-生态环境质量措施的建议

根据前面论述有关长江三峡工程周围地带的一些情况及可能诱发的环境问题，今后需要更多注意避免产生不良演化的趋势，以使长江三峡水利工程发挥更大效益，并保护与提高这大片地带地质-生态环境的质量。为达到此目的，需要采取的有力措施主要有：

1. 库区及上游的防护林建设

积极发展长江中上游地区的防护林，做好水土保持工作，有利于降低旱涝灾害及岩漠化危险度，相应减少三峡水库的泥沙量，也可减少中上游地区的滑坡、崩塌等灾害的发生。

2. 库区及上游的污水处理措施

做好上游地带特别是大城镇宜宾、重庆，以及库区一带涪陵、万县等一系列城市的污水处理，如对大的污染性工厂进行治理，防止各种污水向水库直接排泄等。只有通过大规模的防污治理措施，才可使三峡水库的水质不会产生恶性的水质变异，以保持库水的清洁，也有利良性生态环境的出现。

3. 库岸监测防护系统的建立

认真全面地做好库岸稳定性的防护与监测是非常必要的。目前处理少量大滑坡与危岩体是需要的，但为了保证库岸的稳定性，需要在长数百公里的干流库岸，建立完善的岸稳定（包括滑坡及岩溶塌陷）的监测网络，以避免隐性发展巨型、超巨型滑坡与岩溶塌陷的发生，对重要地段，应建立卫星监测系统。

4. 合理开发与调控地表水与地下水

合理开发与利用库区及其周围地表水与地下水，对避免诱使水环境急剧恶化及防治大规模岩溶塌陷、滑坡等地质灾害加剧发生，都是有益的。为了保持库水的质量，及降低对灾害的诱发性，应合理控制水位变化，并合理地掌握水库中水流的运移和更替，以及增加淤积泥沙的底流移运速率，便于使排沙装置起更大作用。为此需要采用异常的手段，以调控这巨大水库中水的运动及其特性，以使地下水和库水之间得以合理调蓄，相互间的转化处于合理的状态。应当积极研究具体措施以应用于巨大的三峡水库。例如在不同地段的库水深部增加驱动库水与运移泥沙的装置，可加强深层库水的运移、更换避免营养化污染水层的出现，也有利于库内泥沙的驱动与排放。

5. 建立金沙江配套系统工程

长江三峡库区的泥沙，近一半来自金沙江，首先积极兴建金沙江上的梯级水利水电枢纽，不仅有助于电力的调节，更主要可起拦沙作用，以减少三峡工程的泥沙淤积量，也有助于拦蓄洪水，削减洪峰。对于岷江、嘉陵江及乌江等流域进一步修建些水库，也是可大量地减少三峡工程的泥沙量。三峡工程防洪限制水位145m，与正常蓄水175m比较，有30m水位差，防洪库容已有$221 \times 10^8 m^3$。实际上，可供淤积的库容应当不超过防洪库容以外的库容的一半，为$60 \times 10^8 \sim 70 \times 10^8 m^3$。如果上游不建拦沙库，以每年淤积$2.75 \times 10^8 m^3$泥沙计，大约只需30年，就可在干流库区淤积近$80 \times 10^8 m^3$，不到100年就将使水库淤积达到防洪限制水位145m高程左右。所以，泥沙对三峡工程还是非常重要的问题。因此，综合对库区及上游进行水土保护、地质灾害防治，兴建上游配套的水利工程，减少三峡库区的泥沙来源是很迫切的任务。

当然，上游水库的兴建也会存在着相应的环境效应问题，但对特别重要的三峡工程而言，兴建上游水库利大于弊。以诱发地震而言，系统水库诱发地震结果，也许有利于释放地壳中能量，避免大地震的发生，当然今后需要做进一步研究。

为了三峡工程的顺利兴建，并能及早做好有关地质-生态环境的[①]保护措施，笔者曾将本项研究的基本心得，于1993年12月写出，呈送有关领导。建议中强调"三峡工作的兴建，不仅仅是大坝工程，而库区如何移民及如何保护地质-生态环境，应当看作关系三峡工程成败的更艰巨的工程。建议包括三方面内容：（一）三峡工程仍有三个需要引起高度重视的关键问题（库岸稳定问题、水库淤积问题、水库污染问题）；（二）长江三峡工程需要系统工程加以保障（包括绿色工程、污水等治理工程及金沙江上水利水电枢纽梯级工程）；（三）充分发挥科学技术作用是建设三峡工程的根本保证。"

这建议得到有关领导重视，国务院三峡工程建设委员会办公室技术与国际合作组的复函中，认为"所提出的建议性意见，对于全国建设好三峡工程十分宝贵"，并指出"三峡工程立项不易，建设好更不易，需要科学家们从不同的角度积极提出建议，共同把功在当代、利在千秋的大业建好。"

的确，三峡工程立项不易，建设好更不易，需要科学家们从不同的角度积极提出建议，只有认真对待有关地质-生态环境工程效应，才能使长江三峡工程成为"功在当代、利在千秋的大业"。为此，在本项成果中初步探讨了有关工程环境效应问题，当然不是已经彻底解决了这些问题，而是为今后进一步的研究提供些参考。

长江三峡工程已经兴建，为了保证三峡工程的真正效益，为了进一步发展长江上游湖北、四川、重庆、贵州及云南的广大山区的经济，为了保护地质-生态环境的质量，今后进一步积极进行长江三峡及其上游广大地区的地质-生态环境与合理开发问题的深入研究，仍是十分重要的课题。为此，于三峡长江主航道截流前，1997

年9月8日笔者又提出建议,强调:"一、库区及上游地质-生态环境的保护与提高仍是三峡工程的关键;二、三峡工程需要上游的广大山区可持续发展作为依托与保障;三、深入开展科学研究仍是长江三峡及其控制流域内可持续发展的重要保证。"

"在长江中游三峡大坝拦腰一截,必然改变这原先平衡的状态,使长江流域这一个自然系统一分为二,成为人工行为分解的上游和下游两个系统,一切地质作用都要产生调整演化。"葛洲坝径流水电站的修建,已将长江切断,但水库小,为发电而蓄清排沙,已影响到下游河道的冲刷—淤积规律。1998年宜昌洪水量只有5×10^4~$6.3\times10^4 m^3/s$,下游荆州、洞庭湖及武汉一带就出现历史上最高洪水位,构成大洪灾威胁,而在历史上宜昌测得长江洪水流量为$10\times10^4 m^3/s$以上,这种情况与上游土壤大量侵蚀有密切关系。是否与葛洲坝的排沙效应具有内在的联系?值得进一步研究。

笔者早就强调"至于长江流域,洪水灾害是不容忽视的",并从地质发展过程探讨洞庭湖、云梦湖等湖泊缩小与长江的伸长形成,指出"这种地质环境的演化过程,就构成长江产生大洪灾的隐患背景",特别提出看法:"长江中下游湖泊面积的不断缩小,孕育着洪水灾害的更多隐患,这是长江流域演化过程的趋势。但是由于人工作用的不良影响,如乱砍滥伐,破坏上游植被,造成大量水土流失。水土流失率达500~2000t/($km^2 \cdot a$),长江没有黄土等堆积,其泥沙含量比黄河少,但近些年亦在迅速增大,大量泥沙势必造成湖泊淤积,减低有效的分洪蓄洪作用,从而增大了洪水的隐患",也指出洞庭湖"由于每年有1亿方泥沙的堆积,使蓄水容积由1949年的$293\times10^8 m^3$,减少为目前的$174\times10^8 m^3$,即40年来减少了$119\times10^8 m^3$,可见,洞庭湖的地质环境由于淤积作用而演化,所损失的天然调洪能力是惊人的"。另一方面,洞庭湖堤垸的地质构造沉降速率达3~12mm/a(湖南省地质矿产局资料),使洞庭湖处在淤积、沉降及人工围湖的复杂情况下,加剧了洪水的灾害。总之,人为因素使1998年长江在中等流量情况下,却在中、下游产生历史上最高水位。

有人认为"如果三峡工程早兴建,可拦蓄洪水,减少上游洪水的威胁。"前已讨论,如果不能很好地进行上游广大地区水土保持,并通过绿色工程、上游水利工程、防治污染工程、地质灾害防治工程以及人文教育工程等系统工程的实施,以提高全流域地质-生态环境质量,未来长江三峡工程能起防洪的作用也是有限的。

笔者也特别指出,"至于像长江这样大的流域,其综合处理的系统性就显得更重要。目前从防洪角度出发,决定兴建三峡大坝工程,但这并不是不需要进一步研究全流域防洪问题""江河综合治理中,必须包括地下水与地表水的合理调蓄,并进行统一综合治理,达到旱涝兼治的目的。地质环境是产生水旱灾害的背景条件;进行江河的综合治理,也必须立足于地质环境效应,以减少与控制灾害的发生与发展,并能不断地提高地质环境的质量"。

关于三峡工程是否诱发干旱和地震的讨论

在2008年5月12日,汶川发生8级地震,在2010年、2011年云贵地区又发生干旱。有人就质疑,是否长江三峡工程引起这些灾害的发生。《东方早报》记者采访我,那时下午就要去贵州,匆忙回到同济大学接受了采访。

在此,我想再介绍有关三峡及附近地区,以后对旱灾、地震问题的情况。尽我所知,作些客观的陈述。

长江三峡地区的洪灾情况,上面已略作介绍,关于500年来干旱再补充些情况,据有关气象的记录做了些概略统计,包含在我专著《地质-生态环境可持续发展——中国西南及邻近岩溶地区发展途径》(2003年,河海大学出版社出版)中。见下表。

地区	水灾（%）	旱灾（%）	水旱灾（%）
江汉平原	29.36	18.03	39.44
洞庭湖盆区	34.20	21.19	61.39
鄂西、湘西山地	14.30	19.87	47.77
滇东高原	37.64	15.95	53.59
渝东山地	41.16	20.19	76.51

数值表明三峡周边地区历史上水旱灾害频率都是很高的。

洞庭湖和长江应是关系密切，洞庭湖起调蓄长江洪水作用，也起着平原抗旱的重大调节功能。洞庭湖水从1825年至今，至少减少了700多亿m^3蓄水量，三峡水库库容只有363亿m^3。历史上洞庭湖面积的变化，侯仁之先生曾有论著提及：

4000年前为17875km^2；1825年时为6000km^2；1949年时只有4356km^2。而1998年长江、洞庭湖大水灾时，洞庭湖只有2300km^2；2010年只有约1689km^2；2011年干旱时只有382km^2。所以，人们一方面看到三峡水库蓄水，另一方面也应看到洞庭湖等周围水域变化。

洞庭湖后期面积不断缩小，主要由于围湖造田，有段时期围湖造田就达800万亩，再加上淤积。显然，水旱灾害在洞庭湖—长江中游地区，应当综合考虑效益，涉及水土资源配置，有效合理利用水土资源问题。

1987年，西南6省市区（云南、贵州、四川及重庆、广西、湖南和湖北），受灾（水、旱灾为主）面积为966万公顷，而1991年（三峡还没兴建）为1328万公顷，增加受灾面积364万公顷。1997年，三峡未蓄水，刚建设，三峡库区就发生大旱。1982年川东大水灾诱发几万处滑坡泥石流。这些受灾情况，显然与三峡水库蓄水无关。

大的滑坡：如新滩滑坡，于1985年6月12日3时52分发生，滑坡体达 1000 多万立方米，由当地地质人员预警，疏散人员，使 1371 人避免伤亡，只是滑坡诱发涌浪，使附近行驶中小船不能及时收到预警而遇难。

近些年来，欧洲、美洲、亚洲及南美洲，都出现很多巨异常的极端气候，也造成很大灾害，显然这与全球人类活动有关，人们关注的低碳减排二氧化碳，是一方面措施，以对付温度效应。

关于汶川地震问题，这不是三峡工程所能诱发的。根据两千多年的不完整记载，由于喜马拉雅运动，原先是特提斯海，后来隆起，几百万年加速受印度洋板块挤压，而上升为世界最高山峰，也导致青藏高原隆起和云贵高原上升。

所以，这样地壳不断运动，使滇西地区每十年就有一次 6 级以上强地震，川西地区每 20 年就有一次强地震（见 1999 年及 2003 年专著）。1935 年，岷江上的游茂县叠溪曾发生 7.5 级地震，产生堰塞湖，堵了岷江，壅水 40 米，不久溃坝，使下游几个村庄全部遭冲毁，死了九千多人，有的说死得更多。长江三峡库区，是处在扬子地块，汶川正处在滇西、川西活动板块的东北部。"5·12"汶川地震是龙门山三个断裂（汶川—茂县断裂，北川—映秀断裂和安县—灌县断裂）中，震中在活动最厉害的北川—映秀断裂上。所以，认为是长江三峡诱发的是没有科学依据的。后来的深部钻探也获得断层带的滑动现象。

水库是可以诱发地震的，国外发生率占千分之 0.2 概率。我国有水库诱发地震，大的有 20 个左右，多是在碳酸盐岩分布地区，约有 15 座水库，但水库诱发地震，其震级一般只 1~3 级。水库诱发地震，有三种类型：①荷载断裂型；②气化爆裂型；③洞穴塌陷型。大城市发展，增加的大荷载，其影响也是相同于水库荷载断裂型，荷载力变化更大而集中。有的预测，三峡库区由于水库诱发地震最大不超过 5 级。

三峡库区与清江分水岭间有仙女山断裂，有一定活动性，地震部门在监测。地震部门监测结果也表明汶川地震与三峡水库没有什么直接因果关系。

三、有关三峡地质灾害与环境保护后续规划

温家宝总理于2011年5月18日主持召开国务院常务会议,讨论通过《三峡后续工作规划》。英国路透社马上就以《中国承认三峡大坝存在弊端》为题撰文发表。为此《东方早报》记者卢雁,于5月20日在我出差去贵州之前几小时,在同济大学采访了我。我随即回答了几个问题,就动身去了机场。5月21日收到报道稿件,我于22日晚匆匆阅后,作少量情况的修正后,即发给记者。原先以为只在报上刊登,我也愿说明些情况,并不是像英国路透社所报道,这后续工作是许多已有工作的继续,地质灾害工作早有所预见,这后续是继续灾害防治工作,并不是刚知道才开展工作。

关于三峡工程地质灾害问题,我在前面已详细论述有关论点和建议。这里再把记者的采访列上。

"这些灾害是否罪在三峡工程"的记者采访(卢雁)

《东方早报》记者卢雁发表于2011-05-23 03:25

早报专访中国工程院院士卢耀如,谈三峡工程争议与三峡后续规划。

这些灾害是否罪在三峡工程

早报专访中国工程院院士卢耀如谈三峡工程争议与三峡后续规划。

最近,湖北、江西等长江中下游地区遭遇严重干旱,仅湖北就有 50 万人饮水困难、千万亩农田受旱,中国最大的淡水湖——鄱阳湖水域面积创下有卫星观测以来的最小(详见早报 5 月 20 日 A1、A24 版报道)。和近几年三峡及周边频发的泥石流、地震、水灾等一样,又有声音将这次大旱归结为三峡大坝所致。

这些灾难真的和三峡有关系吗?三峡后续工程要注意些什么?为此,早报记者对话中国工程院院士、三峡工程专家卢耀如。

［对话人物］卢耀如

1931 年生,工程地质、水文地质与环境地质学家,中国工程院院士,中国地质科学院研究员,同济大学教授,中国工程院"三峡工程阶段性评估项目"地质与地震评估课题组副组长。

三峡问题并非近年发现

东方早报:温家宝总理 5 月 18 日主持召开国务院常务会议,讨论通过《三峡后续工作规划》。英国路透社马上就以《中国承认三峡大坝存在弊端》为题报道说,这标志着中国政府承认三峡工程"存在问题"。您觉得可以这么理解吗?

卢耀如:我觉得不是这个意思。这说明现在政府考虑通盘谋划三峡工程的后续工作,并进行资金上的统一划拨,而且现在正好是"十二五"规划的时候,中央也是听取各方意见后作出系统的安排。

东方早报：三峡工程自20世纪50年代以来建与不建一直争论不休，您觉得自己属于哪一派？

卢耀如：这个很难说，那时年轻，血气方刚，觉得中国需要这么一个大工程来扬我国威。

东方早报：那后来呢？

卢耀如：后来之所以到90年代才开工，是因为"大跃进"以后中国经济发展受到影响，没钱办这么一个大工程，当时预计要花800亿元。

东方早报：20世纪90年代初三峡工程开工，您也参与了？

卢耀如：我1993年给三峡建设委员会写一封信，当时我就预计到建三峡大坝不是问题，因为中国已有许多大坝建设的经验。

当时，我给三建委的信中强调，三峡工程的关键在移民问题，移民问题的关键又在保持好地质-生态环境。我强调要加强注意三个问题：库区边坡稳定性、库区水质变异和库区泥沙淤积。

这些建议得到重视，这些建议不是当时想起的，而是有一系列科学分析与论证，也提出了解决途径。这些问题许多人都想到了，工程设计有考虑，政府也有措施。

要防止移民无序回流

东方早报：这次国务院的《规划》中说，"到2020年移民生活水平和质量要达到湖北和重庆同期平均水平"，这个"2020是怎么得出的呢？

卢耀如：这应该就是根据两个五年计划算的吧，但从中我们要看到一个现象：现在很多三峡移民又部分开始回流了，重新聚集到三峡地区，另外还有新到三峡库区来发展的。这说明三峡生态环境在好转，因此人口反而增多了。

但是，三峡库区人口一定要控制，人聚集得越多，越影响三峡库区的生态环境，若再开辟新的城市，又会引发地质灾害。这是今天需要考虑的，所以需要政府进行产业调整及相关政策引导，避免移民和新移民的涌入。

东方早报：所以这次国务院出台的《规划》中，移民、库区生态环境、库区地质灾害、中下游不利影响等方面都有涉及……

卢耀如：国务院提出三峡后续计划非常正确，是根据已取得成就和客观实际的需求，进一步做好有关工作。需强调一点，并不是像外电所说的原先没有考虑这些问题。

长江这样大的流域，不可能不同地方、不同部门只管自己眼前的一摊事。江河综合治理中，必须包括地下水与地表水的合理调蓄，统一综合治理，达到旱涝兼治的目的。

地质环境是产生水旱灾害的背景条件，进行江河的综合治理，必须立足于地质环境效应，减少与控制灾害的发生与发展，并能不断地提高地质环境的质量。

千万不能因三峡移民取得的成就、搬迁城镇有全新面貌，而又无序地造成大量人口往这新城镇云集。

再投 1700 亿元不算多

东方早报：说到地质灾害，宜昌等地有关部门称，库区面临着一个"库岸再造"的过程，这一般需要多长时间？主要会给当地带来怎样的影响？

卢耀如：水库主要影响一般由几年到 10 年时间，不会很长。

我们应知道，地质灾害是不可避免的，三峡在建坝前，滑坡、泥石流就较多。修建水库后，国家关注地质灾害防治，在三峡库区还是取得很好的进展。重庆地区由于监测预警起了作用，去年虽然有不少地质灾害发生，但却是零伤亡。今后，不能高枕无忧，仍要密切注意地质灾害的监测预警，并继续进行防治。

东方早报：当初说，三峡工程的防洪功能是第一位的，会成为调节四川盆地气候的空调，可为什么近几年极端天气那么多？

卢耀如：这种极端天气全都归因于三峡工程，肯定是欠科学的，也不可能。

当然，在长江中游三峡大坝拦腰一截，必然改变着原先平衡的状态，使长江流域这一个自然系统一分为二，不仅一切地质作用都要产生调整演化，空气中水汽流动也会有相应变化。但是，这和大片地区受全球气候变化的影响相比，应当说是不可等同的。去年福建、海南等许多地区也发生大水灾，这肯定不是与三峡有关。

东方早报：您估计三峡后续工作还要投入多少？有媒体报道说还要1700多亿。

卢耀如：难说，但这个数字不算多。今后的投入主要还在移民，当然，几部分都很重要，但如果不能控制移民，库区不得不建新城市，那防治地质灾害的监测和预防系统也是需要投入的，还得有几百个亿，生态保护也得有好几百亿。

问题不能都归咎三峡

东方早报：究竟该如何理解这些年来关于三峡的利弊之争呢？

卢耀如：客观上讲，任何一个工程的修建都会对自然界有所影响，只是程度问题。比如我们建设大都市、对海域的开发利用等，对大自然也有不利影响，所以不仅是一个三峡存在利弊之争。

我们要做的是将影响降至最低，在保护中开发，在开发中保护，和谐自然。这说的是不会诱发更严重后果，而不是没有不良后果。

所以，我们要对三峡工程作综合评价。不能把长江中下游现在的很多问题都归结到是因为三峡引起的，难道和当地大量抽水，大量建高层建筑无关？长江流域是一个完整的自然灾害链，没有三峡，洪水也会引起滑坡、泥石流，各地都可能发生。

东方早报：就是说，要对三峡工程作长江全流域的考量，那不同政府部门之间的利益呢？

卢耀如：目前三峡工程主要还是水利部在考虑，也最主要。有人提出，水利部应该将水电收益中的一部分作为防治灾害和保护环境的费用，作为基本资金。我觉得这样有道理，可以让国家少拨钱了。

地震　三峡对地表压力不会构成强震

东方早报：曾有不少声音质疑说，三峡水库蓄水达到海拔175米，对地表底层的压力加大，可能会造成三峡地区地震活动加剧？

卢耀如："5·12"汶川地震后，有不少声音认为这跟三峡工程有关，其实不然，川西和滇西本身就在地震带上。

三峡水库对地表底层或许会有相应的压力，但绝对不会构成大地震。水库诱发地震，国内外都有发生，我曾强调有三种类型：①重力荷载型；②气化爆裂型；③洞穴塌陷型。

大滑坡、火山爆发也会诱发地震，但一般震级不高，一般不会超过5级。像汶川这样的高烈度强震，都是地下深层次板块碰撞产生的。

东方早报：那"5·12"汶川地震对三峡库区究竟有没有影响？

卢耀如：可以说没有影响。有意思的是，大地震当日，三峡库区的好几个县城都以为是自己这里发生了灾害，三峡库区的人们对地震等灾害很敏感，可见这些年灾害的意识已深入库区民心，防治地质灾害成为当地群策群力的事情。

泥石流　不可避免但有能力做到零伤亡

东方早报：那这几年的滑坡、泥石流呢？

卢耀如：我们不可能让地壳不发生滑坡、泥石流灾害，但科技发展到今天，我们完全有能力将滑坡、泥石流的损伤降至最低，重庆库区去年零伤亡就是一例。

但三峡的问题并不都集中在库区，要通盘考虑，比如如何防止库区的滑坡、崩塌等灾害。我一直强调要积极发展长江中上游地区的防护林，做好水土保持工作，有利于降低旱涝灾害及岩漠化（石漠化）程度，相应减少三峡水库泥沙量。

另外，需要在长数百公里的（长江三峡）干流库岸，建立完善的库岸稳定检测网络（包括滑坡及岩溶塌陷），以避免隐性发展巨型、超巨型滑坡与岩溶塌陷的发生，对重要地段应当建立适时监测信息网络卫星检测系统。特别是要建立地震、气象、地质灾害、水文等综合信息预警系统的平台。

电荒　火电占78%跟缺电的关系更大

东方早报：那电荒呢？目前多个南方省份面临2004年以来最严重的三次"电荒"，三峡工程水力发电能力世界第一，且大多输往华东和华南地区，为什么还有电荒？

卢耀如：中国目前主要还靠火力发电，这占全国发电量78%左右。水力发电只有百分之十几，其中，三峡的电量目前又只有水力发电的十分之一。电荒归根结底还是跟火力发电关系更大，直接原因是煤炭价格高，运输又贵，导致电厂发电越多亏损越大。另外，有的地方干旱，也影响一些水力发电。

干旱　鄱阳湖缩小很大程度因人工围湖

东方早报：那长江中下游的干旱怎么解释呢？每年5月中下旬，长江迎来汛期，但近几年来，长江中下游流域的水位在汛期一直在退落。今年以来的降水量更是达到50年来新低，洞庭湖、鄱阳湖水位连连告急，这是否与三峡工程有关？

卢耀如：洞庭湖、鄱阳湖水位连年下降，很大程度上与人工围湖有关，洞庭湖解放初期有4000多平方千米，后来到2000多平方千米，现在面积更小，但三峡水库蓄水应起调节作用。

自然界中，经常有旱涝灾害。例如河南解放前有水、旱、蝗三灾；西南地区的旱灾频率、水灾频率相近，水旱灾害频率500多年来可达20%~50%，所以，今年洞庭湖等旱灾不应归因于三峡。

洪水泥沙增多湖泊缩小增加洪灾隐患

东方早报：那三峡工程能不能抵挡住百年一遇的洪水呢？

卢耀如：我一直强调"长江流域的洪水灾害不容忽视"，而且长江中下游湖泊面积的不断缩小，孕育着洪水灾害的更多隐患，这是长江流域演化过程的趋势。

但是，由于人工作用的不良影响，如乱砍滥伐、破坏上游植被，造成大量水土流失。长江没有黄土等堆积，其泥沙含量比黄河少，但前段时间在迅速增大，大量泥沙势必会造成湖泊淤积，减低有效的分洪蓄洪作用，增大了洪水的隐患。

比如，人为因素使1998年长江在中等流量情况下，却在中下游产生历史上最高水位。再说三峡工程与防洪作用，如果不能很好地进行上游广大地区水土保持，并通过绿色工程、上游水利工程、防治污染工程、地质灾害防治工程以及人文教育工程等系统工程的实施，以提高全流域地质-生态环境质量，三峡工程能起防洪的作用也是有限的。

录入编辑：薛冬霞

这次采访在网上公布后，引起不少争议。不久，凤凰台又采访了我，还有对其他院士、专家的采访，专门介绍三峡工程问题。其中，每一集都收录了我的有关认识。湖南卫视也采访了我有关干旱与三峡工程问题，我应邀作了多次学术报告，提供了资料和客观认识。

在20世纪50年代，我从事三峡南津关坝区的勘测研究，那时年轻、热情高涨，对从事这世界上水电建设的绝对冠军的地质勘测研究，是感到无上幸运与光荣。对当时的争论，是先上游还是先三峡，没怎么关注。我想，这不是我们所能决定的，事关全国大事，中央决定就是了。

20世纪80年代，又开始议论长江三峡工程时，我深感到库区以往对地质灾害调查不够，以往是重视坝区工程地质条件的比较，对库区只重视有无渗漏条件。而对于滑坡、泥石流是没有更多的研究。其他水利水电工程，也是对库区地质环境与灾害问题，调查不深入。所以，在支持三峡工程建设的热度上有所降低，希望更多地进行库区地质灾害的处理工程后和更好地采取措施保护水环境，以及有关生态环境的保护与措施后，再进行三峡工程的施工为好。当时，我认为一时就上马，处理措施跟不上，后患就无穷。所以，在80年代，我就提出更多进行地质灾害防治的建议给地矿部门。

20世纪90年代初，当全国人大决定三峡工程上马时，我立即呈送有关重视库区与移民问题的建议，当时对三峡工程上马，是有矛盾的心情，担心库区移民及地质灾害和水环境保护等问题。

从防洪上看，的确修建三峡工程，可更好控制一百万平方千米面积上的洪水，以确保下游重要城市包括武汉、九江、南京、上海等城市的安全，历史上的悲惨灾害情况可以避免。联想我小时候，闽江常发洪水，我去上初中时，在中亭街一带经常要涉水渡过。离开福州31年后回去，20世纪80年代我在福州中洲岛一带还看到洪水淹没的情景。还有，在新安江亲自在江边，在大暴雨下监测江水猛涨，看见从上游漂下冲毁房屋、死人以及死猪等惨状。为洪水，那时没有理由不让三峡上马。但是，我提了只靠三峡工程也不是防洪就一劳永逸了，而是应当全流域综合治理地质-生态环境。

至于发电，中国广大山区及不发达地区，缺电的情况当时是可以理解，应当增加水力发电这可再生能源，也是清洁能源。我们所从北京搬到河北正定县，我们住在小平房，经常停电，深深影响到工作和生活。在县城的所内，缺电，在野外调查时住在乡村、小城镇，也常遇停电之苦，不少地区乡村，那时还不通电，我们只靠蜡烛和小油灯以照明工作。所以，增加水电也是需要的，多开发上游，也很好，可是上游修建大坝，也有其他地质问题，特别是许多水电站大水库的综合效应，地壳如何稳定性的问题，还是没有什么研究。

至于水环境污染等，那是有过论证，只想通过严格控制和良好的防治工程，也是可解决的。实际上，江边城镇控制污水、垃圾倒入水库，也是难以控制。在我论著中，甚至提出用些电力，或其他措施，以驱动底部的库水，因为"流水不腐"，增加库水的上下对流，应当还是可以保护库水居于良好状态。

综合这些考虑，当时我积极想办法为三峡工程作贡献，就是上面提及的送上两个重要的建议。

另外，我认为：任何工程都有两重性，有好的收益的一面，也有对周边环境产生不良影响的一面。所以，对长江三峡工程，更应当从其利弊的比较，综合地作出决策。应当说，目前在防洪、发电上看，还是利大于弊。所以，最要紧的办法，就是有建设性的建议，并采取有益的措施，以增大功效、减少不良效应，这才是良策。否则，就会颠倒利弊。

地球上的极端气候与灾害频繁发生，是与全球的大量工程建设、大都市发展扩大、资源严重浪费、环境污染、二氧化碳的大量排放、植被减少及生态环境恶化等许多因素具有密切关系。

四、城市的地下空间开拓

改革开放后，城市的发展是很快速的。而农村相对没什么发展，或者是发展很慢，结果大批农村剩余劳动力转向城市打工，使城市人口膨胀，加上机动车的普及，使城市交通负担增大，多是负重运转。这种情况下，开发城市地下空间，特别是发展地铁轨道交通，就成为发展城市的重要措施。

其实，北京自20世纪50年代末、60年代初，为地铁的建设，在地质部门就曾在西郊做些勘测工作，那时莫斯科等城市的地铁建设已是辉煌夺目，中国当然也应提上日程。基于各种原因，在改革开放前，只完成了少量的一号线和环行线，但这已是不易了。改革开放后，广州、深圳、北京、上海、南京、成都、西安、武汉等城市，都进行了发展地下空间的开拓，有的地区也进行了有关的勘测工作，为设计提供重要依据，以利于加速进行建设。

上海地铁4号线工程事故的启示

20世纪90年代，随着长江三角洲改革开放的深入，上海的地下空间开拓就很快进入高潮。针对上海地区的软土地层的广泛分布，以及砂层又是主要含水层的多层存在的相间特性，对上海地下空间开拓问题，必须认真调查研究其地质基础效应问题，这也是大家的共识。但是，在紧迫任务下，地质基础的研究与处理显然经验不足，也处理不力。所以，于2003年7月发生了4号地铁线的一个重大的基础砂层的潜蚀、管涌，以至于造成地表房屋的塌陷、毁坏，其后果是严重的。

出事时，我正在镇江去看望高中的老同学陈宝琛，他那时患了肺癌。我就立即回上海。虽然，我没有担任上海地铁的勘测研究工作，但这项有关地铁建设的问题，还是我们应当关注的范畴。

进入21世纪后，我担任了中国地质调查的有关地下空间开拓的工程地质条件研究。同时应当地邀请，我曾调查北京、广州、深圳、上海、南京、武汉、成都等地的地铁修建的有关地质问题。当时，感到问题的严重性在于，对工程地质条件的调查都是做得不够，主要是急于匆匆上马开工，而出现了地质问题后，又归咎于地质条件不好，以推诿责任。

于是，在2003年7月下旬，我呈送一份《地下空间开拓（地铁建设类）要重视地质-生态环境效应》的建议，直接寄给温家宝总理。

这份建议的重点是：

1. 都市空间开拓是发展形势所趋，但不可草率从事、急功近利（开拓决策）；

2. 地质-生态环境应是规划地下空间开拓的重要基础（规划基础）；

3. 地下空间开拓应当认真进行地质环境和地质灾害评估（地质条件）；

4. 地下空间开拓应综合研究大都市建设的综合地质环境效应（综合效应）；

5. 地下空间开拓应以考虑大都市的安全与可持续发展为重要原则（城市安全）；

6. 地下空间开拓中应加强科学程序和协作（科学研究）；

7. 地下空间开拓中要注意诱发灾害的防微杜渐（防治时宜）；

8. 城下空间开拓中进行风险评价和风险管理（风险机制）。

上面是建议的简述。得到温总理的重视，批给曾培炎副总理和建设部部长汪光焘，批示中提出地铁建设中要重视地质环境调查与监测工作。我的这个建议，也引起建设部门的重视。

后来，得到上海中国工程院咨询中心的协助。2004年我主持在上海召开一个有关地下空间开拓的论坛，有关院士施仲衡、王梦恕、周丰峻、国务院参事王秉忱等人参加了，会上一致认为，上海等地区发展地铁是形势所趋，但必须慎重进行地质条件的调查，并做好勘测、设计，慎重进行基础处理。上海市副市长杨雄及有关部门领导也出席了这次论坛。一个建议和一个会议，的确对上海发展地铁起了要重视地质环境问题的促进作用。上海地质调查院，当时还给我留一办公室，他们说：现在市里对地质工作重视了，有什么事，就找我们商量有关建设的地质问题。

在成都参加地铁工程讨论

2001年9月，在四川成都参加有关地铁工程的会议，会上对成都地铁建设问题，原先成都理工大学的张倬元和黄润秋教授，就曾做了很多勘测与研究工作。在这基础上我发表了有关看法，特别是涉及成都平原中的原层冰水沉积层，含有大的卵石砾石对盾构施工造成困难的问题，以及地铁对水文地质调查的影响。讨论后，我们去九寨沟考察，之前，我已去过九寨沟考察生态环境。这次去，主要想再研究九寨沟的冰水沉积，及其到成都平原的演化情况。

第一天，我们在九寨沟看到现代水流及钙华地貌的形成机理，我于傍晚下山，到停车场找我们来的中巴车。进车场后左转没看到，又折回，看到车场门进来后右边是我们中巴车，于是在靠边的路上行走，我在外，北京交通大学陈教授在内。我们正讨论成都地铁建设问题，一辆小面包车从我们身后想超过来，那位年轻司机头伸出车外与人说话，还没有到车场门口，他以为到了，就打方向盘向右转，就直对我撞来，我躲闪不及，车就撞在我左肾部位，当时就觉像扯裂了肾的痛苦，话都说不出来，人也有点支撑不住了，那时车场内好几个原同车人都过来问："卢院士，怎么样？"我痛得很，也没有气力去和那司机理论，大家又在注意我，一会儿那司机趁大家不备之时，就赶快开车冲出车场溜走了。当时，我顾不上那司机，别人也没注意就被溜走了。

当时，大家商量要不要上医院去。过了一段时间，我感到痛处好多了。再一想十几个人只这一辆车，送小地方医院也不好看内伤，去成都要几百公里，路也不好，送我去成都，别人也没车坐。于是我说：再看看，别影响大家。晚上大家让我洗一热水澡，说会好些。第二天一早醒来，感觉好多了，我们又一起坐车去黄龙，我又爬了几百米，到四千多米处，去探看涌水点和冰水及钙化沉积物。有的青年还带着一大袋氧气，吸着上山，我似乎没有什么不好感觉。后来，回到成都我没去医院，到北京、上海都是工作一个接一个，也没去医院检查。

在从九寨沟回成都路上，我还庆幸我多次因车祸危在一线之悬，没有受伤而临危无灾，这次在停车场内出事也没大事，以后应平安了吧！

五、新铁路建设中的地质问题

改革开放以来，铁路改革是不断的提速和提高旅客列车的质量，使旅客出行感到更方便、舒适。

改革开放二十周年铁路进展的见证

"这位同志,我们采访一下你,好吗?我们是中央电视台的,改革开放已近二十年了,我们想报道一下二十年来铁路的新成就,可不可以请你讲一讲你自己的体会。"有三四个人在我座位前这样问我,那时我坐在从北京开往石家庄的城际列车上,车正在缓慢启动,那是1998年的9月份的一天早上八时多。我说:"好的,我感觉这二十年铁路建设真是很快速啊。"我沉浸在回忆中,我又说:"我经常坐火车从石家庄到北京,有时从正定坐慢车去北京,要六七个小时,车厢里挤得没地方坐,那时还不是过春节,而是平常时间,有人是上火车时,带了一折叠小木凳,或是行李卷,人就坐在上面。"我喝口水又说:"那时车上供水,但也不是供得上,因人多""后来有快车,有软席,但必须有证明提前二天到石家庄车站购买,而且还经常是买不到。不是为坐软座,而是为了有位置可坐,否则慢车至少要四五个小时,在硬座上站着也很累。""近来有城际列车,真的是太好了,车厢干净,座位也舒服。所以,改革开放后和以前相比,铁路的发展真的是非常大的。"

后来,这段采访,在中央电视台的新闻联播中播出,很多熟人看到了,他们的感受和我是同样的。可以说一句:"以前坐火车是挤、不舒适,没有办法只得站着外出。现在坐城际列车,给了人一种坐车是享受的感觉了。""应当感谢铁路部门的改革,相信将来还会有更好的列车"。

没有想到,二十年改革开放之际,我却成了这方面改革的真实见证人。

研究隧道岩溶突水预报与知识库

应北方交通大学张清教授的邀请,进行有关岩溶地区隧道(洞)突水的研究,在铁道、水利水电以及矿区中,岩溶突水是一个重要问题,也带来很大的危害。要搞好这方面预报是很困难的,但首先必须掌握基本的地质资料的情况,进行综合评判,并不只是要全完搞清洞穴的分布发育的情况。

因此,首先应当有相关知识方面的数据资料,在地层、构造基础上再注意岩溶发育规律与岩溶水特性方面,以建立有关的知识数据库。

其次,进行有关岩溶水灾害方面的预报,在综合各种水量水化学特性之基础上着重进行岩溶水活跃性评判、岩溶水危害性分类。

有了科学的岩溶水危害性(突水)类型的划分,就可相应地进行有关防治的准备。这样,再结合隧道施工中的几个超前的措施,就可很好地对隧道(洞)的岩溶突水问题,可以建立适时的预报系统。

这次成果发表了《岩溶发育规律与岩溶水特性及铁路隧道岩溶预报知识库基础及其说明》。当时,以此基础上,利用笔记本电脑,编写了《有关铁路隧道岩溶水溶预报的人机对话程序》,可在野外适时做出判断,当时这创作还是站在这方面研究的前列。这样初步创新,还需要结合目前更加丰富实践的积累,以作进一步充实提高,使具有更大的实用价值。

大瑶山隧道的突水突泥问题

粤北大瑶山隧道,是我国第一条双轨长隧道,长12.9千米,通过有石灰岩一段地层,通车后发生突水突泥,埋了铁轨。还好是早发现，及时进行处理，避免了列车颠覆的灾难。

当时，铁道部请了我和水利部的门广永、刘效黎及中科院地质所张寿越教授等，由孙永福副部长领导前去会诊。其实，这是埋深600多米的长隧道，对岩溶隧道早期没有过多探测水文地质与开展岩溶研究。隧道开通后，石灰岩地段只有一股水流在隧道中涌出，流量不大，经过一段涌水后，产生潜蚀，使岩溶通道中充填泥土被局部潜蚀而涌出，进而导致大量突水突泥，出现淹埋铁轨的危险现象。

现场考察后，我强调了这长隧道是我国第一次修建，是很成功的，指出岩溶通道突水突泥，和600米高处的岩溶洼地及有关岩溶通道是密切相关的；上面洼地是水、泥来源，应很好处理，并建议补充些勘探工作，以选择更好处理方案。

当时，有关部门个别有关负责人，还认为地质工作已做很好。我当时只强调勘测工作做得不错，很好，但是有关岩溶和岩溶水方面研究还是有不足之处。

过了半年，铁道部让我去开会，讨论大瑶山隧道评奖问题。原先想评工程大奖，因岩溶涌水问题没解决，不能评奖。这时负责大瑶山勘探的有关单位领导也来了，他说："卢教授，按你意见我们补充了工作，也进行了相应处理，涌流量大为减少，效果很好"。我说："很好"。我就写了一个有关处理后效果的评价，其中强调："岩溶问题的复杂性，大瑶山隧道出些岩溶问题是正常的，目前已基本处理好了，结合工程施工及顺利通车，已经证明了这大瑶山隧道建设的成功，建议可予评大奖。"

写了这个评审意见，大瑶山隧道申请奖励，就没有异议了，很快获得国家工程方面的大奖。

圆梁山隧道施工中地质难题得到解决

在2002年的冬季，时隔36年，我又被铁道部门请去当圆梁山隧道突水突泥灾害的专家组组长。

这隧道突水突泥的有关岩溶问题还是较严重的。那时，圆梁山隧道已不是原先拟建的川汉线中的重要工程，而是新建的渝怀线上的制约工程，也是这条新铁路线中的咽喉要道工程。那时，发生隧道中突水突泥事故，造成了一些伤亡。那是在钻爆法施工中，一次爆破后，裂缝中有泥从裂缝中像螺旋状往上涌，不久就急剧爆裂，大量的高压水喷出，一个地质人员飞快跑几步跳入装料的斗车中，这一列斗车被爆炸似的气浪冲移了一段距离，有的说几十米，有的说沿轨道推移了近百米。

我在现场给他们分析说，这是岩溶发育过程中的三相流作用结果，就是气体、液体和固体（泥、沙等）组成三相流，在一定部位被封存，气体可压缩的，形成高压气团，当隧道施工时，上面承压的石头被开凿掉，使承压的气团产生膨胀冲破上覆的薄层岩土，而产生岩土体爆炸（裂），大量高压水喷出。高压气团冲爆后，人们是看不见的，只见到泥、石块和大量承压水涌出，构成突水突泥的事故。这种三相流问题，早在1985年时，我就提了出来。

关于如何处理圆梁山问题，当地工程人员，曾想用冰冻法，我坚决反对，因为岩溶通道的曲折复杂和规模大，加上岩溶水流速大，不易冰冻。时隔了不到一年，2003年7月上海四号地铁线的事故，就是采用冰冻法没能冻结靠近黄浦江有较大流速的砂层中地下水。后来建议圆梁山采用高压灌浆，以及支洞排水引水的方法，使这隧道得以顺利通过。

因为解决这隧道出现突水突泥的问题，我时隔了36年重返故地，心中真是很感慨。心想：老天爷终于保佑了我，让我又回到这里，为这条铁路建设出了力，也让我从这里被叫回所后的经历，有了自我宽慰的一个机会。这不是迷信，是一个感叹，这真理也反映：好人有好报吧！

有一次到圆梁山隧道中去考察，出来时遇到罕见的大雪，出洞后白茫茫一片，汽车没有防滑设备，有的越野车根本没法通行。有一辆车滑了一下，还好为树所阻挡，没有滚下山底。有的人就只好步行下山，还好路不太远就到县城住地。

当时在这一带野外山路上跑，常遇到乡村小学生 3~5 人成群在公路边走，看见小汽车来，这些山区小学生就驻足，向小汽车举手敬礼。我问为什么，有当地同志说："我们告诉小孩，坐车来的人，都是为"三线"建设给我们山区带福利来的，所以应向小车上人表示敬意。"停了一下，他又说："让学生停步敬礼，也是让他们学会礼貌，也是为了他们的安全。"

听了之后，我的心情久久不能平静，心想山区乡村小孩真的是很苦，我想：他们长大后，希望会有不少人成为对当地、对国家有贡献的栋梁之才。

关于川西锦平长隧洞的岩溶问题

川西的雅砻江上游的锦屏一级和锦屏二级电站，20 世纪 60 年代进行些勘测，在改革开发后，就较多进行深入调查研究。一级电站坝高 300 米，左岸裂隙的成因，进行了较多的研究。而二级电站，主要利用一级水库发电后，在二级调节水库中通过长 17 千米的隧洞引水，得到大落差以发电。

这输水发电长隧道旁侧，还要修建交通隧道，为一级电站提供运输通道。如果不打通这交通隧道，缩短为十几公里，那就要沿雅垄江河湾绕行，这绕行通道，不仅长百多千米，而且沿路边坡地质灾害频发，通行没保障。但要开凿这隧道，需要研究：隧洞高压突水突泥、地下高温、高地应力与岩爆现象。

这长隧洞中有埋深 4000 多米的大理石，有岩溶发育。因此，必须深入掌握岩溶水特性，以正确处理有关岩溶突水灾害。我参与讨论有关勘测工作的进行，早期水利部门进行长 2 公里多的探洞，提供了很好的资料，初步了解存在的岩溶水的特性，提供了判断深部岩溶的依据。后来，岩溶所张之淦、黄保健、陈伟海等也进行有关同位素的研究工作。

锦屏二叠系大理岩，高程2174米，有流量$2.8 \sim 17 m^3/s$的岩溶泉水，高程2170米有老庄子泉涌出流量$0.67 \sim 9.6 m^3/s$。根据泉水动态及同位素特征，将那里岩溶水系统分为三个亚系统，即：①高处排泄岩溶水亚系统；②中部排泄岩溶水亚系统；③近江面低处排泄岩溶水亚系统。与隧道工程关系最密切的是中部和近江面这两个亚系统。

锦屏二级输水隧洞所处地带，其中岩溶水有的是高压富集封存的岩溶水，做好超前的几个步骤是非常重要的。对于这类岩溶水，其特征是刚揭露这高压水时，压力大，但是经不断排泄自流后，涌水量就会减少，水压也会降低。所以，掌握这方面特性，就可更好地进行处置。这种隧洞中岩溶水危害，与活跃的暗河通道被揭穿后，水压不是很大，但流量可不断增加，而且还可汇聚隧道外边降水，而不断增大涌水量，显然这两种类型的隧洞涌水情况是不同的。

早期我对锦屏二级隧洞涌水情况进行了预测，我就提出要注意还有大涌水量，即：可大于$5m^3/s$，甚至达到$10m^3/s$。后来证明，不同涌水方式和大涌水量确实是存在的。

六、为宜万铁路建设，我应尽责出力

由宜昌至万州这条铁路，原先就要修建，但一直没有列入日程。随着改革开放的深入，加上三峡水利工程也已上马，修建这条铁路，可更好地使水路、铁路、公路三者相结合，并密切配合，对发展西南—中南的客流、物流会发挥极大的效益。对这条宜万铁路线，特别是在岩溶地区，我这"喀斯特卢"是义不容辞的，应当作些贡献。

"非典"隔离损坏了我的眼睛

"你可以回上海，但到了机场，你打出租车到二校部，门口会有学校医院的陈书记在等待你"，2003年4月底同济大学有关部门的电话，我当时是在北京的。那时北京出现"非典"疫情，北京出去的人，都是不受欢迎的。我先离开我住在永金里的地科院的公寓，去石家庄呆几天，然后去上海。在上海，我也是临时住在研究生公寓楼。

我5月1日坐飞机到了上海，坐上出租车去二校区，路上和司机谈几句，司机还是很热情说些话，当时他是否听清了我告诉他，我是从北京来的不清楚。到了二校区的校门，有黄色塑料条带拉起，围了校门，显示一定的隔离作用，隔离带内几个穿白衣戴口罩的人，使人立即紧张起来。会问这是什么地方？出租车司机马上脸色就变了。我让停车，校医院陈书记来敲了车窗说："你们跟我来"，她穿白衣服戴口罩，坐另一辆车在前面带路。我的出租车跟着，到了原二校区招待所，当时作为隔离室的外边的路旁，陈书记车停下来，我的出租车也停下来，附近好几个穿白大褂戴口罩的医生护士过来。陈书记说："到了。"我一看司机的脸色可真难看，我安慰他说："我没病，只是从北京来，隔离一下，你不要怕"，我就多给了些车费。

陈书记带我到原招待所的二楼一个房间说："你就住这里12天，因为你到石家庄3天，那也算上。所以仍需隔离12天。会有人给你送饭，有什么要求请告诉我们"，我说："谢谢你！我带了电脑，正好做些事。"陈书记走后，我看桌子上有一束鲜花，上写"祝你生日快乐！"是校长吴启迪送的。顿时使我心中感到温暖。今天，5月1日其实是我假生日，身份证上的生日。住下来后，我想那就安心下来做点事也好吧！

在4月中旬，北京市委有关部门打电话要我参加在北京会议中心（在北五环）参加北京市推荐院士候选人的评审，我参加了18日的评审，会上一位副市长来了，他代表孟学农市长来看望大家。

我负责评审张在明，我不认识他，但我看材料后极力推荐，他后来当选了。可惜他未过几年，就因病去世了。

评审了候选人后，本定于4月20日要去贵州，进行有关石漠化问题考察几天，因"非典"疫情也过了。我就在永金里看资料、弄电脑。到上海被隔离后，我仍是很乐观，心想当了院士后，来回奔波，有很多事不好推托，疲于奔跑，这半个月时间，倒是我难得休息一下，不用外跑了。

这"非典"，大家都叫"SARS"，似乎这病就是要死人的。SARS，是英文Severe acute respiratory syndromes，即"非典型性肺炎"，被简称为SARS，或"非典"。

在隔离室中，我整天弄电脑，想打一些中文的文章及准备学术报告的多媒体（PPT）。一天我突然发现电脑上怎么笔划不正常，有的是下斜或弯曲，我再多搓一下眼，再看还是那样，原先只有右眼睛看，很长时间右眼是近视350~400度，从初三开始由五伯父给我他的一副旧眼镜，正好350度，后来一直没多大变化。几年前才改用近视400度。这时右眼怎么出毛病了。我想：老天爷，我这眼可不能再坏啊！我只有这四分之一的眼力。我的左眼，很小时就发现视力不行，那时要戴眼镜，一是经济困难，在福州配镜也不易；二是怕小孩戴眼镜不好，结果拖下来，左眼就越来越坏。特别是我喜欢躺着侧身看书，就只利用好的右眼，左眼不用，度数就越来越高，老不能和右眼协同使用，左眼就视神经萎缩，成高度近视。左眼就不知不觉间变成无视力的视神经萎缩得近于盲眼。那时年纪幼小，不知道爱护视力而导致的。如果我现在右眼再坏了，那我一切都完了。

在隔离时，不能适时赴医院，我只让看护人员代买一般醒目保健的眼药水，结果当然不见效。到了6~7月"非典"好多了，我才去医院看了眼病、医生说是黄斑变性，眼底出血。医生说要激光针灸，时间要久些，还是会好转的。

可是，我在上海第一医院（属交通大学）和专门眼科医院，都说没法治疗。刚看了两三次，7月下旬中国工程院土木水利与建筑工程学部通知我，为宜万铁路建设，要我去参加考察，主要是为了该铁路建设而向上申请正式立项。当时，我想为这条铁路新建，特别是在岩溶地区我还是应当去的。但是两个医院大夫都劝我不要出差。我心想去野外十几天，自己注意些，拿点药，回来再看病。于是，不顾两位医生的忠告，我就外出了。

野外颠簸使眼力严重损失难恢复

我们先坐火车去武汉，车过郑州时，接到国土资源部环境地质司李烈荣司长电话说："曾培炎副总理要去三峡考察刚发生的一个滑坡，希望你也陪同一起去。"我说："我在火车上，要去看宜万铁路，但先到武汉，过三四天才能到宜昌。"李司长说："那来不及，明天就要陪曾副总理去，这样，我也就没能去三峡考察新滑坡。"

我们到了武汉，先讨论武汉地铁过长江隧道问题，原来定的是沉管方法修隧道，我根据长江水流急，水底沉积的砂层不稳定，易液化、潜蚀，用沉管去修隧道，沉管下面沙层基础不易稳定，若遭潜蚀、淘空，就会使沉管架空，遭受破坏。通过讨论，当地有关人员同意我意见，改用深些的隧道过江，不用沉管。

由武汉前往宜昌，对宜昌铁路线进行考察。在武汉时，我作了一个报告，介绍鄂西岩溶发育情况，希望宜万线路能够进一步优化线路。经过现场考察对已定的线路，感到将来应当在批准立项后，再做进一步调查研究，使线路可抬高些，处在岩溶早期发育的地带，高于后期充水岩溶通道系统发育的地带，那样岩溶水的危害就可少得多。当时，我想最主要是上报国家批准立项，以后肯定会进一步勘探、比选线路。

考察完回到上海，由于一路奔波，加上饮食中辣椒多，使眼睛受刺激，眼病情加重，视力更消退，以致右眼需用高倍放大镜才可阅读书报。这给我沉痛的打击，变成外表正常的半残废人了呀！但我还是要当健康人一样，再做好今后的工作。

长隧道的岩溶突水灾害的超前探测

这项目很快立项后，铁路部门就立即开始施工，没有时间进行更深入认真地调查研究，能够由勘测、设计和施工再密切结合，使线路优化，避免更多严重的岩溶水危害。但是开工后，由于勘探资料不足，岩溶水危害情况显得非常严重的。针对已施工的这种情况，我提出了几个超前工序，以尽量在隧道施工中，更好地防治与减轻岩溶水灾害。

这"超前"就是在施工掌面上进行：

第一，超前详细研究长隧道的地质条件这方面基础研究，包括构造、断裂、地应力、水文地质工程地质，特别是岩溶洞穴、暗河发育情况；第二，超前分析制定施工防灾方案；第三，超前准备处理事故的设备器材；第四，超前探测以掌握撑子门前几十米内岩、水、气情况；第五，超前安排避灾场所；第六，超前进行处理前面可能发生危险地带，不能盲目冒进，应设法进行超前处理。

这六个"超前"的提出，在各工程地段的应用中，确实是对隧道的施工中遭受岩溶水的突水、突泥等灾害起了很好的防患与减灾、避灾的作用。工程完工后，关于这几个"超前"的帮助，几乎所有施工的负责人异口同声地感受到其具有重要的作用。

原先，有关媒体部门，还专门对我进行了这方面采访，也对其他施工的负责人进行这方面的采访。正是由于工程开工时间紧，而没有更好地进行线路比较与优化，结果在建设过程中，还是付出更大的代价。

再看高程比宜万铁路的高速公路建设，受岩溶水的危害就少得多，真是：

《斗水歌》

高低岩溶有差异；
和谐自然好处多；
低处拼搏苦水；
高处歌唱乐哈哈。

考察青藏铁路

高程多在3000米以上的青藏铁路的建设，是成功的。主要是注意了这几个重要的问题：一是高寒地区冻土基础稳定问题；二是高原地区的反应问题；三是生态环境保护问题。

在有关冻土的基础处理方面，主要用了热棒、路基通风等措施。也收到些效果。根据国内外对石膏等软弱的可溶岩石膏基础的处理，可寻找深部相对坚硬地层作为桥基，这样就可在软弱的基础上，极易变化的间歇性冻土层，铺设平桥通过。在青藏铁路考察时，提出了参考意见。后来，我们（卢耀如、张凤娥）的专著《硫酸盐岩溶及硫酸盐岩与碳酸盐岩复合岩溶——发育机理与工程效应研究》（高等教育出版社2007年出版）中，也包括了这方面平桥通过软弱地层的内容。

青藏铁路线上世界高程最高隧道——风火山隧道（高程为4905米），其成功在于隧道内制氧。而全线没有因高原病而死亡的工人，主要在于很好地设置了高压舱，可及时对线路上患上高原反应的工人进行治疗。作为评审风火山隧道的专家组组长，我强调了风火山是世界上最高隧道的施工，是属于世界的前列、全线三个问题的有力措施，展示了科学组织施工的贡献，所以我对这方面的保护生态和环境的工程措施，予以高度评价。

这条铁路线上，注意生态环境保护，给藏羚羊群有了穿越铁路的通道。这些措施，也是值得我们学习的。

贵广铁路的桂林路段比选

在施工中注意六个超前，但是线路施工实践前的最主要问题，就是线路的比选。铁道中没有线路的比选，是不易得到好的优化线路。不比选结果，常常是问题多、投资大、工期没保障、效益差、隐患深重的线路。

理想的铁路建设，建议：

第一，地形上放线：先看看由A地至目标B地区间，已有地形、河流、山脉的分布特征，从中考虑可布置线路，这是地形上放线。

第二，地质条件上比选，在地质条件上，进行线路的普查，当然要收集资料，再进行野外测绘勘探，从中拟定出地质与设计上结合选出的A~B之间的可能一条以上，或2~4条的比选线路。

第三，确定勘察线路：通过钻探、物探等手段，以及相应的试验手段，进行深入研究分析，再从中比选出一条优化的线路。

第四，专门问题的深入研究，对拟定的线路，肯定还有疑难的问题，例如重大灾害问题，进行深入专门性研究。

在线路比选中，我们强调从这五个方面进行比选，即：

①基本地质条件；②岩溶发育基本特征；③岩溶洞穴与岩溶塌陷情况；④水文地质条件；⑤工程规模与有关条件。

通过这些条件的多种分析与比较，得出的最优化方案，相对会是最好的，贵广铁路线上桂林段百多公里的线路比选的线路，通过施工后，发现所存在的问题，却是比较少的。

在铁路建设中，对线路的比选，常常是做得不够，工期限制仅是一方面，最主要还是认识的问题。

对有关灾区铁路线路的建议

在严重地震的灾区新建高速公路，这是必须慎重的，因为强震后，有的岩体已极度破碎，还有的岩体处在临界状态。虽然没有产生滑坡、泥石流，若再遇到大暴雨、大洪水的情况下，就会诱发产生更大、更严重的滑坡、泥石流等灾害，从而造成严重的损失。汶川地震已经过去五年了，每当遇到汛期还是不断地由于洪水、暴雨，继续诱发滑坡、泥石流灾害。

此外，地震活动带，也是应当慎重对待的。并不是经历过大震之后就无忧了。因此，在大的活动断裂带上，通过铁路线路、公路，以及筹建水利措施，都是应当慎重的。

所以，我对有的线路特别强调，应当首先很好地进行地质灾害的防治，对通过活动断裂带的设施，也应采取有效的防备措施，才可实践全线建设。不掌握情况，盲目上马，没研究并无处理就急于施工导致的地质灾害，以为"工程手段万能"，那就是错了。

我强调要认真对待地质灾害对工程建设的危害，这是有很多的工程教训的，不是"人有多大胆，工程就可多快上"。

卢耀如院士在考察长江三峡库区的生态环境与地质灾害问题

卢耀如院士带领贵州师范大学师生在毕节地区研究石漠化（岩漠化）问题

主持上海地下空间开发利用中地质环境问题(2005年)

考察河流的开发

考察三峡巫山附近的岩体

[左三为王思敬院士,左四为卢耀如(2011年3月)]

考察川西水电工程的隧洞后留影

多次考察宜（昌）—万（州）铁路中岩溶突水突泥灾害（2009年）

考察有关深圳地铁建设

为更好地为工程建设服务，教育部城市环境与可持续发展联合研究中心成立（2005年）（前排左五为吴启迪校长，六是孙钧院士，七为上海科技委领导，八为中心主任卢耀如院士）

中国南方喀斯特研究院与师大校长研究召开第五届全国城市环境会议（左起为周忠发副院长、熊康宁院长、伍鹏程校长、卢耀如首席科学家及肖时珍秘书）

在青岛理工大学帮助建立地质环境工程效应研究中心和贺可强教授交换意见

中国地质科学院水文地质环境地质主要科技骨干在讨论今后全国生态环境建设有关水工环地质工作（左二为张永波副所长、左三为卢耀如院士、左四为石建省所长、右四为张兆吉副所长）

第八章
地质-生态环境理念的建立与实践

生态文明建设

与经、政、文、社相融，

绿色经济与蓝色经济链，

展示可持续发展前景！

统筹城乡，优化城镇群，

科技创新，防灾兴利，

保障中华崛起安全，

优化地质-生态环境。

深化改革开放，团结协作，

建设西部丝绸之路经济带，

拓展二十一世纪海上丝绸之路，

为实现伟大梦想，勇往直前。

在改革开放后，中国开始以发展经济为中心任务的快速发展，取得了世界瞩目的成就。在这个时期，世界也更多注意到和谐环境与友好生态。我国也更重视生态环境的安全与可持续发展问题。这方面我也做了一些工作。

一、地质-生态环境新理念的建立

1991年，我在《环境地质研究》专著中，提出了《论地质-生态环境的基本特性与研究方向》，将其列为该专门性论文集的首篇。因为，在之前主要强调水文地质、工程地质，这时也提出了环境地质问题，于是就有环境地质的出现。当时，是称环境地质，还是地质环境有两种的不同称谓。作为学科，可以称环境地质，与水文地质、工程地质并列，后来就构成水工环，即：水文地质、工程地质与环境地质。但是，研究的对象当然是地质环境，就是要重点研究地质为基础的有关的自然环境。

在深入思考后，我提出更有实际意义的地质-生态环境。因为在中国"生态环境"已常连用。

地球演化过程中，地球的特性与结构包括四大圈层也在不断地演化。地球，由无生命的混沌初开的状态，至今日生存着160多万种生物，并有高级动物——人类的繁衍。地球，已经历了四十多亿年漫长而复杂的演化过程。人类赖以生存的地球，是受制于宇宙的大系统。地球，这个系统又是具有多样性与多级次的系统，复合了岩石圈、水圈、大气圈与生物圈的特性，形成了不同的地质-生态环境。

地质-生态环境的含义

环境地质这一学科是近30多年来，特别是20世纪80年代以来才兴起的一个地学范畴的学科。虽然时间很短，但由于和人类生活及经济建设发展具有密切的关系，所以发展很快。环境科学也是20世纪70年代初才形成的新兴的边缘学科。这门学科的发展，是人类自己的行为产生一系列恶果后，才猛然醒悟，感到需要保护人类生存的条件，促使这门学科的兴起。环境地质是属于地学的一个分支，但它也是环境科学一个重要的基础内容。环境科学涉及物理、化学、生物、天文、气象与其他自然科学，也涉及水利、建筑、化工、矿山、机械等许多工程科学技术和农业科学技术。

20世纪以来，为了工农业的迅速发展，一方面发展了许多新的科学技术，使经济得到较快发展；另一方面由于没有保护好人类赖以生存的地球上有关自然与人工条件所复合的环境，引起了环境的恶化，如三废污染、水土流失（土壤侵蚀）加剧、植被减少、自然灾害加剧、噪声污染……，使环境质量低下，对人类的生存与今后经济的进一步发展，都带来严重的威胁。所以说，20世纪后半叶人类赖以生存的地球的自然环境质量，是不断下降的。为了改变目前环境恶化的趋势，保护环境就成为世界上有识之士的呼声，也得到全世界人民的支持，并引起联合国的重视。许多自然科学与工程科学技术被引入这个领域，用以研究有关环境科学，探寻保护环境的理论认识与防治的技术途径。

1971年美国科学基金会国家科学局提出的《环境科学——70年代的挑战》这份报告，认为环境科学是"研究围绕着人的空气、陆地、水、能量和生命等所有系统的科学"。自1972年联合国人类环境会议发表《人类环境宣言》以来，全球对环境问题日益重视，因为人类都面临着人口、粮食、能源、资源及环境的一系列尖锐矛盾和危机。1987年12月11日通过的《第42届联合国大会第169号决议》，决定将1990年至20世纪末这10年定为"国际减轻自然灾害十年"，通过减灾，也可直接或间接达到提高环境质量的目的。

环境科学与生态学理念

在环境科学中，环境地质是极重要的学科。其定义如何？《现代地理学辞典》中提出"环境地学（Environmental Geoscience）"是"应用地学的理论和方法来研究人地系统的发生和发展的科学。主要涉及人类活动与地表环境的相互作用和环境调控与改善环境质量及防治环境灾害等"。环境地质学主要研究人类活动与地质环境的相互作用。内容为地质因素引起的环境问题，如火山活动、地震、山崩、泥石流等地质过程造成的人类环境灾害，以及地表元素分布不均造成生命元素在一些地区过剩或不足引起生物地球化学地方病等。目前主要研究由人类活动引起的环境地质问题，如大型水利工程诱发的地震，矿产资源开采利用不当造成的污染引起的环境问题。关于环境地质的意义，张宗祜认为"是研究人类技术活动与地质环境相互作用与影响的科学。以地质环境为研究对象，其工作方向、内容和方法以地质环境为依据。"

早在1869年，德国动物学家海克尔（Haeckel）就提出生态学（Ecology）的概念，古希腊文中Oikos是表示家或居住地的意思。所以，从生态学这词义上理解就是居住地的科学，其含义与环境（Environment）一词有关，但又是有区别的。较长时间以来，生态学（Ecology）一词多为生物科学所应用，生态学更多是用以研究生物个体、个体群和生物群落（不同种群的聚集）以及生物界与其生活所在环境间的相互关系，并研究特定地段中全部生物（群落和物理环境作用的统一体——生态系统）。生态系统内部能量的流动导致形成一定的营养结构、生物多样性和物质循环。其中，也涉及生态系统中有机体的相互关系、有机体与环境的相互关系以及达到彼此和谐状态的生态平衡问题。从以上论述中可清楚知道，英文 Environment 和 Ecology 与中文的环境和生态学，在词义上有着密切的关系，但还是有所差异的。武吉华等曾强调生态系统包容了生物群落和无机环境，生物群落中涉及生产者、消费者和分解者，无机环境则包括媒质、基质和物质的新陈代谢。

地质环境是无机环境，生物生活在此环境中，地质环境的性状与质量密切影响到生物群落的分布和生态系统。对于人类生存的环境空间而言，地质环境极为重要。不良的地质环境，必然不利于人类的生存与发展，有的地质环境甚至不适于有关生物的繁衍。所以，地质环境虽是无机环境，但与生物生存相联系，又具有生态性。1939年特罗尔（C. Troll）就创立了景观生态学，这是将德国传统研究对象——景观和生态学相结合，即无机的景观与生态相关联的学科。1968年，特罗尔又将其研究内容从景观范畴加以扩展，并拓展其含义而定为地生态学（Geoecology）。目前，这方面的研究有了更多的开拓，扩展为地学所研究环境的生态问题。在我国，生态环境已成通用的代替生态的专用名词。

根据上述有关生态、环境等概念，为了强调研究地质环境必须考虑人类生存的生态上的含义，笔者近些年强调了地质-生态环境的重要意义。笔者在《论地质-生态环境的基本特性与研究方向》一文中，对地质-生态环境含义做了如下探讨："以人类为主体的生存空间的环境就是地质-生态环境，它包容了岩石圈、水圈与大气圈及生物圈的复合环境。换言之，以人类为主赖以生存的地质-生态环境综合承受着岩石圈、水圈与大气圈及生物圈的影响。岩石圈包括地层、构造、地貌（河流、山脉、平原）、矿产资源、内外动力地质现象等要素的发生、发展与演化；水圈与大气圈包含气候要素如雨量、温度、风力、阳光辐射、蒸发、冻融等，还有地表水体和地下水体、水的循环、水-气变换等特性与规律；生物圈则包括自然界动物、植物和微生物的分布与进化，以及相复合着岩石圈、水圈、大气圈和生物圈的综合背景条件，作为人类的生存与发展为主体的四维空间在自然演化的基础上，又遭受人工行为的效应，构成了地质-生态环境。地质-生态环境也是属于 Geoecological Environment（地生态环境）范围，也有学者使用 Geological-Ecological Environment（地质-生态环境）。但很少，有的用生态地质（Geo-ecology）。国外也有将 Ecological 和 Geological 联用的。将地质与生态两者更密切地联系研究，这是非常重要的。所以，最简单的是 Geo-geology，即生态地质。

二、地质-生态环境的内涵与基本特征

以人类为主体的生存空间的环境，就是地质-生态环境，它包含了岩石圈、水与大气圈及生物圈的复合环境。换言之，人类为主赖以生存的地质-生态环境是综合承受着岩石圈、水与大气圈及生物圈的影响。岩石圈包括地层、构造、地貌（河流、山脉、平原等）、矿产资源、内外动力地质现象等要素的发生、发展与演化；水与大气圈包含气候要素如雨量、温度、湿度、风力、阳光辐射、蒸发、冻融等，还有地表水体、地下水体、水的循环、水-气变换等的特性与规律；生物圈则包括自然界动物、植物和微生物的分布与进化，以及相互间生态平衡与制约规律。

对人类生存与发展而言的地质-生态环境包含着多方面内容，但基本上可概括为两大方面，即有利的条件与优化环境要素和不利

的条件与劣化环境要素。由于人类的生存与发展当然需要开发有利条件；但是，与之同时，也导致诱发与催化不利的因素，这样就使地质-生态环境变得更为复杂。

人类生存的有利条件与优化环境要素

对人类生存的有利条件与优化（或益化）环境可分为两个方面，一方面是人类赖以生存的环境的基本条件，包括地形、地势、气候、土壤、地层、构造、水体等；另一方面是可被人类利用，使生活得到提高层次发展的物质基础。地球自身面貌就有很大的差异，有白雪皑皑的数千米高山，也有广阔的海洋，有连绵的山丘，也有肥沃的平原。显然，对人类而言，低缓山丘与平原，就是人类生存的良好环境，而高山与海洋就差多了，但也是可居住或可利用的环境，这是众所周知的。下面就着重讨论资源问题。

1. 资源的分类

资源是赋存于地质-生态环境中，可为人类开发利用。对人类而言的资源，主要包括：水资源、土地资源、矿产资源、能源和生物资源这五个方面，能源中又包括水力能源、煤炭能源、油气能源、太阳能源、风力能源、核能源、地热能源和生物能源等。生物资源包括动物资源、植物资源和微生物资源等。中国岩溶地区环境与资源的基本情况，已做了些总结。显然，各种不同的地质环境，具有不同的资源状况，如岩溶水资源就有多种赋存环境。

上述资源都是在地质-生态环境中可为人类开发利用的物质，其中有的可直接开发利用，有的需加工后才能造福于人类：却具有物质的特性，可称为直接资源。有的观点把土地和河川景观都作为土地资源或旅游资源，这也是可以的。但也可作为间接资源，土地和山川应是属于环境的一般范畴，只有在土地上种植生长出农林作物才体现出间接资源的意义。在人类生存有利的条件中，主要贯穿着生产力—环境—资源这一关系链,就是说随着生产力的发展,生存的环境与开发的资源之间并没有截然的分隔界限。这与科学技术的水平不仅具有密切的关系,还是可以变化并相互关联的。

2. 资源的特性

在自然界中的各种资源,都可概括出三方面的特性:

(1) 有限性。各种矿产资源都是在漫长的地质年代中形成,每一矿床的形成都有很长的跨度时间,对短暂的人类历史而言,这些矿产资源是不可再生的,其蕴藏量也是有限的。水力能源,由于河流中水流可由大气降雨补充,所以是可再生的,但其流量也是有限的,可开发的能源也是有限的。对于生物资源而言,在不同地域和不同气候条件下,其繁殖的种属和数量也都是有限的。所以强调这一点,就是由于各种资源是有限的,不是"取之不尽、用之不竭"。应当说这是浅显的道理,但却常常被忽略,或者为了短期与局部的效益,而对资源的有限性置之不理,进行掠夺式开采,其结果是造成资源的破坏与浪费。

(2) 相对性。对人类生存与发展而言,各种资源又都具有相对性。例如三千多年前开始采掘湖北大冶铜绿山富铜矿,延续了十三个世纪到东汉,后来浅层矿业衰废了,留下大规模采矿巷道系统;随着近代科技的发展,深部矿床才被开发。我国《易经》中就提到石油,直至公元 1800 年时,世界上许多易采石油仍不能成为资源。1940 年时,铀还只是地质上的意义,而不是有经济意义的资源。目前,随着科技的迅速发展,世界上已广泛开采深几千米处的油气,核电站也建立了不少。20 世纪的一个突破,在于使低品位、被遗弃的矿石又成为可采的资源。例如美国明尼苏达东北部一赤铁矿床,19 世纪时开采富铁矿,现开采低品位矿。以煤代木柴炼铁,其重要性不亚于蒸汽机的发明。随着酸性贝西默法—碱性平炉法—吹氧平炉法等系列技术的发展,对铁矿石就有相对性的资源评价。由于科学的进步,使原来不能开发的水电能源,可成为现实的能源。至于生物资源，随着科技的进展，正不断地被开发，供人类日常生活所用及作为发展工农业的原料。特别是生物工程的崛起，为人类更好地开发生物资源展示了更美好的前景。基于各种资源的相对性，人类更应当以科学的迅速进展，来开拓更多的资源。

（3）生态性。生物资源具有生态性，这是易于理解的。但是矿产资源、水资源、能源等赋存在岩石圈和水圈中，也受大气圈和生物圈的影响，其自身的形成、运移和赋存都紧密地制约于整个地质—生态环境之中，人工开发后，会产生对地质-生态环境的影响与效应，严重的可诱发不良现象成为灾害。可以说，人工开发各种资源时，都会影响或者甚至破坏原有地质-生态环境的平衡状态，而产生不良的环境效应。所以，各种资源也都体现出真生态性，这生态性不只是属于生物资源。因而，在开发各种资源时，采取合理的措施，以避害就益，保护环境，避免产生严重的不良生态效果，这是一个关键的问题。显然，这个问题涉及关系链，即开发（资源）—保护（环境）—效应（实利），也是涉及整个发展的友好生态的效果。

人类生存的不利条件与劣化环境要素

地球环绕着太阳在不停地转动，地球自身从内部到外表也是在不停地运动着，不断地在改变地壳结构与地表的地貌与地势，相应地也产生一系列不良的地质现象与地质灾害以及其他的自然灾害。特别是地质灾害已日益引起重视。联合国也开展了"国际减灾十年"的活动，这就已说明问题。我的看法是：

第一，自然灾害的分类

由于自然作用结果，出现的对人类生存的地质-生态环境具害性，并导致人类的生命或财产损失的事件与现象都可算为自然灾害。自然灾害是很多的，可概括为气象灾害、地质灾害、生物灾害这三大类。在地质灾害中又可分为深部应力作用引起地质灾害、浅层—表层内外动力作用引起的地质灾害和特殊地质作用引起的地质灾害。

① 深部地质作用引起的地质灾害。由深部地质作用而引起的自然地质灾害有很多种，其危害性也大，而且目前尚难以进行人工防治，以使避免或减少灾害的发生。这类灾害中以地震及火山喷发为主，相应地还有海啸、地裂缝、岩爆、喷气、喷沙等现象。此外，地震活动还可诱发与催化许多浅层及表层地质灾害的发生，如滑坡、泥石流、岩溶塌陷等。目前世界上地震活跃带显然与板块活动有密切关系，有几个明显的活动带。

② 浅层—表层内外动力作用引起的地质灾害。在地球演化过程中，各种内外动力作用的影响下，可产生多种地质灾害，主要的有崩塌、滑坡、泥石流、水土流失、淤积以及雪崩等灾害，有的也是由于地形与地质条件所诱发的，与表层的应力状态有关。这类灾害是广泛分布，规模大小不一，例如有的滑坡才有几十立方米的体积，而大的却可达几亿立方米以上。单一次这类灾害所带来的损失也是差异悬殊，但每年各地累计的综合灾害损失，一般情况下比由深部地质作用所引起的地质灾害（如地震等）的损失与影响还要大得多。

③ 特殊地质作用引起的地质灾害。这是指除了构造及一般内外动力作用所产生的上述两类地质灾害之外，由于水对可溶岩的溶蚀作用产生的岩溶灾害、特殊地层与矿物遇水膨胀等特性而产生膨胀灾害以及黄土湿陷性引起的灾害等，这些岩土体特性而引起的自然灾害现象中，以由岩溶作用而产生的岩溶塌陷、地裂缝等是很常见的。此外，还有软土的压缩引起的地面沉降与有关地裂缝等地质灾害也很严重。浅层岩溶塌陷及浅部岩溶作用也可诱发地震，当然其震级小，危害性也小，但仍不可忽视。盐碱化灾害，也是属于此类。

除了这三类地质灾害以外，旱、涝、洪、冻融、雪害等自然灾害与气候条件具有密切的关系，但也与地势、地质条件有关。所以，列为复合灾害。这类灾害在岩溶地区就更明显。例如：旱季时，或多日不雨时，由于地表水通过岩溶通道而渗入地下，常造成干旱灾害，阴雨多日或大暴雨后，由于下游（或中游）岩溶通道不能排泄上游（或包括中游）所汇聚的大量的岩溶水流，又会造成由谷地和洼地中的溶蚀竖井（有俗称为雷公井）上涌岩溶水，而造成洪涝灾害。1987年，云南、贵州、四川、广西、湖南、湖北等六省（区）受旱灾农田共有8700万亩，其中大部分是与岩溶因素有关。

其他的自然气候（气象）灾害，包括霜冻、风灾、海浸等，也包括纯气候因素引起的旱灾、洪灾等；生物灾害，包括寄生虫病和各种细菌引起的疾病，以及生态破坏与失去平衡与制约结果造成的灾害。应当强调一点，气候灾害与生物灾害也多是与地质条件具有一定的关系。

第二，人类活动对自然灾害的诱发效应

在地球发展史中，各种自然灾害都是不断地发生，也伴随着生物的物种的灭绝与进化，这是生物与自然界共同演化的客观规律。有了人类的大规模活动，使自然灾害叠加上人工的影响，就常产生迅速诱发（或加剧）地质灾害或其他自然灾害的效应。人工诱发的灾害，不仅来势迅速，而且危害性也大。

目前世界上最主要的灾害为旱灾、水灾、风灾、地震、沙漠化（石漠化）、滑坡和泥石流等。人工开采深部油气和其他矿产资源，及人工蓄水和抽汲地下水，都可诱发地震。旱灾、水灾、风灾、沙漠化、滑坡及泥石流等灾害，多与人工破坏植被引起水土流失等诱发作用具有密切的关系。目前，人类各种活动影响面很大，更需要特别注意诱发各种不良现象与灾害的效应。以往带来的灾害与损失，特别是由于人类活动使地质－生态环境恶化的严重倾向极为严重，目前更应以人类生存的危机感来正确地对待此问题。

介绍有关环境、资源、生态环境等概念，是用以表示改革开放后，我研究工作中所采用、建立与贯彻的基本理念。

三、探索地质-生态环境演化的研究方向

随着资源的消耗、人口的增加和环境的恶化，今后探索人类生存的地质-生态环境的演化，日益显得紧迫与重要。这方面研究的总方向是为了能够减少并控制地质-生态环境的恶化，以保护人类生存的环境。这方面的研究内容是很广泛的，下面概括地就几个研究方向与途径，予以探讨。

综合性的研究方向

研究地质-生态环境的演化，需要综合地探索自然界中的有利与不利的条件，以及人类活动的综合影响。根据以往地质-生态环境的质量与存在的恶化倾向，寻求适宜的综合治理的途径与方法，是非常迫切和重要的。

第一，人口、资源与环境的战略发展综合研究

人口的增加，不仅需求更多的资源，也增加人口对环境的效应，人口的质量也密切影响到环境的质量。这就需要正确处理人口—资源—环境这关系链，进行这方面战略发展的综合研究是最为重要的。寻求最佳人口增长率与经济增长率的协调关系，也有利于保护环境，以有利于人民生活的真正提高。

所以，人口的布局与资源及环境问题，也是应当综合研究的有

关战略发展的一个环节。在全国范围内，根据资源现状及可供人类居住的环境条件，应当通过综合研究以寻求最佳的人口布局与经济发展及环境保护间的关系，涉及开拓目前自然条件不好的西部地区的一些地带，使通过资源开发与环境工程后，能提高环境质量，以作为新的居民与经济发展带，这对减轻东部及大城市的人口负担，合理人口的布局方面，以及保护环境系统，将会有重要的战略意义。

第二，防灾兴利最佳方案的综合研究

开发各种资源与保护环境之间是密切相关联的，因而正确处理两者关系，选择最佳的防灾兴利的经济发展方案，这是很关键的问题。

全球性的研究方向

研究地球的演化与各种灾害的发生，需要有全球性的研究方向，因为许多呈现在地球上的自然事物，都是制约于全球演化的总规律。目前全球性的地质-生态环境问题，当然需要从全球性上进行探索，特别需要提及的是对地球演化最主要的构造与气候这两个条件，由全球上进行研究更为重要。

当然，不少地学工作者只是调查、研究小区域性与地带性的问题，或为某项建设工程与矿山服务，不是研究全球性的问题。但是，也应当具备全球性的观念，应用有关全球性的研究成果，以探索与解决区域性与地带性的地质-生态环境问题。就是说，把一个地带、一个山坡的问题，与全球性演化趋势相联系，这样才能不成为"井中之蛙"，避免片面性与主观性错误。对于一般不搞地学的人们而言，你所居住的地带，也应和大的区域环境相联系，需要有这方面的认识。例如，知道你居住地带与河流洪水关系，有无外围地质灾害威胁，空气质量如何受区域气候条件影响等。就是说，不能做你居住地的"井中之蛙"。

目前，全球虽然仍有覆盖着陆地面积 1/3 的森林，而地球上陆地总面积只有 149 亿 hm²（公顷），若每年以 1000 万~2000 万 hm² 的消失率计算，再过几十年，对人类赖以生存的全球性的地质生态环境带来的严重后果是可想而知的。

人类活动结果造成温室效应也是全球性的大问题。有人估计今后 50 年二氧化碳排入大气层中的量会增加 30%，2050 年时全球表面温度可上升 1.5~4.5℃。但也有认为目前全球的总趋势在变冷，将要面临一个小冰期。这种气候变化的趋势对地质-生态环境的影响，无论是升温抑或是变冷，都是极其严重的问题。人类需要保护全球性环境，也需要从全球性上来探索研究。目前，国际上正开展的国际地质对比计划（IGCP）和国际地圈—生物圈计划（IGBP），都是为了探讨以往全球性的演化历史，对比有关古地质-生态环境及目前的信息，以便更好预测今后全球性的气候及地质-生态环境的演化。

宇宙性的研究方向

地球是一个系统，但它又是太阳系中的一个行星。目前，地球的形成与演化还不是很清楚，所以应用现代科学技术研究宇宙中行星（首先是太阳系）的起源和演化，以深入探索地球自身的问题，已是很重要的研究方向。目前有被称为宇宙地质学的兴起，正不断向着浩瀚的太空进行研究与探索。人类已登上月球，我国月球车——嫦娥号也已在月球着陆，探测一系列月球数据。水手号宇宙飞船的发射，收集到的资料已极大地丰富了人们对火星的认识。对金星的探测也了解到磁场起伏的振幅和强度及等离子体性质等方面的变化情况。显然，将对星球所了解的情况与地球相对比，对深入研究地球的演化是有重要意义的。

地球上许多重要的问题，如风暴、地震、火山爆发、洪水、干旱、气候变异、冰期与间冰期、磁极与磁场变化、板块运动等许多全球性大的问题，都需要从宇宙性研究上解开一些谜。这种宏观上的研究当然早已开始，还需要漫长的研究过程。

随着科技的发展，人类对太空的研究必将不断深入，宇宙性的研究也将会带来更丰硕的成果，以提供更多新的论据。掌握研究地球上地质-生态环境演化的重要科学钥匙，应进一步揭开地球及太阳系与宇宙的奥秘。应当说，实现宇宙大环境中全球性人控地质-生态环境是这方面研究的理想目标。

总之，人类生活在地球上，由于人类的繁衍与各种经济建设及战争行为，已经给地球造成了重大的负担，也使环境不断恶化。人口的迅速增长及保护所赖以生存的地质-生态环境，都是迫在眉睫的重大的世界性问题。最后强调一点，地质-生态环境的问题是全国性、大区域性与全球性的问题，需要国内及国际上的大协作。这方面的研究与可采取的措施是多方面的，也需要有长期的过程。但是，目前应当进一步宣传保护人类赖以生存的地质-生态环境的重要性。只要在各种建设中，都能在正确的兴利防灾的总体规划下，合理地利用自然的有利条件，注意监测与防治不良的条件与灾害的发生，并依靠多学科与多领域的配合，开展国内及国际上的大协作，使全中国及全地球的地质-生态环境向优化方向转化的神圣目标，在不久的将来是可能实现的。这方面有关地质-生态环境的理念是很重要的。所以，在我自传的这部分多加以介绍自己的认识，也是希望提供些参考，有兴趣者可了解些。

四、西南地区经济发展与自然环境条件研究

国家民族事务委员会赵延年等开展"中国少数民族和民族地区

90年代发展战略探讨"这项研究。涉及西南地区的研究课题，由我于1988—1989年承担，主要包括云南、贵州、四川（当时包括重庆）、广西、湖南和湖北这六个省（区），当时重庆还没有独立为直辖市。

自然条件对经济发展的关联性与制约性

西南地区经济发展，也是首先应当考虑到几个主要的资源条件，即：水资源、土地资源、能源、矿产资源与生物资源。论述这些资源的有限性、相对性与生态性，也是非常重要的。当时主要为20世纪90年代少数民族地区的发展，而实际上研究内容是涉及较长时期的发展问题。

例如：西南地区水电资源是丰富的，但也是有限的，开发资源也需要考虑到所具有的生态性，以及对生态环境产生效应问题，不同地区的自然条件不同，开发的途径与应当注意的问题也是有区别的。开发西南地区的水电能源，显然是要长些时间，不可能在90年代内完成，这与生态关系密切相关。

西南岩溶地区发展经济的八项重要原则

① 自然条件；②兴利防灾并举；③综合系统决策；④科学技术先行；⑤密切区域合作；⑥联合东部沿海地区；⑦开拓国际贸易；⑧注意地质生态环境效应。

这八项原则，是当时针对西南地区经济发展而提出来的，也是原则性的。而对不同地区所考虑的内涵就会有所不同。所以第一原则就要立足于当地的自然条件。考虑开发资源，只考虑发展GDP，而不结合注意防灾、减灾，可能获得的利益是不多的，发生灾害后的损失，会超过所可能得到的利益。当时，是向东部倾斜，所以应当利用西南条件，与东部多联系，利用其人力、资金及已有技术措施，来与西南进行共同开发，共同得益。开拓国际贸易应是很重要的一条，云南和缅甸、越南、广西和越南以及和东南亚地区发展贸易、合作发展，都是很重要的途径。目前也证明这条原则的重要性。一切开发，都必须注意到地质-生态环境的效应。这是保证生态环境的安全，也是可持续发展的基本要求。

这八项原则，体现了自然条件与经济发展应是有密切的关联性。不考虑自然条件，脱离当时自然条件，就不可能取得有效发展。当地的自然条件，对经济的发展，也会存在相对的制约性。西南岩溶山区，具有以下特点：

① 地势急剧高差；② 平地小片分散；③ 覆盖土层薄瘠；④ 水流迅速转化；⑤ 石漠化严重、地质灾害频发；⑥ 相应交通困难。这些情况，必定制约了当地的经济发展。所以，上面的八项原则，就是针对这些基本自然条件，从而强调在发展经济中，应当全面地考虑那八项原则，对有制约的条件，也采取相应有效的对策，条件不好的，也应当考虑争取改善条件的可能性与有关措施。

发展岩溶山区经济的十二种途径

发展岩溶山区经济，尊重上面的八项原则，究竟如何发展，归纳起来可有十二种途径：

① 立体生态大农业要统筹规划、协同发展，可以有：大环境立体生态农业、小环境立体生态农业，包括林牧与种植业结合的立体生态农业、林牧与渔业结合的立体生态农业、种植林牧渔结合的立体生态农业；小麦玉米套种、粮食与经济作套种等。

② 发展庭院小农业，现在可发展家庭农场等。

③ 建立区域防护林，后来推行的退耕还林，对保护当地及区域环境，维持良好区域性生态，起很大作用。

④ 退耕还林还草保水土，和上面一条是密切配合的。

⑤ 扩展生态保护区，后来又开展地质公园的建设，与生态保护区，有着异曲同工之效，受到当地人民和政府的欢迎，也是将保护好生态与发展地学旅游密切结合。

⑥ 发展特色经济林，包含造纸林基地、果林基地、橡胶林基地、油料林基地（包括生物能源如麻疯树等）、竹林基地等。

⑦ 建立特色种植业基地，如糖料基地、中草药基地、蔬菜基地、棉麻桑柞基地、油料作物基地、花卉基地等。

⑧ 发展山地养植业，保护地质-生态环境，防治污染是特别重要的。

⑨ 兴水利保大农业，应大、中、小型水利结合进行，特别是中小型水利工程，对山区旱涝（洪）灾害防治，最为重要。

⑩ 发展山地畜牧业，根据草地特性，合理饲养，更应选择良种，避免过量放牧，也可林牧结合。

⑪ 发展粮食生产基地，岩溶山区大片地少，更应很好地开发利用，不能过多为发展城市而侵占良田。

⑫ 发展无土与水生粮食，西南山区土地资源少，可利用自然条件，结合水利措施，发展无土与水生粮食，这种粮食的概念，应当与正常的稻麦是有所不同的。

岩溶山区的石漠化（岩漠化）理念与治理

岩溶山区有一种现象，就是植被极少，岩石嶙峋，一片岩石山头的荒芜景象。这种景象在我国西南地区有较多分布。可以想象，在这种地区生活的农民是多么地艰辛。土地在哪里，水资源又在哪里？

传说，但不是杜撰，而是真实的客观事实：

一个人在这样荒漠山区考察，见到一个老乡在一块低洼的山地上,没戴草帽,正在擦汗喘息。那个人问:"老乡,你在种田吗?"那农民说:"是呀。"那人又问:"老乡,你种多少地啊?"农民说:"这里我种十二块地。"那人说:"都在哪里呀?"老农说:"你看!这里一块,那里一块……,怎么只有十一块地,还少一块。"那人说:"不着急,老乡,你再数一数看。"老乡又数了一遍,还是十一块,口里说:"怎么少了一块",一双手竟挠一下头,那老乡突然想起来了说:"你看,这里还有一块,被草帽盖住了。"老乡把草帽戴在头上,那块地才露了出来。所谓种庄稼地,就是直径十几至二十几厘米的一块有些薄薄土覆盖的小凹地,上面可种两三棵玉米。

石漠化(岩漠化)形成的机理

石灰岩属于碳酸盐岩类,其成分为 $CaCO_3$,白云岩也是属于碳酸盐岩,成分为 $CaCO_3 \cdot MgCO_3$,即 $CaMg(CO_3)_2$,这种岩石是可以为含有 CO_2 的水所溶解。于是,这些岩石上就有很多溶蚀的裂隙,也有规模大的称为洞穴。

碳酸盐岩的山区,有正态的丘陵山峰,或连座山峰像峰丛,中间多有低洼的洼地,洼地规模不大。通常这些碳酸盐岩被溶蚀后,剩下不溶物质只有5%左右,有的更少只有2%~3%。则一米厚地表碳酸盐岩被溶蚀后,只剩下5厘米左右残积土,这些土并不一定都可留在当地,不少是被雨水带入地下,在下游再排到地表。

每年表面石灰岩可被溶蚀多少呢?一般只有0.05毫米,雨量大的地区可达每年0.1~0.3毫米。就以0.1毫米计算,则一米厚石灰岩被溶蚀后剩下5~6厘米厚的土,需要一万年以上时间,才可残留5~6厘米厚土,在封闭的洼地中,一般没有外来冲积土,都是在洼地的周围山上留下的。这些洼地上的土层后期不少被雨水冲入到地下，就不能构成均匀的一片土，只剩下一窝窝的土层，可相对种上耐旱粮食。所以，那位老乡十二块小土地，只能种几十棵玉米。

为生活需求需要更多生产粮食，于是就砍山上树，拟开垦新耕地以发展生产。这样，造成更多水土流失，就陷入：地少—开垦发展耕地—侵蚀流失水土加剧—贫困—再加大开垦，这样恶性的循环。最后，还是贫困加上环境破坏——石漠化加剧。

石漠化的概念：在碳酸盐岩山区，由于天然岩溶作用及人工不良开垦的综合影响，使覆盖土层被侵蚀，而形成岩石嶙峋、少或无植被，地表干旱、生态恶化的现象，意即：岩石裸露的荒漠化现象，这与沙漠干旱地带有所区别，那里雨水少，干旱，而且岩石多以砂页岩、火成岩等为主，当然也有碳酸盐岩，但地势广阔平坦，岩石剧烈风化成沙地、有砾石或戈壁滩。而南方石灰岩山区，雨量可达年1200毫米以上，但地表水易通过溶蚀通道消入地下。所以，"地表水贵如油，地下水哗哗流"，这样地区，能从地下洞穴系统中引水出来，那就可改观。

碳酸盐岩地区这种现象，我是1988—1989年担任国家民委的课题时，才予以定名为岩漠化现象，后有人改为石漠化，因石灰岩山地，就连成石漠化，在我写的内部报告中，就提了岩漠化现象。1989年在瑞士洛桑举行的第二十二届国际水文地质学家会议上，以"山区水文地质"为主题，我论文中提到岩漠化，英文我起的名称为：Rocky deser tification，即岩漠化，石漠化也是此译法。

在20世纪90年代初"中国地理学会全国喀斯特地貌与洞穴学术讨论会"上，我以"喀斯特地区地质-生态环境质量及其评判"为题目作了报告，后收录在宋林华、丁怀元主编的《喀斯特景观点洞穴旅游》文集中（1993年，中国环境出版社）。

在2002年的元旦后，中央电视台专门采访了我，因为我是第一个提出岩漠化（石漠化）概念的人，在新闻联播中也有报道。于当年春节时，朱镕基总理在南宁，也提了石漠化治理问题。

中国南方喀斯特研究院和石漠化治理工程中心的建立

石漠化主要的参数指标，我提出应当研究石漠化系数和当地土壤抗侵蚀年限。另外，还有当地岩溶山区的地质-生态环境的质量评判，和当地的地质-生态环境容量的评判。

贵州处在西南这片岩溶（喀斯特）分布的中心，这片地区喀斯特分布面积我1964年首先计算有54万平方千米。贵州师范大学的张英骏教授、杨明德教授对贵州喀斯特有深入的研究，不幸他们因病或车祸先后去世。第三代的熊康宁教授也在两位教授所建立的、研究喀斯特的坚实基础上，对贵州喀斯特，特别是对石漠化问题，有了进一步深入研究。当时贵州师范大学党委书记蒲芝权先找我，让我任贵州师范大学的名誉校长，推动石漠化文岩溶研究，为西南地区发展作进一步贡献。的确，为岩溶研究，为了和张英骏和杨明德两位教授的合作友谊，我只好应允。真诚希望为了更好推动石漠化地区生态-环境的修复，在蒲书记和伍鹏程校长的大力支持下，我和熊康宁教授共同建立了"贵州师范大学南方喀斯特研究院"，我建议熊康宁教授当院长、周忠发任副院长，我还是作为学术委员会主任、首席科学家，肖时珍为秘书，以共同推动岩漠化问题研究。这方面的研究工作的进展，也得到了科技部的支持，前几年又成立了科技部石漠化治理工程中心，校长武鹏程为主任，熊康宁教授为副主任，我为首席科学家。

石漠化治理，首先要查明地质基础条件，特别是研究喀斯特发育规律，更好地掌握土壤特性，地表水和地下水的转化，以及水—土、水—岩、水—生物等作用，通过掌握的综合规律性，从减少土壤流失，发展造生植被，控制不当的开发与不良效应，以重建与恢复当地的生态系统特性。这理念是正确的，但实施起来并不容易，也需要有更多人民群众的支持与加入。

五、山东半岛城市群的地质-生态环境研究

在 21 世纪初，山东省青岛理工大学的前身，青岛冶金学院的领导，在我们主持"第一届岩溶地质区可持续发展国际会议"时前来邀请，帮助学校发展。他们的愿望推脱不了，我只好尽力支持。

帮助建立山东省地质环境与工程效应中心

先联合力量，帮助成立山东省地质环境与工程效应联合研究中心，后又帮助申请一个课题。即：山东省半岛城市群地区地质-生态环境可持续发展研究。此课题得到了山东省领导的支持，由常务副省长赵克志任工作领导组组长，各厅局有关领导当成员，我担任领导组副组长、研究组的组长，青岛理工大学的贺可强教授担任研究小组副组长。山东省国土、地质、水利、环保等有关专家和领导共同协作进行。

这个项目主要研究城市有：济南、青岛、东营、日照、潍坊、威海、烟台和淄博八个市（区）。这方面研究，也是突出不同城市的资源条件，主要是土地资源、矿产资源、水资源，涉及灾害方面，主要是地质灾害、地震、风暴潮等。重点工程效应方面，涉及城市地下空间的开拓以及矿产开采，如济南、青岛和地下水封洞库

和海底青岛至黄岛间隧道的有关效应评价。最主要的是，进行相应的地质-生态环境的评价。

山东半岛城市发展内涵与"H"型经济带

在对八个城市进行有关资源与灾害的评价之后，也对水资源问题的合理开发利用途径，特别是修建地下油库方面，作出了相应的评价。

在今后开发方面，提出八个城市的主要发展内涵：
① 济南——政治、文化、教育与旅游中心；
② 青岛——航运、外贸、新兴工业中心；
③ 淄博——煤炭能源化工与陶瓷工业中心；
④ 东营——油气能源工业中心；
⑤ 烟台——水产、旅游、矿冶中心；
⑥ 潍坊——现代农业、食品工业中心；
⑦ 威海——航运、外贸、旅游中心；
⑧ 日照——旅游、航运中心。

在这基础上，提出今后经济发展带为：
第一带　青岛（包括日照）-烟台（包括威海）经济发展带；
第二带　东营-淄博经济发展带；
第三带　潍坊（包括寿光）-高密经济发展带；
第四带　济南-济宁经济发展带。

这四个带发展的重要产业、内涵是不同的，可概括为：青烟、东淄、潍高和济济四个经济带。

这四带构成"H"型的山东半岛的经济发展格局。

这个研究成果主要参加人员为：我和贺可强、李相然、杜汝霖四人。还有各有关厅局技术骨干，也有青岛理工大学的老师、学生。这个研究成果，拖了一段时间，于2010年才由地质出版社正式出版。整个项目的经费是很少的，主要还是各单位相应投入得以进行。

山东半岛的地质-生态环境研究，目的还是从区域性的特征上，为了综合发展与大工程实施，提供可靠的基础依据，及切实可行的客观建议。

除了进行上述课题之外，还参与有关地下水封油库的研讨，促进了该项目的实施。此外，也参与海底隧道的有关讨论，后来海底隧道的建设进展还是很顺利的，并于国庆60周年时正式通车。

燕翅山地质灾害及其示范处理

关于济南城市区内，有燕翅山大型地质灾害的存在，包括采区塌陷、边坡稳定、地裂缝和崩塌这四大灾害的错综复杂，威胁到周边几个大单位和学校，影响数千人的安全，对济南市的发展，也构成重要的障碍。为了解决这个问题，我和南京大学教授罗国煜还专门写信给山东省领导，后有秘书长来接见我们并听取了我们的建议，表示高度重视。该项目得到中国地质调查局支持，山东省济南市也大力支持，由山东省地质环境监测总站姚春梅总工程师负责进行。现经过调查、治理，显示了地质灾害治理与生态修复的相结合，在山东省，甚至其他城市都可起到示范作用。这个灾害治理工程，对济南的城市安全，起了重要保障作用。

目前，全国还有较多城市，应当为城市中心的地质环境安全与城市生态的修复，而必须进行将地质灾害的治理与生态修复相结合的治理措施。济南的成功经验，应当是一个重要的示范例子。

泉城轨道交通建设的"保泉"是第一要务

山东济南是泉城，有许多岩溶名泉，如趵突泉、珍珠泉等多个泉。保护这泉是非常需要的。原先由联合国支援中国四大城市，研究有关城市水资源问题，由于一些因素干扰，撤回了联合国已定的项目。

后来，为了济南地铁建设，我应邀做了指导，由北京城市建设规划院金淮领头、黄伏莲总工程师具体负责进行地质勘测，山东801水文地质队奚德荫原总工程师的密切协作配合，从中寻求适宜线路，以求地铁施工不至于影响济南的岩溶泉水。这项调查研究，大家密切协商了如何勘测，特别是如何挑选线路，避免因地铁施工而破坏了岩溶泉这个重大问题，我和大家一起很认真地进行反复思考。目前，已取得的初步结果，提交给济南地铁建设作参考。今后，济南地铁投入建设时，仍是需要作进一步的调查、监测。目标是：正确规划线路，不能影响济南泉水的喷涌，这是济南泉城的灵魂所在。

六、巫峡危在旦夕，任务紧迫

"三峡库区巫山一带发生滑坡，中央领导很重视，国务院派出工作组，请你也参加"。国土资源部地质环境管理司司长李烈荣电话中对我说，我说："好的，我正在开院士会，要请一下假。"我又问："怎么去？"李司长说："明早七点前，在机场二号楼门前集合。"这大概是1999年7月22日，晚上10点多来的电话。

巫山危岩，形势急迫

在前一天，院士会上有院士正说："三峡水库刚发生一个滑坡"。接完电话后，我想这次滑坡可能规模大，中央都重视了。于是将我负责介绍有关院士推荐候选人的资料写好，然后交给我们土木、水利与建筑工程学部的主任委员陈厚群院士，并约好第二天早去机场的车，定下第二天早上5点半就由丰台的京丰宾馆前往机场。

这次作为国务院派出的工作组成员，组长由山西省原省长、刚任国土资源部副部长的孙文盛担任，我是首席科学家（专家名单上排第一位），还有殷跃平、郭希哲等专家，李司长是工作组副组长。这次的地质灾害信息是：重庆巫山望霞村山上有裂缝30厘米宽，可能发生三百万至数百万立方米的岩体要垮塌滑动，推动两千多万立方米的古滑坡，要堵住长江，那危岩体与长江水面高差达1020～1120米，危岩体下有130户人家。若危岩体下滑，直接损毁的还有附近巫山县城，有30万人口。在1982年时，发生鸡扒子滑坡，曾堵了长江一半。若这次新的数百万立方米滑坡再推动2000多万立方米的古滑坡，堵江形成堰塞坝和壅长江水成灾，那真是不堪设想，危及的不只是巫山县，上下游的不少县城都要受影响，甚至影响到万州和重庆。

那天没有北京直达宜昌的飞机，我们先飞到武汉，由省国土厅曹厅长等陪同，由警车开道，以开辟通道，避免堵车，要穿过一段市区，那天还在下雨。穿过市区后，我们车队就尽快向通往宜昌方向的公路飞驰，那时还没有高速公路。车到了宜昌，马上坐快艇直奔巫山县。在这近一天旅途中，我心中老盘算，究竟会有多大危险，如何处理，深感作为首席科学家的肩负责任之重大，又一次体会到责任"重如泰山"。

到了巫山，住在危岩体对岸的一个小镇上，大家就听当地人员介绍情况，并询问了些问题。有重庆减灾办一个王主任在那儿，以前我们也见过，主要也是为了灾害防治的事。那一段时间，考虑到重庆常发生火灾、地质灾害、钻井事故等。我对那位主任说："你最好'失业'了，那就好了。"这是愁中作乐，她说："为什么？"她那时还没转过神来，不完全理解我说话的内涵，但她马上意识到了，又说："好的，我也希望我'失业'了。""失业"其实就是没有灾害，救灾工作就少了。

第二天，我和几位专家先渡过长江，然后坐上破旧不堪的改装的小面包车，往山上爬去，路狭又颠得厉害，不是正规公路，由于当时车要艰难地爬上高差近千米的山路，才到了现场去考察。不久，孙文盛副部长、李烈荣司长等也到了现场。我们先仔细看了那裂缝，那是个老的溶蚀裂隙，那时也没有更多的科学监测。只是老乡用手拉了皮尺后说："今天比昨天还加宽了几厘米"。好在提出危岩问题后，当地的地质人员就赶到现场，用GPS进行监测。测量结果对比，当时还没有发现这两天有什么明显位移与高程变化。

当时，很多国外欧美旅游团都退团了，国内也退团了，大家害怕正好游客在船上经过时，或在附近上、下游不远处时大滑坡下来，产生的涌浪是可怕的，起码百多米以上高大涌浪，会让人船俱毁。所以，没有查清灾害，作出科学诊断之前，那是不敢正常开展三峡旅游的。而且，那几天在报纸电视广播节目中，都是一片惊呼：

《险情！巫峡大裂缝》《险情，巫峡向长江大倾斜》《巫山将有大到暴雨，危岩防灾更加紧急》……多是通栏大标题。是啊！多么紧急！不能作出正确判断，那影响是太不好了。毛主席诗词中有"神女应无恙，当惊世界殊"，神女峰就在巫峡，这望霞乡危岩离神女峰不远。媒体就是抓住这神女峰，以作引关注的新闻。

在沉重心情中，我们又仔细地观察，发现那里有一个小塌陷坑，才知道是下面有小窑煤矿在采煤，这会危害岩体稳定性。但知道这采煤的情况后，我心宽了很多，另外再看那山坡，是有裂缝切割，因溶蚀而加宽，并没有向深部延展太深，而地层又比较近水平，向坡外倾斜不大，如果从一个早期加宽溶蚀后的岸边裂缝发生崩塌，在这地方崩塌体可能是几万立方米到十几万立方米，加上科学 GPS 监测，但目前还没有异常。于是，我放下心了。

我想，我作为首席科学家，首先应当负起责任，不能模棱两可。如果危险大，就该动员作处理，那工程量也很大，影响面也广；如果危险性小或者近期不会发生，那也应当说明，如果怕负责任，说："可能滑下，也可能不会滑，目前需进一步做调查监测"，那么警报要不要解除，不解除，要拖很长的时间，影响就太大了，损失也太大了，何时可以解除，那么不下结论，模棱两可，对自己似乎保险，那还是什么专家？

回到住处，我把想法和专家们说了，大意是目前不会大体积垮塌滑动。专家们也一致同意我的意见。讨论时，孙永盛副部长、李烈荣司长也在场，他们也支持。于是决定第二天早举行记者招待会，那时已是深夜两三点钟了。

代表专家组发言：巫山这次不会大滑塌堵江

第二天一早召开记者招待会，重庆市有关领导也在场。我代表专家组发言说："这次巫山望霞乡的危岩体，惊动了中央，国内外都非常关注，我们调查后认为：不可能马上发生三百万立方米滑塌，推动两千多万立方米古滑坡，堵住长江，那样危害就太大了。目前，有溶蚀裂缝，在长江两岸很多地方都发育了这类溶蚀裂隙。将来垮塌几万立方米，甚至十多万立方米是可能的，但那也不会堵江。但是应当知道，目前这块危岩与地下采煤有密切关系，希望你们媒体宣传一下，不要不科学地乱采煤，采煤时赚了钱，不好好保护环境，将来诱发地质灾害，国家要花多少钱来治理。"

我又说："如何治理，可能处理滑坡体，通常有三种途径，即：'砍头'，减少主滑力量；'捆腰'，就是灌浆、锚杆等；'压脚'，就是用挡墙、抗滑桩等压住坡脚，增加阻滑力量。当然，还有排水，像黄蜡石滑坡采用了，取得好效果。对望霞乡而言，捆腰、压脚处理都有困难，唯一办法是'砍头'，把可能的危岩体削低，堆在后面的凹洼谷地中，不影响山体的稳定性。"

这建议，专家组也是一致同意的，都做了补充发言。后来组长孙文盛副部长，又做了重要的指示，关于目前避灾等问题，当时孙副部长写了一首诗，以安抚人心。后来孙副部长还专门去慰问住在帐篷中的老乡。李烈荣司长也发了言，强调今后的防灾问题。

1999年7月27日，《北京晚报》发表一通栏的标题：《专家为巫峡危岩会诊后开出"处方"（这是上面小标准）》《压脚捆腰难奏效，唯一出路是"砍头"》这是通栏大标题，文中提到中国工程院院士卢耀如向社会郑重宣布："发生在巫峡北岸巫山县望霞乡桐心村正岩的危岩体整体垮塌可能性不大"。这样，许多报纸也登了我们的结论，使惶惶一时的人心安静了下来。我们回京时，在一次院士会议上，有做过领导水利工作的钱正英院士对我说："这次你立了一大功"。

香港《文汇报》于2001年2月12日，在"中华风采之风流人物"这栏，用一版面介绍"岩溶水文地质学家、中国工程院院士"，红色大标题用："卢耀如：三峡一言九鼎"，这是介绍我从事的水文地质工作，其中一个小标题："魂牵梦萦说三峡"，介绍我对三峡工程的两个建议，而在全文开头就有一段文字："在三峡危险区调查后，他认为岩体崩塌可能性不大"，并说："科学实事求是，我说了就要负责了"。

这危岩体发生后，不少地质专家的人士对我说："你胆子真大，一般不好下结论，万一垮下来，怎么办？"我说："我是认真负责，能下结论，就该下，不能左右逢源，那样模棱两可危岩塌不塌，我说的都可以对付；危岩不垮，我也没说危岩要垮为自己撑腰；垮塌了，我以我也没说不垮，为自己粉饰。那样，下不下结论我都是对的，但那是不负责任的。当地该怎么办？国家该怎么办？如果那么说的话，那不是一个地质人员应说的话。只有确实不好下结论时，才可那样说，但也得有个说法与依据才行。

应当说，我们的结论经得起岁月的验证。后来应当作些处理，但没有进行，而是采用监测，紧急时避让方式。直至 2010 年汛期时，即经过了 11 个年头，发生裂缝危岩垮塌，因为有很好监测预警，下面人员及时撤出，人无伤亡。只塌了十万方左右，也不堵江。那时，我因去新西兰骨折了。根据监测结果，殷跃平总工程师，适时作出了判断，立即疏散人，避免下面村庄的伤亡。

这次巫山危岩崩塌，与下面有两个小煤窑的乱开采，不无关系的。

这危岩地带上次来过，隔了十二年，我正在那地方观察，马上有个电话打到我手机上，说："卢院士，你们站的地方，现在形变 2~3 毫米"，这是我 3 个人站在那儿的重力造成的，说明我们监测能力已有很大的提高。2010 年垮塌前，他们就是根据实时监测，提出预警。

七、武隆滑塌事件

"你在哪里？"李烈荣司长打电话给我，那时我正坐在出租车上，预备委托建设部同行方鸿琪总工程师，把我拟定在香港讲课的内容先带去香港，那是 2001 年 5 月 2 日上午 10 时，我说："李司长，我在北京"，他说："好！武隆昨晚发生滑坡，已初步发现 27 人遇难，中央很关心，派工作组去，你也作为专家参加。"我说："好的，什么时候去？"李司长说："下午一点你到机场会合"。我就马上让出租车掉头回我在永定里的公寓，匆匆吃一包方便面后就赶去机场，还好是假日，不堵车。

参加武隆滑塌重伤亡的专家调查组

2001年5月1日晚8时30分，发生于重庆市武隆县乌江北岸新县城巷口镇仙女路段三叠系砂页岩层，滑塌体46.8米、前宽53.2米、后宽25~30米。这是第一次七天长假的第一天，就发生这个灾害，当然引起各方关注。

到了机场集合后，即乘飞机去重庆，接着坐汽车去武隆。这一带我已走了多趟，早在1965年为"三线"建设就到过武隆。那时是非常小的旧县城，今日当然不一样了。到了武隆县，我们就连夜听取汇报，听取情况介绍。当夜，听完介绍后，就去现场看了一下。第二天，又去周围踏勘。后来，参加由重庆市长主持的一个汇报会。

在会上详细询问后，我作了发言，大意是这个很小的滑塌体，岩石是较破碎，前一段干旱无雨，使岩体上部无渗透水流，而显得干燥，近日下了小雨，又起着渗透水的润滑作用，所以产生了滑塌。原先修建319国道，这带边坡已是不稳定的岩体，地质人员已警告要处理。后来，公路两侧在这仙女路段，修建了不少房屋。在产生滑塌这一块，又私自开挖进去形成40米的高陡边坡，仍是没有处理，却在陡崖下修了7层楼房屋。不久，发生了陡壁掉石块，还是没处理，产生垮塌，造成了伤亡损失。当然，地质条件也有不良之处，但这次是人工高陡边坡滑塌灾害造成的灾难。

坚持实事求是，对灾害成因下正确结论

作为科技人员，应当尊重客观事实，更不能违背事物真相，而推诿给自然。我还是认为：这是人工高陡边坡发生的灾害，不是自

然的边坡发生的。事实上，人工开挖了319国道，更不该的是，又往内挖了几十米，形成高40多米的高陡边坡，又不处理。

后来，不断挖掘，已查明有79人遇难。另有一百多人也住在这房屋，因去仙女山玩儿，回来时堵车，没有早些返回，幸免于难。当时，参加工作组的专家，还有建设部金总工程师、国家安全部门等多位专家，也同意我的看法。那时，在武隆现场，我就赶写了一份"关于武隆人工高陡边坡滑塌灾害的分析意见"，送给工作组及重庆市领导，以免混淆视听，真假不明。关于这场灾难，当时老百姓也有看法，就观望着，看看中央工作组有什么说法。死的人太多，地质人员多次警告，仍不处理。我不坚持导致发生灾难的真相，对国家不负责，对当地老百姓也不负责任。如果我也推诿为自然灾害，过后，有地质人员看到，一定会骂我：这是什么专家，明明是人工开挖的不处理的高陡边坡发生灾害，还说是自然灾害。当然，在这件事故上，我作为首席科学家应当坚持真理。

离开武隆，到了重庆市区，向市委书记做了汇报，也把我写的意见的复印件，送给他一份。

八、两个有关地质灾害的中国工程院院士的建议

巫山望霞乡的危岩和武隆高陡边坡滑塌灾害，这两件惊动中央的地质灾害都在三峡地带，一个在长江的干流左岸一千多米高处，另一个在长江支流乌江的岸边。当时发生这两大灾难，都与三峡水利枢纽无关。

两个院士建议的内容

虽然如此，为了避免类似事故与灾害的发生，我还是分别写了两份中国工程院院士建议，按规定由工程院呈送给中央领导及有关部门。

为对巫峡危岩体可能产生灾害事件，提出工程院院士建议标题：《建立地质灾害快速反应机制以保障二十一世纪可持续发展》（1999年8月16日）。建议中指出：

一、地质灾害是自然现象，但人类活动也是重要诱发的因素。

二、地质灾害多数是可以防治的，也取得显著成效。

三、建立地质灾害快速反应机制的重要性（①建立群众性灾害预报的基础；②分级快速处理地质灾害的机制；③有关地质灾害的信息网络系统）。

四、采取有效措施，加强地质灾害的防治力度（①加强地质灾害的全国立法，是减少灾害的前提；②增加财政投入，建立地质灾害防治公益基金；③加强地质灾害防治方面的科学研究）。

武隆事件后，我又写了一篇工程院院士建议的标题：《保障西部大开发，防治人工诱发地质灾害——从武隆人工陡高边坡滑塌灾难谈起》（2001年5月25日）。建议中指出：

一、西部是脆弱的地质生态环境，大开发中要防治人工诱发的地质灾害。

二、防治人工诱发地质灾害的几项措施建议：①严格立法、执法，明确职责，地质条件不是人工诱发灾害的挡箭牌；②保护环境、防治灾害，应是考核政绩的主要内容；③加强大工程有关保护环境、防治诱发灾害的审核与监督；④大力整顿小型开发工程，合理布置小城镇的建设；⑤加速全面建立地质灾害快速反映机制，保障西部大开发。

三、西部大开发中,应加大公益性保护环境和防治地质灾害资金的投入。

开始长江三峡地质灾害的大规模多期治理

不久,三峡工程建设委员们开会,为三峡地质灾害的治理,国家拨出40亿元,进行第一期的地质灾害治理。信息传出,要与三峡工程有关地方,向国土资源部门上报可能产生的地质灾害隐患点。结果累计上报的隐患地点有6000多处,原来都认为地质灾害不要紧,发生后再向国家要处理费用,当地的地方干部更关注的是新县城规模应怎样,首先是气魄大,应建成新型的长江移民新城。通过武隆事件的处理后,使他们感到地质灾害若是由人工诱发的,那是要负责任的。所以,一下短时间内就报上来6000多处灾害点,40亿元财力还是不够进行治理。经专家勘查,先对重要与典型的百多处进行治理。这方面,国土资源部环境地质司李烈荣司长、娄建军司长、刘广润院士以及黄尚宾、郭希哲、殷跃平、田廷山等专家,都发挥了重要作用。

在第一批处理工程取得效果之后,又进行第二批100亿元的地质灾害处理。

可以认为:巫山和武隆两处不同性质的地质灾害,通过上级做两方面认真处理:一是有关责任上处理;二是有关科技上的监测投入与处理的工程措施,还是达到较好的效果。如果只强调责任,没有进一步支持,那样地方有关干部会不敢面对地质灾害,如果没有后期的资金与技术的投入,当时干部也是感到无所适从与无能为力。

这两件灾害处理之事,我作为首席科学家,说了实话是为客观真理,也通过院士建议,呼吁更加认真地对待地质灾害,不仅是在三峡地区,也是为后来全国地质灾害治理的局面打开,起了一定的积极推动的作用。这应当是客观的事实。

九、为国家地质灾害防治的立法而竭力

为了国务院出台有关《国家地质灾害防治条例》,我于 2007 年 8 月的一天下午,从大连乘飞机返北京,来到定慧寺桥附近的一个宾馆,住下后吃了冬笋炒雪菜、一碗酸辣汤和一碗米饭。晚上 11 点入睡。

食物中毒在北京发作

住在宾馆,睡到了凌晨 2 点多,我感到身体难受,醒来后,肠胃不适,我支撑不住了,马上起床就大吐大泻,连忙吃下黄连素,也吐了出来。我一看手上指纹没有塌下去,我想不会是霍乱吧!小时候,日寇占领时霍乱流行,听说吐泻厉害,一会儿手指上指纹一塌下去,人就没救了。

迷糊一会早上 7 点起床喝口稀粥,还是不行,又躺下。快 9 点,去会议室,有国土资源部一位副部长、建设部一位副部长和国务院法制办一位副主任,以及一些专家参加。按会议安排,我第一个发言,强调地质灾害防治的重要性,也提到三峡巫山及武隆灾害的事情,以及其他灾害实例,强调国家应有地质灾害防治条文,政府立法规,以规范这方面的工作,更好地推动地质灾害防治工作的开展。其中,强调了哪个单位受益,哪个单位应负责地质灾害处理。当然国家也应出力,并以香港防治边坡灾害的例子供参考。我发言约 40 分钟后,由国务院参事王秉承发言,他看我脸色不好,他说:"你去休息吧！脸色不好。"我说："你谈话我不听，不好吧？"当时真的是支撑不住，他说："没关系，你快休息吧。"于是我离开了会场。

躺在床上，到中午12点多，有人叫我："部长请你去吃饭"。没办法，我去了，吃一口面条也难受，又赶快回房间。到了下午3点，真的是坚持不住了，我就起来去宾馆门口，正好姜司长叫了一辆出租车，我请他先让给我用，我就去301医院。因院士证也不能得到优待，护士正忙，也不清楚如何帮助早诊治，我只好一个人挂急诊，等待医生诊治后，又验血、大便，等有了结果，才让我去输液。那时已经下午7点多了。到夜间10点多，才输一半液。那时又不能住院，于是到十点半，我让护士拔下针头，向医生要点口服的药，我就回住处永定里。怕太晚了，打不上出租车。第二天又去医院检查，医生说："你昨天一个人来，太危险了，因你食物中毒大吐大泻，身体虚脱，一休克就不好急救了，还好你身体还不错，挺住了。"医生这一说，我真的捏了一把汗，回想才后怕了。

下午，我去宾馆拿东西，责备他们饮食不卫生，让我又吐又泻，饭店人说："我餐厅是承包出去的，我们管不上，以后叫他们改正。"我想回去休息，我就不和他们争论。如果真的是那晚吃饭店饭菜有问题，那宾馆也应负责的。

我坚持了十七个小时才治疗

过了几天，水环所有人在北京，他告诉我说："你那天走后，开会的人在大连有40多个人是食物中毒，又吐又泻，当时都是晚上2点多发作，马上让医生护士来急救。只有陈梦熊院士岁数虽然最大，八十多岁快九十岁了，但他喝两小杯白酒，结果没事。这时我才明白，是在大连中午吃了有污染的海螃蟹引起来的，大多数人都是吃了有问题的海鲜，过了十三四个小时，就发作起来。但他们在大连得到及时治疗。我在北京发作，发作时间一样，但我坚持要开会发言，想的是涉及全国地质灾害造成人员伤亡和经济损失的大事，那是无法计算的，我必须坚持下去。我比他们在大连的40多位患病人员，晚了17个小时才输液，而且只输了一半。真是幸运，没出大事。

为了地质灾害防治条例的出台，我遭遇了这次"生物灾害"，幸好没大事，过两天就完全康复了。

十、贵州望谟的泥石流山地灾害

应贵州省的邀请，我组织了几位院士专家，去望谟考察泥石流灾害，那是2013年4月3—6日期间。2012年，我就曾前往望谟，进行这方面考察，那时作为国家减灾委专家委员会的考察小组前往。这次考察还有周丰峻院士、石建省研究员、田远山地质灾害应急办副主任、黄润秋教授、许强教授、石振民教授、熊康宁教授、余斌教授、宋建波教授、黄洪苏高级工程师、刘琦博士等。

望谟基本灾害情况

贵州省望谟县、册亨县是少数民族聚集区，被称为贵州最贫困、受地质灾害威胁最严重的县，近年来曾多次遭受严重的山洪地质灾害。如望谟县，2006年6月12日、2008年5月26日及2011年6月6日，发生三次严重山洪—泥石流灾害，短时间内降雨量达196.7~316.3毫米，最大每小时雨强达105.9毫米。望谟河段洪峰达994~1700m³/s。三次灾害受灾面积42.02万亩，受灾人口49.3万人，房屋倒塌8105间、破坏11991间，公路、灌渠、三小水利工程、通信、供电等基础设施严重受损，有的城镇水淹近 4 米，直接经济损失 50 多亿元。经三次暴雨的冲刷后，目前望谟县还有近 1700 万立方米的危岩（土）体存在，地质灾害隐患点有 140 处，威胁百人以上安全的隐患点有 22 处，涉及 8 个乡镇 57 个行政村 132 个自然寨。今后，重大山洪泥石流灾害隐患依然存在。

望谟、册亨连续遭受重大山洪地质灾害的原因在于：该地区山体多为砂岩、泥岩为主的岩体，强烈的构造挤压造成岩体结构破碎，风化作用使岩体强度降低、土层松散，暴雨山洪在河谷中短距离（18～20 千米）产生 1200～1300 米的大落差，大股水流直接冲毁岩土体，形成挟带大、小泥石的泥石流，其破坏性远大于一般的土颗粒与小石块为主的稀性和黏性泥石流。

灾害防治与发展的思路

第一，综合防治地质灾害。治理望谟、册亨山洪地质灾害应树立"与洪水共处"的理念，即：难以根绝洪水，但"应当避免其产生重大灾难"。为此，除了加强气象预报之外，还应采取相应的工程治理措施，包括上堵、中疏和下排，以及生物方法处理，将治水与治岩土体相结合。有相应的投入，可以大大减轻山洪泥石流地质灾害的危害。

第二，生态移民与生态城镇建设相结合。生态移民是指将人口从脆弱恶劣的居住地迁往相对适宜的地带，重建家园与发展生产。对望谟县而言，目前受灾人口达 49.3 万人，对其中受灾最严重的地区分期分批进行生态移民是必需的。生态城镇的建设过程要充分考虑能源、矿产资源、土地资源和生物资源等开发利用的限度，充分考虑对城市生态环境的影响。特别是城镇的选址和建设，要以地质环境为重要依据，加强植被恢复措施，以及水土保持与石漠化治理，考虑整体环境的整治与绿色产业发展。

第三，发展绿色产业。在望谟县、册亨县发展绿色产业有广阔的前景。两县水热资源丰富，特色资源优势明显，特色农业及农产品加工业、绿色生态旅游等产业值得支持。其中，重点发展竹、柳、油茶、核桃、板栗种植，适度发展中药材、早熟蔬菜，发展畜牧业，增产粮食，建立农产品种植基地等，有效地拓展灾民的生计与就业，将县城建设成为融艺术、观赏、娱乐于一体，有布依族风情和文化特色的综合性旅游区。

第四，因地制宜，加强交通基础设施建设。蔗香港位于望谟县蔗香乡，距县城约39千米，地处珠江上游南、北盘江汇入红水河的两江口，是西南出海水运中通往西江干流的起点，自蔗香两江口至龙滩水电站大坝为B级航区，龙滩水库可以保证常年通航千吨级以上船只。蔗香地势开阔，水域面积大，航道条件好，是建设大型港口的理想场所，预计年吞吐量为2000万吨。适合于规划建设不同类型的专业化泊位，可供上百只大中型船舶同时停靠作业。可依托港口发展临港经济和腹地绿色经济，建设工业园区、物流园区、餐饮服务区，以及港口附属设施，如车库、停车场、机具修理车间、消防站等，有利于扩大港口的综合规模。

支持望谟、册亨灾害综合治理和生态城镇建设的建议

贵州望谟、册亨是欠发达的少数民族集聚地，又是山洪泥石流灾害频繁发生的重灾区。目前，仅靠举步维艰的贵州省地方财政，无法从根本上解决问题。为解决望谟、册亨县山洪泥石流灾害频发造成的严重危害，促进少数民族地区经济社会发展，维护民族团结和社会稳定，以实现防灾减灾，应将民族地区生态城镇建设和区域经济发展协调推进。为此，建议国家把"望谟、册亨县综合灾害治理和生态城镇建设"作为专项给予支持，实施"贵州省望谟、册亨

山洪泥石流灾害综合防治和生态城镇发展建设工程"，希望在国家层面进行规划。

该工程包括：①望谟、册亨县民族特色生态城镇建设工程；②望谟、册亨县综合灾害治理工程；③望谟、册亨县交通物流基础设施建设工程；④望谟、册亨县山洪泥石流灾害监测预警与基础能力建设工程；⑤蔗香临港经济区发展建设工程。需要指出的是，在交通设施工程和蔗香临港经济区建设工程中，都涉及黄百铁路建设及通向望谟的高速公路建设问题。建议国家尽快组织相关部门和专家开展详细调查和规划设计，尽快落实专项资金予以支持。

关于贵州望谟这样山区县城，受到山洪泥石流的灾害威胁是很多的，只是受威胁危害的程度是有轻重差别。关键问题是，应当把自然灾害的防治列入城镇化的计划。

十一、《中国南方（岩溶为主）地区地质-生态环境图系》的编制

1988年，为协助完成国家民委的任务，曾编制一套图系，涉及西南少数民族为主地区的资源、生态环境、地质灾害等有关图件共八幅。因时间短，未能适时出版。但是该项研究报告及附图，曾作为国家民委领导向中央领导汇报西南少数民族地区经济发展问题的重要依据，也作为向世界银行申请贷款的重要科技依据资料。

重编岩溶地区地质-生态环境图系

在给国家民委编制的八幅图基础上对内容做了减少，比例尺也

相应缩小，重新编制了《中国南方（岩溶为主）地区地质-生态环境图系》比例尺1：3500000，图幅由八幅减少为5幅，由地质出版社出版。

这五幅图，有中英文对照说明，图名为：

中国南方（岩溶为主）地区岩溶类型与土地资源概况图；

中国南方（岩溶为主）地区主要能源与水资源概况图；

中国南方（岩溶为主）地区自然保护区与重点旅游区分布图；

中国南方（岩溶为主）地区主要地质灾害分布与分区图；

中国南方（岩溶为主）地区远景经济开发展望图。

这5幅图的编制，杨利娟同志在制图上出了不少的力，完成了付印的复杂的底图编制。

这幅图系，曾于1993年8月在加拿大举行的第三届国际地貌大会上展出，受到代表们的欢迎。这么大岩溶区（包括云南、贵州、四川、重庆、广西、湖南、鄂西、粤北）编出这5张专业性岩溶图系，在国际上还没有过。国内外专家，都认为这是很好的有创新的岩溶图系。

十二、旅游地学与地质公园及自然遗产

中国地域广，各种自然现象在世界上占有重要的地位，例如：岩溶、黄土、红层、海岸、岛屿、草原、沙漠、冰川、高山、深谷、湖泊等。

旅游地学的开展

在20世纪90年代初期，旅游地质方面，已经得到相当的重视，所以在上述图系中，特别编制了有关旅游的一幅图。

所有的旅游地点，首先与地质现象与景观具有密切的关系，就是人文的古迹、遗产，也多是与当地自然景观密切相关联的。自改革开放以来，旅游地学也是应作为地质-生态环境中的一部分重要的内容。我参与了多次旅游地学活动，担任旅游地学研究会的科学顾问。

在中国地质学会中，建立有很多的专业地质委员会，后来也成立了旅游地学研究会，有原地质部副部长夏国治的支持，他为名誉会长，为发展旅游地学创造了条件。原先为部环球地质管理司司长，后转为部科技司司长的姜建军同志特别支持旅游地学的开展，他担任旅游地学研究会的会长，陈安泽为副会长，也曾担任一段会长以及赵逊为秘事长，他们共同努力，将旅游地学研究会办得非常红火，发展迅速，成为中国地质学会下属最活跃、影响大的分支学会之一。

有幸他们请我担任科学顾问，我也积极参加多次的旅游地学会会议，和在中国召开的有关国际会议。我当然也为此作了些贡献，在旅游地学的多次年会上作了学术报告，也发表了有关文章。

印象深刻的一件事是，一次在河南云台山召开旅游地学的年会，会上有百多位国内搞旅游地学的专家，在这里开会，目的是想促进当地旅游业能更好地发展。于是，在第一天大会上，有很多专家发了言，我也作了报告。内容都是如何促进我国及当地地学旅游业发展，如何做得更好。

第二天当地报纸登出来，头版主要是县领导在这大会上说了什么；此外，除简单信息，描述一下这会议的召开，来了多少人外，只是在第二版极其简单地报道有专家的主要发言的题目，内容也没介绍。看了后我很生气。接着在后来大会上，我就批评说："这次主要是请很多专家来帮助如何更好地开展这里的旅游，你们报纸上都不报道，只重点发表县领导说什么。县领导意见也是要的，更主要应报道专家的好建议。"

后来,县委魏书记专门和我说:"卢院士,您的意见很对,我要专门听您的建议。"我说不能专门听我的意见,要听大家的建议。那时,云台山一年门票才200万~300万元,后来改进后收入就大大增加。后来多次见到魏书记,他说:"卢院士,我都是按您的意见办,所以发展很好。"其实我的意见是包容了许多专家的意见。后来,赵逊、陈安泽都为他们的发展出了很多力,给予不少支援与帮助。

开展地学旅游让游客心旷神怡,认识自然之奥妙,感叹其神奇与伟大。

无论是陆地上的高山、深谷、平原、河流、岛屿与滩涂,还是奔腾河流、美好的湖泊,再加之各民族的服饰、习俗、歌舞、文化的精粹,无不体现出自然界的无限资源,以及学习的广阔天地。

开展地学旅游,不只是精神上享受,知识上充裕,对当地乃至对全国更是经济发展的重要途径。

我应邀也多次参加旅游地学活动,真的也是收获多多。

《赞旅游地学》

山水林田数花草,
楼合院台路洞桥,
和谐自然生态好,
旅游地学美智晓。

喀斯特地区的自然遗产与地质公园

在新编出版的《中国喀斯特——奇峰异洞的世界》有中、英两个版本。其中,就有一张图反映岩溶(喀斯特)地区地质公园与世界遗产的分布。

中国岩溶景观,特别是桂林奇特的奇峰 [峰林、峰丛景观,秀水（漓江）]，构成一幅幅的美丽图案，令人难忘，也是古今中外早已闻名。国外名者都希望将桂林能纳入中国岩溶地区第一批作为自然遗产目录而申报。但是，由于一些因素，在五年前未将它列入第一批申请中国南方岩溶世界自然遗产目录之中。而是把云南石林、贵州荔波和重庆武隆芙蓉洞等作为第一批申请世界自然遗产的目录。当联合国教科文组织派专家来考察时，我陪同从石林到荔波，而后又去参加在厦门召开一天的海峡两岸论坛，又回贵阳参加有关综合讨论。我主要从中国有三个台阶，有不同岩溶景观出发，表示这第一次先申请在第二台阶云贵高原及边沿地区的岩溶景观，下一次再申请包括桂林在内的第三台阶自然遗产目录。

第一批岩溶自然遗产目录很快于 2007 年 6 月 27 日在新西兰基督城召开的第 31 届世界遗产大会上通过了。当时，向联合国教科文组织有关申请遗产部门保证，五年后第二批将桂林列上。昆明石林早在 20 世纪 90 年代初就申请加入世界遗产目录，宋林华教授出了很大力。当时，还组织了学术委员会，请福特为主任委员，我也为学术委员之一，让石林每年以门票收入的 5%，作为研究经费，让国内外人来做研究，以有利于世界遗产申请，把有关学术问题搞得更好。但那时，石林未能列上目录，主要是景区内建了许多宾馆和商业活动，后来都撤到外围去了。

桂林，因领导和专家曾有些沟通上的问题，一时就停了下来。我是很着急。2009 年为贵广铁路问题，就向桂林市领导提及申遗问题。2011 年 5 月，作为中央组织部派往广西的院士专家团成员，到广西之际，在和广西壮族自治区领导交流时，我第一个发言中就提到桂林申遗问题，望自治区新的领导支持。2011 年 7 月，去参加广西壮族自治区颁发自治区主席顾问证书的仪式上，又向自治区领导提到广西桂林加入申请第二批中国南方喀斯特申请遗产目录的重要性。

申请自然遗产，不能与开发相对立，主要还是在开发中保护，在保护中开发，不能将两者对立。

小肖在红层申遗审查关键会上的最后5分钟发言

前两年,中国6个地区联合申请红层丹霞景观的自然遗产,这6个地区是:广东丹霞山、湖南崀山、贵州赤水、福建泰宁、江西龙虎山、浙江的江山。联合国有关人员认为6处捆绑在一起申请,太多了,于是酝酿只批准4个地区为好。在是以4个地点还是6个地点共同申遗的联合国有关专家将做出重要决定的会上,在决定之前,贵州南方喀斯特研究院的肖时珍举手说:"主席,请允许我讲5分钟。"主席同意了,肖时珍用英语讲了5分钟,就是表示这6个地区可统一反映丹霞景观的发育过程,希望不要删去贵州赤水,她有理、有据、有见解,只5分钟打动了全体专家及将来投票的评委。这样,在这次重要的会议上,通过了6个在一起共同申遗的决定。于是,后来在正式表决会上,就很快通过了6个地区联合申请的方案。肖时珍,是作为我在中国南方喀斯特研究院的秘书。

为这件事,在贵州师范大学建校七十周年校庆的大会上,在广场上举行演出中,专门由文学院排演了"最后5分钟"这半个小时的话剧。屏幕上先显示了,我和熊康宁带领研究院团队,在喀斯特研究上取得的成就。而后,主要表现的是,这位侗族年轻的肖时珍的机智和才干及其不竭的进取精神。这也使我感到选才正确的欢悦。原先,2005年,我帮贵州师范大学组建南方喀斯特研究院时,肖时珍大学将毕业,如要留校,只有到喀斯特研究院,特别是做我的秘书候选人,由学校考试决定。因小肖外语好,办事能力也强,工作踏实,我就同意熊康宁教授的推荐,把他的学生留下作为我的秘书,这次在申遗中的表现,证明我的选才是对的。

肖时珍是侗族,英语主要靠自学,能很好地表达并同声翻译。在这两次申请世界遗产工作中,南方喀斯特研究院的熊康宁教授和肖时珍老师，都做了很多工作，他们是两次申遗的骨干。这方面我是出力不多，但重视这项工作。他们的贡献，就像我自己贡献一样，为之高兴。

《中国岩溶——奇峰异洞的世界》的出版

岩溶，喀斯特，有不少景色雄伟、优美，令人神往。更主要的是，喀斯特在中国，与人民生活和国家建设与发展，具有密切关系。因此，研究喀斯特的我，就想：第一，喀斯特这现象，千奇百怪，类型众多。只凭文字描述，真是说不清、道不明，不如用照片表示；第二，岩溶与广大人民生活密切相关，也是旅游好地方，应当有使老百姓可以看懂，并且有所用处与借鉴之处；第三，对外交流，也可显示中国喀斯特的奇异与典型，在世界上应占重要的地位。

基于这三方面考虑，所以我为此目标，先后出版了三次有关喀斯特的图书。那是学术研究与科普之统一。

1976 年出版《中国岩溶》是为了参加第 25 届国际地质大会，获得的好评前已论述。

1986 年出版的《中国岩溶——景观·类型·规律》，增加更多科学内容，体现了岩溶规律性，可惜只有中文版，英文版错过机会出版，只印了英文说明，向外国专家赠送这成果很受国内外欢迎。

2010 年出版了中文版《中国喀斯特——奇峰异洞的世界》，科学内容就更为完善，内容也更丰富，受到国内专家及一些领导的欢迎与好评。这本论著性图书，既是科学的专著，又是起到了很好的科普作用，把科学性、艺术性与科普性融为一体。

2012 年出版了英文版的《中国喀斯特——奇峰异洞的世界》，由福特教授写了一个英文序言。中文版的序言为徐匡迪院长和陈梦熊院士，都翻译成了英文，收留于英文版之中。福特的高度评价，其序言已深刻地阐明，列在前面。

很高兴,不久前彼德·米兰诺维奇(Peter. Milanovic)专门写了一篇评论。特别提到:"在世界喀斯特工程史上具有里程碑式的开创性意义。"

米兰诺维奇的评论,由司徒瑜翻译列于下面:

米兰诺维奇的评论

中国著名喀斯特学家卢耀如院士推出的科学专著《中国喀斯特——奇峰异洞的世界》是原书的第三版。第一版《中国喀斯特》由上海人民出版社于1976年出版,是首批对国际科学界介绍神奇的中国喀斯特世界的书籍之一。第二版《中国喀斯特——景观·类型·规律》由中国地质科学院水文地质环境研究所于1986年出版,并配有专门的英文解释本。

第一版配有大量彩色图片,向世界上的地质学家、地貌学家、水文学家、工程师和环境学家呈现了种类繁多、精彩绝伦的中国喀斯特世界。第二版补充了大量新的例子和精美的图片。这两版不仅展示了美不胜收的中国地表和地下喀斯特世界,也描述了对于中国喀斯特地区飞速发展起重要作用的工程设施的不同结构,如供水系统、大坝、水库和隧道等。中国地下大坝的数量及它们对于农业和水力发电的作用给国际喀斯特学界留下深刻印象。

最新一版的《中国喀斯特》于2009年推出中文版,2012年推出英文版。这本书体量厚重、质地精良(30cm×45cm,378页),由中国国土资源部、中国地质调查局、中国地质科学院水文地质环境研究所、贵州师范大学、同济大学和中国矿业大学联合资助出版。每一版都补充了新的数据和例子,展示了喀斯特学研究的最高水平。在第三版中,增加了很多自1986年后进行的案例研究,配以大量新的地质图、图表和照片。

这本专著由引言和六部分构成:引言介绍了中国基本喀斯特特

点和喀斯特研究历史；第一部分——喀斯特的类型和发育条件；第二部分——喀斯特的洞穴和发育过程；第三部分——喀斯特发育机理；第四部分——喀斯特环境演变与建设效应；第五部分——喀斯特环境演变和对建设的影响；第六部分——喀斯特发育的地区类型和差异。全书将科学、诗歌、艺术和工程学融会贯通，即使对于资深的喀斯特研究学者来说，每一页都充满惊喜，全书对于研究喀斯特学无疑是一大丰富的资源。

卢耀如（即广为人知的"喀斯特卢"）在引言部分描述了喀斯特发育的基本要素和条件以及中国的喀斯特研究史。该书的字里行间洋溢着卢耀如教授对喀斯特学的满腔热爱。卢耀如野外考察的足迹遍布中国广袤无垠的喀斯特地区，种类繁多的中国喀斯特地貌巧夺天工，令卢耀如教授兴奋不已，他希望通过本书与读者分享那些美妙的体验。在本书中，石灰岩发生喀斯特作用这一枯燥单调的科学现象经由卢耀如教授诗意的想象，被转化成了一次次令人激动和振奋的经历。

第一部分探讨了7个裸露型和半裸露型的碳酸盐喀斯特，埋藏型碳酸盐喀斯特以及蒸发盐喀斯特。

第二部分由12小章组成，探讨著名的喀斯特洞穴、暗河、洞穴的起源、洞穴沉积，暗河特色生物和其他洞穴的重要方面。

第三部分探讨了喀斯特发育过程。

第四部分是整部专著最重要的一部分，由10小章构成，介绍了中国喀斯特地区的自然资源以及这一危险环境对于建造大型设施的复杂性。这一章全面介绍了中国喀斯特地区的成功的大型工程项目，包括大坝、水库、长隧道、道路、桥墩和矿山。显而易见，中国在建造地下大坝中处于领先水平。第四部分介绍了大量地下大坝、水库和地下处理办法（灌浆截水墙和地下河道封堵）。地质灾害和石漠化是喀斯特地区两个最严重的灾害，卢耀如教授尤其关注和强调在喀斯特地区要因地制宜建造大型工程。

第五部分介绍了中国七大区域性喀斯特类型及其发育的差异。

书中大量的地质图、横断面、图表和表格使有兴趣的读者可以更好地理解文本和精美的照片。书中一些数据对于外国读者而言有点不可思议。比如，在中国南部超过3000条的暗河都已经被调查过；一个著名的喀斯特泉的流域面积达到$3560km^2$；暗河的长度不等，流量达到$400m^3/s$；几千座大坝和水库建在极易发生危险的喀斯特地区，却运行良好。中国喀斯特地区取得了迅猛的经济发展，有好奇心的、细致的读者可以会从本书中得到答案。

本书最后列出的参考书目包括了350多篇中外研究喀斯特的文章。

本书展现了卢耀如院士从事喀斯特研究55年的丰富经验和对中国许多大型工程建设的卓越贡献。其中的有些结构非常独特，在世界喀斯特工程史上具有里程碑式的开创性意义。

任何与喀斯特有关的人，从喀斯特研究的初学者到资深的专业人士、从地球科学家到工程师，从洞穴探险家和游客到研究人员和学者，都将从《中国喀斯特——奇峰异洞的世界》一书中受益匪浅。对于国际喀斯特学家、所有喜爱喀斯特地貌的人以及那些试图通过改造喀斯特来创造更好未来的人，这本书是卢耀如院士送给大家的珍贵礼物。

（司徒瑜，李微译）

米兰诺维奇教授对新著的赞扬，实际上是对我国喀斯特研究的赞扬，对我国喀斯特地区高速发展的赞扬。因为这本书中反映的是广大喀斯特研究调查人员成果的聚合，反映了我国喀斯特地区崛起发展的广大人民的成就。

想起我们1978年第一次访问前南斯拉夫，那时国内刚结束"文革"，开始改革开放，米兰诺维奇教授和许多南斯拉夫专家给了我们许多启迪，也包括了向他们学习和米兰诺维奇教授的无私的帮助与交流。

今天在此对米兰诺维奇教授的评语，更主要是多年来，他对中国的友好帮助，表示我衷心的感谢！

考察三峡蓄水库水位达 175 米高程时地质情况

（左二殷跃平，左三卢耀如）（2011 年 3 月）

河北省院士联谊会会长会议（右三刘昌明副会长、右四卢耀如副会长）

教育部城市环境与可持续发展联合研究中心 2008 年年会

参加 2000 年在香港召开有关地质灾害防治的学术讨论会上主持会议

研究石漠化情况（2007年）

汶川强震Ms8.0级地震造成重大伤亡和灾害（2008年7月）

和美国专家考察白鹿中学破坏情况,地表隆起1米多(2008年)

成都地质调查中心潘桂棠教授(右)和我(中)等在映秀考察时悼念死难同胞

贵州 2010 年大旱情讨论打井抽取岩溶水抗旱

寻找地下暗河水流为抗旱重要途径,图为与解放军有关抗旱部队在交流情况

首届"中国最美地方高峰论坛"上与《国家地理》出版社社长李栓科(右二)、总编李志华(右一)、卢耀如(左二)在讨论

考察新疆天山生态

考察熊猫生态环境（2008年）

陪同联合国教科文组织专家詹姆斯·桑赛尔（James Thorsell）在石林
考察南方喀斯特申请世界自然遗产问题（2006年9月）

考察浙江余姚一带山洪水害——地质灾害防治问题（2014年）

担任第四届中国发展与环境国际合作委员会委员（2007—2011年）

2019年11月,卢耀如院士于旅游地学与地质公园年会上发言

卢耀如院士与贵州师范大学中国南方喀斯特研究院院长熊康宁(中)在贵州考察

第九章

参加中国工程院几个重大咨询项目

院士，
科学技术的终身荣誉，
需要的是真诚的奉献！
院士，
不能墨守成规的言行，
应当勇于开拓与创新！
院士，
不能闭关自守的探索，
善于发扬学科的协作精神！
院士，
科技成果不是个人的财富，
能够团结团队培育新人！
院士，
不能脱离客观的现实，
必定在国家需求中实践其真理！
院士，
为国家的富强、人民的福祉，
当勇往直前为实现
伟大的中国梦而卓绝地战斗。

中国工程院自 1994 年成立以来，担负了不少国家重大的咨询项目，我担负了四个重大项目中的课题，另担任一项重大咨询项目的负责人。这里只简略谈谈我的一些感受。

一、参加中国可持续发展与水资源战略研究

1999—2001 年，中国工程院开展了这个重大的咨询项目，涉及全国水资源的问题。中国的水资源的紧张状态与这个问题的重要性，这是大家所共识的。开展这方面的研究，正是国家所迫切需要。当时，全国人均水资源只有 $2220m^3$/人·年，而联合国规定，人均水资源低于 $1700m^3$/人·年，就是缺水的地区，当时，估计到了 2020 年以后，中国的人均水资源数量，就要接近于这个数据。

水资源项目的综合组与课题分工

项目组组长：钱正英

副　组　长：张光斗

成　　　员：王淀佐、师昌绪、徐乾清、刘昌明、陈志恺、石玉林、卢良恕、钱　易、潘家铮、张泽祯、张宗祜、卢耀如、沈国舫、王礼先、汤云霞、邵益生、贾大林、常　平

项 目 秘 书：谢冰玉、王振海、孙雪涛

整个项目分 8 个课题：

第 1 课题：中国水资源现状评价和供需发展趋势分析；

第 2 课题：中国防洪减灾对策研究；
第 3 课题：中国农业需水与节水、高效农业建设；
第 4 课题：中国城市水资源可持续开发利用；
第 5 课题：中国江河湖海防污减排对策；
第 6 课题：中国生态环境建设与水资源保护利用；
第 7 课题：中国北方地区水资源的合理配置和南水北调问题；
第 8 课题：中国西部地区水资源开发利用。

第 8 课题是由张宗祜院士和我负责，张院士主抓西北地区，我和任继舟院士研究西南地区。

研究工作是采用大协作，依靠有关水利、国土地质的部门的有关管理机构、研究部门及有关的院校，参加西南地区的研究与讨论，有 8 位院士，34 位专家。在共 42 位专家院士的共同努力之下，并有 23 个研究报告的提出，进行综合研究，写出了 256 页报告。

西南地区水资源研究主要成果

西南地区水资源开放利用的成果，主要论述：西南地区主要流域水资源分析，西南地区水资源开发利用的主要问题；云贵高原地区水资源保护与开发利用；川西高原、四川盆地及周边山地区水资源保护与开发利用；西藏高原水资源保护与开发利用；广西盆地水资源保护与开发利用等问题。在这些方面研究基础上，进而综合讨论了西南地区水资源保护与开发利用方向。

在 21 世纪的保护与开发利用方面，集中提出西南地区有关水资源基本对策与开发利用的途径与建议。

西南地区水资源开发利用对策：

① 恢复与重建生态环境，防治石漠化与减少自然灾害；
② 大力开发西部水电能源，西电东送；
③ 大中小型水利措施相结合；

④ 水资源开发与保护并举，结合防治污染；

⑤ 从水资源条件出发，合理调整产业结构。

从目前来看，这几条都是正确的，但是具体取得的效果还不是很全面。

第1条，保护与重建生态环境，以及石漠化治理上，取得些进展，但不是十分突出，特别是结合自然灾害防治方面，还是无力的。

第2条，这方面是发展水电能源、西电东送，这个对策是最为努力，成绩突出，但存在问题不少，为快速开发西电东送，对工程建设的综合效应尚论证不足，工程的质量上，也是需进一步监测以经受岁月的考验。很重要的是，目前西南地区，除了西藏之外，几乎都已开发，新的开发就须付出更大的代价。

第3条，大中小型水利结合，这方面做得最差，只着重有大型发电效益，而对中小型就投入少，所以遇到极端气候条件，面对长期干旱与大型水灾，仍是没有系统措施与办法以适时防灾减灾，主要还是靠天解困。

第4条，水资源开发与保护并举，这方面也做得不理想，特别是要结合污染防治，问题就多了。现在不少地区是污染加剧，把岩溶落水洞等作为直接排污的通道，或作为倾倒垃圾与有害废弃物的场所。

第5条，从水资源条件上调节产业结构，这也是大难题，没有更多进展。

现在，应当更多关注"新三位一体"，即：

水资源应综合开发利用——石漠化、洪旱及地质灾害综合防治——生态系统修复与重建。简而言之，即：水资源—灾害综合治理——生态建设，构成"三位一体"。

这"新三位一体"，应当都是由综合的措施出发，获得的是综合的生态环境效益。这"三位一体"，主要都属于生态建设方面的战术性考量，应从属于党的十八大上提出有关生态文明建设的范畴。而生态文明建设，应当融入经济建设、政治建设、文化建设和社会建设之中，成为"五位一体"，这是十八大上指出的，更高层次的战略上的核心内容。今后，在西南地区显然应该把战术上"三位一体"变为战略的上"五位一体"而努力。

为了中国可持续发展，新的水资源开发利用的战略仍需坚持，进一步深化努力，才能达到。

二、西北地区水资源生态环境的研究

在开展有关水资源方面的第一个重大咨询项目研究之后，又开展了《西北地区水资源配置生态环境建设和可持续发展战略研究》。这个项目组合组的组长是钱正英，副组长是沈国舫、潘家铮。我和上一个项目一样，还是项目综合组的成员。但在这项目中，我只在其中一个课题《西北地区自然环境演变及其发展趋势》中，是一个有关能源课题的顾问，而主要负责《西北地区水生态环境特征及其演化》研究课题的有：刘少玉、许广明、张兆吉、陈宗宇等。

负责西北水生态环境的专题研究

这项研究工作中，重点研究了内陆河流域水环境演化和人类活动效应，以新疆塔里木河、河西疏勒河流域、黑河流域，以及一些湖泊水环境的演化为重点。

这几个重要的内陆河流域，水环境的恶化，主要还由于不当的开发而引起的，最根本的一条是：

内陆河流域，末端不流入海洋，而是在流域末端低洼处，将聚积全流域的水流汇入成内陆湖泊，这湖泊就像外流河流汇入的海洋一样。西北干旱地区，雨量少，降雨多数储蓄在冲积扇及上中游通过河道以补给地下水。早期，没有依据内陆河的水文特点，也像外流河一样，在上游建大型水利枢纽。这样，把原先自然流淌下游，并自动补给地下水的水资源，由人工使调蓄在上游水库内，形成大面积的库水面，同时也成为宝贵的水资源的蒸发场所，一年上千毫米的蒸发量，而降水量只有几十甚至更小的这片地区，白白地让水资源又蒸发回到大气，使下游缺水地带，迫切需求水资源时，因无地表河水流只好又打井抽取地下水。这样，使中下游地下水位又大大降低，结果是好水拦在上游蒸发，中下游拼命过量抽取地下水，导致内陆河末端的湖泊干枯。于是，造成从上游至下游的水环境恶化现象。

这真是：上游水库建成之日，就是下游断水之时。流行的这种说法，反映了客观真理，地质人员是大力支持，但有的则没有很好认识。这次研究，又强调了这方面认识，应当纠正一些人士的认识。这效果，还是达到了。

另一个问题是，2000年开展了西部大开发，许多人认为现在应当利用西部大开发，再造一些绿洲，那样西部就富裕了。这种想法，是不了解西北水资源特征的主观臆想，实际上只是一个好心而不切合客观实际的愿望。

西北水环境研究的一些认识

西北地区水资源，多年平均为1655亿m^3，只占全国水资源总量的5.84%，2000年时人均水资源量只有178m^3/人·年，为全国人均水资源量的80.5%。2000年全区水资源利用总量约871亿m^3/

年，其中农业用水占 89.3%。总用水量中，地下水用水量占 153 亿 m^3/人·年，地下水开采程度达 35.5%。新疆地区虽然水资源量多些，但地域广、干旱条件，除冰川山前地带，尚有 2/3 地下水未开采，但整个地区是水资源不足，需利用山前储蓄融雪水及洪水于地下。所以，在西北地区要多造几个绿洲是没有水资源的保障，只能保障老绿洲的水环境，不使退化。否则，新绿洲未发挥效益，又抢去老绿洲用以维持最低生态水平的水资源，那真是得不偿失。

针对西北干旱情况，造成不良水环境的原因，归纳分析为：

第一，水资源不合理开发使水环境恶化；

第二，西北地区地下水年龄的限制，即地下水平均年龄多是万年以上，少数是近些年雨水渗入补给的，所以大面积、多年调节的地下水，再过量开采，就难以利用当代降水以恢复良好水环境；

第三，西北地区水环境的背景是干旱条件，就不易通过多年天然状态下的调节以保护水环境，不使恶化，水环境被破坏，就很难得以恢复；

第四，水环境恶化是长期的历史过程，短期内难以运转；

第五，水环境演化是自然与人类作用交互过程的复杂性结果，必须综合考虑开发效应。

针对这些基本情况，西北地区水环境的恢复与治理，比东部地区要难得多。

因此，在西北地区，更需考虑水-土资源的配合，更需保护水资源，注意多种节水高效利用的措施，也更需要研究各种开发，对水环境产生的不良效应，也更需要研究各种开发，对水环境产生的不良效果，西北地区更需要科学管水、科学治水与科学用水。

在进行本项目研究中，塔里木河曾断流，老百姓弃村出逃。于 2011—2012 年，又到塔里木河考察，原先搬迁外流的河段，又有了河流畅流，反映山前地下水调蓄与节水等措施，使塔里木河又恢复了些生态环境的较好状况。这与北京水科院和清华大学的王浩、雷志栋等院士专家担负有关塔里木河流域的水资源调配开发与治理取得的效果是密切相关的。后来,我有幸担任他们研究成果的评审专家组的组长。

三、东北地区有关水资源配置、生态与环境保护和可持续发展的战略问题

本项重大咨询项目,主要为了东北老工业基地的振兴,进行相应的咨询研究。项目负责人钱正英、沈国舫、石玉林为项目综合组的副组长。我在这项目中,仍担任项目综合组成员。后来在周干峙院士负责的"东北地区城镇化与资源环境协调发展研究"课题中,负责"东北地区矿山地质环境问题与对策研究"这一专题。

主要研究人员还有:田廷山、武强、张进德、张德强、徐卫东、李瑞军、杨旭东、崔鹏芳、田磊。

重点研究了抚顺煤矿、本溪煤矿和鞍山钢铁基地。

抚顺矿区的地质环境与复垦

抚顺矿区,位于辽宁东部,距离大连海港有 400 千米,抚顺境内有长白山的余脉龙岗山系,郊区处在东西狭长的洋河冲积平原。区内大断裂与中国东部最大活动断裂——郯庐断裂有关。

在抚顺煤田,古近系的煤层厚几十米至 150 米,1901 年开始开采。主要有五大地下矿井:胜利矿、龙凤矿、老虎台矿、古城子矿和深部井矿。两大露天矿:东露天矿和西露天矿。

在21世纪初,地下矿井关闭了4个,只剩老虎台矿,尚有5000万~6000万吨煤可采。西露天矿尚有1500万吨煤可采。抚顺市市区地下尚有煤5.4亿吨可采,其中4.6亿吨煤压在城区下面。

抚顺人口130万人,面积119平方千米,拥有煤炭、原油加工、电力、冶金、机械、化工、建材等工业。其中,以燃料、动力、原料工业为主。

由于以往冒进式开采,大片矿区沉陷达18平方千米,最大地面沉降量达16.1米。塌陷面积内影响19736户,人口62751人,包括9所学校、1.3万亩农田及142个企业。矿开采深度最大达900多米。在大面积沉降中,还有突然的塌陷,直径可达十几米,深可达20米。

由于百年的地下采矿坑道网络密布,在缓变性的地面沉降情况下,还发生局部急剧塌陷,其危害性是很大的。而且,旧矿井的坍塌,常诱发地震,近期每年达几百次至7千多次地震。一般震级小,最大震级达3.4级。矿震对井下产生灾害已达400次。

西露天矿,1907年开采,形成6.6千米长、2.2千米宽、深400米的大矿坑,发生大边坡的滑动已达90多次。东露天矿2004年6月12日也有滑坡达20万立方米。影响周边新住宅的开裂破坏。我们去调查时,有的厕所也开裂了。当时,挖了附近边坡的土,以期堵住已滑动的滑坡前缘。其后果可能由于大边坡开挖后,降低其前缘阻滑力量,而引起更大滑坡的发生。考虑整个地层的稳定性,是密切关联的,所以当时建议制止这些措施,那真是"拆东墙补西墙"。所以我们适时加以劝阻,弄不好"两墙都倒",即两处边坡都不稳定。

当地,不少已退休老矿工,仍在破旧房屋——棚户居住,不单是艰苦,更主要的是不安全。将这情况反映后,中央很重视,盖了新房子,以转移住在破棚工房的老矿工及其一家。

抚顺矿区的排土场很大,有三个,共面积达47.9平方千米,进行了复垦。排土场也可利用煤矸石用作不烘烧的水泥、烧结砖、微晶玻璃等原料，煤矸石堆中地热能也可利用。

本溪煤矿的生态环境与治理

本溪有煤矿也有铁矿，1948 年解放，1953 年曾作为中央直辖市，以供给煤、铁矿石，成为解放初期的工业基地。本溪共有 29 种矿产资源，石灰石 4.3 亿吨，铁矿石 1.62 亿吨。

本溪煤矿有四个大矿、三个中小矿。四个大矿为彩屯煤矿、本溪煤矿、牛心台煤矿和田师傅煤矿，四矿产量 286 万吨/年，最大达 500 万吨/年，后期每年只有 30 万～40 万吨，煤炭资源枯竭，于 1999 年宣告破产。

但是，本溪煤田，因采空区面积达 39.9 平方千米，地面沉降达 50.6 平方千米。地质-生态环境的问题还是严峻的。

当地沉降率为：6 亩地面沉降/万吨煤。就是说：采万吨煤，要产生 6 亩土地面积的地面沉降，当然，这只是一个经验数值。本溪地面沉降影响了学校、医院、商业区、市场设施、农田，也威胁到人民生命，目前进行几平方千米的治理。仍需继续加强治理。

同样，不少老矿工住棚户区，房屋极破旧，无法修复。温家宝总理于 2003 年 6 月看望了牛心台沉降区退休工人罗远德家。2004 年我们也去看望这户退休工人。现在棚户区的工人都已搬到新居楼房。

本溪南部的铁矿，尚可采 9 亿多吨矿石。露天开采已深达 350 米，露天开采边坡也发生有滑坡，大滑坡的体积达 300 万立方米。今后是由露天坑转入地下矿坑开采，还是继续露天开采，那是要对比研究的。

本溪煤田已形成的 60 千米长，20 千米宽，约有 1200 平方千米的沉降区，如何处理及开发利用，涉及城市如何保障安全，是一个严重的问题。

鞍山铁矿的生态环境治理

鞍山开采铁矿主要有：西鞍山矿、水岭子矿、黑石砬子矿、大孤山矿、眼前矿、张家湾矿、胡家庙矿、齐大山矿和驼龙寨矿。多为机械化深凹露天矿，封闭开采深度达 27~130 米。有的矿也发生边坡问题。

鞍山有排土场 5 个，堆放 50 多亿吨废土石，面积达 22.3 平方千米。大尾矿库 6 个，进行洗矿、水力筛选，排放弃泥沙的尾矿坝有废水 10 亿吨，占地 8 平方千米。往日排土场和尾矿坝遇到大风，就飞沙蔽天，也影响到水环境。

目前，排土场也开始进行了些复垦，早期只有 3747.6 公顷。早期开采的深矿井，有的已进行了回填。

当时考察，我们也建议，鞍山十个铁矿少开采或不开采，尽量利用国外资源，鞍山的地下保留的矿石，再作战略储备或作进一步综合利用。

鞍山前几年复垦的"前塔复垦示范区"已取得效果，这是值得进一步推广。

东北老工业基地振兴，应当对早期作出贡献的煤都——抚顺；铁、煤基地——本溪；钢都——鞍山这三大工业城市，予以更多生态复垦建设的支持，并积极帮助，再作产业的调整，开拓新产业以再向前发展。

今后应深入探讨的问题

抚顺深大露天矿坑如何利用，这是一个重要问题。有建议用以引水利用大落差发电，但水进矿坑底后，如何再导出，上面是否可修另一水库，以作抽水蓄能电站开发，但蓄水后，还有边坡稳定问题。另有建议利用大坑作 F1 赛车场及许多娱乐场所；还有建议开辟作煤炭公园……深大露天矿坑，应当是宝贵的资源，以综合地开发利用为好。

对采空区产生地面沉降，应如何回填，以保证安全；如何利用地下采空的通道，也是值得探讨的问题。

显然，抚顺、本溪城区下已有大面积采空区，也产生了大面积地面沉降与塌陷，而且两城市过去发展都处在大沉降区内。因此，建议：继续开采被埋在城下的 4.6 亿吨可采煤，逐渐在稳定地带再发展新城区，这就是以煤换新城以建议。2004 年当时写了几笔：

《抚顺展望》

抚灾顺利昔煤都，今日振兴应有缘；
露天坑作聚宝盆，排土场建生态园；
林渔牧游变沉陷，楼道桥坝保安全；
挖煤补偿创新城，上下同心把梦圆。

这诗句中，包含了应当如何治理矿山沉降区的有关措施。

概括地讲，抚顺、本溪和鞍山这三大以开发矿产为主的矿城市，共有的特点是：

第一，在新中国的发展过程中，都曾作出重大的贡献，东北工业的老基地，这三大矿山就是老工业东北的往日核心。

第二，这三大城市，在作出历史性奉献之后，目前都是处在资源枯竭的边缘，需要改变城市的新产业，要树立新的影响大的替代产业。但是，这是需大力予以支持的。

第三，这些老矿山城市，造成环境的危害问题，主要是：①采空区与采空深坑的处理，以保障生态环境安全，特别是居民的生命安全问题；②大面积的排土场的复垦和环境保护问题；③是尾矿坝的安全与环境保护问题。

第四，这三大城市都存在着生态环境的安全，明显的就是涉及大片城市与居民点都处在采空区的上面，或采坑的边缘，地质灾害的威胁是严重的。因此，重新合理进行城市规划与布局，那是非常需要的。

第五，要重新使三大矿山城市重要崛起，这涉及新产业选择与资金的投入，一切都依靠国家的补偿那是不可能的。只有还在矿业上作文章，以矿核新城，以发展矿业的新产品，争取新的发展，有这基础，再让国家给些新政策支持，这三大矿山城市重新崛起，才有希望。

为了海西经济区发展，我组织了二十八位院士，提出《关于加强海西经济区和谐环境与生态流域（九龙江岛闽江）示范研究的建议》，参加的院士有：卢耀如、王淀佐、常印佛、金鉴明、刘鸿亮、魏复盛、林学钰、刘宝珺、宋振骐、孙钧、范立础、陈毓川、梁应辰、石玉林、李文华、郑绵平、赵文津、康玉柱、汤中立、王思敬、王梦恕、王景全、周丰峻、郑守仁、王浩、雷志栋、张锦秋、王小东。本项建议为《工程院院士建议》第9期（总第153期），于2009年7月22日发出。

本项建议后，申请开展研究工作立项，得到周济院长、潘云鹤副院长、白玉良秘书长及学部雷志栋主任等和院咨询委员会成员们的支持。

四、海西经济区的可持续发展研究

2011—2012年，开展了《海西经济区（闽江、九龙等流域）

地质生态环境安全与可持续发展研究》，这是中国工程院重大在咨询项目。

项目研究人员组成

顾问委员会

主席：中国工程院院长周济院士

副主席：中国工程院常务副院长潘云鹤院士、原副院长沈国舫院士

成员：周干峙院士、石玉林院士、梁应辰院士、金鉴明院士、宋振骐院士、雷志栋院士、王秉忱教授（大师）、沈照理教授（俄罗斯工程院外籍院士）

项目组

组长：卢耀如院士

项目组副组长：王思敬院士、尹伟伦院士、王梦恕院士、王浩院士

各课题名称及研究人员

第一课题：海西经济区水资源合理调配与可持续发展利用（王浩院士负责，汪林研究员协助，挂靠单位：中国水利水电科学研究院）；

第二课题：海西经济区林业生态建设与可持续发展研究（尹伟伦院士负责，翟明普教授协助，挂靠单位：北京林业大学；农业生态与可持续发展（谢华安院士负责，唐龙飞教授协助，挂靠单位：福建省农业科学研究院）；

第三课题：海西经济区河口海洋污染防治与生态修复途径研究（徐洵院士负责；刘正华教授协助，挂靠单位：国家海洋局第三海洋研究所）；

第四课题：海西经济区地质灾害的风险度划分与防治对策研究

（王思敬院士负责，刘顺桂博士协助，挂靠单位：中国科学院地质与地球物理研究所）；

第五课题：海西经济区地下水封洞库的可行性与安全性研究（王梦恕院士负责，刘保国教授协助，挂靠单位：北京交通大学）；

第六课题：海西经济区城市群岩土工程特性及地下空间开拓安全性研究（孙钧院士、范立础院士负责，许建聪副教授协助，挂靠单位：同济大学）；

第七课题：海西经济区水域—陆地—港口系统地质-生态环境基本特性与协同发展途径研究（卢耀如院士负责，陶建华总工程师、石建省研究员协助，挂靠单位：中国地质科学院水文地质环境地质研究所、福建省地质矿产勘查开发局）；

第八课题：台湾海峡通道前期方案论证（王梦恕院士负责，谭忠盛教授协助，挂靠单位：北京交通大学）。

参加研究工作的院士尚有：陈厚群院士、王景全院士、周丰峻院士、茆智院士、周绪红院士、王光谦院士、邓起东院士、林学钰院士等。

综合研究组：卢耀如、石建省、陶建华、刘琦、陈福龙、刘顺桂、王贵玲、庄树裕、张凤娥、林玉火。

参加有关专题研究的专家还有：秦毅苏、孙继朝、张玉珍、周玉华、刘长礼、李向全、荆继红、唐益群、余兴光、葛先飞、吴江鸿、林才浩、林军、陈润生、甘泓、褚俊英、王芳、董建文、林玉锦、许美辉、林立栋、申建梅、葛伟亚、冯小铭等。

项目的核心领导小组由组长卢耀如院士，副组长王思敬院士、尹伟伦院士、王梦恕院士、王浩院士及石建省研究员、陶建华总工程师、殷跃平教授、何永金教授级高级工程师组成。福建省科协院士办公室沙中然主任也是项目研究的领导。

本项目挂靠在中国地质科学院水文地质环境地质研究所（简称水环所），得到国土资源部、中国地质调查局和中国地质科学院的支持。

项目研究的主要目的

2009年5月，国务院颁布《关于支持福建省加快建设海峡西岸经济区的若干意见》，明确了海峡西岸经济区在全国发展中的战略地位。海西经济区以福建省为核心，包括浙江南部温州、丽水、衢州，江西北部上饶、鹰潭、抚州、赣州，及粤东北部汕头、梅州、潮州、揭阳地区，总面积28.28万平方千米。

海峡西岸以福建为核心，与东岸台湾有着地缘相近、血缘相亲、文缘相承、商缘相连、法缘相循这五缘密切的优势，在促进两岸和平交流方面，具有明显的区位优势。

要更好地发展海西经济区，应当大力提高海西经济区的生态环境质量，保障生态安全，以取得可持续的快速发展。为此，2010年，一些院士联合提出了《海西经济区（闽江、九龙江等流域）生态环境安全与可持续发展研究》这一咨询项目，受到中国工程院周济院长、潘云鹤副院长等重视，被列为中国工程院2011—2012年重大咨询项目，内设八个课题。先后共有26位院士、几十个院校和科研院所近百位专家参与了本项目的调研咨询工作。

在21世纪初，福建省已获得批准建设生态省，作为福建生态省建设的国家评审专家组组长的我，当时就指出，福建省可以争取首先建成生态省。原因是：福建省的闽江、九龙江等流域都发源及奔流于福建省域内而入海，易于控制有关生态环境质量；福建省内植被覆盖率居于全国前列，当时达62%左右；福建开发相对较晚，生态环境质量基本保持良好状态；福建省人才济济，在科技、经济等方面，有一大批国内外著名的院士、教授、专家，可为福建更好的发展而出力。福建与台湾是一峡之隔，台湾80%以上人口祖籍地为福建，可以更好地开展两岸协作；福建也是许多侨胞之故乡，可以争取在发展经济与保护生态环境方面的更多合作与支持。这几点，在近十年的实践中已得到充分证实。

保护生态环境,最主要应当考虑对人类生存与发展密切相关的资源性条件,主要是:土地资源、水资源、矿产资源、能源、生物资源;另一方面必然涉及灾害性条件,即:气候(气象)灾害,地质灾害(包括地震)及生物灾害。吸取世界发达国家发展过程的教训,就是应当保护生态环境,控制环境质量,防治空气、水、土壤污染,以及发展与开发过程中避免诱发大的地质灾害与生物灾害。因此,在本项目研究中,主要从这三方面入手。考虑到福建有三大重要港口群,即福州港群、湄州湾(泉州)港群、厦门港群,而利用港口发展对外商贸,在福建发展历史上就起了极其重要的作用。所以,本项目中也特别关注了港口资源的利用问题,为今后更好地发展海外商贸,也为福建更好地提升经济实力和向海洋开拓发展,提供重要的基础条件。

正当本项目准备提交结题报告之时,党的十八大胜利召开,因此十八大提出的重要决策,对本项目起到了适时指引的作用。特别是,十八大报告中着重推出有关生态文明建设,并将其融入于经济建设、政治建设、文化建设和社会建设之中,成为"五位一体"。依照党的十八大精神,在总结本项目的研究成果中,就更明确了研究工作的内容、观点及相关思路。生态文明建设,最本质的内涵,还是涉及生态环境安全,以及今后可持续发展或永续发展的问题。

我们期望,这项研究成果能够为今后福建省的经济发展和生态文明建设,起到积极的推动作用,更期盼福建省在今后经济发展与生态文明建设方面,能起到示范的作用。

项目研究中,得到福建省委、省政府、省委政策研究室、省发展和改革委、省科协、省国土资源厅、省地勘局、省地震局、省水利厅、省环保厅、农业厅、省林业厅、省住建厅、省环境科学研究院、海峡(福建)交通工程设计公司及福州市、南平市、三明市、宁化县、长汀市、龙岩市、厦门市、漳州市等有关部门的支持与帮助。

在此，谨对上述有关单位、专家、领导，一并表示深切的感谢！

福建省生态文明建设示范区的建议

这项研究的中心建议内容，就是将福建省作为生态文明建设的示范区。

第一，生态文明示范省建设的重大意义

党中央提出了"必须树立尊重自然、顺应自然、保护自然的生态文明理念，把生态文明建设放在突出地位，着力推进绿色发展、循环发展、低碳发展，从源头上扭转生态环境恶化趋势"的新要求。全国范围内生态文明建设即将进入全新的发展阶段。

生态文明建设涉及发展理念的转变、政绩观和发展成果评价的调整、资源节约集约利用、生态环境保护、体制机制创新等非常广泛的自然科学、社会科学、社会管理范畴，是复杂的系统工程，在一些独具特色的先行省域开展生态文明示范省（或示范区）的建设，探索创新发展经验，具有重大示范带头作用。

生态文明示范省，应优先选择自然生态系统具有多样性特点且省域间生态系统关系比较简单、经济发展阶段适中具有一定经济支持能力、科技支撑和人文支持环境相对比较优越的省份。

生态文明示范省建设的目标，是探索经济持续发展和生态环境有效保护的科学发展模式，探索适应生态发展的体制机制和制度规范，以及探索支撑生态文明发展的科技保障的综合体系。国家可以通过包括财税在内的政策支持和对发展成果评价方式的调整、鼓励，以支持和调动地方政府对生态文明建设的积极性。

第二，福建省建设国家生态文明示范省的有利条件与主要依据

福建省作为建设生态文明建设示范省具有得天独厚的自然条

件、生态环境现状基本较好、人文支持环境等优势，可以在全国起到生态文明建设示范作用。主要有利条件包括：

一是自然条件具有独特优势

福建省地理单元相对独立，山、河、陆、海、岛兼备，区内密切关联，自成体系，全省河流绝大部分发源于本省境内，并在本省入海，易于控制全流域生态环境质量；

地貌类型丰富，可以更好地展示多元自然条件下生态建设与经济发展的关系，并提供多样的生态效应范例；

地质构造条件复杂、资源条件中等尚有潜力、煤炭资源有限，但具有发展新能源（如风能、潮汐能、地热干热岩、太阳能以及核能）的资源和区位优势，可走多元结构能源和资源高效综合利用道路；

森林覆盖率全国第一，林业质量有待提升，发展潜力大；水资源相对丰富，虽然分布不均，但通过合理调配，增强水土资源配置，可以满足人民生活及经济发展的需求；

气候条件独特，适应多种生物生长，特产品和中药材，以及花卉、水果等，都有很好的前景；

地处东海，受台风、地质灾害多种威胁，已有的防灾减灾措施和群策群防经验较丰富；

已划分生态功能区，建立了38个省级以上自然保护区，有三处世界自然文化遗产地目录，51个省级以上风景名胜区，81个省级以上国家森林公园，10个省级以上湿地公园，11个省级以上地质公园。数量众多的保护区、名胜与公园，遍及全省各地，其生态环境必定对当地起着重要的影响，促进周边地带生态文明建设。

二是经济发展特点鲜明，示范意义明显

目前福建省GDP在全国位列8~9名，处在中上游，具有一定的经济实力，可以较好地支持生态文明建设；

目前生态环境状况总体良好，有一些问题但尚不严重，例如大气污染较轻，水污染存在，但基本上仍以Ⅱ、Ⅲ类水为主，土壤严重污染仅限于局部工矿地带，通过示范省建设予以提高，达到更优质标准，更具示范意义；

福建大规模经济建设起步较晚，因此可以吸取早期外省市在建设中因缺少经验或认识不足所付出的环境代价和难以弥补的生态环境问题；福建省城市规模适中，易于控制生态环境问题。

三是科技和人文支持环境优越

福建省人民教育文化素质较好，教育水平高，在国内外有很多福建籍著名专家学者，有利于为生态支明建设提供智力支持；多目标区域地球化学调查在全国率先基本实现了全覆盖，获得了多介质、多指标的系统地球化学数据，为优化国土空间开发格局和环境保护整治提供了重要基础资料；福建有较多海外乡亲的关注，一千多万福建籍乡亲居住在海外，对美丽家乡的建设都非常关心；福建作为海西经济区核心区，对于增进海峡两岸民众感情，促进祖国统一大业具有重要意义。

从上述三个方面有利条件来看，选择福建省率先建设全国生态文明建设示范省是适宜的。

生态文明示范省建设的战略构思

生态文明示范省建设的谋划，一要体现生态优先的理念；二要体现城乡统筹、流域统筹的理念；三要体现走向海洋、海陆统筹的理念。对福建省建设国家生态文明示范省的策略内涵，提出看法如下：

第一，科学发展以福建为核心的海西经济区

贯彻科学发展观，采用新的生产方式与技术，避免造成不良的环境影响；跨越发展海西经济区，牵手东岸——台湾，使两岸携手共同发展。

第二，科学发展高端引领产业、基础民生产业及先进农林业

优先发展包括电子、信息、软件、平板电脑、自动化系统、精密械制造业等的高端引领产业；优先发展现代化、自动化与集约化基础产业及民生工业；优先发展特色、优质、节水的先进绿色农业；优先发展先进涵养水源与保护水土及林业，提高森林质量和林业产业效益。

第三，构建陆地—河流—海洋—岛屿的绿色经济和蓝色经济链

重点建设闽江和九龙江两个生态流域，福州—宁德城镇群、南平—武夷城镇群、三明—宁化城镇群、厦门—漳州城镇群、龙岩—长汀城镇群、泉水—晋江城镇群等六个城镇群，形成武夷山—宁化—长汀生态屏障带、南平—三明—龙岩生态核心带、厦门—泉州—福州—宁德生态前沿带等三个生态带。

第四，城市统筹、优化城镇群、和谐海峡环境、防灾兴利

推进城乡一体化，缩小城乡差别；优化城镇群，缩小城市间的分异隔阂；和谐海峡环境，各方面发展应当与海峡两岸环境相和谐；防灾兴利，重点是城镇的发展要注意防灾减灾，保护好生态环境。

第五，和谐与加强两岸合作共建实验区

平潭岛作为两岸共建的实验区，应当能通过共同开发与发展，成为共同家园。

第六，依托港口群及快速交通网络，振兴与拓展通向世界的海上丝绸之路

依托厦门湾、湄州湾、福州和宁德港口等，实现向海洋开拓，依靠快速交通网集聚内陆与海外的进出口物流、人流，使港口发展有可靠的物流保障。

福建省生态文明建设的最终目标是：生态福建、美丽福建、幸福福建。

对福建省生态文明示范省建设的建议

生态文明示范省建设影响全局并涉及方方面面，要实现建设目标，需要工程措施、政策措施、科技支撑措施的相互配合。建议对以下几个方面问题给予重点关注：

第一，以生态建设重大工程协调发展与保护的关系

生态文明建设需要通过一定的工程措施使生态环境状况得到显著改善。我们认为，福建省建设国家生态文明示范区，可以考虑在以下生态工程方面加强投资，取得实效：

① 水资源优化配置工程

一是建设晋江西溪水库解决泉州城镇群缺水问题；二是在山区及滨海地带修建地下水库，以调蓄地表水与地下水，并可增蓄洪水，以作应急水源；三是在闽江入海口地带，择地修建地表地下相连水库，作为平潭岛的供水水源；四是在九龙江入海口附近，修建地表与地下相连水库，以调蓄清洁水源，作为厦门应急水源；五是根据对金门供水的两岸协议，结合厦门供水建设，相应考虑对金门供水的专门水利设施。

② 林业提质增效工程

实施林业提质增效工程，全面调查评价林业资源，开展林业资源功能区划分，分区分类推进森林质量提升，以显著提高森林蓄积量，提高林地生产力和森林的生态服务功能，大力发展林业产业。

③ 高效特色优质农业培育工程

结合国家高标准基本农田建设规划，充分挖掘多目标区域地球化学调查成果等资源优势，开展绿色农业布局、土地分等定级与利用规划和富硒农产品开发和水土资源配置，通过扶持、引导和产业化组织，大力培育发展特色优质高效农产品，发展优质种业工程，并建立高特优基本农田保护制度，形成一批享誉国内外的特优农产

品的著名品牌。

④ 河口海岸带生态修复工程

实施福建省河口海岸带生态修复工程，严格控制河流水质，禁止污染水、垃圾直接排入海水，通过开展水土流失治理、涵养水源、植树造林、增殖放流、岸线整治、清除米草、红树修复、土壤与地下水污染修复等流域—河口—海洋综合整治和生态修复手段，尽快扭转河口海岸带生态环境恶化趋势，构建海岸带生态环境屏障。

⑤ 气象—地质灾害链防治工程

实施气象—地质灾害链防治工程，开展地质灾害条件调查和危险性评估，进行地质灾害危险性分区，构建地质灾害易发区预警监测体系，实施严重危险区搬迁避让，完善地质灾害群测群防体系。

加强地震的监测，发展地震纵波（P波）和横波（S波）之间短暂十多秒的预警系统的功效，争取收到好的避灾（地震）效果。福建有关部门已着手建设这方面的预警预报系统的建设。

⑥ 城市生态环境保护综合措施

实施城市污水集中处理达标排放和水资源循环利用；积极推进城市分质供水，建议在建的平潭岛实行分质供水，而后，厦门也可试行，新建市区应考虑进行分质供水工程；推行城市垃圾分类处理。

第二，以高效、优质、低耗、非常规产业拉动经济发展

① 大幅提升港口、交通、地下空间、海岛等基础设施建设水平

首先，开发三都澳五十万吨级泊位；完成福州—北京、福州通向湖南、南平—三明—龙岩高速铁路，建设连接长三角、珠三角的沿海高速铁路货运专线，建设与三大港口密切联系的铁路货运线，与沿海高速大道相连，发展立体交通，在西部地带发展短程货运客运航空网；明确岛屿作为海峡通道中间立足点（如牛山岛）、多元化能源基地、海洋生态保护基地、旅游基地、科研基地、远洋航行

中间站、海洋渔场等的功能定位，统筹岛屿基础设施建设；发挥土地立体功效，向地下空间开拓，建设地下交通网络、地下仓储、地下休闲公园、地下商场、地下住所等，国家应当对进行地下空间开拓与地表建筑不是同一产权单位时，土地产权有更明确规定。

② 建立能源多元化试验示范基地

利用福建省具有能源多元化的优势，建立国家级能源多元化试验与研究示范基地，涉及水能、风能、核能、太阳能、潮汐能、地热干热岩等。以干热岩为例，福建省地处我国四大高热流区，具有得天独厚的发展中高温地热和干热岩发电的地质背景条件，福建省干热岩资源丰富，具有很好的开发前景和全国示范作用，初步估算福建地区干热岩资源如果能够开采2%，就可达到目前能源消耗总量的近2500倍。干热岩产业可带动地质勘查、特种材料与制造、特种仪器仪表等产业发展。建议在闽东南地区建立国家级干热岩示范研究基地，在全国率先开展相关科技攻关，带动相关产业发展。开发各种清洁能源，都应当深入进行有关地质环境的调查与评价。

③ 大力发展生物医药和高端制造产业

利用山区和海洋生物资源发展生物制药产业，建立国家级先进生物医药基地是非常重要和有前景的。高端制造业的发展已经得到福建各级政府部门的高度关注，作出了具体的部署，显现出很好的发展前景。

第三，创新生态要素补偿交易机制体现生态建设效益

生态文明示范区建设必须探索并解决好生态建设与经济建设的利益转换问题。解决生态补偿问题，关键是要切实转变发展思路和理念，尽快调整考核发展的指标体系，把生态文明建设的相关内容不仅纳入政绩考核，而且作出与经济发展指标一样的量化、可交易制度安排，在此基础上，按照社会主义市场经济规律，在公平负担基础上就生态要素进行区域间交易，使生态建设和生态产品与经济建设和经济产品一样具有同等价值和效益。

此外，在政策和管理层面，还要建立杜绝发生有长远环境影响和重大社会影响的生态环境事件的机制，比如：矿山环境、区域地下水污染、大面积生态破坏等。重点是加强监测、评价和预警，防患于未然，通过行政性措施，及时化解重大隐患。

第四，加强生态文明建设基础条件调查和科技支撑

① 系统开展生态文明建设基础条件调查评价

包括生态资源要素详查、地质资源（如地热干热岩、地下空间）与地质环境调查、重要基础设施和城市群断裂带及区域地壳稳定性调查评价、平原地区水土污染调查、地质灾害危险性调查、海洋岛屿地质-地下淡水与环境调查、海域油气勘查和固体矿产资源勘查等。在系统调查基础上，建立统一的福建省生态文明建设基础条件信息系统的数据库和决策支持平台。

② 构建生态文明建设相关指标体系和监测系统

构建生态文明建设相关指标体系和监测系统，是落实生态文明建设规划、评估生态文明建设成效、调整生态-经济发展关系的重要基础工作，应当总体设计、统筹建设、协调管理。

③ 构建生态应急响应和科技支持体系

突出关注台风暴雨、极端干旱、群发性地质灾害、严重污染事件、大面积生态破坏等重大突发事件对生态文明建设的影响，有必要开展极端气候和生态事件下的应急技术研究和相关应对体系建设，可以与海东—台湾更多地密切交流与协作。

④ 加强创新引领发展和生态技术研发

把有利于促进生态文明建设的相关领域列为优先支持的生态科技领域，加大智力引进力度，优先发展生态科技学科高等教育，建立生态创新示范园区，大力研发生态技术和产品，营造有利于生态科技创新的财税、土地、金融等政策环境。

⑤ 推进有利于两岸交流合作的基础设施相关工作

海峡通道的建设，酝酿已久，两岸科技人员已有多次开会讨

论，两岸同胞都有期盼。建议国家支持海峡西岸先行开展平潭岛至牛山岛之间的地质勘测工作，以及有关生态环境的调查与监测，为进一步论证海峡通道可行性作前期准备。

海西经济区发展与生态文明建设战略

福建省具有优良的自然条件，福建省自改革开放后，也取得了很好的发展。显然由于1949年以后，有近三十年的时间，没有很好地建设，而且处在两岸对峙的前缘，福建省人民做出了重大的牺牲和贡献，保障了国内大陆广大地区的发展。

目前，福建省虽然在近三十年时间里，奋起直追，努力赶上。但由于以往发展少，底子仍薄，所以经济上仍是处在全国中上的水平。最主要的是，福建与台湾是相隔一个海峡，目前福建与台湾相比仍是有些不足。为了和平统一的远景，应当更好地发挥福建省与台湾具有历史上"五缘"相通、相循与相近的特点，应当更好地发挥福建这个牵手台湾平台的作用。

所以，发展福建的经济，仍是全国重要的一步棋。

据党的十八大精神，经济建设应当与生态文明建设相密切结合。根据上面论述，关于海西经济区（闽江、九龙江等流域）生态环境安全与可持续发展研究，在经济发展上的战略认识，可归结为：

科学发展以福建为核心的海西经济区；跨越发展高端引领产业和基础民生产业及先进农林业，构建陆地、河流、海洋、岛屿的绿色经济与蓝色经济链；统筹城乡、优化城镇群、和谐海峡环境、防灾兴利；加强两岸合作共建实验区，依托优质港口群及沟通各地的"快速交通"网络，振兴与拓展通向世界的海上丝绸和平之路。

要实现这个战略，当然必须以生态环境安全为前提，而达到长远发展是不可忽视的目标，就是可持续发展。

所以，要保障这个战略理想的实现，必须为达到生态环境安全与可持续发展之过程中，不断深入地提高对建设生态文明的重要层次的认识与实践。就是说，在海西经济区今后发展中，应当以建设生态文明作为重要前提，这样才可对生态环境安全有保障，也才能更好地推进上述发展战略，以使海西经济区得以可持续发展。

海西经济区，今后在建设生态文明方面的战略性理念是：

以科学发展观为指导思想，节约、高效、循环利用资源，开拓多元洁净新能源，合理配置水土资源，发展有机生物资源，综合建立陆地—河流的绿色经济。高举创新旗帜，建设两大生态流域、六大生态城镇群。防治气候—地质（及地震）灾害链，控制发展中不良效应与污染，真正防灾兴利。建设三大生态港口群，扬起通向五大洲的新的海上丝绸和平之路的船帆，发展蓝色经济。将海西区（福建省为核心）建成生态文明、和谐安全、山川美丽、人民富裕和牵手海东—台湾的可持续发展的示范区。

海峡两岸"五缘"与"五和"构思

海西地区为核心的福建，与海东台湾，有着地缘相近、血缘相亲、文缘相通、商缘相连和法缘相循这"五缘"密切的关系。通过建设海西，牵手海东，应当促进两岸交流与共同发展，使海峡两岸成为"五和"的境地。这"五和"是：

经济发展上和顺；同胞交往上和好；生态建设上和谐；统一态势上和平；发展前程上和美。

党的十八大专门提出生态文明建设问题，将经济建设、政治建设、文化建设、社会建设及生态文明建设共列为一体化的目标。

上面提到有关海西经济区（福建省）的发展战略，这是经济建设的战略目标的建议。相应地提出的海西经济区生态文明建设的战略性理念，使经济建设战略内涵与生态文明建设的战略理念相结合，一定会有力地推动海西经济区的科学发展，更好地发展，将海西经济区福建省建成美丽的省区。

海西区的核心福建省，应当可早日实现作为中华民族伟大复兴的一个环节，即：建设生态福建，美丽福建，幸福福建。

我从1950年离开福建去上学，时隔31年才回福州开会，这31年岁月，没有为家乡做什么。1981—2013年，虽然为福建发展，做了一些事，但还是没有什么有力的效果。

这次得到中国工程院领导的大力支持，也得到30多位院士的鼎力相助，还有家乡福建许多单位领导和专家的支持与协作，使海西项目得以取得一些认识。无论如何，这成果将会产生多大的效应，一时尚难完全论断，但是有一点最真实的那就是：我尽力了。我推动这项工作的目的不是为什么，只是希望通过这项目研究，能够让我为家乡做些有益的工作，以补偿以往无什么贡献的愧疚之心，能够得到一点的自我慰藉与自勉而已吧。我只希望，有关人士能够理解一个游子对福建家乡之真情，能予以理解，这就够了。

岁月飞快流逝，我确实是也变成老年人了，虽然我容颜在变，环境也在变，但我对家乡的感恩之心，仍是永远不变的，我还是有一颗对家乡赤诚的童心是不变的。我的心声之语，希望能得到理解。

国家发展改革委来函对我海西工作的评价

在2013年1月21日，海西经济区项目结题后，向福建省委、福建省人民政府领导做了汇报，得到领导的重视。他们也积极支持福建省作为我国生态文明建设示范区的建议。于2013年1月22日《福建日报》头版头条上报道了这项研究成果。

2013年3月，在全国人民代表大会和全国政治协同会议前，将

《建议生态明,促进科学发展——海西经济区(福建省)生态环境安全学可持续发展》的报告及简本,呈送给中央有关领导。

国家发展改革委于2014年1月3日盖办公厅公章的信函,如下:

卢耀如院士:

中共中央办公厅将您致习近平总书记的信及研究报告《建设生态文明,促进科学发展——海西经济区(福建省)生态环境安全与可持续发展》(以下简称《研究报告》)转我委研究答复。经认真研读,现将有关情况和我们的意见函复如下:

一、针对我国现代化进程中资源约束趋紧、环境污染严重、生态系统退化的严峻形势,党的十八大作出了大力推进生态文明建设的重大的战略部署,并要求把生态文明建设融入经济、政治、文化、社会建设的各方面和全过程,努力建设美丽中国,实现中华民族永续发展。党的十八届三中全会要求紧紧围绕建设美丽中国深化生态文明体制改革,加快建立生态文明制度,推动形成人与自然和谐发展现代化建设新格局。当前,我国生态文明建设总体落后于经济社会发展,生态文明建设存在认识不到位、政策机制不健全、法规制度不完善、基础能力薄弱等问题。解决这些问题,既需要在国家层面加强顶层设计和总体部署、在代表性地区开展先行先试和示范推广,也需要充分吸收专家学者的科研成果和真知灼见,集思广益,群策群力,共同推进我国生态文明建设的理论和实践进步。

二、中国工程院将《海西经济区(闽江、九龙江等流域)生态环境安全与可持续发展研究》列为2011—2012年重大咨询项目,以您为项目组组长,多名院士为内设课题负责人,集中多学科、多领域的研究力量,先后共有26位院士和近百位专家参与,最终汇总形成了《研究报告》。《研究报告》全面总结了福建省的生态环境特征,系统分析了生态文明建设现状与存在的问题,明确了生态文明建设的重要原则和主要内容，提出了福建省建设全国生态文明示范省的构想和建议，为贯彻落实国家生态文明建设以及海峡西岸经济区建设的战略部署提供了有益参考和支撑。

三、为在新的起点上推进福建省生态文明建设，2013年3月，福建省人民政府向国务院上报了《关于恳请支持福建省深入实施生态省战略加快建设生态文明示范区的请示》（闽政文〔2013〕56号），恳请国家支持福建省生态文明建设。根据国务院领导同志的重要批示精神，2013年3月我委就此征求了教育部、科技部、工业和信息化部、财政部等20个部门和单位的意见。2013年4月，我委会同11个有关部门赴福建省开展了实地调研论证，在此基础上会同福建省研究起草了《关于支持福建省加快建设国家生态文明先行示范区的若干意见》（征求意见稿，以下简称《若干意见》），并再次征求了上述部门和中国人民银行的意见。目前我委正在抓紧研究优化报批文件内容。

四、《若干意见》以党的十八大关于大力推进生态文明建设的精神为指导，结合福建省实际，提出了8个方面、共31条政策措施，主要包括重大意义和总体要求、优化国土空间开发格局、加快推进产业转型升级、促进能源资源节约、加大生态建设和环境保护力度、提升生态文明建设能力和水平、加强生态文明制度建设、保障措施等方面。我们认为，福建省对生态文明建设做了长期而富有成效的探索实践，生态文明建设起步早、基础好，支持福建省加快建设国家生态文明先行示范区，探索"五位一体"高度融合的实现路径，以及生态文明制度建设和创新，有利于为全国生态文明建设发挥示范带动效应。在《若干意见》研究起草过程中，《研究报告》的分析研究成果提供了有益借鉴。

下一步，我委将积极推动《若干意见》印发实施等有关工作，会同有关部门加强工作指导和政策支持，着力推进福建省开展生态文明先行先试，有力带动全国生态文明建设。请您和各位专家学者继续关心支持我们的工作,不吝提出宝贵意见,推动福建省生态文明建设工作深入开展。

国家发展改革委　(章)
2014 年 1 月 3 日

祝愿福建省能成为"全国生态文明建设示范区",以起领头作用。

非常感谢国家发展改革委(办公厅)给我的专函,表示了我国生态文明建设近况,并对我们《海西经济区(闽江、九龙江等流域)生态环境安全的可持续发展》这研究成果的肯定与支持。国家发展改革委的专函,使我们更鼓起了信心,也更加激发了我们的情怀,我们更要争取为福建省建成生态省和成为生态建设的示范区,而再作贡献。

福建省发展和改革委员会的专函

收到国家发展改革委的专函后,也收到了福建省发展和改革委员会的来函。同意,对我们成果予以肯定与鼓励。在此也深表感谢!

福建省发展和改革委员会的专函如下:

卢耀如院士:

您好!

您致尤书记的信已转我委。您给我委的来信也已收悉。感谢您多年来对福建经济社会发展和生态文明建设的关心和支持。2011 年以来,以您为组长,大批院士、专家参与的项目组开展了海西经济区《闽江、九龙江等流域》生态环境安全与可持续发展研究工作,形成了《建设生态文明、促进科学发展》的研究报告，提出了加强生态流域建设、建立生态补偿机制、建设生态文明示范省等许多很好的工作建议，为福建制定实施有关规划、政策，推进生态文明建设提供了有益参考。

当前，福建全省上下正认真贯彻党的十八大、十八届三中全会精神，深入实施生态省战略，加快建设国家生态文明先行示范区，积极探索"五位一体"高度融合的实践路径，努力实现"百姓富、生态美"的有机统一。随信附上福建生态文明建设工作情况，恳请您和各位专家学者一如既往地关心支持福建生态文明建设，抽空来闽调研指导，不吝提出宝贵意见，推动福建省创建全国生态文明先行示范区工作深入开展。

此致
敬礼！

郑栅洁　敬上
2014年2月8日

看了国家发展改革委和福建省发展和改革委员会的函，不禁心潮澎湃，更加燃起对家乡的感情。相信，今后福建一定会成为生态文明建设的示范区，屹立于东海之滨，为幸福福建、美丽福建、欢乐福建，特献一词：

念奴娇
《祝愿福建》

蓝天白云山青，绿水碧波东去，与海相亲。八闽好，多少风光美景，森林率冠，环境人钦。海域美，三港兴，两岸玉帛，中华情。五洲通，海上丝绸路，助改革开放，扬帆振兴。愿生态文明，建设示范，屹立东海之滨。

贵州师范大学名誉校长卢耀如院士（中）与国家石漠化治理工程中心首席科学家熊康宁教授（南方喀斯特研究院院长）等共同研究有关喀斯问题而聚会研讨

江晞（左）和卢耀如是英华中学高中部同班同学，江晞现为英华校友会会长，解放前在英华加入中国共产党

考察草原

展出庆祝六十周年国庆（2009年）

祝贺水文地质界泰斗陈梦熊副总工程师、中科院院士九十华诞（2007年）

参加 2010 年中国工程院第十次院士大会留影

参加中国工程院书画联谊会展出摄影

加强地质环境与工程效应研究作更多贡献

为西南地区喀斯特生态环境作努力（2011年）

在喀斯特生态旅游论坛上作主旨报告（2011年）

工程院开展有关三峡工程的中间性评估，组织有关院士、
专家前往三峡考察，我与徐匡迪院长合影

第九章 参加中国工程院几个重大咨询项目

在三峡考察潘云鹤副院长与卢耀如合影

考察福建漳州火山岩国家地质公园

考察龙岩一带矿产资源,作为院士海西行(2005年)

协助解决福州至北京高铁中隧道地质问题(2009年)

在海西经济区的成果讨论会（2012年10月）

在中国工程院与广西壮族自治区人民政府科技合作协议签字仪式上，
当时接受为广西壮族自治区人民政府主席的顾问的聘书（2012）
（签字台上左为周济院长，右为自治区政府主席马飚，
后排左第三见证人为卢耀如院士）

自治区领导接见中央院士专家团（左八为自治区书记郭声琨，左七为周济院长，左六为自治区主席马飚，左五为卢耀如院士）

第十章
地质科学人生综合思考

学无止境育一生，
实践成长好人才；
艰苦奋斗攀高峰，
开拓进取显华彩；
多彩生活益身心，
实事求是客观扬；
维护真理为大公，
经受磨难当勇敢；
团结协作同奋斗，
乐观精神克困难；
把握机遇有胜算，
科技创新奉献好！

人类在地球上生活与发展，对地球的开发，首先必须认识自然界的演化过程，从中获得有关科学性与规律性的认识。

因此，人类应当很好地利用资源性条件，除了大气之外，还有水资源、土地资源、能源、矿产资源与生物资源，为生存而开发利用这些宝贵的资源，更要认识到资源的有限性、相对性与生态性。人类应当通过科学技术，合理高效利用这些已成传统的资源，也要予以保护并创新发展新的资源。另一方面，也要了解在相互依存的岩石圈、大气圈、水圈与生物圈中，也会产生自然灾害，人类不可能使地球上不发生自然灾害，但可以在掌握自然规律的基础上，进行防灾、减灾，而不能因人类活动，导致诱发更大更多的灾害。这些方面，也应是地质科学人生的基本目标。

一、地质科学人生的十二个重要内涵

这里再重复一下这些有关的基本认识。这些认识应当作为科学发展观中包含对自然界发展的科学认识。归纳而言，科学发展观，应包含下列重要内容。

科学发展观与科学人生的基本理念

人类在地球上生存与发展，对地球的各种资源的开发利用，必然会影响到原有的地球的自身演化。因此，科学发展观就是应当首先对自然界中的演化规律性，建立有关科学的认识，进而使人类的活动与建设发展，尽可能不过多影响自然的内在规律性，而能够和谐自然，友好生态。这样，才不至于遭受自然界自身演化中的反弹性报复与反效应，即负面效应，反而达不到人类预期开发的目的。

所以，根据科学发展观，应当：

① 合理有效循环利用资源；

② 积极有效地防治与减轻自然灾害；

③ 人类发展与建设，不能导致与加速及加重灾害的发生；

④ 人类应当享受在自然地球上生活，和谐环境并和生态建立友好关系，将人类生活融入友好生态之中；

⑤ 以科学发展观进行建设，才可以不断提高人类的生活水平，相应建立循环经济、低碳经济、绿色经济，保障生态环境安全，并可持续发展。

当然，地球只是作为太阳系中的一个行星，而太阳系只是浩瀚宇宙中的一个星系。地球的演化，受到太阳系的影响，太阳的光与热，以及黑子、耀斑、谱斑、日珥、极光、磁暴、电离层扰动等活动，都会影响到地球，而月球的引力，也影响到地球的水体潮汐与固体潮。至于更大的宇宙对地球的影响，人类知道得更少。

人类对地球生命的了解，就不如对地球周边太空的了解与认识。地球内部地壳的复杂性，仍需要更深入地探索，研究人类所赖以生存的地球。

只有以科学精神对待自己的人生，才能科学地认识自然，在自己的人生中，不断地探索、开拓、进取与奉献。

我不敢也不能说，我是有着科学人生。我最多只能说是从事地质科学研究的人生，这种勉强简称为"地质科学人生"，可理解为从事地质科学研究中，感悟到了一些问题。实际上，也是几十年在风雨中渡过的人生历程。

下面就把自己的一种感悟，做个论述：

学无止境

人的一生，要不断地学习，充实自己，古语："书山有路，学海无涯，学无止境""学而时习之，不亦说乎"。学习会使你感到有所识，可以理解周围人、事物的关系，社会的发展，以及认识自我应该如何做好，自己应如何对待珍贵的生命，自觉学习就是一件乐事。当然，也有对学习感到头痛，这还是没有引导，使之感悟到学习的乐趣。

有这样普遍的规律，当年纪尚小时，喜欢书本，学了之后，受到启迪，产生兴趣，就自觉地更爱学习。如果开始时，不是使小孩感到学习有趣，而是大人以逼迫方式，主要是只想为小孩今后成长，有能力生活，先是爱，又爱之深，不免就只有强迫之意，如果还学不好，又会"恨"之极。这样，不是循循引导，而是不知不觉之间，变成对小孩威严相逼，结果适得其反。小时不满强迫，就会有反弹反抗，反而不追求学识，久而久之更感学习之苦。

所以，认识学无止境，就应当在幼小时感到学习读书是乐事，是有益自己成长之事。当然也是长大后立业有关之事。那样就会欣然学习，爱学习了。

我大概小时候喜欢读书，也领略了学习的乐趣。在中学时，我学习成绩就不错，后来高中毕业了，我就先工作一段时间，因家庭困难，原想先工作两年再升学，结果，七个月后临考时，我又动摇了，预备去升大学。

人们一直认为，大学是给你定终生工作方向和有关能力的基础学习，大学学习决定了你终生的一切。中学入名校，为的是升入大学名校，大学入名校，为的是毕业后有好工作岗位。看来，这种想法仍是不断继承下去。

其实，大学只是给你科学人生的一把钥匙，在你科学人生的道路上，应当很好地使用这把钥匙，去打开更广阔的知识宝库，以获取更多新的知识，才能做好你所担任的工作，才能不断进取，不断开拓。一个人，以为大学学好了，就万事大吉，可以知道一切，认识一切，会做一切，这是极大错误。

近来有人说：大学不能不学，不能多学。例如：当今世界上科技名人，很多是大学只读两年，出来创业，而创造大企业，为世界作出贡献，例如比尔·盖茨等。这说法，有对的，也有偏颇。确是有人大学没毕业，而创了大业，但这样人物还是极少数，这些显赫的创业人，在大学中学习时，他已吸取了很多知识，也已知道了创新，所以才敢于出校创业。而且，他在创业过程中，还是不断学习。在大学里所没学到的，而能继续在工作上钻研学习，所以才能有创造新的产业的可能。这也是明摆着的客观事实。

我记得进入清华大学后，因我晚到校，被分配住善斋510房间，同屋一个大六同学，在毕业后出去工作了一年，又回清华当助教，选修新课，还补修政治大课，所以大家称他为大六同学。同房间另一位是地质系四年级学生陈元勋，还有一位是电机系二年级学生。一天，我问大六师兄，应当是老师（助教）一个问题，他说："我还不知道。"这是实事求是的回答。可是，自以为一向功课不错的我，却趾高气扬地嘲笑这位学兄，我说："你都大六了，这个问题还不知道。"他说："你以为大学出来什么都知道，大学只是给你一个打开知识宝库的钥匙……"这话以前在中学时就听过，显然当时没有理会这话的深刻含义，这时无意之间流露出自己的无知，经师兄这一说，我真是感到汗颜，我自责：我怎么这么无知啊！太狂妄了。这事给了我深刻的教训。

学校是科学人生的摇篮，学校的校训，表达学校对学生精神的主导方向。不同学校的校训，对学生的人生都会留下潜移默化的积极作用。

英华中学的校训是：尔乃世之光。这很好，教导学生你好好学习，走向社会后，你应当做对社会有贡献的人，你应当发出你的光芒，哪怕是微弱的火光，也要为社会作奉献。正如李商隐所写的诗："春蚕到死丝方尽，蜡炬成灰泪始干。"人应当像蜡烛一样，发出光芒，照耀这块土地，直到人离世之时，灰飞烟灭。

清华大学的校训：厚德载物，自强不息。这校训强调做学生应重视道德的培养，而后学习认识事物的知识，经得住世间风云，在艰难环境之下，仍能自强不息。清华培养出不少国内外知名的英才，却是符合这校训的指引。

清华大学校歌的歌词第一段（王鸾翔词），就是：西山苍苍，东海茫茫，吾校庄严，巍然中央。东西文化，荟萃一堂，大同爰跻，祖国以光。莘莘学子来远方，莘莘学子来远方，春风化雨乐未央，行健不息须自强！自强，自强，行健不息须自强！

这歌词中的"祖国以光"，也是学生为祖国作贡献，发出光辉。

北京地质学院的校训，当时我在校时还没有很明确，后来通行的：建设尖兵的培养，国家建设时期的游击队员。但是，北京地质学院（现中国地质大学），利用《深山探宝》电影中的插曲《地质队员之歌》作为校歌，真是非常好，激励几代的地质人员，至今仍是起着引导的作用："是那山谷的风，吹动了我们的红旗，是那狂暴的雨，洗刷了我们的帐篷……"学习，不光是在学校，随时都要抱着学习的态度，"三人行必有我师"。有如此好的心态，你才不会自满，才会不断前进。

实践成长

学校给你打开知识宝库的大门，在实践中锻炼自己，得以获取各方面更丰富的知识与经验，而不断得到社会培育，成为国家需求的英才。

大学毕业后，到野外队去锻炼，是那时同学们的共识，希望为国家建设，在实践中作出贡献，也使自己能真正得到提高工作的能力。

我大学毕业后，被分配到地质部，开始参加野外队的工作。不过那时，编制在部内，一年野外工作后，年底还回到北京，进行冬训。后来，野外队伍扩大，各方面管理人员增多，就不像早期那样在外打游击。再后来，野外队也有了基地，一切都正规化，各方面也复杂化了。

我在东北野外队，虽是冰天雪地，但还是热血沸腾，不觉艰苦。后来在青山绿水、万紫千红的江南山区，进行新安江的水文地质调查，我们虽然是居无定所，日日跋山涉水，风雨无阻，烛光下的默默构图挥笔，真正收获的是奉献的喜悦。美好的山川景色，使你将疲劳抛于九霄之外，感到的是面对自然的开朗欢乐。同时，也使自己得到了更多丰富、生动和实用的知识。

就在刚有领悟之时，我想领导可能认为这个年轻人，是可培养的红专人才，所以又派我作为苏联专家的学生，向专家学习。那时肯定的是，跟随苏联工程地质专家学习，应是领导的培养，也必定会有益于自己的成长。

一个人的青春岁月，是敏锐地接受新知识熏陶并得到实际锻炼的黄金时期，必须很好地把握住青年时代。我想"三十而立"这古语，这样优厚待遇的学习，过不了几年，我就三十了，我若贪图享受，再长此下去几年，岁月无情流逝，我的知识经验不升则降，一事无成，将是不可避免的。通过这样反复思考，我决定还是到实践中去接受锻炼，那样有了实践，再听取专家的指导，就会有丰富的收获。

我的这个想法，得到领导、苏联专家的支持。后来，才有主持三项有关喀斯特研究的经验，即：新安江、官厅水库和三峡水利工程的锻炼，奠定了我研究喀斯特（后又称岩溶）的基础，才可能被称为"喀斯特卢"。

新安江水库的调查，使我从上游至下游的野外锻炼，深刻领会到：认识一条中等河流的发育，及其目前的水文地质工程地质的条件，对水利工程的综合效益是多么重要，也深刻领会到民间的期盼与疾苦。那时，治疗"血吸虫病"，以及山区需求电力能源和山区要脱离贫困的渴望。

在官厅水库工作，感受到的是地质工作的责任重大，原先知道水库是可带来防洪、抗旱与发电等效益，但没有在官厅水库解决大坝渗漏问题时，就不会领会那么深刻。水利是为了造福人民，如果没有做好，也会"福兮，祸所伏"，必须真正造了福，没有留下隐患才是福，才会"祸兮，福所依"。如果出现问题，变成祸患，那才是太可怕了。这时更加理解了"水可载舟"的深刻内涵。官厅水库工程让我记住一个工程是福是祸，必须重视地质条件。所以，后来我从事有关工程，总是要考虑有利的一面，更要考虑不利的一面。人有两重性，任何工程也有两面性。在官厅工作，我真正感到了"责任重于泰山"。

在三峡工作，这是史无前例的大工程，思考的问题多，接触的面也广，关注的问题也深入，效益也定是巨大的。隐患更不可忽视。在长江三峡，使我得到了很多的锻炼，我认识到了对于大工程，必须寻求更多方面的研究成果的配合，不是想当然，主观行事，更不能轻易拍脑袋而作出定论。所以，在南津关坝区除了野外勘探工程之外，更多的是进行长期监测，并开展有关水文地质条件和工程地质条件的野外与室内的大型试验，和多家的学科研究相协调。通过丰富的科学资料的分析，才能建立自己的客观认识，也才能有自己的正确认识。实践上得到的真知，也才能去掉片面主观的认识，转而产生符合客观的科学见解，真正进行科学上的探讨，而作出正确的结论。

"初生牛犊不怕虎"这是显示初生牛犊的无知，不知道老虎的厉害，会把牛犊吃掉的。"后生可畏"这句话，不只是理解为后生是年轻人，主要是通过将来学习与实践，会更好地成长，从而取得更大成绩，会有创业与成功。这也就是"青出于蓝而胜于蓝"的道理所在。这样理解，是一个正确的方面。另一个含义是：有实践经验的年轻人，哪怕是不多的经验，但是有科学依据，有客观事实作依据，那么他的论点就可能是正确的，不可因年轻而忽视他的意见，这就是有了客观实践，所以，他敢于和国内外专家友好客观地讨论问题。这样的"后生可畏"是客观现实的。

正是由于我在官厅、三峡，深入的研究实践，才有了深入的认识，保护官厅水库的大坝，也保护了下游京津一带的安全。正是由于我对三峡石灰岩坝区的实践，使我认识到有关岩溶发育规律及其工程地质条件的特征。通过许多地区工程实践，都是获得好成果的必由途径。这样，依据实践而取得的成果，才为许多人所接受并作为重要参考，进而才可能被称为"喀斯特卢"。我访问台湾后，正如台湾报纸上所称"自成一家"，也是由实践而得来的。所以说，我被认为"权威""专家"是研究成果获得赞誉。把为国家建设作出的贡献，无依据地反称为"反动"，是当时极"左"的思潮所导致，当时我理解"权威""专家"的客观内涵，相信"反动"必去掉，事实证明。我的相信是正确的。

没有实践的丰富经验，只有自我意愿，那是成不了专家的。

艰苦奋斗

"吃得苦中苦"中的"苦"是人生中都会遇到的，正是人生多波折、多坎坷的一种常见的归纳，予以预防和激励。但是接下来"方为人上人"那就应有不同的解释了。如果将"方为人上人"，代表历经艰苦磨难，更理解百姓的痛苦，使你的知识经验与思考问题与众不同，在一般人之上，知民间疾苦应当可更好地为老百姓做好事、做大事，那才是真正为人民大众服务的好人。

首先,"吃得苦中苦",表示艰苦奋斗、百折不挠,在逆境中鞭策自己。如果贪图安逸、追求享乐,就不可能成为能克服困难而为国为民办好事的人。

搞地质工作,需要不断跋山涉水,而且生活环境也很艰苦,这是需要体力的。做地质工作为了掌握当地的地质条件,判断对工程建设的影响,以及分析存在的风险问题,也是需要用脑子去深入思考的,这也是一种艰苦的脑力劳动。

如果你认为这些算不了什么,你们地质人员爬山走长路,算不了什么。是的,这算不了什么,其实当你在连续多日长时间在登山、寻找露头、观察地质现象,需要坚持、激励自己,只能前进,再攀登。真是像射出的箭,没法回头,在攀登的山路上,只有勇往直前,没有"回头路",到了山顶,极目眺望,巍然山河,奇特地质景观,你的正确认识,才会油然而生。

当然,还有断水、缺粮、住宿艰难、野兽毒蛇的威胁,溺水、跌落悬崖、车祸等。在野外,遭遇自然以及人为予以的祸害,是多种多样,再有的是工伤事故,这有时也是难以完全避免的。福祸似乎是偶然的现象,但又有必然伤人的效果。

早期,我们都是靠两条腿,加上背包,日行几十里还兼调查。后来,去调查远程要坐汽车,又日行几百里。但我遇到车祸就少不了,包括:汽车保险失灵、悬崖边方向盘断了、深谷旁轮胎要掉了、下坡汽车相撞了等。我的野外队员,有被蛇咬了,有被狗咬了,我也经历了蛇、狗以及老狼野兽的威胁。有一次在淮河,一个测量跑标尺人员,看经纬仪的测量人员,多次挥旗让他向左移动,他一直不敢动,为什么他不敢动,因为有一凶猛野兽在左边,他向左一动那野兽就会发起攻击。另一个测绘人员扛标尺,也多次旗号让他往左,他一动不动,原来他裤扣没扣好,在草丛中小蛇钻了进去,后来别人去帮他解开裤带,那条小蛇(大概是无毒蛇)才掉地跑走了。这些,都是活生生的野外经历。

这些艰苦并没有吓住地质人员，因为地质队员吃尽苦中苦，最大的欢乐在于获得了自然界的地质奥秘，艰苦的付出，得到了科学成果的回报，找到了矿产资源（固体、液体及气体各种矿产资源），或为工程建设探明了地质条件，这时地质人员得到的是真正的欢乐。是一般人所不可理解的，这是真欢乐，确实真的"人上人"了，别样工作的人，是难以领会的。

你了解了地质工作的重要性，你就会把登山、下河、探洞当作攻克险阻、攀登科学山峰的一个必由之路。到了山顶，就有：一览群山小，心胸多开阔，山河我知晓，幸福好感觉。

我可以说，艰苦的地质队员生活，是一种锻炼，也是一种享受，苦尽甘来，方知生活之真正价值。现在，野外生活条件好多了，但是仍不能完全脱去艰苦奋斗的重要性。做任何工作，对任何人而言，艰苦奋斗都是不可丢掉的，也是应当提倡的一种美德，更要成为一种好风尚。

开拓进取

世界在发展，在学习前人的基础上，必须要有开拓进取的精神，才能成为有创造性的不墨守成规的人才。

在地质工程中，需要探索不同的地质条件，各地都是不一致的，开拓你的认识，进取新的成果，这是更为重要的。每一项任务，都必须有着创见以符合当地的地质条件，所以必须有科学的、进取的精神。这样，才能真正掌握地球科学的自然规律性。

你不能在调查一个地点，为一个目标进行地质条件的调查，写出一个报告，提出你的认识，而后在另一个地点，为另一个任务，去进行地质调查后，仍然是照抄或照葫芦画瓢，而无新的见解。所以，你调查的地点越多，你越能客观地总结你的认识，你就可获得更丰富的见解。从积累之中，你的认识就更有飞跃，就会涌现出更多的、更系统的对自然界的规律性认识，你的开拓性见解，就会使你成为某方面的大家。

自然界中，还有很多人们所不知道的事物与规律，知道的还是少量的。而且，由于人类活动的影响，已知的规律还会有变化。所以，不断探索就会有不断的开拓。我在研究岩溶（喀斯特）方面，就需要有不断探索的精神，才能有符合当地的规律性认识。这种规律性，可能有基本相同的，但是又有所区别，而另外也可能有非常不同的认识与特殊的规律性可获得。

例如：为新安江水库的碳质灰岩渗漏问题的调查，和解决官厅水库的坝基渗漏与塌陷问题，肯定在研究的内容、思考的问题以及解决的途径上都存在着很大的差别。为三峡工程和为乌江渡工程，所研究的内容有相同的，更多是不同的。为寻找某地的水文地质条件和为某个城市的发展，所研究的环境地质条件的深度和广度，以及评价的内涵，应当采取的治理措施，显然都存在很大的差别。研究唐山地震的发生与诱发的灾害，与汶川大地震诱发的灾害链，显然又是不同的。

两个地质人员对一个事物的调查，由于经历不同，或由于学术涵养的不同，所取得的认识与开拓性见解，也会有所不同的。

"知识最重要的产品就是无知"，这是2004年诺贝尔物理学奖得主大卫·格罗斯在获奖的同年提出的观点。这观点不是说知识是无知的，而是渊博的学识，更感到在浩瀚的世界与宇宙之中，人类所知道的还是太少了。这也是：学而知之不知为知也，知之不足是为真知也。

我不局限于已有的见解，也不受国外专家的有局限性认识的束缚，所以我提出不同水动力条件的认识。关键在于原先提出假说的专家，也同意了我的这一开拓性见解，这说明那专家是真的专家。但有的同行，却是以什么外国专家没这么说，什么外国专家没这么提过，这样就是封闭自己的认识，也扼杀别人的意见。

国外关于岩溶地区的孤立水流和存在统一地下水位面的问题争论了几十年，我提出岩溶含水层内存在五个对立统一的现象，其中第一条就是：同一含水层中，孤立的管道水流和统一的地下水位面，可以共存。这观念，得到许多国内外专家的认可。这里"水力面"不同于地下水位面，就是一个创新见解。

在开拓进取方面，有的也受许多条件限制，而失去时机，那样也会一事无成。例如：在20世纪60年代，为"三线"岩溶地区建设，预备开拓探测复杂洞穴系统的地质雷达的研制。由地质部物探所和地质部水文所共同研制地质雷达，具体是学物理的袁学诚和学水文地质的我共同负责，研究组就设在水文所的实验室内。那时国外，比如欧美也刚开展地质雷达方面的理论探索。结果因"文革"而未能继续开展。后来70年代由年轻的科技人员做了一台大型的探测雷达，试验一下有效果，但没再进一步研究，更没投入生产。应当进一步利用新的电子技术，包括晶体管和集成电路作进一步研究，但限于条件，没再深入研究。当时，也无研究成果转化成商品生产的机制，最后是束之高阁。在20世纪60年代，美国也刚开始讨论地质雷达的问题，后来不断深入，结果产品小型化，实用性强，我国至今仍购买美国及加拿大出产的地质雷达。

开拓进取在探测仪器设备上，我国仍是有很多不足，应奋起直追。

多彩生活

一个人不能不读书，也不能死读书，仅仅能背诵古时就有的文章、诗词，那是不够的。一个人只是读死书，死读书，而没有多彩的生活，没有参加多项的活动，就不会有丰富的精神食粮，也就不会有健康的体魄。那样对工作就会有影响，精力不足，也会大大影响工作的效率与创见。

在英华中学时，我参加钢管乐队，也参加活报剧演出，还主持及主演了一台五幕话剧。

在清华大学，那时清华篮球队中锋唐振声是电机系高材生，后来他还被选为国家青年队（就是国家队）中锋，参加世界大学生运动会。当时前锋是比我高一年级的沈照理，那时也是高材生，后去留苏做研究生，也是留学生的领军人物。后来也是著名水文地质学家，俄罗斯工程院外籍院士。现年90岁的地质学家裴荣富院士，也是1947—1948年的清华大学篮球队后卫。

清华高水平的交响乐队的指挥，是物理系的研究生，我在清华大学学习时，也参加了钢管乐队。我还组织了民乐合奏队，我当指挥，在1952年的春节晚会上，受到同学们的热烈欢迎。

在北京地质学院，我也组织了同学，协助电影制片厂拍摄了毕业生走出校门，踏上野外征途的镜头。但是，很重要的是每天坚持运动一小时，我跑三千米，这对后来有良好耐久力以从事繁重的地质野外调查任务，还是起了重要的作用。我喜欢游泳，所以敢于去救护溺水者，但有成功，也有不成功，那还是有关技巧问题。当时是"胆大"，也是应当尽力去救人，而游泳救人的"艺"，即救人技术的"艺"不高，于是成功和失败都有。正因为会游泳，所以在野外调查中，取得不少方便，没有船自己顶着衣服、记录本和标本，泅水过河，或横渡过江去探寻，或亲自撑船过河。

当然，另一方面文化的修养，也是需要的。欣赏音乐，"让精神迸发出火花"，听听音乐，以解除疲劳、烦恼，使心情愉快，这些都有益于健康，有助于提高工作效率。以前，很长一段时间，在我紧张写报告时，就开着收音机，让音乐声隔绝自己与外边嘈杂声音的联系。当时，在专注分析问题时，轻微的音乐声音也没听得见，而是音乐使我局限在写报告中，取得更好的效果。

我们水文所处在正定这小县城时，所内一同志的女儿，也是读书时，开着收音机听音乐。他父亲指责她，你这样怎么学习。这位中学生说："卢院士就听音乐写报告，我也是听了音乐，使自己更专心学习，音乐声音不影响我学习"。后来，这位学生把这事情告诉了我。

这不是好经验，只是说明各人有各人的习惯，不可强求。最主要的是应有多彩生活，不要死读书，更不要不讲效果，只是盲目专注工作。精神的调剂，身体的锻炼，使自己身心都能健康，这是让人有好成绩、好成就的重要前提。没有健康的身体，没有清醒的思维，没有高尚的情趣，你能有骄人的贡献吗？回答肯定是一个字"难"。

我不太懂平仄韵律，但我也喜欢写些诗词，以表达自己的胸怀，的确是有益于心情的开朗与身心的健康。在中国工程院，我也参加书画社。我写的字，还是停留在儿时练字的水平。但写点，自己也感到自我的宽慰。

实事求是

科学人生观中最主要的内涵是实事求是，正确对待客观事物，包括实事求是地正确对待自己。实践是检验真理的唯一标准。

三峡工程原先规模是装机容量3300万千瓦，在20世纪80年代，兴建之风又起，对三峡规模就相对符合客观情况。针对三峡库区历史上众多滑坡、泥石流灾害以及堵江事件，我向地质部门提出重视地质灾害的问题。后来，地质部门进行了链子崖的危岩体和黄蜡石边坡处理，前者用锚索固定危岩，后者因体积近5千万立方米，不易采用别的方法，而用排泄地表水和地下水，不使增加滑坡体中动水压力，以增大滑动的危险，这就是实事求是对地质灾害的处理方法的选择。客观的事实是，1982年7月17日，四川云阳发生鸡扒子滑坡，堵了一半长江。1985年6月12日，新滩又发生滑坡，有预警使1371人在村庄幸免于难。所以，必须客观面对这与三峡水库仍无关系的客观事实，而重视地质灾害的防治，使三峡蓄水后，免于加剧地质灾害之苦。

三峡库区在巴东、奉节、巫山、云阳、忠县等地质灾害严重地区，于三峡水库修建前，水土流失率达 5000~13500 吨/平方千米。主要泥石流有 271 条，直接入江的 99 条，入支流的 172 条。所以，地质灾害问题是不可忽视的。据此，我在三峡决定动工修建后，写了建议上书国家三峡建设委员会和水利部领导，在前面已有较详细论述。

对三峡巫山望霞乡是否会产生 300 万立方米的大滑坡，推动 2000 万立方米的古滑坡，我们持否定的态度。这样，意见当然是能解困惑，除去负担，是会受欢迎的。而对于武隆 1.5 万立方米滑塌，造成人员伤亡，我只能说实话，是人工高陡边坡滑塌灾害，不是自然的山地灾害。如果你判断错了，那招来的可怕的后果，是可想而知的。坚持工程上实事求是，受到各种排斥，我是经历不少，为国家利益，仍需实事求是。

关于上海地铁 4 号线出的事故，我也是实事求是地提出，应当重视地质环境监测与调查。得到国家的重视与指示，这件事给了我安慰与鼓励。结果，使许多地下空间开拓，重视地质环境问题，减少了很多灾害，从而保障建设的成功。

即使自己因实事求是地坚持科学真理受到排挤，也是应当无怨无悔的，只要对国家有利，对人民负责。

维护真理

在生产实践与科学研究中，人们并没有都建立好的科学发展观。能坚持科学真理，才能使国家避免损失，才有利于建设事业。

坚持真理，有时会遭受打击、压制、报复，使个人受损失，但是对国家有益的事就应该坚持，当然坚持真理中，也应注意方式方法。要维护真理，首先必须实事求是。实事求是，有的使认识客观，避免事故，有的实事求是，就需纠正不实事求是的问题，那样有对立面，就需要坚持真理。

下面以几个工程为例：

对贵州一个水电站，我在早期坚持有四个岩喀斯特通道的存在，实际上这资料是当地发现的，坚持这已有情况，可早采取措施，才是保证大坝胜利建成的依据。

黄河一个水库，我坚持要预防大渗漏，公开出版的论著中，予以客观阐述。经过工程实践，证明我预见得正确，是符合客观事实的。

对于长江三峡，我坚持我的观点，强调"三峡工程的成败在于水库移民，而水库移民的成败在于是否保护好地质-生态环境"。

关于大瑶山，出现涌水涌泥堵路轨之灾害，我在肯定这隧道是我国第一长隧道，成绩巨大的前提下，也提出要补做地勘工作。最终经过勘探，及时正确处理，大大减少了灾害，这大工程也才得了大奖。

关于另一条地震区铁道建设，我建议应先防治灾害，再修建全线，隧道建设才有保障。后来当地连续几年的暴雨山洪，诱发众多大地质灾害，证明了我建议先治理灾害的正确性。我的建议实际上使这条铁道推迟了建设时间，进行了研究，并改变了一些线路，却是避免了很多后来发生的灾害。人命重于泰山，为了使国家的利益避免因一时冲动上马而遭重大损失，这才是大事，个人的一切是微不足道的。

坚持真理是难的，该坚持的必须坚持。

经受磨难

人的一生，都要经风雨，见世面，不可能事事遂心愿，也难做到万事如意。当然,作为祝福,那是一种期望。实际上,人的一生经历中都有很多的艰难险阻,不遂人意之处时有发生,不遭遇艰辛,那才不符合客观的现实。"万事如意"这只是良好的祝愿。

认识到一生中必有艰辛磨难,有这思想准备,那就会有备无患,真的遇到困难,就会设法克服,或使这难关迎刃而解,或使这难度得以降低损失。一个人,只有在磨难中经受住考验,才能争取到胜利,才能渡过激流险滩和风浪作搏斗,抵达胜利的彼岸。

古语:"天欲降大任于斯人也,必先苦其心志,劳其筋骨,饿其体肤……"这个"天"不是代表上帝,这个"天"应当是自然发展和人类社会发展中的一个规律性,这规律性体现在人人生活在地球上,都会有好条件享受,如水、土等资源,也会遇到灾难,这是不可避免的。

《磨难曲》

磨难,应当使人变得坚强;

磨难,应当使人看到光明;

磨难,使人变得更加智慧;

磨难,应当使人更懂人生。

你懂得磨难产生的客观性;

你就应当迎着磨难而寻找化解途径;

你知磨难产生的偶然性;

你就应当预警磨难做好对策准备;

你知道磨难产生的长期性;

你就应当有备无患作不懈奋斗的准备;

你知道磨难也是具有两重性;

你就应当争取使磨难减轻或消失的途径。

我作为地质人，经受了自然界赋予的磨难，也经受了国家民族的灾难——十四年抗战，这些经历使我更加懂得：民族与光明，未来与个人前途，应当如何去正确对待。

"文革"时期对我不应产生磨难，而却真实地发生了，但这磨难经历，我挺住了。我没有屈服于迫害，我也没给自己乱扣帽子，寻求一时的解脱，我也没有冤枉任何人。在磨难中，我首先对得起自己，也对得起群众。我也没有做任何一件对不起党和国家之事。

经受这磨难，使我变得机智、聪明，使我更懂得珍惜自己。有好心的同志，看到我经受这一切，心中是为我难受的。后来，他们问："你在那种状态折磨之下，有没有想到过自杀？"我说："我没想过（的的确确没想过），我为什么要自杀，我自杀了，那不更被无法无天的人给你扣上帽子，给你永无洗清之日吗？"

在磨难中，我能顶得住，就是我深深感觉到这样的动乱，那是绝不可能长久的。我相信党，相信国家，相信人民，一定会拨乱反正，一定还会有天蓝蓝、水清清，万众一心搞发展的美好未来。

团结协作

"红花虽好，还要绿叶护"，这是很易懂的道理。没有这种精神，便不可能成为国家有用的人才，也不可能在建设中担负起重要的工作，更谈不上发挥重大的作用。团结就是力量，这是真理。

团结协作，应是多方面的。

首先，要有一个团结协作的团队，从事你担负的研究工作，这是最基本的。

在新安江、淮河、官厅、三峡等地工作时，都有团结的队伍共同开展工作，包括外地外单位来学习的人员。当时的团结，在于严格的分工、相互协作、目标一致。任务重要，不团结协作，完不成任务，后果不堪设想。在野外队的团结，包括地质人员、行政干部和工人之间的团结。总体上能顺利完成任务，就在于能团结一致。

但比较遗憾的是，野外队是勘探的队伍，那时又是经常因任务需要而变动的，使团结好、相互协作好的队伍，在完成任务后，多又重新组合到新的队伍，去担负新的工作。这方面在开始的地质队伍中，是普遍存在的。

后来，转入了以研究所为主的工作，我也建立了相应的团结队伍，但是人为的破坏因素，使我的团结协作、开展很多探索性的试验研究的团队，又遇到了困难。特别是单位搬迁、"文化大革命"，加上机构的调整，使我的团队受到严重影响，分散了，就各奔东西去了，变成没有固定、不能继承合作，也就不能保持长期发展的研究团队。在地质科学院水文地质环境地质研究所，只能依据承担的项目，再重新组合一个队伍。这种情况下，任务可以完成，但合作队伍，不能更好固定而不断提高。

其次是利用外单位力量，更好组织跨单位团队，以进行更大范围的协作。

例如：2002年年底在同济大学兼教授，协助成立了"教育部城市环境与可持续发展联合研究中心"，把许多有环境地质及岩土工程方面的学校，以及有关专家联合起来，共同为城市环境与可持续发展的重大问题，密切协作，包括联合申请重大项目，以及通过组织大型论坛，密切交流科技成果，以共同提高和共同创新等，都收到了效果。

同济，就是同舟共济。在一个课题组，一个基础研究单位，多个学校联合的中心，都需要有"同舟共济"的精神才有合作的基础。同济大学校训：严谨、求实、团结、创新。不能团结，就很难创新。

目前，在大学中团结精神不是没有，但是很不够，这与追求论文，而且是第一作者，以作评级、提升的重要依据是很有关系的。现在不算院士，学校教师中，以教授、副教授为多，助教就很少。

当然，近日改革中也注意到这倒三角形不正当的职称结构。研究机构好些，但也是个人追求研究项目为主，缺少大团结协作，降低进行重大课题研究的效果。

第三种团队，体现在多学科的协作方面。我接受邀请到同济大学，主要还是想开拓地质与工程的更紧密结合，使在大城市发展、城镇群的发展，以及跨区域性的交通等建设中，能够有多学科的交流与协作，能为国家的发展发挥更大的作用。

这三方面团队的团结协作即：单位的团队、跨单位团队与学科协作团队，我都做了些事，也尽了些力。但是，效果不是很理想，成果不突出。最主要的问题是，涉及国家的一些法规制度，也涉及人为的不当因素的影响，更重要的还有研究经费的困惑。

没有团结协作，就没有"两弹一星"，也没有这次神舟系列载人航天的成功，更没有探月三部曲中第二曲"落月"的成功。

为了整个地学的发展以及国家今后的更好发展，多强调团结协作，那是不过分的。

单位团队的团结—校际和研究性机构间团结—多学科的系统工程间的协作团结，这三者是一个团结链，也是共攀高峰的安全联系线索。这里强调在科技工作中，要能真正搞好团结协作，是应当有核心的要求，也可说是需要的原则要求。

五个团结协作要点：

心有多宽阔—眼光有多远大—团结协作就会有多密切—成果就会有多大希望—为国家就会有多大的贡献。这是团结协作的成功链条。可以简化为：团结理念、协作途径、密切过程、远大希望与成功奉献。

这三种团结协作方式和这五个团结协作的要点，是我们应加深认识，加强协作的重要的依据。

乐观精神

上至国家民族，下至个人家庭，都会遇到困难，都会遇到挫折，如何对待这些困难，取决于你的精神状态，那是很重要的。这里所说的挫折，与前面大的自然与社会的发展背景是密切相关的。那种灾难性，其影响范围更大。这里所谈的只是局限性的困难和挫折。

人们需要相信万种事物都是向前发展的，都是在变化的，个人一时之困难，一时的不顺心，一时之挫折，都是会有变化的。你要正确对待，首先就应有正确心态，以促使其变化。

乐观地对待已发生局部及个人不测，就是乐观对待自己，乐观对待事物的发展，乐观对待整个社会之进展。"塞翁失马，焉知祸福"，在"失马"时，相反用乐观精神对待自己的困难和挫折，辨证地认识："祸兮福所倚，福兮祸所伏"，用自己正确的行动，争取祸转福，那就会有福来到的。你只要有乐观精神，即使可能一时有"祸"，而能够积极对待，就会为"福祉"创造来临的条件。相反，你躺在幸福的床上，不知爱护，招来的可能会是祸。

在学业、经济、爱情、工作等方面，都应有乐观的态度。应该有信心，去克服这些挫折。每一次真实挫折，对一个人发展而言，都应看作是一个可转变的机会。人的一生，也像在汹涌澎湃的江河中游泳一样，需要的是拼搏的精神，不能一口浪花，就把你呛死，冲过激流，再利用回荡的水流，就会抵达安全的彼岸。这也需要有游泳的技巧和拼搏的勇气。具备乐观精神，奋力前进，那就会"山穷水尽疑无路，柳暗花明又一村"。

"文革"时期，我一个人在河北正定的水文所。正义的人，都会理解我的艰辛，那时他们很多是"爱莫能助"。后来，可以自由行动，早上很早就起来，锻炼一下身体，不能把身体搞垮，要充满乐观精神。当时所内群众是有目共睹的。

那时，所内一个同志的儿子，1971年前后考不上大学，只能在附近，河北地质系统在正定专门招收工农兵学员的大学里上学。学校没有好老师，也没什么设备。那位年轻人在那学习的情绪当然很低落，他每天也很早到所内操场上，刻苦读书、背单词，我和他父亲是同辈同事，他父亲很尊重我。这男孩也理解我，有时在操场相遇也交谈些。后来，我发现他情绪不高，因为读的是工农兵大学，实际上是临时学习班。我认为这孩子还是有理想，肯学习，所以我有意无意地劝导他，千万不要自暴自弃，自己努力学习最要紧，没上好大学，自己有水平，学好了，一样可再考研究生，攻读博士学位，这些有益的劝导对他产生了作用。

后来，他从这所工农兵大学出来后，报考了研究生，考上了，又到名校读了博士学位，研究成果也很有影响，成了一个年轻的专家。一次，偶然机会和他父亲交谈，他父亲告诉我，说他儿子很感激我！我问感激什么，他父亲说他儿子在相对情绪不好，没上正规大学时，我热心鼓励他，使他乐观向上，努力拼搏，所以有了今天。其实，这位同志给他儿子很大鼓励与支持的，使他克服挫折，振奋精神。我没太多帮助。我想最主要的还是我乐观的精神激励自己，也鼓舞了他。

乐观，就不会长期不愉快，精神也不会负担过重，而患上抑郁症，进而产生意外或不测。对于年轻人，有的在中学是优等的塔尖人物，到了知名大学，都是顶尖学生之相聚，他就可能不再是最顶尖了，于是就相反地感到自卑，因而控制不了自己。有的失恋，也就渡不过这一关口。我说过：失恋也不会穷途，何必自绝于世，走末路。你一时经济有困难，想法克服，再等机遇；你的工作不如意，有挫折，总结教训，从你自己去发现问题所在，自己再努力改正提高吧！

总之，要客观、正确地对待自己，对待周围的事物，正确对待周边的同志，这就一切都会好的。最基本在于善待自己。

《善待自己》

客观地对待自己与事物，
你就会充满乐观，勇往直前；
客观地面对一时的挫折，
你就会轻装前进！
客观地对待发生的灾祸，
你就会转祸为福；
客观地对待理想，
你就会一步一印向上攀登。
书中何有颜如玉，
乐观自有相互情爱在；
书中哪来黄金屋，
乐观你就有成功的大厦。

很多人都说我，"你心态好。"这也是在众多磨难让自己善待自己，保持好心态，才能继续生活、工作，作些贡献。好心态善待自己，才能使自己为国家、为社会贡献自己的智慧。

把握机遇

"机不可失，时不再来"，这一古语是很有道理的。

很早就有争论："是英雄造时势，还是时势造英雄"。在小时候，就听到这说法，中学时也有专门的讨论，以启发学生。其实这句话，有两层意思，一层是说在一定的时势之下，个人的作用是可以使时势产生变化。项羽在乌江的霸王别姬，就没能挽回不利之颓势，而刘邦利用萧和月下追韩信，利用韩信之将帅之能，终于得到了良好时势，才能称帝统治天下。在红军二万五千里长征中，错误的军事领导，使红军溃败，湘江一战，红军死伤过半，其中闽西籍的老红军就占多数。而在贵州，四渡赤水中，遵义会议确立了毛泽东在中共中央和红军的领导地位，使败势一转而成优势，掌握了主动权，为长征及后来胜利，奠定了重要基础。

另一层理解是，在特定的时势之中，必须会造就英雄人物，在人民期盼建立独立统一新中国的形势下，就涌现了诸如董存瑞舍身炸碉堡的英雄。

在全中国取得胜利解放，中华民族要屹立于世界民族之林的形势下，我国也必须有"杀手锏"，以御敌于国门之外，那就需要研究与制造"两弹一星"，这是大时势。另一小时势是当时中国经济有困难，是否值得花大力气搞"两弹一星"呢？大时势与小时势的权衡，决定制造"两弹一星"是大时势，这样也才会使钱学森、钱三强等科学家，贡献其智慧，而取得成功，也真正成了为国家建立丰功伟绩的大科学家。

所以说，时势和英雄，两者是辨证的关系，这与盲目的"人有多大胆，地有多大产"那样不顾科学的胡吹胡闹，是不可同日而语的。

但是，一个人能得到的机遇，特别是关键的机遇并不多，失之交臂，就会后悔莫及。

如何抓住机遇，应当从为国家发展，为公众利益上出发，那才是可以抓得住；为一己的私利，从个人得失上考虑，那就可能会错过机遇。

我曾经抓住两个机遇：一个是1950年夏临时抓住华北统考的最后机遇，上了大学。如果再拖一两年，我可能就上不了大学了。另一个机遇是，国家建设需要我们在具体实践中，锻炼成长为优秀地质人才。我放弃了跟苏联专家的生活，而抓住去野外锻炼的机遇，结果我才有新安江、官厅和长江三峡这三项工作作奉献的机会，使我获得"年纪轻轻就有这么大名声，你们应当学习卢耀如"的评价，这是一位所里的领导在 20 世纪 60 年代对年轻地质人员说的。如果贪图安逸，那次没抓住机遇去野外锻炼，那就失去三次重要工作的锻炼，我也成不了"喀斯特卢"。

我倡议并首先筹备喀斯特（岩溶）研究所，时势不利的是"文革"后，又起风波，使我当时失去机会去岩溶所。但改革开放后，很多老干部、老专家也出来工作，当时开了两三次会，有关领导都要我去领导这岩溶所，岩溶所党委书记亲自来邀我，包括当时负责岩溶所技术工作的干部，他是我后来推荐去岩溶所的，也说："我们都是你领导过的部下"，并说："很多都是曾经你领导与合作过的同志在岩溶所"。但是，我以我孤傲的性格，不是积极抓住机遇，而是强调要统筹考虑，要争"面子"，并要能满足我由水环所去更多的人为条件，结果受别人干扰，我又失去机遇。事实表明，失去抓岩溶所工作的机会，对岩溶所及对我个人，都是损失。

所以：

《把握机遇》

机遇一瞬即逝，
你要抓住它，这是为了国家；
机遇失不再来，
你要创造机遇那是不易添加；
机遇在于奉献，
你不要为个人情绪而心情不佳；
机遇是飞奔野马，
你抓了它就要用智慧与勇气去驾驭。

科技创新

"科学技术是第一生产力",在 1978 年全国科学大会上,邓小平同志作为党和国家领导人、改革开放的总设计师,发出了这个极重要的号召,同时也强调知识分子是工人阶级的一部分,从中可看出科学技术对中国今后的发展是多么重要。

改革开放刚开始时,韬光养晦,似乎很自然地不会引人注目。中国对外改革开放,并不会产生更多的封锁。但是高端的科学技术,还是要被限制进口,这就必须自力更生来发展。目前,我国已成为世界第二大经济体,科学技术上对我们而言,更需要努力创新。

2014 年 9 月 9 日,我在两院院士大会上作了报告,主要谈科技创新的问题,"科技是国家强盛之基,创新是民族进步之魂"。今日科技上的创新更是时不我待,也是实现中华强盛之梦的战略任务。

地质科学技术上创新,还是很多的,不仅是技术上的创新,也需要理念上的创新。而地质学,又是涉及我国建设的方方面面。

例如,在发展的基本理念上,应当认识到自然界对人类生存与发展,存在有利的资源性条件,也存在灾害性条件。人们应当真正做到兴利防灾减灾。

应当提倡城镇化,从地质上将大都市与小村镇联系在一起,共同制定发展与兴利防灾计划,当然不是让农村与城市一样发展,而是城乡一体化统筹发展,也不能只发展城市,而使农村仍落后。

对于地质有关方面创新,仍是很多的,涉及:①地质探测技术的创新;②地质灾害监测方面创新;③地下水污染防治技术的创新;④矿山环境修复与复垦方面创新;⑤综合矿产资源开发利用途径方面创新;⑥地下空间开拓有关地下环境探测、评价与保护技术创新；⑦地表水与地下水综合调蓄技术与工程地质环境保护方面创新；⑧地热能源的开放利用技术创新；⑨农业地质保障绿色农业方面研究方法与措施创新；⑩海洋地质环境的探测技术创新；⑪海洋建筑基础的加固技术创新；⑫陆海地质灾害的监测技术创新；⑬各种建设基础处理新技术创新；⑭地球圈层运动的探测与监控技术创新；⑮土壤改良与农业地质方面技术创新；⑯矿山采空区的治理技术创新；⑰冰川保护与融雪水开发储蓄的技术创新；⑱天体地质对地球的影响研究创新；⑲地球上三相物质转化与三相流特性研究创新；⑳探测月球等星体资源分布与开发的可能性研究创新；㉑探测建立循环经济的地质条件方面的创新；㉒探测建立低碳经济的地质基础研究创新；㉓研究陆地上绿色经济发展的综合地质条件评价创新；㉔研究海洋蓝色经济发展的综合地质条件创新；㉕研究地热能源开发技术的创新……

的确：

《科技创新》

科技创新，
掌握地球演化的规律性；
科技创新，
为了人民生活美好而鼓劲；
科技创新，
为了增强国力，保卫疆土完整；
科技创新，
为了天蓝、水绿、景美、山青；
科技创新，
为了人居环境的洁净；
科技创新，

为了各种建设物的安全性；
科技创新，
为了可持续发展而坚定信心！

二、四个重要坚持的原则

上述地质科学人生的十二个方面的重要内涵，是我自己的理解，也从这几个方面来鞭策自己。但是，要使这十二个方面的内涵成为自己不断努力的方向，那是需要坚持四个原则。

坚持科学发展观

从地球的演化上看，必须从科学上来观察有关的地质演化规律；另一方面，在发展方面，也需要有科学的发展观，进行工程的兴建，两者相结合，才能使人类的建设与发展，密切与自然环境的演化，得以相和谐。这样，才不会由于人类的发展，过多地违背自然的演化，而产生不良效应，却使发展的效果，严重破坏了自然规律，也使地球环境产生恶化，造成负面影响。

坚持科学发展观，就是坚持人民的建设与发展，达到提高人类生活水平，提高人类所居处的环境质量，而不是降低人类生存的环境，更不能恶化生态状况。

国际上提出和谐环境和友好生态。这目标是正确的。关键在于怎样才是和谐环境，怎样才是友好生态。

我认为，人类的生存与发展，必然会影响自然的环境，但必须达到这些标准，才是和谐环境。

第一，人类的生存发展，不应让地球上的水土资源过度地使用，而出现枯竭不足的状态。就是说"一方水土养一方人"，从当地水土资源上，控制可供给的当时人口数量，而有一定的容量制约。

第二，人类的建设与发展，不能过多诱发自然灾害，增加对人类生存环境的威胁，也危及较多人的生命财产安全。

第三，人类的活动，让山、川、河、湖、海仍保持着相应的好环境的综合质量，包括大气环境、水环境以及土地环境的数量与质量。

第四，人类的生存与发展，不应当过多破坏原来地质环境演化的良好趋向，当然对于不好的倾向，包括导致灾害等现象的发生，那就需要相应地处理、治理，使人居环境的演化趋势，得到人工行为的扼制，而达到减灾、防灾的目的。

第五，人类的开发与发展，使用的人工合成的材料，不应当对人体构成危害，也不能污染环境。

第六，人类的建设与发展，应当让环境对于人类的生活更方便、更舒适、节约资源而不会浪费资源。所以，耗能、耗水的建筑，是不宜实施的。

第七，在人类建设与发展中，应当更好地集约、节约利用各种资源，这就需要对环境的监测与保护，提高到更高的档次，使监测能真正生效，保护能真正收益，从而贯彻"保护中开发，开发中保护"的目的。

第八，人类在开发与发展中，应当坚持环境上的安全与可持续发展的原则，环境的开发，必然会产生影响，所以必须注意开发后环境的安全，并且应当是今后长期可持续发展，不能在这一代，就把环境弄糟，不仅现在不好发展，对后代也太不负责。

友好生态方面：

第一，首先应当维护目前生态的基本状况，就是保护山脉、河流、湖沼、湿地、海洋等自然景观上的生态特征；保护原有的气体、液体的基本流态，保护自然界中各种作用的平衡。

第二，维护区域性的生物多样性，自然界中生物是很好地相互制约的，所以保持良好的生物多样性，就是保持良好生态基础。有时建设会影响到生物多样性，导致当地生物间的相互制约的规律被破坏，所以不能乱捕杀，而使有的物种处在濒临灭绝的状态。

第三，维护自然界中的生物的食物链，这是自然界中生物多样性得以维持的基本关键的问题，自然生物不能维持生物多样性，那就是在生物链上，因人类破坏生态而导致的。

第四，防止异地生物入侵，破坏当地的自然环境。异地生物入侵多是人类盲目引进些外地生物，然后弄巧成拙，导致灾害。必须控制异地生物的入侵。

第五，严格控制各种废弃物的排放，发展循环经济，以保护生态，避免各种废弃物的随便倾倒与污染环境。

第六，实行垃圾的分类处理，这是维持好的生态的一个重要措施，也是循环经济的一部分，对城市及海洋生态，也有很重要的保护作用。

坚持改革开放

自1978年党的十一届三中全会以来，改革开放使中国得以飞速发展。党的十八大上，也强调了改革开放的重要性。没有前四十多年的改革开放，封闭的以阶级斗争为纲的中国，经济发展是缓慢的。当然，那是当时很多国际上的因素所导致的。

在前四十多年的改革开放的基础上，今天应当有更好的条件，继续进行改革开放。这方面提出以下三点：

第一，科学技术上的改革开放；

第二，高端技术的国际合作；

第三，人才培育上的国际合作。

坚持生态文明建设

在党的十八大报告中提出，生态文明建设要融入经济建设、政治建设、文化建设与社会建设之中。只有"五位一体"，才能使以往发展中对生态环境产生不良效应的行为得以纠正，进而恢复良好的环境，重建优化的生态系统，让人们真正享受到改革开发所带来的物质上与精神上的欢乐。

生态文明建设，最基本的是：

第一，建立绿色经济；

第二，开拓蓝色经济；

第三，建设生态工程加强保护；

第四，建立多元化能源基地；

第五，建设生态补偿机制；

第六，构筑生态评价体系；

第七，确定生态监测系统；

第八，建立生态方面科技支撑设施。

坚定正确信念

人的一生，会有顺利的时候，也有风雨交加、经受波折、艰难的时候。就是说，一个人无论如何，可能会处在不称心如意的逆境之中，但还是有从逆境中走出的机遇，一个国家更是有着发展机遇而不可失去。

无论处在什么情况下，人都应当有精神上的支柱，就有克服困难的意志、勇气和办法。能够做到临危不惧、遇难不惊、逆境不慌、挫折不馁、自强不息。能够做到这几点，最主要就是在心中，能坚定你正确的信念。这信念，包括政治上的信念、信仰上的信念、工作上的信念、生活上的信念。有了正确的信念，就会产生坚强的支撑力，以攻克难关。有了坚定的信心，就会始终保持着乐观精神，经得起磨难，能够客观地认识周围事物，也能够把握住自己的言行。国家的发展，也是应当有坚定的发展信念。

坚定的信念，就会"泰山压顶不弯腰"，就会勇往直前，向着高峰攀登，真诚地奉献一切。

一个人，如果失去信念，那就会是一个人间的幽灵，无所适从，苦恼、迷茫、自我封闭，分不清是非曲直，更谈不上判别事物的勇气与智慧。

一个人知道选择正确信念，那也不是一件易事。受到诱惑，经不起考验，丢失了原来奉为最高尚、更坚定的信念，那就会走向反面，甚至背叛原有的信念，那才是悲剧，会害了自己，也会害了别人。

自传就写到此，以后岁月再继续，希望如此。

科学发展观、改革开放、生态文明建设这三者的坚持归根到底，就是要坚持正确的信念。一个科技人员坚持这四个方面，就会更好地融入中华的崛起过程，就会把自己的梦和伟大的中国梦相结合。

国家再继续这四个坚持，三十年过后，一百年过后，中华大地将会有多么美好的梦想实现。

那时希望：

《百年后华夏》

百年后舞华夏风，
江山新貌更骄红。
屹立世林圆梦时，
欣慰在天今世翁。

我自己一些感怀之笔，附后。

《感怀》七律：

万水千山锦绣地，五十三年献身心；
怀思虽吟蚕蜡赋，道向力行地球人；
层屹攀越奇峰过，隐穴惊看异洞春；
今朝盛世歌一曲，请眺前景更精神。

2002年年底，在中国工程院与中国文联书画社联谊会上，就刘禹锡《酬乐天扬州初逢席上见赠》，而写了这一首。今附在自传的结尾处，也是表达几十年工作的信念。但是，今日还是再添几句，以表自己的感怀。

《感怀二》七律

风雨人生写十篇，八二春秋一瞬间；
年少文山悲沦陷，青年英华喜攻艰。
自强不息清华人，卓绝奋斗地院兵；
江河湖海我探索，梦圆华夏献身心。

附：这几年在中国工程院院士书画集中，交流的诗词：

《赞国庆六十周年》

祝贺祖国甲子庆，欣看东方骄阳升；
内忧涂炭已往矣，外患欺凌能胜争；
鸿哀大地悲情逝，龙腾江河欢歌飞；
今朝璀璨中华好，来日辉煌世更钦。

在橘子洲头写的：

《念奴娇·橘子洲头》

橘子洲头美金秋，湘江奔腾而去，思潮万千。浪滔滔湘资？澧回水，哺育芙蓉，汇聚洞庭，通滚滚长江。千古先贤，留离骚，殁汨罗，爱国情怀弘扬。多民族文彩，世之瑰宝。岳阳楼传世名言，敬老爱幼伦理，先忧后乐，崇尚美德。赞悠久中华，博大精深，流淌文明长河。

2010 年 11 月

《七一赞歌》

中华春光万紫千红，五洲香飘。忆往昔岁月，内忧外患，金瓯破碎，苦验证滔滔，建共产党，更新万象，人民奋起斗志高。壮志酬，神州旧貌换新颜，天翻地覆，看东方崛起旭日辉，世纪征途历程，觉醒拼搏，前仆后继，艰苦抗战，卓绝解放。盛世发展华夏骄，贺九旬，伟业为人民，请看今朝。

2011 年 7 月 1 日

《古都西安》

唐朝古都觅盛迹,几座皇坟几里城;太宗魏卿好争谏,李仙杜圣待传神;东渡西游广交流,天长地久终悲情;尚得精言雕入碑,万千文彩聚成林。

2012 年

考察三峡时与土木、水利与建筑工程学部办公室唐海英主任(右二)、康延涛(左一)、赵千(右一)合影

福建省科技馆前陈列的闽籍院士栏

原英华中学校长招待海峡两岸地学界专家（左一林观得校长、左二大陆卢耀如教授、左三台湾卢佳遇教授）（1992年于福州）

2005年8月在野外全家合影：右起二女儿卢梅、大女儿卢林、卢耀如、赵玉英（夫人）养子杨帆

在意大利和台湾堂弟卢佳遇合影（2004年8月）

1999年国庆五十周年北京展览会福建厅内讲解员合影
（右一为大女儿卢林、左一为二女儿卢梅）

在山东长岛（右一为卢林、左一为卢梅）

当选院士后的证件照(1998年年底)

参加国庆六十周年盛典及晚会(2009年10月1日)

《高山人生》

蓝天冰川融水流，

我饮清泉喜心田，

登上高原拥大地，

心怀豪情探地球。

《激流人生》

水清流涟生态好，

跌宕成瀑山河摇，

人生几多深渊在，

奋力攀越是英豪。

《思念人生》

人生自古多参商，

相别时难聚更难，

何期天地两相隔，

留得思念真情长。

《科学人生》

浩瀚宇宙村地球，

短暂生命当自珍，

客观和谐大自然，

科学创新真人生。

《健康人生》

美好世界有灾祸，

自然人为相逼多，

炼得身心健体魄，

经历风暴扬凯歌。

《光明人生》

绕阳地球日夜分，

人生经历有暗明，

祸福相依好转化，

智慧勇气迎光行。

《书写人生》

岁月如流莫嗟叹，
人生历程真文章，
若得意境感怀人，
身心行笔真理张。

《曲折人生》

林木多有曲折长，
世上也少平直道，
追求真理胜利路，
定可赢得霞光照。

《笑对人生》

纵有千般磨难苦，

地球人历风浪深，

并得真情感天地，

我当微笑对人生。

《沧桑人生》

山岭回顾我足迹，

沧桑岁月遗憾多，

容颜虽老心常青，

极致人生逐梦歌。

后记（一）

地球上，风仍是不断地吹，雨也是会不断地下，人类祈得风调雨顺，才能过上好日子，才能得以平安生存。暴风疾雨，水患洪灾，甚至严重缺雨干旱，仍然都会发生。人类社会，仍会发生风暴，也会产生危及生命的事件。作为生存在地球上的人，仍然需要有所准备。

无论是自然界的狂风暴雨、严寒酷热，还是人类社会、国家之间的竞争与战争风暴，真正勇敢的人类，总是应当予以防范，甚至予以化解、减少祸害，必要时，必须有抗争的办法与力量，为的是和平的环境与美好的生活。

我是一个地质工作者，是一个研究自然地球科学的人，也是一个地球人吧！地球上的岩石，这是构成地球的最基本物质。岩石，有多种成因，也具有不同的特征，最基本的一个共同点，就是岩石的坚硬。金刚石，是碳元素的结晶矿物，岩石是不同的矿物组合体，但各种岩石都有坚硬抗风雨的能力，当然其强度还有很大的区别。

我们要像块能经受一定岁月的风吹雨淋、雪寒冰冻的岩石。当然，任何岩石，最终也会被侵蚀、风化、崩解、消亡。但这会经历漫长的地质演化的岁月，短暂的人生是无法相比的。

我们要像什么样的岩石？当然不是原先不存在的女娲补天的奇石，也不是曹雪芹笔下的空空道人的青梗峰上的顽石。我们应当追求的岩石是：

经受风雨磨炼的硬石。在自然界演化中，长期经受风雨的侵蚀，而去掉软弱的、风化的表面，然而仍坚强地屹立在地表上的坚硬的岩石。

经受冲击的中流柱石。以其坚定的体魄，不随波逐流，而能经受急流的冲击，仍然巍然不动的中流砥柱，安然地让水流绕身分泄而下，显示顽强的气概的大柱石。

经受自然雕塑的美石。岩石上也有硬度、强度的变化，自然界的风、水、冰雪、热等力量，也会使岩石产生分异，去掉软弱的物质，剩下的是坚强而稳定的部分岩体，这些自然力，可起雕塑作用，使岩石呈现出多姿多彩的形态，成为美的化身。

成为奉献一切的善石。从地质年代上看，在地球演化过程中，各种石头都会风化、侵蚀以至消失，或再成为新的沉积岩石的来源。中国有一古语："民以食为天，食以粮为主"，应加上："粮以土为生，土以石为母"。就是说，人赖以生存的主要粮食，是从土中生长出来，当然需要水和阳光。而土壤，是由岩石风化而来，再经侵蚀、搬运而成。所以，人也应当像岩石这样，具有彻底献身自己的善良抉择。

硬石、柱石、美石和善石，这四者是岩石的特性的综合体现，不同的岩石，所呈现的状况，并不完全相同。

"春蚕到死丝方尽，蜡炬成灰泪始干"，这两句也是体现了为人应当把自己生命奉献出来，也是和诸葛亮《出师表》中"鞠躬尽瘁，死而后已"一样的奉献精神。地质人，最后是要贡献自己的一切。

像岩石一样，我们应当：

《岩石赞》

坚定屹山高山峰，何畏风雨冰雪寒；
地球自多沧桑变，无私奉献化泥团。

后记（二）

2021年，中国工程院唐海英副局长来上海看望我，就提出："你的自传提出八年了，现在还没出版，八年抗战都胜利了。"是的，不能再拖了。后来，在电话中她还建议我可否写一下后记，以补充，因为初稿只到2013年，我说可以。

唐海英同志，曾担任我们土木、水利与建筑工程学部办公室主任多年，对我的情况比较了解，对我的研究工作与学术活动，一直热心支持，给了我很多帮助。她这次关心我自传的出版问题，也是我心中一个重要难题。

这样，我就开始着手写此后记，作为补充，当然不能像已有的那么多，只能将这八年中，联系前面有关的经历，作一概括性的归纳，具体的经历感悟，还是以后八年为主。

一、生态文明建设方面

2012年11月，党的十八大首次将生态文明建设作为"五位一体"总体布局的一个重要部分。

当时我们正在总结"海西经济区生态环境安全与可持续发展"这项重大的研究课题，我们的研究重点更多围绕生态文明建设、生态环境安全和可持续发展，这也正是生态文明建设的核心要求。

由习近平总书记提出的"绿水青山就是金山银山"的发展理念，因此带来的发展方式转化，实实在在地改变着中国的样貌。

西部高山地带、内陆荒漠流域及干旱荒漠、沙漠地带，其生态环境自存其特征与要求，西南高原山地和深切峡谷及大的盆地、洼地的生态环境，又是不同，全国各省区市地域，生态文明建设的内涵，各有重点的一面，又有共性的一面。

共性的要求就是：资源性条件的综合评估和合理、高效与节约开发利用贯彻生态文明要求，对灾害性条件能有综合防治与预警、预报措施，确保人民生命财产安全。

优越的生态文明建设，一是结合当地的自然条件，进行开发与发展，其结果一定要使当地风光好，人民生活方便美好，身体健康，无灾患之忧，可过着依靠当地自然条件而生存发展，感到国泰民安！

二、城市环境与可持续发展联合研究中心

这是我2005年在同济大学组建的教育部城市生态环境与可持续发展联合研究中心，多个学校参加。2010年，在上海召开世博会期间，召开了第一次大的学术交流会议，有300多名代表参加。

2012年年底，在香港召开第二次学术交流大会，由李焯芬院士（香港大学）主持，他也是希望在香港召开学术交流大会的倡议人。

第三次学术交流大会2014年在贵州贵阳召开，主题就是喀斯特地区城市发展与石漠化科学治理的问题。由贵州师范大学承办，因我那时已是学校的名誉校长，还帮助建立了南方喀斯特研究院，科技部已批准建立了石漠化治理工程中心。我在贵州参与有关喀斯特研究几十年了，贵州许多大中小型水利水电枢纽，都是我参与过工程效益与安全的论证，特别是石漠化，早期的石漠化，都是我提出的理念，贵州是西南喀斯特分布中心，喀斯特分布占全省面积的74%。

每隔两年召开一次学术交流大会。第四次交流大会于2016年在西安举办。主旨是：西部干旱地区的城市发展如何安全而又解决干旱的生态环境问题，特别是西部，涉及我国在西汉时，就发展了西部的丝绸之路，沟通了中国与西域及已伸延到欧洲的商贸。张骞出使西域促进了丝绸之路的发展。这次会议，对中国西部城市的可持续发展，以及水土资源的更好配置以保障可持续发展都有促进作用。

第五次会议于2018年年底在福建泉州召开。当时，泉州师范学院设想在大会上，让泉州市著名的南音派民族音乐大师来表演，我觉得很好，支持这安排。

在福建泉州召开城市环境与可持续发展学术交流会，会议主旨是：滨海城市的发展与海上丝绸之路的发展问题。我在会上作了一个报告，并感谢大家的支持与帮助，并提出我要将自己的积蓄捐献给贫困学生或者帮助发展环境研究，在会上我也宣布了"我不在的时候，不举行任何仪式，把我的骨灰倒在东海，面向台湾，以表示我要追求祖国统一。"

三、漠化治理与脱贫攻坚

岩漠化，原先是我在20世纪80年代末提出来的，表示岩石上出现荒漠现象，土壤贫瘠，少植被或无植被。这种现象，在碳酸盐岩中（石灰岩、白云岩等）是较为普遍存在的。

岩漠化的现象首先是自然形成，也有因人工开发不当，加剧土壤侵蚀而造成更剧烈发展。我在1988年国际水文地质学第21届大会上（在桂林召开）作了主旨报告，受到国际学者欢迎，1989年国际水文地质学家会邀请我去参加，我的一篇论文中提到岩漠化，名称为Rocky desertification（Rocky就是岩石质的意思）。2000年，中国工程院重大项目"中国可持续发展与水资源战略"（钱正英、张光斗两位院士负责）中，我是核心组成员，负责西南地区水资源包括地表水与地下水开发利用，到贵州后，我也汇报了有关工作进展，提到岩漠化重要问题。

由于这种现象，许多岩溶（喀斯特）地区都是贫困的，所以在以前，有"人无三分银，天无三日晴，地无三里平"一说。我国西南喀斯特地区有40多万平方千米是裸露的，多数山区还是要治理，其他省区也是一样的，以科学治理。

要改变石漠化现象，首先应注意土壤的培育保护，以使其不能再流失。仅仅靠种植业难以脱贫，需发展一定畜牧业。在贵州、云南、广西以及鄂西、湘西不少石漠化地区，我都做过调查，要治理石漠化，还必须和其他地质灾害（如滑坡、泥石流、塌陷）以及气候灾害（如洪旱灾害）等相结合。

治理石漠化，最好还有新的村镇及产业发展，有的从原来山堆石渣中提取了有用的物质，有的发展建筑板材，才得以加快脱贫速度。

沿海省份，也有贫困山区，多数是依靠发展新产业，例如，发展乡村山区休闲旅游、发展旅游工艺品，但最重要的一点还是要有安全的环境和良好的生态系统，这就需要有地质环境的调查研究，予以防灾兴利，达到安全保障的效果。

目前，新冠肺炎疫情仍在肆虐，脱贫攻坚目标任务真是不易啊！当前，需巩固拓展脱贫攻坚成果，推进可持续发展。

四、农村、城市和谐发展是国泰民安之基础

人类生存要靠农业生产来维护。近几年我在一些学术交流上，多次提到农村、农业生产问题，强调生产强调粮食自给生产的重要性。2020年11月，应福建农科院邀请，在其成立60周年大会上，作了题为"做顶天立地人，保国泰民安基"的报告。

地质环境研究也涉及农业地质问题，第一次全国农业地质学术交流会在浙江宁波召开，我去作了主旨报告。我想起当时粮食是多么紧张，吃的是杂粮，我们所由北京搬迁至河北正定，那是30多年前了，每月主食70%是玉米面，而20世纪60年代初自然灾害频发，粮食匮乏，各地都有疾病发生。因此，我一直感到粮食自我生产的重要性。

我在福建的报告中，提到农业发展主要是：水、土、种、肥、药，这在农村山野应是无毒无害的新产品，种子应有多样性，和生物多样性一样。农村新小城镇兴起，应有农产品加工业、运输、储藏、场所，以及商贸信息业。

为此，农村和城市应当统一规划，融合一体化发展，推进乡村振兴战略。农村的面貌已在迅速变化，农业的理念也在更新。山清水秀风光好，牛羊马猪家禽多，蛋奶逢场好酒茶，国泰民安喜心高。

五、水资源综合开发利用及有关防灾问题

没有水就没有生命。如何对待水资源，是一个重要的问题。中华人民共和国成立初期专门设立水利部，地质部门也对有关地下水资源、水产业有关地质灾害问题格外重视。

在水利规划中，要注意防洪与干旱问题。在决定工程效益上，要强调蓄排并举。资源问题涉及面广，概括起来是："蓄、排、灌、引、用、污、灾、节、管、控"十个方面。客观来看，水利成绩很突出，但国家面积大、水资源情况复杂，仍存在不少问题。近些年，在工作中我感到：

1. "六水"应当共同考虑开发利用与减灾防灾问题

这六水就是雨水、河水、湖水、地下水、大型水库和海水。这是指入海河流。目前考虑大江河、中等河流的水利枢纽多，其他的就少考虑。

问题在于，地下水有广大空间，相对于生活和发展而言，地下水的作用更是重要，节水方面也需重视。水资源开发利用中，一般居民生活用水易管理，可是企业用水、农业用水管理较难，更主要的是，如何做到"六水"共同开发，还有海水地带"五水"如何利用，确实是大问题。

这种"五水"或"六水"，实际上是水循环可再生的生态过程，需注意科学发展与生态保护。

2. 水利措施应与自然环境和谐

水利措施，以蓄引为主。城市下可蓄水或是地下水面以上少量孔隙、裂隙可蓄水，地下轨道空间肯定不能蓄水，地下修控所空间可蓄雨水，但有限。所以应区别对待，必须以排洪为主，适当开挖些地下空间蓄少量水是可以的，要考虑具体地形、地质条件，科学对待水资源，采取有效措施，避免灾害发生。

3. 蓄水也要依自然地质环境而定有效的蓄水途径

开发利用综合水资源，充分掌握降水的价值很重要，但必须依

据流域的状况，而采用不同的方式。

如何综合利用水资源是重要问题，应注意的是，各种方法措施，万变不离其宗，都是依据当地的地质环境的状况，而决定采取正确实用的措施。

六、立体交通网络的发展及有关问题

立体交通网络主要包括给城市内的交通网络，包括地下轨道（及排轨道）交通网络；国内城际间高速公路和高级铁道网络；国内大小流域的航域网络及海外航运交通网络；国内外航空网络。

我国改革开放后，最振奋人心的创新是高铁的建成。高铁的快速就在于铁路相对平直，拐弯不大，但会有江河、山体需要穿越，那就建河修桥。

为高铁的建设安全，我也做了研究，尽量解决具体问题，更主要的是有预见性问题的重要性。近几年，高速公路、高速铁路仍在不断发展。

七、为抗击突如其来的新冠肺炎疫情奋勇前进

2020年1月初，我正在深圳主持一个有关地质环境安全的会议，大约是1月6日下午，接到北京发来的信息，要我去武汉参加一个会议。深圳合作单位的潘秘书，于7日下午送我一包口罩，说："武汉最近有病毒，可能是什么肺炎，您戴上口罩，也许有用。"我说："谢谢！"心中想有那么严重吗？7日晚回宾馆，快11点了，来信息说："9日会不开了，不必去武汉。"当时我想，还真的有问题了。

开始，我想没什么大事啊，2003年"非典"时期也过来了。可是，情况却逐渐紧张。不久，立即全国动员了，许多医疗队去了武汉，不久，武汉又宣布封城。

显然，能动员这么多医护人员前往，"坚定信心、同舟共济、科学防治、精准施策"。我的心有所平静，因为有四万多奔赴武汉的医护专家，有全国各地医护工作人员参加医疗、防治的大爱，还

有众多志愿者。全国人民同舟共济，抗击疫情。

1. 亲友平安关怀，心系国家发展

我的心随着这次疫情而波动，深信我们会战胜这场突如其来的疫情，也深信华夏的明天还是会湛蓝的，山河还是会美丽的，人民还是会欢腾的。

武汉对我来说也是座难忘的城市，在这座城市里有我的亲人、战友，有抹不去的许多记忆。

我担心，疫情蔓延，不能正常生产运转，民生受困，国家受影响，通过一系列重大举措，国家还在艰难而更有力地运转，人民仍是稳定地过着平安的生活。

疫情并没有像"非典"那样，暑天就消失了。武汉"火神山""雷神山"两大医院的建立，起了很大的治疗及防控疫情的作用，随后也有大方舱医院，收治轻症病人。

武汉封城三个多月后，又解封了，武汉得救了。但我们仍要防止疫情的反弹与外来输入病情，疫情仍在世界蔓延。

2. 认清形势，自强不息，我要英勇奋斗

疫情仍在继续，我到了北京，接着又回到上海。有些网络上的科技会议，我都参加，有关工作、学习我也接待。除了一些科技工作之外，主要精力要让自己自强不息，于是我开始动笔写了些短文，在相关网站发表并受到重视，主要有对战胜疫情的展望，对其他灾害的担忧与建议等。

这一段时期，使我更坚定信念，明确战斗下来的愿望，感到科学技术是非常重要的，传递正能量，也是必不可少的。我也感到中国共产党的伟大和中华民族的光辉前景。我应当英勇奋斗，迎接中国共产党成立一百周年，和全国人民一道，在新时代中高歌猛进！

八、科技创新与教育英才的思考

今天，我们要推进新时代中国特色社会主义伟大事业，实现中华民族伟大复兴的战略目标和远大追求。需要更好地发展科技，以增强国力。

在今后发展科技方面，我建议：

第一，坚定信念，科技创新

要坚定科技创新，作出更多更好的创新贡献。实现中华民族伟大复兴。这个信念是很重要的，你要做什么，你要研究什么。你是为了国家发展，为人类命运共同体。

仁义在心，意志坚定，壮志未酬。

第二，自力更生，自强不息

自力更生是中华民族优良传统和作风。清华大学"自强不息，厚德载物"的校训，真是意义深远。

我们必须要有更多科技创新，必须发扬自强不息的精神，才能更好克服艰难，创新出好成果。

第三，团体协作，奋发图强

科学研究有人文科学、社会科学、自然科学、工程科学。

目前已明确要更好地开展人文科学研究，而自然科学、工程科学方面的研究，必须要更好地团结协作，这是多学科合力，甚至也应有人文科学方面专家参与。

第四，不拘一格，内外交流

科学技术无国界这是对的，但掌握科技创新的人是有国界的。我们今后开展科学研究，需要国外深造的专家为国奉献，也要更多更好地培养国内人才成长，开展科学研究，可有更切合实际的收效。

20世纪50年代初，钱三强、钱学森、华罗庚、李四光等一大批科学家放弃国外优越的生活和工作条件，冲破重重阻挠，毅然返回百废待兴的祖国，为新中国的科学事业作出了巨大的贡献。

科技与教育又是紧密相连的发展，科技的建议对教育也一样重要。

《六人歌》

立德树人，培智育人；
健体康人，融文嘉人；
创新教人，时代强人。

《科教人员的人生之歌》

坚定信息　理想；
强国富民　追求；
攻坚克难　意志；
团结友爱　精神；
先忧后乐　胸怀；
忠诚卓越　奉献；
终身不渝　学习；
清白光彩　人生！

《科教强国》

世界风云变幻多，
自强自立满豪情，
科技创新首任重，
教育英才双凯行，
和谐自然规律晓，
验于实践真理明，
忠诚奉献为国强，
红旗飘飘高峰岭。

九、加强地质环境研究保障安全高质发展

人类在地球上的一切活动都与地球资源有着密切的关系,也就是与地质环境有关。

1. 地质环境主要的内涵条件

地质环境包括水文地质和工程地质,对人类生存与发展主要是要考虑两个大方面条件与因素。

首先是资源性条件与有利的因素,主要有大气、水资源、土地资源、能源、矿产资源与生物资源。没有大气就没有生命,没有水资源,生物也不能生存,没有土地资源,人类及一切生物也没有维持生命的基本食物。这3个资源,也就是大气圈、水圈和岩石圈。岩石圈中有层土是岩石风化而产生,再经侵蚀、搬运、堆积,而有厚土层,可生长植物,可更好供人类衣、食、住、行。人和各种动植物又构成地球上的生物圈,不是截然分开。

这4个圈层是相应依存而又相互融合的,对人类利用水资源而言,雨水、河水、湖水、地下水、水库和海水。这"六水"又是循环的。

土地资源也是有限的,主要是中原、盆地、洼地、谷地、坡地和滩涂。这六块土地可利用的大小不一,上覆土层性质与薄厚也不相同。

能源主要有煤炭、油气、水能、风能、地热能和太阳能。现在还有核能,以前是铀元素,我国正试验第四代照灶能发电。

矿产资源的寻找与地质环境,主要古地质环境也有关系,但最重要的是,矿产资源开发、堆积运输、冶炼都与地质环境有关,涉及对水、土资源的消耗与影响。矿山的适时修复,更是地质环境的修复问题。

2. 地质环境的不利条件与有关因素

气象灾害,主要有风暴潮、台风、洪灾内涝、旱灾、电击、冰雪灾害等;地质灾害种类很多,主要有地震、滑坡与泥石流、沉降与塌陷、崩塌、断裂、侵蚀、风化、淤积、荒漠化、石漠化、地裂缝、地形变等;生物灾害主要是细菌和病毒害、生物多样性破坏与

生物生存失衡等。

这些灾害有时发生的种类，规模也是有差别的。须密切注意。自然灾害会给人类生活与发展造成重大灾难。

3. 研究地质环境应有的正确观念与措施

地质环境方面工作可以说是：责任重、难度大。任何一个发展任务和工程建设，都必须深入调查研究，提出正确决策依据，做出防治灾患及安全处理措施，地球环境的好坏，成果实际上决定了这工程的成败的一半。

4. 进行地质环境工作，应当采取的正确态度与方法

第一，深入掌握工程的目的和规划理念

一个工程的目的是什么，必须搞清楚，重点是要发挥什么作用。这就需要与有关负责部门交流，让他们明确地质环境该如何保障。

第二，具体制定勘察研究工作计划应做到宏观与微观研究相结合

首先是宏观调查，包括调查野外环境、编制图件，微观上研究观察，如野外观察细小地质现象。还有钻探、物探等探测资料，有关岩心、监测曲线变化，都是显示宏观与微观现象的综合研究，更好研究自然作用的相应现象的发展过程。

第三，用四维观点研究地质环境的演化情况

地质环境条件要掌握，地下情况靠钻探、物探、化探等手段，取得有关地下地质环境的情况，结合地表二维的调查，可建立三维地质环境情况。但这还不够，还需要有四维空间的情况。

地质环境也和历史一样，需要明白"你从哪里来？现在你是谁？你要去哪里？"必须要知道你过去是怎么变化，现在这里地质环境特征是什么。

第四，地质环境研究必须有科学的判断

就是必须回答，工程过程中及结束后，会怎样变化，出什么问

题，这个很重要。

第五，要坚持原则，对国家负责，对人民负责

地质环境问题，涉及人民生命与国家财产的大问题，对工程本身而言，涉及安全经济与效益问题。所以实事求是反映地质环境问题，那是对国家负责对人民负责。

5. 今后地质环境研究的发展

对今后地质环境方面的研究，有这几点建议：

第一，更多研究群体工程产生的集束效应

例如，多幢高层建筑的应力复合，对地基沉降与稳定性影响，流域大型水库群对地壳稳定性地震等诱发灾害的影响，目前还是没有更好开展这方面研究。

第二，地质环境研究应当更好扩大学科间合作或扩大危害地质环境的研究

地质环境涉及四大圈层运动，在一特定自然单元内，地质环境的变化与受到建设工程的影响，肯定也会影响到水圈、大气圈以及生物圈，所以地质环境不只是岩石圈问题，应当包容了水圈、气象、大气圈以及生物圈。

第三，地质环境研究的对象应是多种现象的自然综合体与人工活动体的复合

要维护地质环境的美好，不仅要共同协作控制气候气象的恶化，还要反对对四大圈层过多的干扰。人类必定会共同认知，而且有所约束。

第四，不断有地质科学家在太空进行相应试验和观察

20世纪80年代的会议上，就有人呼吁宇航员中应有地质学家，这个看法是对的，以前我也说过。

将来宇航员在太空舱中做深入观察与试验，应该也要身体好、学识渊博，能进行试验的地质人员。另外，宇航员中，挑选年轻同志学习地质知识，训练专门有关试验，也可共同担负有关研究。

第五，地质环境研究以地学为中心，不可轻视，更不能混淆代替

地质环境是复杂的，随着人类的发展不断扩大对地球以及空间的深地的影响，地学基础，还得坚持。随着国家建设的不断发展，地质环境的研究要求是日益增高。

加强地质环境研究，保障安全高质发展。时不我待，当坚定信念，砥砺前行。

十、回报社会，关注民生

我的九十年，是漫长的，但又是短暂的。"人生七十古来稀"对于这句老话而言，九十岁确是高龄了，但是从社会变化、时代的变化而言，这九十年还是匆匆的"弹指一挥间"。

后来有意无意间，学了地质学。结果地质学开拓了我的眼界，扩展了我的思路。人的一生就是罕见的百岁，那又怎样？人生是短暂的，百岁是何其短，与地球发展相比，真的该是要"经风雨，见世面"，要成为历经风雨的地质人，那就是"风雨人生地质人"吧！

我在地质工作方面，主要为国家发展做有关地质环境方面的工作，以保障工程建设的安全与效益，让人民受益。水利水电建设、交通建设、农业发展、城乡建设等，确实要功在当代，利在人民。感到自己受益之处是，我们不断接触农村，了解最底层的劳动大众，他们的生活水平虽然提高了很多，但是僻远的山区仍是非常贫苦的，所以，应当更好地予以关注。

虽然我家庭负担较重，但我还是尽绵薄之力，不断给予贫困地区帮助。在2018年年底，我偶然重病之后，我当时尽量倾囊捐献，也应给予年轻人激励。

为庆祝中华人民共和国成立七十周年，我决定举行第一届"如兰杯"篮球竞赛，以激励年轻人。分别在福州（由福州英华职业学院承办）、上海（由同济大学承办）、贵阳（由贵州师范大学承办）和石家庄（由中国地质科学院水文地质环境地质研究所承办）。赛

后大家很高兴，都认为通过这些竞赛，使自己更明确地把自己的学习和国家发展相结合，更明确个人前途命运和国家紧紧相连。

我在同济大学给学生们做了近三个小时的演讲。还有一次给退休职工做了讲演，用了一个多小时。在福州、重庆、遵义、成都、长沙等多地参加会议并作报告。6月28日返沪，经批准，授予"优秀共产党员"的称号。能为党、为人民、为国家作出应有的贡献，才是有价值的，这称号就算是对自己的一个鼓励吧！

1921年7月1日，是中国共产党成立的日子，一百年过去了，今年是建党百年纪念，人生百岁不容易，中国共产党一百年来经历的艰难困苦更不容易。

祝贺中国共产党百年华诞

1921年中国共产党诞生，2021年，中国共产党诞辰100周年之际，我们学习一百年来伟大的中国共产党的奋斗历程，我们欢呼今日的胜利，也深切铭记着英雄的革命先烈。

中国从落后贫困，到全国脱贫迈进全面小康社会，今天我们正为实现中华民族伟大复兴的中国梦继续奋斗。作为六十八年党龄的我，总是感到为党、为国家、为人民的贡献太少了。

在纪念伟大的中国共产党百年华诞之际，我决定把前几年拙笔写的手记，再作些校正、补充，奉献一个科技人员爱党爱国之心，也可更好激励与鞭策自己，在今后岁月中，多作奉献！

在纪念中国共产党百年华诞时，本预定要举行第二届"如兰杯"竞赛，因疫情影响，只在福州市和贵阳市举办了。

为纪念中国共产党百年华诞，早几月写了些赞颂，中国的发展，是向全世界发出了光彩，世界大多数人民称赞的。为此综合写了一幅字，表示自己的心愿！

后记（二）

百年共产党　缔造新中国
开拓新时代　振兴强国梦
保国泰民安　科技创新重
光彩耀华夏　社会主义颂

庆贺伟大的中国共产党百年华诞

卢耀如　二○二一年

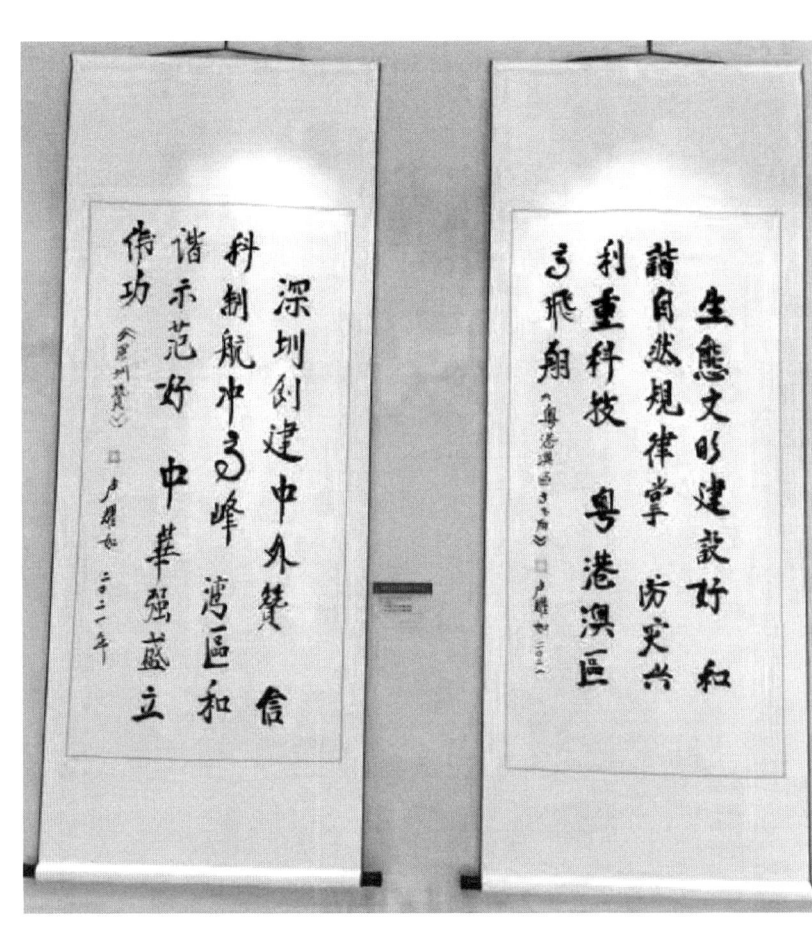

《粤港澳区颂》

生态文明建设好 和
谐自然规律掌 防灾兴
利重科技 粤港澳区
乡飞翔

卢耀如 二〇二一

《深圳赞》

深圳创建中外赞 信
科制航冲高峰 湾区和
谐示范好 中华强盛立
伟功

卢耀如 二〇二一年

《庆贺百年光辉史赞文得启迪》

歌颂百年共产党
鼎新中国领振兴
粤港澳大湾区赞
绿生声高领域馨
科技创新当引领
产业开拓真典经
两制融一国强梦
璀璨华夏世人钦

卢耀如 二〇二一年

伟大的中国共产党的百年华诞,经过百年奋斗,中华民族迎来了从站起来、富起来到强起来的伟大飞跃,迎来了实现伟大复兴的光明前景。感谢中国共产党,我们的国家必然更加强盛!

我的自传及后记,全由李琴同志代为打字,在此表示衷心感谢!

中秋佳节和国庆多是紧密相连,人们在这特殊的日子里,欢聚一起,忘掉疲劳和哀愁。今年此时,虽然少数地方仍有疫情,但已基本得到控制。

中秋佳节,中国工程院唐海英副局长来上海看望我。我很感激,她曾是我们土木、水利等建筑工程学部办公室的主任,具体领导了学部各项工作的开展,那时他们很关注我的工作和科研条件,给了我很多帮助,我都铭记在心。可贵的是,她知道我的一些难处,并给予有力的帮助。

"明月几时有,把酒问青天"苏轼老先生,你问得好!又有多少人能回答得好呢?其实,明月是朋友,年年有,又有多少人能真正欣赏呢?正月十五看花灯,有雪纷纷,那北平年,正要祈求的。只有"众里寻他千百度,蓦然回首,那人却在灯火阑珊处"。

此时,我是"等待八年出自传,突然之间,她来相助"于是,在唐海英局长走后,我又开始回忆、构思,2013—2021年间,补一个后记,写什么呢?思来想去,还是这八年间关心的事,连到以前一生中有关的事情,用十个值得思考与努力的问题做了补充论述。

真是:

《心月有思》

秋风轻拂青天去,
今我心中月最明,
杯水助定付心事,
人间久长有真情。

《自励歌》

祝贺共产党百年，
六八党龄自省惭；
春蚕吐丝绵绣美，
蜡炬发光吉庆张；
生当为国献复兴，
命应护民保康安；
特色社会新时代，
九十豪情冲高山。

卢耀如

2021 年 10 月 8 日

中国工程院唐海英副局长一行来上海看望并研讨工作

卢耀如生态环境与地质工程激励基金捐赠签约仪式（2019年4月12日）

荣获中华人民共和国成立七十周年"优秀共产党员"奖章（2019年7月1日）

参加中国地质学会水文地质专业委员会年会（2017年12月4日）

参加城市地质环境与可持续发展论坛（2018年11月30日）

参加同济大学土木工程学院毕业典礼（2015年6月24日）

美国石膏地区白沙国家公园考察（2018年9月14日）

瓦依昂大坝遗址考察（2014年9月14日）

美国卡尔斯巴德洞窟国家公园考察（2016年4月14日）

简　历

1931 年 5 月 22 日	出生于福建省福州市
1937 年 9 月—1943 年 7 月	福州私立文山女子中学附属小学学习
1943 年 9 月—1946 年 12 月	福州市立初级中学学习
1947 年 2 月—1950 年 1 月	福州私立英华中学高中部学习
1950 年 2—7 月	中国新民主主义青年团福州市工作委员会南台办事处工作（又为福州市南台学生联合会）
1950 年 10 月—1952 年 8 月	清华大学地质系本科学习
1952 年 9 月—1953 年 8 月	北京地质学院水文地质工程地质系学习，全国理工科统一提前毕业
1953 年 9 月—1954 年 4 月	地质部水文地质工程地质处
1953 年 11—12 月	地质部东北工程地质队水文地质组组长
1954 年 1—3 月	地质部水文地质工程地质处团支书、野外队冬训班负责人
1954 年 4—7 月	地质部新安江工程地质队水文地质综合调查组组长
1954 年 4 月—	地质部水文地质工程地质研究所
1954 年 4—10 月	跟随苏联马舒可夫专家学习
1954 年 10 月—1955 年 5 月	地质部淮河工程地质队队长
1955 年 6 月—1956 年 1 月	地质部 931 队二分队技术队长
1956 年 3 月—1957 年 1 月	地质部、水利部和电力部三部合组的官厅水库地质研究队队长
1957 年 4 月—1961 年	南津关研究组长，兼长江三峡工程地质大队南津关坝区技术负责人
1962 年 1 月—1966 年 8 月	地质部水文地质工程地质研究所喀斯特、矿床

	水文地质及地下水动力学研究室技术负责人、副主任工程师；担任南方岩溶发育规律研究组负责人
1973年3月—1974年1月	水利部赴阿尔巴尼亚菲尔泽水电站高级专家组专家
1974—1981年	先后担任地质部水文地质工程地质研究所工程地质研究室和矿床水文地质研究室技术负责人、副主任
1980年4月	国务院科学技术干部局授予高级工程师职称
1983—1991年	担任中国地质学会岩溶地质专业委员会委员
1987年—	地质部授予研究员职称
1988—1990年	兼国家民委民族问题研究中心研究员
1988—1996年	任中国地质学会工程地质专业委员会委员、中国地质学会洞穴研究会委员
1990年—	国际水文地质学家协会（IAH）岩溶委员会委员
1990—1993年	任中国地质学会岩溶专业委员会副主任委员
1994年—	中国地质科学院学术委员会委员
1997年11月	当选为中国工程院院士
1999年—	中国地质大学客座教授，博士生导师
1999—2001年	担负中国工程院《中国可持续发展水资源战略研究》重大咨询项目核心组成员，其间担任《岩溶地区水资源开发利用》后改为《西南地区水资源可持续开发利用》专题组组长
2001年—	河海大学兼职教授、博士生导师
2000—2002年	中国科学技术协会第一届减轻自然灾害专家委员会专家
2003年—	同济大学教授，博士生导师
2003—2007	为中国工程院有关西北及东北的重大咨询项目综合组的成员及有关专题负责人

2005 年—	教育部城市环境与可持续发展联合研究中心主任
2005 年—	兼任贵州师范大学名誉校长，中国南方喀斯特研究院首席科学家
2006 年—	国家环境咨询委员会委员
2007—2011 年	中国环境与发展国际合作委员会委员
2007 年—	国家减灾委员会专家委员会委员
2007 年—	科技部石漠化治理工程中心首席科学家
2007 年—	联合国教科文组织（UNESCO）岩溶研究中心理事会理事
2011—2012 年	中国工程院重大咨询项目《海西经济区（闽江、九龙江等流域），生态环境安全与可持续发展》重大咨询项目组组长
2012 年—	兼任中国矿业大学（兼职）教授
2013 年—	国家石漠化防治工作中心首席科学家学术委员会主任

主要学历

1950年10月—1952年9月　　清华大学地质系本科
1952年9月—1953年8月　　北京地质学院（现中国地质大学）水文地质工程地质系（当时取消学位，全国理工科提前毕业）

主要科研工作经历

1. 1953年11月—1954年1月，承担"东北浑江流域水文地质条件调查研究"，该成果为浑江开发提供了水文地质依据。

2. 1954年，承担"新安江水库库区水文地质与渗漏条件评价"课题，研究成果为新安江梯级开发比较及渗漏评价提出了意见，供工程设计作重要依据。

3. 1956年，承担"官厅水库矽质灰岩渗漏问题研究"，负责地质、水利、电力三部合组研究队，查明了周总理指示的官厅水库渗漏的机理，为工程处理提供了依据，解除了对首都北京的安全威胁。

4. 1957—1960年，承担"长江三峡南津关坝区水文地质工程地质勘察"。负责三峡工程比选坝址之一南津关坝区的勘测研究，为选坝提供依据。编写了长江三峡水利枢纽初步设计要点阶段工程地质勘察报告中有关南津关石灰岩坝区的勘测报告；并参与两坝区比选的结论意见，为今后三峡选坝提供了重要的地质依据。另发表多篇文章在《三峡专集》《水文地质工程地质》的地科院专刊上。

5. 1963—1964年，承担"滇东地区喀斯特研究"课题，并为滇东地区以礼河等水利水电建设提出地质上的建议。

6. 1960—1965年，承担"贵州喀斯特发育规律与有关水利建设工程地质条件研究"课题。在研究贵州喀斯特发育规律的基础上，重点调查了贵州猫跳河六个梯级以及乌江流域干流及上游六冲河、三岔河的多级水利水电枢纽，提出有关地质上的建议。

7. 1964—1966年，承担"'三线'建设喀斯特研究与川汉铁路喀斯特调查研究",为"三线"建设负责编制国家科委需求的"中国南方地区1/100万喀斯特图系三幅及1/1000万全国喀斯特分布图",参加川汉线喀斯特调查,负责编写圆梁山有关报告。

8. 1973—1974年,受水利部指定,作为高级专家和姜国杰、胡海涛先生共赴阿尔巴尼亚,指导当地中、阿专家,解决菲尔泽水电站边坡稳定性和毛泽东水电站岩溶渗漏问题,负责菲尔泽库岸隧洞进口地质边坡调查,计算有关水库边坡稳定性,提供了设计依据。

9. 1988—1989年,承担"南方少数民族地区自然条件与经济发展途径研究"课题,为国家民委向中央汇报少数民族地区经济发展问题提供依据,负责提出的研究成果,包括一套1/250万图系,及岩溶地质-生态环境系列理论认识,其中包括地区发展模式、石漠化问题。这些成果为西南岩溶山区经济发展提出有关建议与基础依据发挥了积极作用。

10. 1992—1995年,承担国家重点科技攻关项目中的课题"黄河中上游岩溶环境演化对比研究",提出了地表水与地下水资源合理综合开发的观点,对于大工程建设及有关地质环境的保护,具有积极的参考意义与实用价值。

11. 1993—1995年,承担国家自然科学基金项目"岩溶水文地质环境演化对比研究",重点探索了"构造"与"气候"这两大因素对岩溶发育规律及其水文地质环境演化的影响,并与我国港、台地区,以及欧美等国一些典型地区岩溶与岩溶水文地质特征进行了对比。成果对在建的重要工程从地质-生态环境保护角度提出见解。开拓了我国岩溶水文地质科学研究的新方向。1996年提出成果,1999年由科学出版社出版《岩溶水文地质环境演化学工程效应研究》。

12. 1994—1996年,为准备第三十届国际地质大会在中国召开,担负了专项研究,涉及中国南北方岩溶发育与工程效应批及有关中国21世纪地质-生态环境演化的预测研究。提出的论文在第三十地质大会有关环境演化与岩溶的分会上作了报告。

13. 1995—1996年，担负国家"十二五"科学发展规划中有关喀斯特问题的发育规律研究。有关长江三峡及华北喀斯特研究也属这个课题。后来与有关工程勘测相结合。

14. 1959—1960年，开展贵州喀斯特发育规律研究。特别结合猫跳河梯级开发，贵州乌江流域大型水电梯级开发特别是其中的乌江渡水利枢纽，结合进行了研究，分别提出了有关研究成果，使水利等部门应用。

15. 1981—1983年，承担国家民委的研究任务之后，又开展了我国南方岩溶为主地区1/350万岩溶图系（五幅图）的编制工作，成果由地质出版社出版。提供给国内有关学术会议及在加拿大召开的第三届国际地貌大会。

16. 1996—1997年，开展了中国和英国石膏地质灾害合作研究，提出的成果对中英有关石膏地区建设与灾害防治提供科学依据。

17. 1999—2001年，承担了中国工程院重大咨询项目《中国可持续发展与水资源战略研究》中一个专题"中国西南地区水资源开发利用研究"，研究了西南地区水资源开发利用及有关生态环境问题，有关建议在"十五"及"十一五"发展中起了重要的参考作用。

18. 1999—2001年，承担国家自然科学基金项目"硫酸盐岩溶发育机理与环境演化效应研究"，将硫酸盐岩（石膏等）岩溶及其与碳酸盐岩（石灰岩、白云岩等）共生的复合岩溶进行了系统研究。探索了硫酸盐岩与碳酸盐岩的复合岩溶作用机理，使对复合可溶岩的岩溶发育机理研究更接近于自然界的实际情况，也可更好地研究并解决有关环境效应和诱发的灾害问题。在复合岩溶研究中，开展了微生物岩溶作用研究，将自然界中存在的生物地球化学作用—物理作用—地质作用等有机地结合，揭示了硫酸盐岩和碳酸盐岩的复合岩溶发育机理与规律。

19. 2002—2004年，担任中国工程院重大咨询项目《西北地区水资源配置生态环境建设和可持续发展战略研究》项目领导小组成员（出版时为编委会委员）并负责《西北地区水生态环境特征及其演化》专题。

20. 2005—2007年，担任中国工程院重大咨询项目中东北地区的发展战略研究，为项目小组成员，并负责有关抚顺、本溪、鞍山矿区地质环境研究。

21. 2004—2006年，承担了"山东半岛城市群地质-生态环境与工程效应研究"项目，负责研究济南、青岛、烟台、威海、日照、淄博、潍坊、东营八个城市的地质-生态环境有关开发效应研究，提出新认识。本项工作得到当地省领导的重视。为这八个城市的发展提供了科学依据。

22. 2011—2012年，承担了中国工程院重大咨询项目"海西经济区（闽江、九龙江等流域）生态环境安全与可持续发展研究"。提出了海西经济区发展的重要原则，涉及资源、防灾、环境污染、开发与保护关系、城乡统筹、城市群一体化等方面，提出建设生态流域、调整产业等方面的建议，阐述了海西经济区今后发展的重要战略。该项成果可供重大决策参考。

代表性论著

[1] 中华人民共和国地质部水文地质工程地质研究所（卢耀如等编写）. 喀斯特地区综合性地质-水文地质测量方法指南（比例尺1∶10万—1∶50万）[M]. 北京：地质出版社，1959.

[2] 中国地质科学院（卢耀如等主编）（由于当时的条件未署名）中国岩溶[M]. 上海：上海人民出版社，1976.

[3] Chinese Academy of Geological Sciences.（Yaoru Lu, et al.）（由于当时的条件未署名）. Karst in China. Shanghai：Shanghai People's Publication. 1976.

[4] 卢耀如. 中国岩溶——景观·类型·规律[M]. 北京：地质出版社，1986.

[5] 卢耀如. 中国南方（岩溶为主）地区地质-生态环境图系[M]. 北京：地质出版社，1993.

[6] 卢耀如，唐宏才. 第30届国际地质大会论文集[C]. 北京：地质出版社，1998.

[7] 卢耀如，等. 岩溶水文地质环境演化与工程效应研究[M]. 北京：科学出版社，1999.

[8] 卢耀如. 岩溶——奇峰异洞的世界[M]. 北京：清华大学出版社，广州：暨南大学出版社，2001.

[9] 卢耀如. 地质-生态环境与可持续发展——中国西南及邻近岩溶地区发展途径[M]. 南京：河海大学出版社，2003.

[10] 卢耀如，张凤娥. 硫酸盐岩岩溶及硫酸盐岩与碳酸盐岩复合岩溶-发育机理与工程效应研究[M]. 北京：高等教育出

社，2003.

[11] 卢耀如. 中国喀斯特——奇峰异洞的世界 [M]. 北京：高等教育出版社，2010.

[12] 卢耀如，贺可强，李相然，等. 山东半岛城市群地区地质-生态环境与可持续发展研究 [M]. 北京：地质出版社，2010.

[13] LU Yaoru. Karst in china-a world of distinctive [M]. Beijing: Higher Education Press. 2012：9.

代表性论文

[1] 卢耀如. 略论喀斯特——读"六郎洞喀斯特的水源问题"一文随笔. 水文地质工程地质, 1958, (1): 17-21.

[2] 卢耀如. 第四纪地层的坝基渗漏问题. 水文地质工程地质, 1958 (11).

[3] 卢耀如. 官厅水库矽质石灰岩内喀斯特发育的规律性及其工程地质特征. 中华人民共和国地质部水文地质工程地质研究所水文地质工程地质论文集. 地质出版社, 1959, (1): 123-153.

[4] 卢耀如. 对三峡南津关坝区的水文地质工程地质条件的初步认识. 水文地质工程地质, 1959 (3): 15-18.

[5] 卢耀如. 南津关坝区碳酸盐岩地层的岩性及其对喀斯特发育起控制作用的实际意义. 中华人民共和国地质部水文地质工程地质研究所: 水文地质工程地质论文集2(三峡专集). 北京: 地质出版社, 1959: 131-137.

[6] 卢耀如, 陈连禹, 于珉. 南津关坝区喀斯特地层的渗透性. 中华人民共和国地质部水文地质工程地质研究所: 水文地质工程地质论文集2(三峡专集). 北京: 地质出版社, 1959: 156-168.

[7] 卢耀如. 南津关坝区的水文地质工程地质条件. 中华人民共和国地质部水文地质工程地质研究所: 水文地质工程地质论文集2(三峡专集). 北京: 地质出版社, 1959: 169-192.

[8] 卢耀如. 谈谈目前喀斯特研究工作中的两个问题. 水文地质工程地质, 1960 (3).

[9] 卢耀如．喀斯特水动力条件的初步研究（摘要），中国科学院地学部编：全国喀斯特研会议论文选集．北京：科学出版社，1962：92-100．

[10] 卢耀如．中国南方喀斯特发育基本规律的初步研究．地质学报，1965，45（1）：108-128．

[11] 卢耀如，赵成梁，刘福灿．初论喀斯特的作用过程及其类型［C］//第一届全国水文地质工程地质学术会议论文选编，第二辑（喀斯特问题专辑）．北京：中国工业出版社，1966，1-28．

[12] 卢耀如，杰显义，赵成梁，等．紧密褶皱地区喀斯特水动力条件研究．中国地质学会第一届喀斯特学术会议论文．1966．

[13] 卢耀如，戴莺，贾温茹．水溶液性质及温度对可溶性矿物和岩石溶解度的影响问题的初步讨论．中国地质学会第一届喀斯特学术会议论．1966．

[14] 卢耀如，王兆罄．华南某坝区的喀斯特及其水文地质工程地质条件［C］//中华人民共和国地质部地质科学研究院论文集，丁种，水文地质工程地质．北京：中国工业出版社，1966：1-55．

[15] 卢耀如，杰显义，张上林．中国岩溶（喀斯特）发育规律及其若干水文地质工程地质条件．地质学报，1973，（1）：121-136．

[16] LU Yao-ju（ru），JIE Xianyi，ZHANG Shanglin. The development of karst in China and some of its hydrogeological and engineering geological conditions，Beijing：1978．

[17] 卢耀如．略论岩溶（喀斯特）及其研究方向．自然辩证法通讯．1982，4（1）：5-7．

[18] 卢耀如．岩溶地区主要水利工程地质问题与水库类型及其防渗处理途径［J］．水文地质工程地质．1982，（4）：15-21．

［19］卢耀如，刘福灿．岩溶研究的发展及基本内容和理论问题的概略探讨［C］//中国地质学会第二届岩溶学术会议论文选集．北京：科学出版社，1982：25-29.

［20］卢耀如．关于岩溶（喀斯特）地区水资源类型及其综合开发治理的探讨．中国岩溶，1985，（1-2）：1-13.

［21］卢耀如．中国喀斯特及其若干水文地质特征［C］//国际交流地质学术论文集．北京：地质出版社，1985：13-30.

［22］卢耀如．中国喀斯特地貌的演化模式［J］．地理研究，1986，5（4）：25-34.

［23］卢耀如．中国岩溶地区水文环境与水资源模式［J］．中国岩溶，1988，7（3）：193-198.

［24］卢耀如．岩溶地区水利水电建设中一些环境地质问题的探讨［C］//全国第三次工程地质大会论文选集．成都：成都科技大学出版社，1988：1000-1006.

［25］LU Yaoru. The distribution and basic features of caves in China. Proceedings of the 9th International Congress of Speleology. Barcelona, Spain. 1986, Vol.I：214-217.

［26］LU Yaoru. Process of karst caverns' development and three phrases' flow. Proceedings of the 9th International Congress of Speleology. Barcelona, Spain. 1986, Vol.I：273-276.

［27］LU Yaoru. Karst geomorphological mechanisms and types in China. International Geomorphology 1986 Part Ⅱ. John Wiley & Sons Ltd., 1987：1077-1092.

［28］LU Yaoru. Water resources in karst regions and their comprehensive exploitation and harnessing. International Geomorphology 1986 Part Ⅱ. John Wiley & sons Ltd., 1987：1151-1167.

［29］LU Yaoru. The basic features of coastal karst in China. For the expert working group meeting cum workshop on the urban geology of coastal area. Organized jointly by the Mineral Resources Sections of the Natural Resources Division of ESCAP and the Ministry of Geology & Mineral Resources of China. 1987.

[30] LU Yaoru. Hydrogeological environments and water resources patterns in China. Proceedings of the IAH 21st Congress. Karst Hydrogeology and Karst. Environment Protection, Part Ⅰ. Geological Publishing House, China. 1988: 64-75.

[31] 卢耀如. 喀斯特洞穴发育过程与三相流//中国地理学会地貌专业委员会编辑组. 喀斯特地貌与洞穴研究. 北京：科学出版社，1990：146-156.

[32] LU Yaoru. Assessment of the exploitation of water resources in mountain regions of China. International Conference jointly Convened with IAHS on Water Resources in Mountainous Regions, Lausanne, Switzerland. 1990, 22 (Part 1-2): 1068-1075.

[33] LU Yaoru. Artificial environmental effects on hydrogeological evolutions in some karst regions of China (abstract). International Symposium and Field Seminar of Hydrogeological Processes in Karst Terrance. Turkey. 1990: 99-100.

[34] 卢耀如. 论地质-生态环境的基本特征与研究方向//地质矿产部《水文地质工程地质》编辑部编，环境地质研究. 北京：地震出版社，1991：13-24.

[35] LU Yaoru. The features of goological disasters and the ways for their researches, preventions and treatments. Geological Hazards. Proceedings of Beijing International Symposium. 1991: 676-680.

[36] 卢耀如. 喀斯特为主地质-生态环境质量及其评判——中国南方几省（区）为例. 宋林华，丁怀元主编：喀斯特景观与洞穴旅游. 北京：中国环境科学出版社，1993：56-64.

[37] 卢耀如. 南方岩溶山区的基本自然条件与经济发展途径的研究.

见：赵延年主编，中国少数民族和民族地区 90 年代发展战略探讨. 北京：中国社会科学出版社，1993：431-456.

[38] 卢耀如. 江河流域综合治理要重视地质环境效应——从淮河、太湖 1991 年水灾谈起. 中国地质灾害与防治学报，1993，4（1）：84-86.

[39] LU Yaoru. Efferts of hydrogeological development in selective karst regions of China. IAHS Publication NO. 207. Hydrogeological Processes in Karst Terranse, 1993: 15-24.

[40] LU Yaoru. Features and geologic ecologic environment and cave patterns. Proceedings of XI International Congress of Speleology, Beijing, China. 1993: 19-20.

[41] LU Yaoru. Evaluation of cave activity for use in karst forecasting. Proceedings of XI International Congress of Speleology, Beijing, China. 1993: 169-171.

[42] LU Yaoru. Comparative researches on evolutions of karst environment in main constructing regions in China (abstract). Third International Geomorphology Conference, Programme with Abstracts, Hamilton, Ontario, Canada. 1993: 189.

[43] LU Yaoru. Introduction of a series of enrironmental maps in the principle karst regions of south China (abstract). Third International Geomorphology Conference, Programme with Abstracts, Hamilton, Ontario, Canada, 1993: 189.

[44] LU Yaoru, Cooper A H. Gypsum karst in China. International Journal of Speleology. 1996, 25 (3-4): 297-307.

[45] LU Yaoru & DUAN Guangjie. Artificially induced by hydrogeological effects and their impacts of environments on karst of North and South of China [C]. Fei Jin and Krothe N C. Hydrogeology: Proceedings of the 30th International Geological Congress, Volume

22；VSP，UTRECHT，The Netherlands. 1997：113-120.

[46] LU Yaoru, TONG Guobang, Zhang Feng'e, et al. Geoecological environmental types and qualities and predict on their evolutions in 21st Century in China ［C］//Zhang Zonghu, Mulder E F J, Liu Dongsheng, et al. Geosciences and Human survival, Environment, Natural Hazards：Proceeding of the 30th International Geological Congress, Volume 2 & 3, VSP, UTRECHT, The Netherlands. 1997：117-133.

[47] LU Yaoru & COOPER A H. Gypsum karst geohazards in China ［C］//Beck B F & Stephenson J B. The engineering geology and hydrogeology of karst terranes：Proceedings of the Sixth Multidisciplinary Conference on Sinkholes and the Engineering and Environmental Impacts of Karst. A. A. BALKEMA/ Rotterdam/ brook field. 1997：117-126.

[48] 卢耀如. 长江三峡及其上游岩溶地区地质-生态环境与工程效应研究. 见：李振声主编, 中国减轻自然灾害研究, 全国减轻自然灾害研讨会论文集, 北京：中国科学技术出版社, 1998.

[49] 卢耀如. 长江全流域国土地质-生态环境有待进行综合治理, 环境保护, 1998, 252（10）：8-9.

[50] 卢耀如. 国土地质-生态环境综合治理与可持续发展——黄河与长江流域防灾兴利途径讨论. 中国地质灾害与防治学报, 1998, 9：91-99.

[51] 卢耀如. 长江流域国土地质-生态环境与洞庭湖综合治理的探讨. 湖南地质 1998, 17（4）：218-220.

[52] 卢耀如. 略论地质-生态环境与可持续发展——黄河断流与岩溶石山保障三峡工程问题的探讨. 大自然探索, 1999,（1）：18-24.

[53] 卢耀如. 地球圈层运动与自然灾害链 ［A］. 中国科学技术协

会、浙江省人民政府. 面向 21 世纪的科技进步与社会经济发展（上册）[C]. 中国科学技术协会、浙江省人民政府. 1999：2.

[54] 卢耀如. 岩溶山区地质-生态环境与大农业及其可持续发展. 邵时雄，侯春堂主编：中国农业地学研究新进展. Hong kong：Scientist Press International, Inc. 1999.

[55] 卢耀如. 农业地学的当前任务[A]. 中国地质学会农业地学专业委员会. 中国农业地学研究新进展——2000 年全国农业地学学术研讨会论文集[C]. 中国地质学会农业地学专业委员会. 2000：1.

[56] 卢耀如. 地质灾害的监测与防治//宋健. 1999/2000. 中国科学技术前沿（中国工程院版）. 北京：高等教育出版社，2000：635-675.

[57] 卢耀如. 西部大开发要重视地质-生态环境质量提高与地质灾害防治[A]. 中国科学技术协会. 西部大开发 科教先行与可持续发展——中国科协 2000 年学术年会文集[C]. 中国科学技术协会，2000：2.

[58] LU Yaoro. Rational exploitation of resources and prevention of geohazards in karst regions. ACTA GEOLOGICA SINICA. 2001, 75(3)：239-248. (SCI：000170773300002)

[59] 卢耀如. 大都市空间开拓与 21 世纪可持续发展. 上海城市发展，2001，(6)：5-7.

[60] 卢耀如. 岩溶地区合理开发资源与防治地质灾害[A]. 中国地质学会. 首届岩溶地区可持续发展国际学术会议和 IGCP448 国际工作组会议论文选集[C]. 中国地质学会，2001：6.

[61] 卢耀如. 岩溶地区合理开发资源与防治地质灾害[J]. 水文地质工程地质，2001，05：1-6.

[62] LU Yaoru, ZHANG Feng'e, QI Jixiang, et al. Evaporite karst and resultant geohazards in China. Carbonate and Evaporates. 2002, 17

(2)：159-165.（SCI：000179808000011）

［63］卢耀如，张凤娥，阎葆瑞，等．硫酸盐岩岩溶发育机理与有关地质环境效应．地球学报，2002，23（1）：1-6.

［64］卢耀如，任继周．中国西南地区水资源开发利用．张宗祜，卢耀如主编：中国西南地区水资源开发利用．中国工程院重大咨询项目"中国可持续发展与水资源战略研究"第9卷．北京：中国水利水电出版社，2002：159-417.

［65］卢耀如，刘少玉，张凤娥．中国水资源开发与可持续发展．国土资源，2003（2）：4-11.

［66］卢耀如，刘少玉，许广明，等．西北地区水生态环境特征及其演化．中国工程院重大咨询项目．钱正英，沈国舫，潘家铮．"西北地区水资源配置生态环境建设和可持续发展战略研究"（自然历史卷）．北京：科学出版社，2004：140-190.

［67］卢耀如．中国西南地区岩溶地下水资源的开发利用与保护．张建云等．中国水文科学与技术研究进展—全国水文学术讨论会论文集．南京：河海大学出版社，2004：541-546.

［68］LU Yaoru, ZHANG Feng'e, LIU Changli, et al. Ground water systems and eco-hydrological features in the main karst regions of China. ACTA GEOLOGICA SINICA. 2006, 80（5）：743-753.（SCI：000243019200014）

［69］卢耀如．探索洞穴为可持续发展作贡献．大自然，2006，1.

［70］卢耀如．积极防治地质灾害与自然和谐共处．地球，2006.6：12.

［71］卢耀如，张凤娥，刘长礼，等．中国典型地区岩溶水资源及其生态水文特性［J］．地球学报，2006，05：393-402.

［72］卢耀如，刘长礼，张凤娥，等．中国主要岩溶地区地下水系统及其生态水文特性．地质学报，2006（10）：1577.

［73］LU Yaoru. Karst water resources and geo-echology in typical regions of China. Environmental Geology. 2007, 51 (5): 695-699. (EI: 20070110350394)

[74] 卢耀如. 岩溶（喀斯特）洞穴的开发与保护的方向与途径探讨. 全国第十三届洞穴学术会议论文集. 2007.9: 21-24.

[75] 卢耀如, 张凤娥. 硫酸盐岩与碳酸盐岩复合岩溶发育机理与工程效应研究. 中国工程科学, 2008, 4: 4-10.

[76] 卢耀如. 为环渤海区域发展再谱新篇 [N]. 河北日报, 2008, 04, 15006.

[77] 卢耀如. 地质灾害防治与城市安全-卢耀如院士在上海社科院的演讲. 解放日报, 2008, 6, 29 (8).

[78] 卢耀如. 地质灾难的类型与性质. 社会观察. 2008, 7: 7.

[79] 卢耀如, 胡家伦, 滕五晓, 等. 居安思危才能临危不乱——专家会诊"城市安全与应急管理" [J]. 社会观察, 2008, 07: 4-7.

[80] 卢耀如. 搭建现代化大都市的安全屏障 [N]. 社会科学报, 2008, 07, 03001.

[81] 卢耀如. 地质灾害防治与城市安全 [N]. 中国矿业报, 2008, 07, 17B02.

[82] 卢耀如. 对四川汶川大地震灾害的思考与认识. 环境保护, 2008, 11: 42-45.

[83] 卢耀如. 自然灾害链与城市安全. 上海科普教育, 2008, (2): 1-4.

[84] 卢耀如. 丰富的喀斯特资源，高品位的世界自然遗产 [J]. 科学世界, 2008, 07: 1.

[85] LU Yaoru, HE Keqiang. Karst Cave System Types and Their Protection in China, 2009 ICS Proceedings, 1393-1397.

[86] 卢耀如, 刘琦. 加强地质灾害预警预报系统建设 [J]. 科学对社会的影响, 2010, 04: 20-24.

[87] 卢耀如. 汶川大地震周年与地质灾害防治再思考[J]. 中国工程科学, 2009, 06: 36-43.

[88] 卢耀如, 刘琦. 地质环境与隧道工程的安全[A]. 中国土木工程学会. 地下工程建设与环境和谐发展——第四届中国国际隧道工程研讨会文集[C]. 中国土木工程学会: 2009: 9.

[89] 卢耀如. 工程建筑安全与地质灾害的机理与防治[J]. 中国工程科学, 2010, 08: 22-29.

[90] 卢耀如. 复合灾害频繁重建须经岁月考验[J]. 中国科技奖励, 2010, 10: 6-7.

[91] 卢耀如. 灾后重建, 须考虑复合灾害效应[N]. 地质勘查导报, 2010, 10, 09002.

[92] 卢耀如. 灾区农房重建: 和谐自然最重要[J]. 中国减灾, 2010, 21: 12-14.

[93] 卢耀如. 对灾后重建对口支援的思考[J]. 中国减灾, 2010, 23: 9-11.

[94] 卢耀如. 对西南旱灾的思考及建议[J]. 中国减灾, 2010, 11: 36-37.

[95] 卢耀如. "中国速度"背后的地质思考[N]. 中国国土资源报, 2011, 03, 22006.

[96] 卢耀如. 从日本大地震思考我国今后防灾的有关建议[J]. 中国科技奖励, 2011, 04: 6-7.

[97] 卢耀如, 金晓霞. 三峡工程的现实与争议[J]. 中国减灾, 2011, 13: 32-34.

[98] 卢耀如, 金晓霞. 对三峡工程兴利、防灾与扼弊的建议[J]. 中国减灾, 2011, 13: 35.

[99] 卢耀如. 排蓄并举应对城市内涝[J]. 中国减灾, 2011, 15: 18.

[100] 卢耀如. 暴雨过后对城市防灾兴利的思考[J]. 中国减灾,

2011，17：38-39.

［101］卢耀如，金晓霞．自然灾害下的贵州减灾思路［J］．中国减灾，2011，21：14-16.

［102］卢耀如．工程建设要贯彻安全理念与和谐地质-生态环境［J］．重庆交通大学学报（自然科学版），2011，S2：1185-1187.

［103］卢耀如．当好工程建设的安全卫士［N］．中国国土资源报，2012，04，17006.

［104］卢耀如．卢耀如院士书法作品欣赏［J］．中国科技奖励，2012，08：78-79.

［105］卢耀如．科学发展与地质工作的战略［J］．科学中国人，2012，08：38-40.

［106］卢耀如．加强城市防灾减灾能力建设刻不容缓［N］．中国社会报，2013，01，28003.

［107］LU Yaoru，LIU Qi，ZHANG Feng'e. 2013. Environmental characteristics of karst in China and their effect on engineering［J］. Carbonate and Evaporites. 28：251-258.（SCI）